D1746474

Walter Robert Corti
GESAMMELTE SCHRIFTEN

Band 5

: Haupt

Walter Robert Corti
GESAMMELTE SCHRIFTEN

In fünf Bänden
herausgegeben von Dr. Guido Schmidlin

unter Mitwirkung der Arbeitsgruppe
Gesammelte Schriften von Walter Robert Corti:
Dr. h.c. Arthur Bill, Präsident
Dr. Fritz Künzler, Vizepräsident
Anuti Corti
Elke Ceveri-Weiss

Band 1
HEIMKEHR INS EIGENTLICHE

Band 2
DER MENSCH IM WERDEN GOTTES

Band 3
DER WEG
ZUM KINDERDORF PESTALOZZI

Band 4
ETHISCHE FORSCHUNG

Band 5
EIN DORF FÜR DIE LEIDENDEN KINDER
Ergänzungsband

Ein Dorf für die leidenden Kinder

*Das Kinderdorf Pestalozzi in den Jahren 1949 bis 1972
mit Arthur Bill als Dorfleiter*

*Herausgegeben
von Guido Schmidlin*

Verlag Paul Haupt
Bern · Stuttgart · Wien

Die Deutsche Bibliothek – CIP-Einheitsaufnahme

Corti, Walter Robert:
Gesammelte Schriften / von Walter Robert Corti.
Hrsg. von Guido Schmidlin. –
Bern ; Stuttgart ; Wien : Haupt
Bd. 5. Ein Dorf für die leidenden Kinder. – 2002
ISBN 3-258-06470-9

Alle Rechte vorbehalten
Copyright © 2002 by Paul Haupt Berne

«Begebenheiten und Schicksale. Erinnerungen des Dorfleiters» aus:
Arthur Bill, «Helfer unterwegs»
Copyright © Stämpfli Verlag AG Bern, mit freundlicher Genehmigung

Jede Art der Vervielfältigung ohne Genehmigung des Verlages ist unzulässig

Gestaltung und Satz: Guido Widmer, Buchgestalter, Zürich
Umschlagbild: Elisabeth und Karsten beim Setzen der Kinderdorfzeitung

www.haupt.ch

ISBN 3-258-06470-9

INHALT

Einleitung von Arthur Bill 7
Grundziele und Grundsätze der Kinderdorf-Arbeit 11
Chronik 15
    Jahresbericht 1955 im Zeichen des zehnjährigen Kinderdorfes 15
    Aus der Chronik der ersten zwei Jahrzehnte 22
    Walter Robert Corti, Ansprache gehalten zu der 20-Jahrfeier des Kinderdorfes Pestalozzi
    und der Taufe des koreanischen und tunesischen Hauses 31
    Jahresbericht 1970: 25 Jahre Kinderdorf Pestalozzi Trogen 37
    Aus der Chronik des Jahres 1970 43
    Charta der internationalen Pestalozzidörfer 45
    Das Kinderdorfjahr 1971 47
    Das Kinderdorfjahr 1972 55
    Brief des Dalai Lama an Arthur Bill 65
    Weihnachten 1972 66

Freundschaft 73
    Die Kinderdorf-Zeitung «Freundschaft» 73

Begebenheiten und Schicksale. Erinnerungen des Dorfleiters 153
    Das erste Fondue 153
    Lob auf zwei Zürcher Lehrerinnen 155
    Christian Schmidt und seine Kinder 159
    Madame Morel und das Recht auf Liebe 162
    Der Traum des kleinen Giorgos 163
    Ist hier das Pestalozzidorf? 168
    Der Tod in Distomo 172
    Die Christen und die Heiden 177
    Gedicht des koreanischen Knaben Kunhyung Lee 179
    Wie es zum aethiopischen Haus «Lalibela» im Kinderdorf Pestalozzi gekommen ist ... 181
    Lichtzeichen 186
    Marisa Capozza, die italienische Flughostess 191
    Hektor, der griechische Mühlenbauer 193
    Hanno, der finnische Waldbauernbub 196
    Roland Mostefay, ein junger Franzose, der nicht mehr weiterleben konnte ... 199

Reflexionen … 201

- Ansprache des Dorfleiters an der Zehnjahresfeier des Kinderdorfes (1956) … 201
- Pioniere und Bewahrer. Ansprache von Walter Robert Corti (1956) … 209
- Gedanken des Dorfleiters zur aktuellen Lage (1958) … 215
- Schau des Kinderdorfes. Aufsatz von Walter Robert Corti in den «Blättern der Wohlfahrtspflege» (1964) … 224
- Elemente des Kinderdorfes (1964) … 231
- Aus «alte und neue Kinderdorfaufgaben» (1964): Die Eignung des Kinderdorfes zur Mitarbeit auf dem Gebiete der Schulung und Ausbildung im Entwicklungshilfeprogramm … 235
- 20 Jahre Kinderdorf Pestalozzi. Rechenschaft und Bericht des Dorfleiters in der dem Kinderdorf gewidmeten Sondernummer der Schweizerischen Lehrerzeitung (1966) … 245
- Soziometrie im Kinderdorf Pestalozzi (1966) … 265
- Am Puls des Lebens einer internationalen Kindergemeinschaft. Nachtrag zur Soziometrie im Kinderdorf von Arthur Bill … 278
- Das auf Europa und seine Randgebiete konzentrierte Pestalozzidorf und seine in aussereuropäischen Regionen aufzubauenden Wirkungs-Zentren. Der im Jahre 1978 dem Stiftungsrat Kinderdorf Pestalozzi unterbreitete Vorschlag … 280
- Anregungen im Hinblick auf die Möglichkeiten, Wirkungszentren des Pestalozzidorfes in aussereuropäischen Gebieten aufzubauen … 292

Briefwechsel … 297

- Arthur Bill an Walter Robert Corti (1970) … 297
- Das Gefäss und sein Inhalt oder das Instrument und seine Aufgabe. Grussadresse von Arthur Bill an den 70 Jahre alt gewordenen W. R. Corti (1980) … 303
- Walter Robert Corti an Arthur Bill (1985) … 307
- Geburtstagsadresse zum fünfundsiebzigsten und Dank (1985) … 309

Begegnung … 313

- Arthur Bill über seine Beziehungen zu Walter Robert Corti

Das Kinderdorf im Urteil seiner Ehemaligen der Jahre 1946–1969 … 317

- Darstellung der Umfrage-Ergebnisse im Jahresbericht 1970

Erkenntnisse. Aphorismen von Arthur Bill … 337

- Bildnachweis … 342
- Dank … 343

Einleitung

Wenn man sich heute die Frage stellt, warum wohl der Vorschlag Walter Robert Cortis vom August 1944, ein Dorf für die leidenden Kinder zu bauen, in der Schweiz, aber auch im Ausland ein so erstaunlich grosses und positives Echo gefunden hat, wollen wir uns die damalige Lage in Europa vergegenwärtigen.

Als im August 1944 der Aufruf Cortis in der Monatszeitschrift «du» erschien, war der Zweite Weltkrieg noch nicht zu Ende. Aber die riesigen Zerstörungen, die Leiden und die Opfer dieses Krieges waren bereits in erschreckender Weise zu erkennen. Vor allem das Schicksal der Kinder, darunter hunderttausende von Kriegswaisen, beschäftigte auch die vom Kriege selbst verschont gebliebenen Schweizerinnen und Schweizer.

So traf Cortis zündender «du»-Artikel die Herzen jener Menschen, in denen sich eine stille, aber immer wacher werdende Bereitschaft entwickelt hatte, das grosse Leiden jetzt schon und vor allem in der Zeit nach dem Kriege lindern zu helfen. Aus dieser inneren Bereitschaft heraus hat unser Volk auf Cortis Vorschlag reagiert. Mir selber und meiner Frau ist es nicht anders ergangen, wobei noch eine zusätzliche Motivation erwähnt werden muss: Als wehrpflichtiger junger Schweizer leistete ich zu jener Zeit meinen Dienst als Pilot bei der Fliegertruppe. Gerade in jenem Jahr 1944 kamen meine Kameraden von der Fliegerstaffel 11 und ich immer wieder im Rahmen des Neutralitätsschutzes, den wir zu versehen hatten, zu Einsätzen, in denen wir auch in Luftkämpfe verwickelt worden sind. Diese sind nicht für alle von uns ohne tragische Verluste verlaufen. Auf manchem Heimflug zurück auf unseren Stützpunkt habe ich mir im Stillen gelobt, nach dem Krieg einer sinnvollen Aufbauaufgabe zu dienen, wenn ich selbst, meine kleine Familie und unser Land überleben sollten. Der feste Vorsatz war wohl im Geiste und im Herzen gefasst. Ich wusste aber damals noch nicht, wie er in der Zukunft zu verwirklichen wäre.

Als ich im Herbst jenes Jahres 1944 den «du»-Artikel Walter Robert Cortis las, wurde mir sofort klar, dass in diesem Kinderdorf für europäische Kriegswaisen eine geradezu ideale derartige geistige und praktische Wiederaufbauaufgabe zu ergreifen wäre. Meine Frau und ich meldeten uns. Wir sagten uns: «Was kann es heute Dringenderes, Besseres und Sinnvolleres geben, als die Waisen jenes Krieges, deren Väter sich bekämpft hatten, in einem Dorf des Friedens so zu betreuen, aufwachsen zu lassen und zu unterweisen, dass sie selbst später auf Grund eigener Erfahrungen im übernationalen Zusammenleben zu jungen Botschaftern der Völkerverständigung werden können. Wir traten unsere Aufgabe im Kinderdorf, begleitet von unserer damals zweijährigen ältesten Tochter Theres, im Frühjahr 1947 an. Als bisheriger Lehrer im bernischen Schuldienst hatte ich mich vorerst lediglich für ein Jahr beurlauben lassen. Aus diesem einen Jahr wurden aber deren mehr als 26. Die grossartige Idee von Walter Robert Corti, ohne wesentliche Verluste ihres Gehaltes mit der Hilfe eines von dieser Idee ebenfalls erfassten Teams, in Wirklichkeit umzusetzen schien uns so wichtig und sinnvoll zu sein, dass uns diese zwar oft Kräfte verzehrende Aufgabe nicht mehr los liess. Vorerst als Hauseltern der Hamburger-Waisenkinder tätig, wurde mir ein Jahr später die Schulleitung und 1949 die Gesamtleitung des Kinderdorfes übertragen. Was wir in dem nun folgenden Vierteljahrhundert lernend erleben konnten, wird auf den folgenden Seiten geschildert.

Die schwierigen aber faszinierenden ersten Jahre des Aufbaues und der Existenzsicherung des Kinderdorfes waren begünstigt durch die hohe Motivation jener ersten Mitarbeiter. Sie wollten nach Trogen kommen, um einer Idee zu dienen und nicht in erster Linie, um Geld zu verdienen. Und viele blieben, wie wir, dem Dorf und seinen Aufgaben über Jahre hinweg treu, trotzdem nur sehr bescheidene Löhne beansprucht und ausbezahlt werden konnten. Junge Freiwillige, nur mit einem Taschengeld entschädigt, waren immer noch hoch willkommen. Trotz materieller und finanzieller Sorgen und trotz manchen Einschränkungen jener Jahre war die Stimmung in der Gemeinschaft des Kinderdorfes gut, weil alle Mitarbeiter den Sinn ihres Einsatzes voll erkennen und verstehen konnten. Es gehörte in der Folge zu den bemerkenswerten Erlebnissen, erkennen zu müssen, dass dem Kinderdorf andere Sorgen erwuchsen, als es ihm nach einigen Jahren finanziell wesentlich besser ging. Dadurch wuchsen nämlich die Ansprüche mancher Mitarbeiter, und es war nicht mehr so leicht festzustellen, ob ihre Motivation vom Gedanken des Dienstes oder eher durch jenen des Verdienstes bestimmt war. Aber auch in jenen späteren Jahren haben sich im Kinderdorf immer wieder wahre Engel der Dienst- und Hilfsbereitschaft gefunden. Es waren in der Regel die Stillen im Lande. Die Kinder aber haben sie rasch erkannt und schätzen gelernt.

Zu Theres, unserer Ältesten, sind uns später im Kinderdorf drei weitere Töchter geboren worden. In unserer eigenen Familie haben wir so erleben können, wie sehr das Kinderdorf Heranwachsende menschlich und später auch beruflich prägen kann. Sie fühlten sich den Kindern der anderen Nationen verbunden, waren mit ihnen befreundet. Maria, unsere Zweitgeborene, heute Schauspielerin und Sängerin in Wien, hat Cortis Fähigkeit vertiefter Wortdeutungen sehr bewundert. So ist es wenig erstaunlich, dass sie selbst gerne mit Worten und ihrem Sinngehalt spielte und spielt. So meinte sie bereits als Schülerin: Es ist völlig zutreffend, dass man sagt, ich sei damals «auf die Welt gekommen». Obschon in der Schweiz geboren, was mich ja auch freut, hat mir noch niemand gesagt, ich sei «auf die Schweiz gekommen».

Kürzlich habe ich die ersten Artikel Walter Robert Cortis, die in verschiedenen «du» – Nummern erschienen waren, wiederum durchgelesen. So auch jenen, den er als Vorwort zu der «du» – Nummer vom April 1947 verfasst hatte, also gerade zu jener Zeit, als meine Frau und ich die Arbeit in Trogen aufnahmen. Nachdem in den allerersten Publikationen über das zu bauende Kinderdorf Pestalozzi im Hinblick auf die damalige grosse Kindernot in Europa von der Aufnahme von 8000, später von 2000 Kindern die Rede gewesen war, stellte ich zu meinem Erstaunen fest, dass Walter Robert Corti in diesem Vorwort vom April 1947 bereits ganz andere, viel bescheidenere und wohl auch realistischere Zahlen erwähnte. Er schrieb einführend wörtlich: «In Trogen haben die Freiwilligen ihre schöne und fröhliche Arbeit wieder aufgenommen. Die Baugespanne der neuen Häuser sind aufgerichtet, jetzt werden die Konturen des ganzen Kinderdorfes sichtbar. Bei seinem vollen Ausbau vermag es etwa 450 Seelen: die Kriegswaisen von 12 europäischen Nationen, mit ihren Hauseltern und Lehrern, zu beherbergen. Ein Europa im kleinen, ein Europa der Kleinen. Schon heute zeigt sich, dass der gelingende Versuch tröstend und fruchtbar in das verworrene Dunkel dieser Zeit strahlt.»

Es berührt mich heute sehr, feststellen zu dürfen, dass jene Vision Cortis sich erfüllt hat, dass es ganz genau jene Anzahl von Kindern und Mitarbeiter war, die das Dorf damals bevölkerten, als wir es mehr als 26 Jahre später verliessen, um in Bern eine neue humanitäre Aufgabe, jene des Aufbaues des Schweizerischen Katastrophenhilfekorps, in Angriff zu nehmen. Unter den 12 Nationen des Kinderdorfes befanden sich allerdings 1972 bereits einige aussereuropäische Gruppen. Obschon Inhalte und Erlebnisse viel wichtiger und bedeutsamer sind als Zahlen hat es uns für das Kinderdorf und natürlich für die betroffenen Kinder jener Zeit doch sehr gefreut, dass wir 1972 gerade noch die Aufnahme des tausendsten Kindes, eines kleinen Italienermädchens, haben erleben dürfen. Tausend Kinder, abgesehen von den vielen zusätzlichen Hunderten von Kindern aus der Schweiz und aus dem Ausland, die das Dorf als Gäste in den langen Sommer-Ferienwochen bevölkerten, haben der Gemeinschaft des Kinderdorfs während einigen Jahren angehören dürfen. Kinderdorferfahrungen sind aber auch durch die vielen Mitarbeiter jener Jahre in ihre Länder hinaus getragen worden. Einige Hauseltern haben auch nach ihrem Austritt Ehemalige ihres Hauses in ihren Ländern weiter betreut, soweit sie von ihnen um Rat angegangen worden sind.

Cortis Idee hat zur Gründung des Kinderdorfes Pestalozzi und damit zur Auslösung einer eigentlichen Kinderdorfbewegung geführt. So ist bereits 1948 unter den Auspizien der UNESCO in Trogen und Heiden die Internationale Föderation für Kinderdörfer und Jugendsiedlungen gegründet worden. In Wahlwies, Deutschland, in Sedles Combe, Grossbritannien und in Bangalore, Indien, sind internationale Pestalozzi-Kinderdörfer nach dem Modell von Trogen gegründet worden. Das Kinderdorf Pestalozzi in Trogen selbst hat 1964 mit einer erstmaligen Aufnahme einer Gruppe von tibetischen Waisenkindern Anstoss zu einer weltweiten Tibethilfe gegeben. Heute leben z.B. in Europa allein über 2000 Tibeter. Das Trogenerwerk und damit die Idee Walter Robert Cortis hat also eine überaus erfreuliche Ausstrahlung erfahren. Heute gilt es nun, diese Werke in einer zeitgemässen Form lebendig zu erhalten und dabei mit Einfühlungsvermögen und Phantasie neue Wege zu finden und zu gehen. Sie sollen zu jenen den Kinderdorffreunden bekannten Zielen führen, die im Zeitalter der Globalisierung und der trotzdem oder gerade deshalb immer wieder auftauchenden internationalen Spannungen von ganz besonderer Bedeutung sind.

Den heute für das Kinderdorf Verantwortlichen sei in Erinnerung gerufen: Auch wenn heute neue Wege zu den ursprünglichen, aber immer noch hochaktuellen humanitären und völkerverbindenden Zielen des Kinderdorfes und seiner Stiftung gesucht und gefunden werden müssen, werden die folgenden Überlegungen nach wie vor ihre Gültigkeit behalten:

– Die Anliegen eines Kinderdorfes und seiner Stiftung können nur in einem Team verwirklicht werden, das vom Ziel und vom Sinn seiner Tätigkeit tief überzeugt ist.
– Die daraus sich ergebende Motivation führt zu jener kraftspendenen Einsatzfreude, die erforderlich ist, um die immer wieder auftauchenden Schwierigkeiten ertragen und meistern zu helfen.
– Bei aller erforderlichen und praktizierten Flexibilität kann das Überleben und die Kontinuität eines derartigen Werkes nur gesichert werden durch eine über Jahre reichende Kontinuität des Engagementes der Hauptverantwortungsträger und ihrer Mitarbeiter, die so in ihrer Permanenz ihre wachsenden Erfahrungen immer reicher und wirksamer zu Gunsten der ihnen anvertrauten Kinder und Jugendlichen nutzen können.
– Zustimmendes Verständnis für den tieferen Sinn des Werkes, wie ihn Walter Robert Corti und seine getreue Mitstreiterin Elisabeth Rotten in ihren Schriften umschrieben haben, ist nicht nur entscheidend für einen erfolgversprechenden Einsatz der Mitarbeiter, sondern auch für jenen Kreis von Kinderdorffreunden, die immer wieder zur Unterstützung des Werkes eingeladen werden.

Von Teilhard de Chardin, mit dem Walter Robert Corti in persönlicher Freundschaft und Verehrung verbunden war, stammt das vielversprechende und verpflichtende Wort:

«Die Zukunft liegt in den Händen jener, die der kommenden Generation triftige Gründe dazu geben, zu leben und zu hoffen.»

Gerzensee, im Frühling 2001
Arthur Bill

Grundziele und Grundsätze der Erziehungsarbeit

> Erziehung ist Übung in der Gemeinschaft, das ist
> Liebe in Anwendung auf den werdenden Menschen.
> *Paul Häberlin*

Im Herbst des Jahres 1947 bemühte sich auf Anregung Arthur Bills die damals im Kinderdorf tätige Gruppe von Lehrkräften zusammen mit der Pädagogin Elisabeth Rotten, die in entscheidender Weise an der Gründung des Kinderdorfes mitbeteiligt war, um eine erste Formulierung der Grundziele der Erziehungsarbeit. Diese Grundziele, als vorläufig festgelegte Richtpunkte gedacht, haben im wesentlichen ihre Bedeutung und Gültigkeit behalten. Sie stellen eine Adaptation der «Grundsätze» und «Ziele» dar, die 1921 die erste internationale pädagogische Konferenz in Calais mit Teilnehmern aus 10 Ländern als Grundlage für die Formulierung von Kriterien der Zugehörigkeit zum «Weltbund für Erneuerung der Erziehung» aufgestellt hatte. Elisabeth Rotten erwartete von den Lehrern des Kinderdorfes, dass sie sich vorgängig mit der Geschichte der modernen Pädagogik, mit der modernen Friedensbewegung und mit Vorgeschichte, Aufgaben, Zielen und Arbeitsweisen der Unesco vertraut gemacht hatten.

Die hier formulierten Grundziele und Grundsätze gehören alle in den Bereich der Frage, die Sigmund Freud schon im Jahre 1930 als Schicksalsfrage der Menschheit bezeichnet hat: «Die Schicksalsfrage der Menschenart scheint mir zu sein, ob und in welchem Masse es ihrer Kulturentwicklung gelingen wird, der Störung des Zusammenlebens durch den menschlichen Aggressions- und Selbstvernichtungstrieb Herr zu werden.» Die folgenden Jahrzehnte zeigten in beklemmender Weise die höchste Aktualität dieser Frage um das Schicksal der heute lebenden Generation und der kommenden Geschlechter.

Die fünf Grundziele des Kinderdorfes sind:
1. Sicherung der leiblichen Existenz und der bestmöglichen geistig-seelischen Entwicklung der dem Kinderdorf anvertrauten Kinder mindestens bis zur abgeschlossenen Volksschulbildung, nach Möglichkeit bis zur vollendeten Berufslehre und Überleitung in ein ihren jeweiligen Bedürfnissen und Veranlagungen entsprechendes Milieu im Ursprungsland.

2. Schaffung einer Wohnstuben-Atmosphäre in den einzelnen Häusern unter Wahrung und Pflege der sprachlichen, national-kulturellen und konfessionellen Eigenheiten der «Familie».
3. Aufbau einer Schulgemeinde von Kindern und Erwachsenen im Geiste der Toleranz, der Achtung und Bejahung des Verschiedenen, der Zusammengehörigkeit und der gegenseitigen Hilfe.
4. Nützung der ausserordentlichen Vorbedingungen des Kinderdorfes und der anhaltenden Zusammenarbeit von Erziehern aus verschiedenen Ländern zu einer gemeinsamen Leistung und zur Erschaffung pädagogischer Einsichten, die einen bescheidenen, aber positiven Beitrag zur Lösung der Zeitprobleme von der erzieherischen Sicht her zu bilden vermögen.
5. Weckung und Stärkung der friedwilligen Kräfte.

Die fünf Grundziele verfolgen demnach nichts anderes, als günstige Voraussetzungen zu schaffen, um in den uns anvertrauten Mädchen und Knaben die künftigen Bürger ihres Landes und dieser Erde vorzubilden: den Bürger, der über die nationalen Schranken hinaus im Mitmenschen ohne Ansehen von Rasse, Stand, Geschlecht und Konfession den menschlichen Bruder achtet und der es sich zur Aufgabe machen wird, nach seinen Möglichkeiten und Kräften an einer auf dieser Achtung beruhenden Welt- und Völkerordnung mitzuarbeiten.

Die Lehrziele und Unterrichtsmethoden, die diesen Grundzielen dienen, sind im Kinderdorf nicht in einer festen Satzung einmalig gegeben; sie werden immer neu aus den nationalen Gegebenheiten und aus dem Gemeinschaftserlebnis heraus erarbeitet, überprüft und gefestigt. Als Leitmotiv der täglichen Erziehungs- und Unterrichtsaufgabe können folgende Erkenntnisse dienen, die als Erkenntnisse schon lange vorliegen, in der Erziehungspraxis auf breiter Basis bis jetzt aber nur zögernd Anwendung gefunden haben:

– Ausgangspunkt und Ziel von Erziehung und Unterricht sind Weckung und Übung der geistigen Kräfte, nicht aber der Lernstoff. Dieser ist lediglich Mittel.
– Bei der Wahl der Lernstoffe sind die stets wechselnden Interessen des Kindes deshalb zu berücksichtigen, weil nur auf Grund dieses lebendigen Interesses eigentätige Erarbeitung durch das Kind und damit Entfaltung seiner Kräfte zu erwarten ist.
– An Stelle der äusseren Autorität soll eine von innen wirkende Disziplin treten und eine Ordnung, die von der ganzen Schulgemeinde miterschaffen und miterhalten wird.
– Die Bildung von Haus- und Schulgemeinschaften und die Schaffung einer Dorfgemeinschaft soll Erwachsenen und Kindern weitgehend Mitverantwortung bringen.
– In Schule und Haus tritt an die Stelle des Rivalitätsprinzipes die Hilfe und der Schutz

den Schwachen gegenüber. Das Klassensystem wird durchbrochen durch Gruppenarbeit.
- Die Bildung des ganzen Menschen erstrebt Erziehung von Kopf, Herz und Hand. Der Pflege des Künstlerischen, in dem sich die Kräfte vereinigen, kommt deshalb besondere Bedeutung zu.
- Bejahung der Koedukation auf allen Entwicklungsstufen.
- Bewusstes Hinführen zum Früherlebnis der Gemeinde als wesentliche Vorbildung des künftigen Staats- und Weltbürgers.

Chronik

Jahresbericht 1955 im Zeichen des zehnjährigen Kinderdorfes

Dieser Jahresbericht ist der zehnte seit Bestehen des Kinderdorfes. Unsere Berichterstattung beschränkt sich deshalb nicht nur auf die Ereignisse und Entwicklung im vergangenen Jahre 1955. Angesichts des zehnjährigen Kinderdorfes, dessen heutiges Bild auf den folgenden Seiten eine etwas ausführlichere Beschreibung erfahren soll, wollen wir uns auch auf die allererste Zeit besinnen; denn während der ersten zehn Kinderdorf-Lebensjahre ist, wie bei einem Menschenkinde, viel Richtungbestimmendes für eine weitere Entwicklung gelegt worden. Wer die «Chronik der ersten Jahre» dieses Berichtes mit wacher Phantasie liest, wird etwas von der Welt an Hoffnungen, Mühen, Sorgen und Freuden ahnen, die hinter den knappen Notizen steht.

Aber die Mühen und Sorgen und die grosse Arbeit haben sich reichlich gelohnt! Jahr für Jahr konnten mehr Kinder ihr Pestalozzi-Dorf erleben, ihr neues Zuhause und einen neuen Anfang finden: Weihnachten 1946 feierten 64 Kriegswaisen in Trogen, 1947 lebten 96 Kinder im Dorf, 1949 waren es 163 und heute ist das zweite Hundert voll! Wohl ist das Dorf vor Enttäuschungen nicht verschont geblieben: Der schwerste Schlag für unsere Dorfgemeinschaft ist gewiss der erzwungene Abschied unserer ungarischen und polnischen Kinder im Sommer 1949 gewesen. Noch flattern ihre Flaggen auf dem Fahnenhügel im Verein mit den Zeichen der 8 Nationen (Frankreich, Österreich, Deutschland, Italien, Finnland, Griechenland, Grossbritannien und die Schweiz), die heute die kleine Völkergemeinschaft auf dem Hügel von Trogen bilden und deren Dorf inzwischen auf 18 Häuser angewachsen ist.

Ein so schnell wachsendes Dorf aber bringt begreiflicherweise auch wachsende Ausgaben. Seit Bestehen des Dorfes haben sich die grösseren Kinder und alle Mitarbeiter auch für die wirtschaftliche Seite des Dorflebens interessiert. Aus diesem Interesse ist die Bereitschaft und die Freude erwachsen, aus eigener Anstrengung einen bescheidenen Teil der Kosten des Kinderdorfes mittragen zu helfen. Der Betrag der eigenen Einnahmen, die «goldene Zahl» genannt, ist von Jahr zu Jahr langsam aber stetig gestiegen.

Diese glückliche wirtschaftliche Entwicklung findet sich in finanziell viel gewichtigerem Rahmen in der Mittelbeschaffung für die Gesamt-Bedürfnisse des Kinderdorfes. Wir Kinderdorfbewohner müssen immer wieder dankbar das Wunder anerkennen, das darin besteht, dass ein Dorf mit heute immerhin zirka 300 Einwohnern Jahr für Jahr auch finanziell vom Wohlwollen und von dem tätigen Interesse grosser Freundeskreise in der Schweiz und im Ausland getragen wird. Wenn dies in Zukunft so bleiben soll, haben wir in erster Linie darauf zu achten, dass wir an dem von Walter Robert Corti erstmals formulierten und von der Stiftung des Kinderdorfes verantworteten Auftrage festhalten und uns bemühen, ihn in Treue durchzuführen:

> Das Kinderdorf will dem verlassenen und notleidenden Kinde eine Heimstätte bieten, in der es in familienähnlicher Geborgenheit all das findet, was zu seiner harmonischen Entwicklung notwendig ist.
> Das Kinderdorf will ein Ort sein, an dem sich Kinder und Erzieher aus verschiedenen Ländern zu einer Nachbarschaft und zum gemeinsamen Tun und Schaffen einfinden können, das sie über alles Trennende der Sprache, des Glaubens und des Herkommens hinweg das Gemeinsame, das Allgemeinmenschliche als tragfähiges Element der kleinen Völkergemeinschaft erleben lässt und jedem Gliede dieser Gemeinschaft die Erkenntnis vermittelt, dass bei aller Treue zur heimatverbundenen Eigenständigkeit gegenseitiges Verstehen möglich und als dringende Aufgabe unserer Zeit notwendig ist.

Im Wirkungsbereich dieses doppelten Auftrages haben bis heute (März 1956), 418 Kinder das Pestalozzidorf in einem mehrjährigen Aufenthalt erleben dürfen:

80 Franzosen	64 Griechen
50 Italiener	23 Schweizer
32 Polen	25 Deutsche
33 Finnen	57 Engländer
38 Österreicher	16 Ungarn

Zu diesen 418 Kindern kommen weitere 900 Kinder und Jugendliche, die während der ersten 10 Jahre unser Dorf und seine Idee in kürzeren oder längeren Ferien- und Erholungsaufenthalten kennen gelernt haben. Wir erinnern uns dabei an die Bergkinder aus Graubünden, die Pro-Juventute-Kinder aus dem Wasseramt, die Auslandschweizer-Kinder, die Flüchtlingskinder aus Ostdeutschland, die Berliner-Kinder, die Schülergruppen aus Nordfrankreich, aus dem Elsass, aus Paris, die Kinder aus Rom, aus Holland, aus England, die Studentengruppen aus Cambridge, Frankreich und den USA.

In den letzten Jahren durfte das Kinderdorf während der Sommerferienzeit mehr und mehr als Tagungsort zielverwandter Organisationen und Bestrebungen dienen: So beherbergten wir allein im Sommer 1955 zum zweiten Male die Internationale Lehrertagung (mit Hilfe der Schweiz. Unesco-Kommission durch den Schweiz. Lehrerverein organisiert), einen schweizerisch-süddeutschen Lehrerkurs, ein finnisch-dänisch-schwedisches Singtreffen von Erziehern und eine Erziehertagung der Internationalen Föderation der Kinderdörfer und Jugendsiedlungen (FICE).

Wenn wir alle diese Begegnungen auch als Möglichkeiten einer weiteren Ausstrahlung des Kinderdorf-Gedankens schätzen, haben wir in diesem Zusammenhang auf zwei Wege hinzuweisen, über die jener Austausch von Erfahrungen und Einsichten ebenfalls erfolgt:

Seit Bestehen des Dorfes haben über 400 Mitarbeiter als Erzieher und Lehrer oder in der Verwaltung in mehrjährigem Einsatz im Kinderdorf gewirkt oder als Freiwillige kürzere Zeit dem Dorf ihre Arbeitskraft gewidmet. Viele unter ihnen haben nach ihrem Weggang Gelegenheit gefunden, sich in ihren Ländern in verantwortungsvoller Stellung für die ihnen im Kinderdorf wert gewordenen Ziele einzusetzen. So wissen wir uns heute mit Erziehern, mit Schul- und Heimleitern in Österreich, Deutschland, Frankreich, Italien, England, Holland, Finnland, Schweden, Griechenland, Israel, Ungarn, Kanada, Australien und Neuseeland verbunden.

Das im Berichtsjahr fertig erstellte und auf den Namen «Coccinella» getaufte Haus der Schweizer Schuljugend dient in seiner Weise demselben Ziel: Schweizer Schulklassen sollen nicht im Ferienaufenthalt, sondern während einer oder mehrerer Arbeitswochen aus nächster Nähe und als Glieder der kleinen Völkerfamilie das Leben des Kinderdorfes kennenlernen. Peter Streit, der Lehrer der Schulklasse aus Langenthal, die als erste das Haus «Coccinella» bewohnte, schrieb in seinem Schlussbericht: «Der Aufenthalt im Kinderdorf war mehr als die Schaffung einer Grundlage im methodischen, er war es wohl eben in menschlichem Sinne».

Während des vergangenen Jahres 1955 wurden 57 neue Kinder in das Dorf aufgenommen. Wenn wir uns dazu die Zahlen von 1954 (41 Aufnahmen) und von 1953 (33 Aufnahmen) vergegenwärtigen, wird ersichtlich, dass sich unser Kinderdorf im Bestand seiner Kinder in den letzten drei Jahren zu zwei Dritteln erneuert hat. Alle im Kinderdorf vertretenen Nationen haben uns während des Jahres 1955 wieder Kinder anvertraut, am meisten die Griechen (19 Kinder), gefolgt von den Engländern und Schweizern (je 8 Kinder), den Finnen und Österreichern (je 6 Kinder), den Franzosen (5 Kinder), den Deutschen (3 Kinder) und den Italienern (2 Kinder) – Das Durchschnittsaufnahmealter lag dieses Jahr etwas tiefer als früher, nämlich zwischen 8 und 9 Jahren. Die Gruppe der Neuaufgenommenen weist folgende soziale Struktur auf: 9 Vollwaisen, 27 Halbwaisen, 12 unehelich geborene Kinder, 9 Sozialwaisen. Man mag sich nun fragen, wie weit in der Praxis die Ziele des Dorfes erreicht werden, wie weit nämlich unsere Pestalozzidorf-Kinder nach und nach aus der nationalen

Geborgenheit ihrer Häuser heraus- und zu Gliedern der ganzen Dorfgemeinschaft heranwachsen. Die Beantwortung der Frage, inwiefern Freundschaften auch ausserhalb der eigenen Hausgemeinschaften geschlossen werden, kann vielleicht in dieser Richtung einigen Aufschluss geben (Ergebnisse einer Rundfrage Ende 1955):

Wo finden unsere Kinder ihren besten Freund oder ihre beste Freundin?

Altersgruppe	im eigenen Haus	in einem anderen Haus
Die 5– 7 jährigen	38 %	62 %
Die 8–10 jährigen	29 %	71 %
Die 11–13 jährigen	34 %	66 %
Die 14–18 jährigen	14 %	86 %

Die Übersicht zeigt, dass in allen Altersgruppen die Freundschaften mit Kindern der anderen Häuser dominieren, und dass der Prozentsatz dieser Freundschaften mit zunehmendem Alter grösser wird.

Jahr für Jahr bereiten sich 20–30 Kinder für den Austritt aus dem Kinderdorf und den Eintritt in das Berufsleben (Lehre oder Studium) vor. Mit welcher Einstellung sie dies tun, mögen Auszüge aus einigen Berichten jenes Jahrganges erhellen, der 1956 den «Flug ins Leben» zu wagen hat:

Ein Italiener:
«Meine Lehrzeit ist für mich der wichtigste Punkt. Ich bin noch jung, aber ich weiss Bescheid, dass mein Beruf meine Zukunft bildet. Darum würde ich mich sehr freuen, wenn ich den Beruf bald, aber gut erlernen könnte. Es geht mir nicht um das Geldverdienen allein, natürlich auch um das, es geht darum, dass ich endlich sagen kann: Jetzt bin ich ein fertiger Mann! Mein Land braucht bestimmt meine Arbeit und meine Hilfe, und dann habe ich die Möglichkeit, eine Familie zu gründen. Das braucht aber Tüchtigkeit und ich hoffe, dass meine Lehrzeit nicht so schwer sein wird, wie ich sie mir vorstelle.»

Eine Finnländerin:
«In der Freizeit möchte ich meiner Meisterin mit Stricken, Nähen und Flicken helfen. Wenn ich später die Frauenarbeitsschule besuche, möchte ich noch im Kinderdorf wohnen, damit ich in den verschiedenen neuen Situationen meine Bekannten und Freunde fragen kann, was ich tun oder lassen soll. Es ist mir gleichgültig, ob die Lehre schwer ist oder nicht, ich will mein Bestes geben. Nach meiner Lehrzeit möchte ich in der Schweiz noch ein oder zwei

Jahre arbeiten, damit ich meinen Beruf gut beherrsche, wenn ich nach Finnland zurückkehre.»

Von den 26 jungen Leuten, die im Jahre 1955 Berufslehre oder Studium angetreten haben, waren alle im Alter zwischen 15 und 16 Jahren. Einer unter ihnen hatte 9 Jahre Kinderdorf erlebt, die andern durchschnittlich 6½ Jahre. Ihre Berufsausbildung absolvieren sie jetzt in Finnland (6), England (4), Italien (1) Griechenland (1), Österreich (1), Deutschland (1) und in der Schweiz (12). Von den 12 Jugendlichen, die ihre Lehrzeit noch in der Schweiz verbringen, konnten 5 den Wohnsitz weiterhin im Kinderdorf behalten, das ihnen im Hause «Coccinella» zusammen mit 8 älteren Lehrlingen eine eigene Etage mit Lehrlings-Eltern zugewiesen hat.

Die Gesamtzahl unserer «Ehemaligen», die seiner Zeit einen mehrjährigen Aufenthalt im Kinderdorf zubringen durften, ist inzwischen auf 125 gestiegen. Davon stehen zur Zeit 56 in der Schweiz in der Lehre, während 69 zur Berufsausbildung bereits in die Heimatländer zurückgekehrt sind. Die Nationen sind hier wie folgt vertreten:

Frankreich 19, England 15, Finnland 13, Österreich 11, Italien 4, Deutschland 4 und Griechenland 3. Von den insgesamt 125 Ehemaligen haben erst 14 Lehre oder Studium abgeschlossen. Im 4. Lehrjahr befinden sich noch 8, 26 sind im 3., 36 im 2., 26 im 1. Lehrjahr und 15 in der Lehrvorbereitung.

56 verschiedene Berufe, vom Steinmetz bis zum Dolmetscher und von der Säuglingsschwester bis zur Tänzerin, sind durch unsere Ehemaligen ergriffen worden. In Berufsberaterkreisen werden die Berufe nach ihrer Bedeutung für den jungen Menschen oft in Kategorien eingeteilt. In dieser Berufstypologie erscheinen unsere 125 Ehemaligen in der folgenden Vertretung:

Helfen, hegen, pflegen, erziehen, bilden	21,0 %
Malen, formen, gestalten	20,5 %
Montieren, bauen	15,0 %
Verkehr mit dem Publikum	12,5 %
Berechnen, errechnen	9,0 %
Tischlein deck' dich	8,0 %
Eine Arbeit ganz für sich	7,0 %
Bald da, bald dort	5,0 %
Etwas ganz genaues	1,5 %
Untersuchen, forschen, entdecken	0,5 %

Im Kontakt unserer «Ehemaligen» mit dem Kinderdorf hat sich bereits die Tradition herausgebildet, dass sie, wenn immer möglich, ihr Dorf an Weihnachten besuchen. So haben sich zu Weihnachten 1955 wieder über 40 Burschen und junge Mädchen eingefunden. Die Gruppe der acht Österreicher brachte sogar ihre früheren Hauseltern mit. Die persönlichen Berichte der Ehemaligen runden das Bild der Berufstätigkeit ab, das wir uns auf Grund der Hunderten von Ehemaligen-Briefen, die das Dorf im Laufe eines Jahres erreichen, bereits gemacht haben. Wir wollen nicht verschweigen, dass in wenigen Einzelfällen dieses Bild auch die Schwierigkeiten, ja ein zeitweises Versagen des einen oder andern jungen Menschen wiederspiegeln kann. Wir werden dabei an die Wahrheit erinnert, dass Erziehen wagen bedeutet und dass im Wagen das Versagen mit eingeschlossen sein kann. Im mutigen Neubeginnen haben solche Sorgenkinder bis jetzt immer wieder den Weg finden dürfen.

Zwischen Weihnachten und Neujahr haben die im Kinderdorf versammelten Ehemaligen den Entschluss gefasst, im Jubiläumsjahr 1956 den «Bund der Ehemaligen des Kinderdorfes Pestalozzi» zu gründen. Damit wollen sie ihrer Treue zum Kinderdorf und seiner Idee sowie ihrer Verbundenheit untereinander Ausdruck geben. Wenn diese Haltung unserer ehemaligen Dorfbürger auch den möglichen Belastungen späterer Jahre standhält, wird die schönste der Kinderdorf-Hoffnungen in Erfüllung gehen.

Aus der Chronik der ersten zwei Jahrzehnte

1944
1. August: «Ein Dorf für die leidenden Kinder». Artikel der schweizerischen Monatszeitschrift «DU», verfasst von Walter Robert Corti. – Ende September: Gründung des ersten Aktions-Komitees (Walter Robert Corti, Marie Meierhofer, Charlotte Trefzer, Edwin Arnet, Hans Fischli, Adolf Maurer, Otto Zaugg).

1945
15. Januar: Gründung der «Vereinigung Kinderdorf Pestalozzi» unter dem Präsidenten Walter Robert Corti. – Ende November: Erstes Landangebot der Gemeinde Trogen. – 1. Dezember: Besichtigung des Geländes oberhalb Trogen durch Vertreter der Vereinigung Kinderdorf Pestalozzi. – 7. Dezember: Ankunft von 27 Österreicher-Kindern im «Pestalozzi-Haus» in Winterthur.

1946
9. Januar: Zweites Angebot der Gemeinde Trogen, das Gelände «Im Grund» für den Bau des Kinderdorfes zur Verfügung zu stellen. – 21. Januar: Beschluss des Vorstandes der Vereinigung Kinderdorf Pestalozzi, das Kinderdorf in Trogen zu bauen. Übernahme der Mittelbeschaffung durch die Stiftung «Pro Juventute». – 3. März: Versammlung der Einwohner- und Bürgergemeinde Trogen: Abtretung von Bauland für die Errichtung des Kinderdorfes. – 19. März: Erste Generalversammlung der Vereinigung Kinderdorf Pestalozzi. – 28. April: Grundsteinlegung für das Kinderdorf Pestalozzi in Trogen. – 11. Mai: Ankunft der ersten französischen Kriegswaisen in der Vorstation Waisenhaus Schurtanne Trogen. – 1./2. Juni: Erster Abzeichenverkauf in der ganzen Schweiz. Der Glückskäfer bringt einen Reinertrag von 447 000 Franken ein. – 9. September: Umzug der französischen Kinder in die zwei ersten Häuser des Kinderdorfes. – 6. Oktober: 600 freiwillige Helfer haben im vergangenen Sommer 25 000 Arbeitsstunden für den Bau geleistet. – 11. Dezember: Ankunft von 16 Polenkindern aus den Lagern Meran und Arco. – 25. Dezember: Ankunft von 16 Polenkindern aus Warschau.

1947
1. Februar: Übernahme der Dorfleitung durch Fritz Wezel. – 1. März: Ankunft von 16 Österreicher-Kindern. – 25. Mai: Pfingsten: 5000 Besucher im Dorf. – 27. Juni: Ankunft von 16 Ungarn-Kindern. – 1. Juli: Rückkehr von 12 Franzosenkindern zu ihren Angehörigen nach Frankreich. – 18. Juli: Ankunft von 16 Kriegswaisen aus Hamburg. – 28. September: Zweite Generalversammlung der Vereinigung Kinderdorf Pestalozzi. Taufe der Häuser:

Orleta	Geschenk der Stadt Zürich
Les Cigales	Geschenk der Stadt Winterthur
M. Curie-Sklodowska	Geschenk der Ciba
Kindersymphonie	Geschenk der Migros
Kukoricza Jancsi	Geschenk der Loge Alpina
Butendiek	Geschenk von O. Rücker-Embden

November: Einrichtung und Eröffnung der neuen Zentralküche. – Dezember: Im Laufe des Jahres 1947 haben 400 Waldbesitzer 450 Bäume zu Gunsten des Kinderdorfes im Rahmen der von Walter Robert Corti vorgeschlagenen Baumaktion geschenkt.

1948

7. März: Ankunft von 16 Italiener-Kindern. – 26. April: Wahl von Arthur Bill zum Schulleiter des Dorfes. – 24. Mai: Ankunft von 18 Kriegswaisen aus Finnland. Die Vereinigung der Schweiz. Futtermittelhändler schenkt dem Kinderdorf einen kompletten Geflügelhof mit Stall, Geräten und 40 Junghennen. – 29. Juni: Einführung des Deutschunterrichtes im Dorf. – 4./11. Juli: Im franz. Haus «Les Cigales» wird erstmals die Prüfung für das «Certificat d'études primaires» durchgeführt. Unesco-Tagung von Kinderdorfleitern in Heiden-Trogen. Gründung der FICE (Fédération Internationale des Communautés d'Enfants) mit Sitz in Trogen. – Juli/August: Die ersten Ferienkolonien im Kinderdorf (100 Franzosenkinder, 16 Kinder aus Italien, 30 Bergkinder aus Graubünden). Durchführung der ersten Studienwoche der Lehrerschaft des Kinderdorfes. – 13. Oktober: Ankunft der 16 Griechenkinder. – 11. November. – Ankunft der Elsässerkinder. – 2. Dezember: Ankunft der italienischen Kinder für das zweite Italienerhaus.

1949

1. Januar: Übernahme der Dorfleitung durch Arthur Bill. Einführung einer neuen Selbstverwaltungsform der Kinderhäuser. – 5. März: Ankunft von 9 Griechenkindern für das zweite Griechenhaus. – 2. April:- Einweihung des zweiten Griechenhauses. Taufe auf den Namen Argonautes (Spende der Bevölkerung von Solothurn). – 10. Juni: Vorzeitige Rückkehr der ungarischen Kinder auf Anordnung der ungarischen Regierung. – 16. Juni: Ankunft von weiteren 9 Griechenkindern für das zweite Griechenhaus. – 14. Juli: Abreise der Polenkinder zu einem Ferienaufenthalt in ihre Heimat. Sie kehren nicht mehr ins Kinderdorf zurück. – 24. September: Einweihung und Taufe des italienischen Hauses «Pinocchio» (Spende der Zürichseegemeinden). – 27. September: Der erste Bürgerbrief des Dorfes wird der austretenden Raymonde François überreicht. – 24. Oktober: Eröffnung der ersten Klasse der neugegründeten Sekundarschule des Kinderdorfes. – 1. November: Im alten Bauernhaus «im

Bühl» bauen Mitarbeiter das Theater des Kinderdorfes. – 16./25. November: Studienreise der Hauseltern und Lehrkräfte: Besuch schweizerischer Schulen und Heime.

1950
24. Februar: 30 ostdeutsche Kinder aus den Flüchtlingslagern treffen ein, um in den freigewordenen Polenhäusern einen dreimonatigen Erholungsaufenthalt zu verbringen. – 3. April: Wir erhalten Mitteilung von der grossen Lebensmittelspende des Verbandes Schweizerischer Konsumvereine. – 11. April: Eröffnung der Hauswirtschaftsklassen des Kinderdorfes. – 14. April: Die erste Nummer der Kinderdorf-Zeitung «Freundschaft», von den Kindern selbst verfasst, gesetzt und illustriert, geht in Druck. – 17. Juni: Die Delegiertenversammlung des Schweiz. Lehrervereins beschliesst, auch in Zukunft dem Kinderdorf Hilfe und Unterstützung zu sichern. – 1. Juli: Kurt Fink tritt sein Amt als Verwalter an. – 4. September: Ankunft der 30 britischen Kinder, die das frühere ungarische und das polnische Haus beziehen. – 27. September: Richtfest des Gemeinschaftshauses. – 3. Oktober: Erster Patentag im Kinderdorf (200 Paten und Patinnen im Dorf). – 22. Oktober: Gründung der Stiftung Kinderdorf Pestalozzi. Präsident der Stiftung: alt Bundesrat Dr. Walter Stampfli. Präsident der Stiftungskommission: Nationalrat Dr. Ernst Boerlin. – 4. November: Eröffnung der Kinderdorf-Ausstellung im Zürcher Pestalozzianum.

1951
20. April: Gründung des schweizerischen Zweiges der FICE in Bern. – 27. April: Übergabe des America-House-Fund durch Bischof Larned und die Delegationen der amerikanischen Frauenclubs Genf, Bern und Zürich: 60 000 Franken für die Werkstätten des künftigen Oberstufen-Schulhauses. – 13. Mai: Genehmigung der von der Dorfgemeinschaft ausgearbeiteten Satzungen durch die Stiftungskommission. – 22. Mai: Ankunft der ersten Schweizerbuben für die neu zu bildende Gruppe der Schweizer-Kinder im ehemaligen Polenhaus Marie Curie-Sklodowska. – 3. Juni: Die Schweizer Imker schenken dem Kinderdorf ein Bienenhaus. – 15. Juni: Die Mitglieder des Dorfrates werden erstmals gewählt. – 3. Juli.: Übergabe des finnischen Hauses Jukola durch die Vertreter der PTT- und Zoll-Personal-Verbände. – 19. September: Die Bauteile einer echten finnischen Sauna treffen ein, ein Geschenk finnischer Freunde unseres Dorfes. – 7. Oktober: Vertreter der Berner Kramgassleist übergeben dem Dorf ihre Spenden im Wert von Fr. 10 000.– (Ausstattung der Schulküche, Bärenplastik und Wegweiser). – 15. Oktober: Die schweizerischen Strassenbaufirmen asphaltieren unsere Dorfwege. – 6. November: Besuch Pablo Casals im Kinderdorf und Übergabe des Betrages von Fr. 5 000.– (Erlös aus der zu Ehren seines 75. Geburtstages in Zürich gegebenen Konzert-Matinée). – 14. November: Umzug der Sekundarschule aus dem Schulhaus Schopfacker in das Gemeinschaftshaus des Kinderdorfes. Eröffnung der Werkzeug-Klasse. Die Hauswirtschafts-, Sprach- und Musikräume können bezogen werden.

1952

6. Januar: Erstmals ist die ganze Dorfgemeinschaft zu einer gemeinsamen Dreikönigs-Tags-Feier in dem Saal des neuen Gemeinschaftshauses versammelt. – 9. März: Feierliche Einweihung des Gemeinschaftshauses unter Anwesenheit von Vertretern der Spender (Kanton Zürich, Kanad. Sektion der Unesco), FICE und der Kinderdorf-Behörden. – 22. März: Ein grosser Flügel, Geschenk des Schweiz. Verbandes der Klavierfabrikanten und -händler, trifft ein. – 1. Mai: Der von den Afrika-Schweizern gespendete Dorfbrunnen ist vollendet. – 10. Mai: Erstmalige grössere Ausfahrt des neu gegründeten Fahrrad-Klubs unserer Kinder. – 4. Juni: Die «Jungen Dorfbürger» unseres Dorfes, die Versammlung der älteren Kinder, wählen ihren «Rat der Jungen Dorfbürger», in dem pro Kinderhaus ein Abgeordneter vertreten ist. – 28. Juni: Aufnahme des 200. Kindes unseres Dorfes: Heinz Bigler. – 26. September: Die Schenkung des «Secours Dentaire International» ermöglicht die Einrichtung eines eigenen zahnärztlichen Behandlungszimmers. – 14. Oktober: Eröffnung der viersprachigen Kinderbücherei des Dorfes und des Lesezimmers. – 20. Oktober: Beginn der Dreh-Arbeiten der Praesens-Film AG im Kinderdorf.

1953

8. März: Chor und Orchester unseres Dorfes konzertieren erstmals auswärts in Winterthur und Amriswil. – 16. März: 16 Kinder verabschieden sich und erhalten ihre Bürgerbriefe. – 30. März: Einweihung der finnischen Sauna in Gegenwart der Vertreter des finnischen Sozial-Ministeriums. – 16. Juli: Der Praesens-Film über unser Dorf ist fertig und wird erstmals vorgeführt. – 18. Oktober: Patentag und Taufe des Schweizerhauses auf den Namen «Heimetli». – 2. Dezember: 30 Ehemalige sind zu Weihnachten in ihr Dorf gekommen. – 2. Dezember: Der 50. Bürgerbrief wird an Georgos Kounias überreicht. – 31. Dezember: Im Laufe des vergangenen Jahres sind 46 Mädchen und Jünglinge ausgetreten. Dagegen wurden 33 Kinder aus Frankreich, Finnland, der Schweiz, Deutschland, Italien, Österreich und England aufgenommen.

1954

10. Mai: Der Bürgerbrief Nr. 71 wird einem zurückkehrenden Finnenmädchen überreicht. – Juni: Den ganzen Monat arbeiten die grossen Buben am Spielplatz der Kleinen. – 1. Juli: Das Kinderdorf erhält eine eigene Postagentur. – 17. Juli: Die erste internationale Lehrertagung wird im Kinderdorf eröffnet. – 31. Juli: 40 Mitglieder des internat. Quäkerseminars aus allen Erdteilen treffen zu einer zweiwöchigen Tagung zusammen. – 21. September – An allen Häusern werden Rettungsgeräte für den Brandfall montiert. – 8. Oktober: Grundsteinlegung für das Haus der Schweizer Schuljugend. – 8. November: Die Lehrerschaft des Kinderdorfes begibt sich auf die Studienreise zu den Stätten Pestalozzis. – 8. November: Richt-

fest für das Haus der Schweizerjugend, das 18. Haus des Kinderdorfes. – 9. Dezember: Finnische Schaufensterdekorateure sammeln in Helsinki für das Kinderdorf. – 28. Dezember: Unesco-Ausstellung in der Canada-Hall: Japanische Holzschnitte.

1955
31. Januar: Die Fahrer des Sechstagerennens in Oerlikon spenden dem Dorf 2000 Franken. – 24. Februar: Herr Corti erläutert den Mitarbeitern seinen «Plan der Akademie». – 9. März: Tod von Roswitha Franz aus dem deutschen Hause «Butendiek» nach langer schwerer Krankheit. – 31. März: Der 100. Bürgerbrief wird überreicht. 17 Kinder treten aus. – 20. Mai: Beginn eines mehrwöchigen Kurses für Geschichtsunterricht auf übernationaler Basis. – 30. Juni: ein Briefmarkenklub wird gegründet. – 8. Juli: Der Rektor der Strassburger Universität wohnt dem Certificat d'Etudes primaires bei. – Juli: Über 12 verschiedene Kinder- und Erwachsenen-Kurse und Kolonien bevölkern die Kinderhäuser in der Sommerferienzeit. – 5. August: Flachsernte im Kinderdorf. – 21. August: 13 Lehrlinge des Kinderdorfes ziehen in das fertiggestellte Haus der Schweizer Schuljugend ein, wo sie ein eigenes Stockwerk bewohnen. – 25. August: Eidg. Betriebszählung: Unser Tierbestand: 13 Schweine, 6 Schafe, 270 Hühner, 11 Truten und Gänse. – 20. September: Die Schweiz. Gemeinnützige Gesellschaft tagt im Kinderdorf. – 1. Oktober: Die erste Übung der neugegründeten Pfadfinderabteilung des Kinderdorfes findet statt. – 20. Oktober: Das Kinderdorf erhält ein Auto geschenkt. – 31. Oktober: Die erste Gast-Klasse des Turnushauses trifft aus Langenthal ein. – 6. November: Einweihung und Taufe des Hauses der Schweizer Schuljugend. Das Haus trägt den Namen «Coccinella» (Marienkäfer). – 2. Dezember: Über 40 Ehemalige haben die Weihnachtstage mit uns verbracht.

1956
29. April: Patentag: Erste Aufführung des Festspieles: «Tor zur Welt». Text Verena Klug, Musik Ernst Klug. – 7. Mai: Besuch von Madame Max Petitpierre und 32 Diplomatengattinnen. – 20. September: Aus Finnland erreicht uns die Trauerbotschaft, dass unsere Ehemalige Terttu Nieminen am 13. April gestorben ist. – 30. September: 10. Jahresfeier bei strahlendem Wetter. – 9. November: 4 ungarische Flüchtlingsfamilien, 9 Kinder und 9 Erwachsene finden Aufnahme im Kinderdorf; eine weitere Familie folgt am 15. November.

1957
23. Februar: Wir erfahren, dass unser Andreas Reinhardt, 15 Jahre, ein Ehemaliger des früheren ungarischen Hauses, während der Oktoberrevolution von 1956 in den Strassen Budapests gefallen ist. – 24./30. Mai: Studienwoche der Kinderdorf-Lehrkräfte im UNESCO-Institut Gauting bei München. – 20. September: W. R. Corti wird von der Universität

Tübingen in Würdigung seiner Verdienste um die Schelling-Forschung und als Gründer des Kinderdorfes Pestalozzi der Doktor der Philosophie honoris causa verliehen. – 15. Dezember: Einweihung unseres neuerbauten ungarischen Hauses, das Flüchtlingskindern aus Ungarn zur Verfügung stehen soll.

1958
8. März: Glockenaufzug in Trogen. Kinder des Kinderdorfes bringen eine Glückwunschbotschaft für die neuen Glocken und dürfen die zweitgrösste Glocke hochziehen. – Sommer: Studienwoche tunesischer Erzieher und Kinderdorfleiter im Kinderdorf Pestalozzi. – 14. September: Das Kinderdorf hat die Ehre, die königliche Familie aus Griechenland mit Gefolge zu empfangen.

1959
7. März: Von der in Genf stattfindenden Delegierten-Versammlung der UNICEF kommen in Begleitung von Minister de Rham über 100 Teilnehmer aus der ganzen Welt zu Besuch. – 17. Oktober: Aufrichtefeier auf dem Bauplatz des Oberstufenschulhauses. – 28. Oktober: Eine Delegation des Kinderdorfes fährt nach Waldenburg zur Grundsteinlegung des Albert-Schweitzer-Kinderdorfes. – 22. Dezember: Erste Hochzeit von zwei Ehemaligen des Kinderdorfes: Colette und Aimé heiraten.

1960
16. Februar: Zusammenkunft mit Mr. Norbu, dem ältesten Bruder des Dalai Lama. Es wird beschlossen, tibetische Flüchtlingskinder im Kinderdorf aufzunehmen. – 29. Mai: Besuch von 200 Delegierten des Schweizerischen Roten Kreuzes. – 17. August: Ankunft der tibetanischen Hauseltern, Herr und Frau Rakra. – 10. Oktober: Beginn der Studientage der FICE (Fédération Internationale des Communautés d'Enfants). Thema: «Die Stille». – 3./12. Oktober: Ankunft der Tibeterkinder. – 24. Oktober: Einweihung unseres Schwesterdorfes in Sedlescombe, Südengland, im Beisein von Dr. W. R. Corti. – 20. November: Feierliche Einweihung des Oberstufenschulhauses. Frau Dr. Elisabeth Rotten wird zur Ehrenbürgerin des Kinderdorfes ernannt. – 18. Dezember: Die Tibeterkinder halten Einzug in das noch mit einem Gerüst versehene Haus, nach ihrem Akklimatisationsaufenthalt im Berner-Oberland.

1961
8. April: Offizielle Einweihung des Tibeterhauses «Yambhu Lagang». – 16. April: Der 200. Bürgerbrief an Hektor Andriotis. – 27. August: Aus Frankreich erreicht uns die Nachricht, dass Frau Marsden, Hausmutter im «Stepping Stones», auf einer Ferienreise plötzlich gestorben ist.

1962

3. März: Ankunft der sturmflutgeschädigten Kindergruppe aus Hamburg-Wilhelmsburg zu einem mehrwöchigen Aufenthalt. – 30. März: Aus Wien erreicht uns die Nachricht, dass Frau Patat, frühere Hausmutter im Österreicherhaus, nach schwerer Krankheit gestorben ist. – 10. Juni: Die beiden Ehemaligen Paavo und Marjatta heiraten in Finnland: unser zweites Kinderdorf-Ehepaar. – 9. Juli: Grosse Trauer im Kinderdorf: Marisa, eine italienische Ehemalige, ist als Airhostess der ALITALIA am 6. Juli mit einer DC 8 in der Nähe von Bombay abgestürzt.

1963

13.–16. März: Beratungen der Auslandkommission. Gesamtthema: «Die Fremdversorgung von Kindern». – 8. Juli: Wir nehmen vom «Stepping Stones» Abschied. Es soll einer zweiten Tibetergruppe zur Verfügung gestellt werden, nachdem vereinbart worden ist, dass England künftig nur noch mit einem Haus im Kinderdorf vertreten sein soll. – 16. Juli: Beginn der 10. Lehrertagung im Kinderdorf. – 23.–27. September: 1. Internationale Arbeitstagung in Salzburg. Thema: «Die Fremdplazierung von Kindern und das Kinderdorf». – 7. November: Aus Wien erreicht uns die Nachricht, dass Fräulein Trudi Singer, frühere Sekretärin der Dorfleitung, gestorben ist.

1964

9. Januar: Aus Lappland kommt die Ehemalige Seija nach 10 jähriger Abwesenheit ins Kinderdorf zurück, um während 5 Monaten hier zu arbeiten. – 24. Januar: Ankunft der zweiten Tibetergruppe. – 26. März: Elisabeth Doucelance erhält den 300. Bürgerbrief. – 2. Mai: Frau Dr. Elisabeth Rotten ist im Alter von 82 Jahren in London entschlafen. – 10. Juli: Einige unserer Kinder dürfen an der EXPO, am Kantonaltag der Appenzeller, teilnehmen. – 17. August: Tagung tibetanischer Lamas und Gruppenleiter im Kinderdorf. – 21. Dezember: Tragische Nachricht aus Frankreich: unser Ehemaliger René Carpin ist bei einem Geländelauf tödlich abgestürzt.

1965

15. Februar: Im Rahmen eines Austausch-Programmes kommt eine Klasse der Pestalozzischule aus Oberhausen, Ruhrgebiet, zu uns auf Besuch. – 21. April: Eröffnung der zweiten Kinderdorf-Arbeitstagung, die im Rahmen der FICE durchgeführt wird. – 3. Mai: Unsere Ehemalige Susi aus dem Schweizerhaus übernimmt ihre erste Stelle als Primarlehrerin in Trogen. – 14. Juni: Gegenbesuch unserer 8. und 9. Klässler in Oberhausen als Gäste der Pestalozzischule. – 10. August: Beginn der Tibetertagung. – 9. September: Das «National Youth Orchestra of Great Britain» mit seinen 150 Instrumentalisten konzertiert im Kinder-

dorf – 1. Oktober: Ankunft der koreanischen Hauseltern, Herr und Frau Noh, mit ihrem Töchterchen. – 22. Oktober: Einzug der koreanischen Kinder- und Erwachsenengruppe ins frühere französische Haus «Les Cigognes», das nun «Arirang» heisst. – 29. Oktober: Ankunft der tunesischen Hauseltern, Herr und Frau Toumi. – 3. Dezember: Ankunft der tunesischen Kindergruppe. Bezug des zweiten Griechenhauses «Argonautes», heute «Al-Amal» genannt.

1966
8. Mai: Zwanzigjahrfeier im Kinderdorf. Sommerferien: Das Kinderdorf Pestalozzi lädt 150 Schweizer- und Auslandschweizerkinder zu Ferien ein. Mit dieser Ferienaktion wollte das Pestalozzidorf für die treue Unterstützung danken, die das Werk vom Schweizer Volk empfangen durfte.

1967
Juli: Einweihung des Jugendhauses «Odyssee» und des Stalles. – Dezember: Einweihung des Andachtsraums, der für alle Religionsgruppen des Kinderdorfs bestimmt ist.

1968
Juli: Arbeitstage und Generalversammlung der FICE, der jetzt 21 Ländergruppen, 8400 Heime und Siedlungen und ungefähr 450 000 Kinder und Jugendliche angeschlossen sind. – Sommer: Hundert ehemalige Schützlinge und ehemalige Mitarbeiter der ersten zehn Kinderdorfjahre finden sich zu einem Ehemaligen-Treffen ein. – Kinderdorfausstellungen: Ausstellung über die verschiedenen im Kinderdorf vertretenen Religionen, die auf einer von der UNESCO organisierten Schweizerreise von Schulhaus zu Schulhaus wandert. – Ausstellung über die 20 Jahre alt gewordene FICE.

1969
10. März: Am zehnten Jahrestag der tibetischen Revolution begeben sich unsere Tibeter nach Rikon zu einer Gedenkfeier. – 25. Oktober: Reise von Herrn Bill nach den Vereinigten Staaten, wo ihm durch das «Faculty Committee on Honorary Degrees» des Lake Erie Colleges in Painesville, Ohio, mit dem das Kinderdorf seit 17 Jahren im Rahmen eines europäischen Studienprogramms seiner Studentinnen zusammenarbeitet, am 25. Oktober die Würde eines Ehrendoktors verliehen wird.

Im Verlaufe der ersten 20 Jahre ist das Kinderdorf von nahezu einer Million Menschen besucht worden. Im Gästebuch des Dorfes finden sich unter anderen die folgenden Namen: Bernard Drzewieski, Eduard Spranger, Martin Buber, Gustav Wyneken, Adolf Ferrière,

Kees Boeke, Carleton Washburn, Dr. Siegfried Lehmann, Ben-Shemen, Danilo Dolci, Prof. Dr. von Albertini, Präs. SRK, König Paul und Königin Frederike von Griechenland mit Gefolge, die Bundesräte Minger, Pilet-Golaz, von Steiger, Kobelt und Petitpierre, Thupten Norbu, Bruder des Dalai Lama, Heinrich Harrer, Jigme Dorje, Ministerpräsident von Bhutan, Thupten W. Phala, K. S. Gupta, Delhi, Bundeskanzler Ludwig Erhard, Bundespräsident Theodor Heuss, Vieno Simonen, finnische Sozialministerin, R. Ganeau, kanadischer Botschafter, True Davis, Botschafter der USA, Max Huber, Carl J. Burckhardt, Werner Bergengruen, Stefan Andres, Albert Steffen, Don Salvador de Madariaga, André Sigfried, August Piccard, Konrad Lorenz, Pablo Casals, Edwin Fischer, der Pianist Walter Frey, Ernst Krenek, Josefine Baker, Elly Ney, General Guisan, General de Lattre de Tassigny. Die in der Schweiz residierenden Missions-Chefs der im Kinderdorf vertretenen Länder, die Botschafter der USA, Indiens, Canadas und verschiedene im Ausland akkreditierte Schweizer-Botschafter besuchen das Kinderdorf regelmässig.

Walter Robert Corti, Ansprache,
gehalten anlässlich der 20-Jahrfeier des Kinderdorfes Pestalozzi
und der Taufe des koreanischen und tunesischen Hauses

Liebe Kinderdorfgemeinde, meine Damen und Herren!

Die Stiftungskommission hat mich gebeten, anlässlich der heutigen so erfreulichen Taufe des koreanischen und tunesischen Hauses einige Worte an Sie zu richten. Häusertaufen sind aber sehr anstrengende Unternehmen mit einem meist bis zum Rande angefüllten Programm. Sie wissen auch, dass die Stiftungskommission der Meinung war, 20 Jahre Kinderdorf seien noch keine Zeitspanne zu einem ausführlichen Marschhalt, zu einer gründlichen Rück- und Vorschau, und, help god! allenfalls einer rauschenden oder kritischen Werkwürdigung. Das alles soll dann in fünf Jahren geschehen. Nun aber sind Sie heute so freundlich und zahlreich erschienen, als wollten Sie diesem Tage dennoch ein besonders festliches Gewand verleihen und das bringt mich in einige Verlegenheit, was ich Ihnen da sagen soll. Es könnte sein, dass Sie nun eine Art Festrede erwarten. Aber auch mir ist ein Zeitkörbchen von 15 Minuten zugemessen, und ich habe mir den Kopf zerbrochen, was ich nun erst hineinpacke, um es dann vor Ihnen auszuschütten. Zudem meint ja das alternde Herz, es hätte noch gar viel zu erzählen, und da ist es vielleicht ganz gut, wenn man ihm etwas den Mund verbietet. So hoffe ich sehr, dass Sie den bescheidenen oratorischen Rahmen nicht missverstehen und sich umsomehr an dem freuen, was Sie zu sehen bekommen.

Viel wäre ja in der Tat zu schildern, vom ersten Echo im August 1944 auf den Plan eines übernationalen Kinderdorfes, von den lehrreichen Mühen des Anfanges, von der dann einsetzenden stürmischen und so Viele auch im Ausland ermunternden Bauentwicklung vor nunmehr 20 Jahren, von der so vitalen Mittelbeschaffung und der wunderbaren Hilfe des antwortenden Volkes, vom Scherflein der armen Witwe bis zu den grossmütigen Gaben ganzer Häuser durch die heimatlichen Städte und grossen Firmen. Auch von den Anregungen dieses Dorfes in alle Welt unter der Devise – je sème à tout vent. Mehr noch von den bedrängenden Schicksalen der Kinder, denen wir hier ein Heim zu schaffen suchten und von denen viele nun in einer neuerdings dunkel verhängten Welt tapfer ihren eigenen Weg gehen. Aber gerade sie haben ein selbstverständliches Anrecht darauf, dass wir von ihrem jungen Dasein nicht in bedrängender Kürze reden. Und viel wäre von den Menschen zu berichten, die sich damals bis heute vom Projekt dieses Dorfes angesprochen fühlten und uns ihr volles Leben zum Geschenk brachten, damit das Werk selbst ins Leben käme. Am Anfang stand die Freiwilligkeit und der Glaube, dass der Geist aller widerstrebenden Materie Herr werde. Gar manche dieser treuen Helfer haben uns lange schon zu den grösseren Heeren verlassen, und ihrer zu gedenken heiss, ihnen über die Gräber hinaus zu danken. Auch der Kinder, deren Leben erlosch, da noch ihr Tag war. Es sind nie die Lebenden allein, die ein solches Werk tragen.

Wollen Sie mir den bescheidenen Versuch einer Rückschau erlauben, wie das innere Bild dieses Dorfes in mir entstand und wie es von diesem Bilde her dann auch Wirklichkeit wurde. Es ist dies nicht als ein Schwingen alter Fahnen gemeint und nicht in der Sängerlust eines «Lasst hören aus alter Zeit», sondern weil ich glaube, dass dieses Bild des Ursprungs immer noch hilfreich bleibt und immer noch helfen kann, das Kinderdorf voll auszubauen. Wer heute glaubt, 20 Jahre seien an der Weltgeschichte gemessen keine Zeit, der hat seine Zeit selbst versäumt, und was sie im Leben eines Einzelnen bedeuten, kann nur der wirklich bezeugen, der darin etwas aufzubauen versuchte.

Die Geschichte der Bildwerdung dieser pädagogischen Ökumene ist die Geschichte eines behüteten Schweizerknaben, der als vierjähriger Dorfbub die ihn tief und bleibend erschreckende Kunde von den mörderischen Schlachten des ersten Weltkrieges erhielt und der mit den unreifen Mitteln seines Denkens versuchte, sich darüber klar zu werden, warum denn in den Völkern die Menschen immer wieder in Massen aufbrechen, um sich auf den «Feldern der Ehre» zu töten. Und wo er um Auskunft fragte, überstiegen die merkwürdigen Antworten sein Begreifen – bis heute.

1918 hiess es dann, dies sei nun der letzte aller Kriege gewesen, nach solchem Grauen und solchen Verbrechen werde der Mensch nun doch endlich aus der Geschichte lernen wollen und sich der Vernunft unterstellen. Vor den Augen der Einsichtigen erstand eine planetare Gemeinschaft in Frieden, Freundschaft und Freiheit. Das entsprach der Ideologie des damaligen Völkerbundes, aber nicht der Hauptmasse der damaligen Menschen. Lenin gab tiefersehende, illusionslosere und mythenstärkere Antworten und hat mit ihnen in der Folge den halben Planeten in Flammen gesetzt. Er starb schon 1924, aber seine Saat geht, aller westlichen Selbsttäuschung zum Trotz, immer noch weiter auf. Was sich die tatenscheuen und blassen Denker nur erträumen, nämlich das Reich der sozialen Gerechtigkeit über die ganze Erde hin, das lasse sich eben nur mit Feuer und Schwert verwirklichen, durch die blutige Chirurgie der Gewalt, die rücksichtslos ausbrennt und ausschneidet, was sich diesem Endziel entgegenstellt. Solches war wieder eine andere Kunde, quälend, aufrufend, aufwühlend und das langsam reifende Denken hatte auch damit seine grosse Mühe. Und von einem anderen Manne hörte der Knabe und verschlang, was er über ihn zu lesen erreichte, auch einer, der lebte, was er dachte im unablässigen Ringen nun um eine gewaltlose Ver-

wirklichung des sozialgerechten Friedens, auch er scheiternd und schliesslich 1948 ermordet, der grosse Inder Mahatma Gandhi.

All diese Sichten und Probleme begleiteten den Gymnasiasten und Medizinstudenten, die Fragen, warum das Töten im Frieden einer andern Wertung untersteht als das Töten im Kriege, warum die in der Schule gelehrte Welt so anders ist als die Welt ausserhalb der Schule, warum der Hassende mehr Nachfolge findet als der Liebende und die Affekte leichter ansprechen als die Vernunft. Er war darin wohl eigensinnig, aber er hielt wenigstens am eigenen Sinne fest. Überall gärte es blutdunkel in den Völkern, trieben Faschismus und Nationalsozialismus ins politische Feld und steigerten so im Kommunismus des Ostens erst recht die Militarisierung. Verlassen und verhöhnt stand 1934 der Abessinier Haile Sellasie vor dem Völkerbund, wie noch der Letzte, der an die Ideale des Westens glaubte. Das Verhängnis nahm einmal mehr seinen Lauf.

Damals begann der Student, von den grossgearteten Erfolgen der Wissenschaft schon immer beeindruckt, sich eine Stätte der Erforschung des Menschen zu erträumen, einer modernen Akademie, die alles Wissen im Gewissen verantworten sollte, eine Stätte der Ethik. In ihr mussten sich alle Wissenschaften, frei von jeglicher Bevormundung, gemeinsam anstrengen, doch endlich klarzustellen, warum die Ideologie eines Menschen wichtiger genommen wird, als dieser selbst. Was uns Menschen trennt, sind die Religionen, Konfessionen, Philosophien, Parteiideologien, die dämonisierten Vorstellungen von Rassen, Klassen, Ständen und Kasten. Jeder, im Besitz seiner allein richtigen Wahrheit, verlangt vom andern, *er* solle sich ändern und angesichts des schauerlichen Wirrwarrs all dieser «Wahrheiten» findet die Frage nach der wirklichen, offenbar erst noch zu suchenden Wahrheit, nur bei wenigen Gehör.

Dies war die bestimmende Einsicht: Der Mensch ist wichtiger als *jede* Ideologie und nie soll der Mensch in seinem Wert und in seiner Würde von seiner Ideologie her allein in Frage gestellt werden. Er mag irren, er mag fanatisch verblendet sein, aber er bleibt, welcher Hautfarbe und Sprache, welches Herkommens, immer ein Mensch. Täusche sich niemand, dies ist noch immer die unpopulärste aller Sichten unserer Epoche.

Die Geschichte ist nun rasch zu Ende erzählt: Kurz vor dem Abschluss meiner medizinischen Studien erkrankte ich im Sektionssaal an einer Lungentuberkulose und war für Jahre immobilisiert. 1939 brach der Krieg aus, die Traumhoffnungen sanken auf Null. Dann, aus dem Zauberberg entlassen, begann ich mein Leben als ein völlig ungeschulter Schriftsteller neu aufzubauen. Träume gehen schwer in Trümmer und so baute ich anfangs 1944 aus dem alten Akademieplan, dessen Ausführung über alle Kräfte ging, wenigstens doch das Projekt eines Kinderdorfes, in dessen Verwirklichung Sie heute zu Gast weilen. Es ist eine Stätte des Glaubens an den Menschen.

Ich wurde oft gefragt, ob das, was heute hier in Trogen steht und lebt, auch dem entspricht, was mir selbst im frühen Blick davon vor Augen stand. Was den äusseren Bau und Umfang betrifft, lässt sich diese Frage rückhaltlos bejahen. Nur glaube ich, dass es eben noch keineswegs zu Ende gebaut ist und zwar in den Dimensionen seiner geistigen Innerlichkeit. Es hat seine eigene Freiheit des Geistes noch längst nicht so im Griffe, wie dies immer noch möglich ist, und hier liegen alle seine Hoffnungen, dass es nicht zu irgendeiner Institution erstarre, die nur ein fertiges Programm ausführt. Hier bleibt der ursprüngliche Entwurf selbst die tägliche lebendige, wundersame Aufgabe, und er umschreibt nichts anderes als den Weg des Menschen auf der Suche nach einer Gemeinschaft im Frieden und der Freiheit. Unsere Kinderdorfzeitung heisst Freundschaft. Es ist merkwürdig genug, dass in der deutschen Sprache Frieden, Freiheit und Freundschaft derselben Wurzel entstammen. Aber die drei Begriffe stehen auch unter sich in einer korrelativen Beziehung. Es kann keinen Frieden ohne die Freundschaft in der Freiheit geben. Es gibt keine Freundschaft ohne die Freiheit des Friedens. Und wo es Freiheit gibt, ist immer auch die Freundschaft im Frieden möglich. Freiheit, Freundschaft und Frieden sind keine Naturgegebenheiten, wie etwa die physische Bruderschaft, sondern Aufgaben, Leistungen des Geistes. Es heisst, der Geist wehe, wo er will. Also weht nur der wollende Geist. Wir kennen Wille und Geist nur im Menschen. Es ist allein der Mensch, der sich im Willen zum Geiste bekennen kann, nur der Mensch ist das geistwillige Wesen.

Hier gilt es in neuer Besinnung anzusetzen, in einer neuen Deutung des alten Gebetes, veni creator spiritus.

Sie werden, vielleicht mit grossem Rechte sagen, solche Umdeutungen alter, ehrwürdiger Gedanken sei ja auch nur wieder Weltanschauung. Gewiss, keiner kann ohne seine Augen sehen, keiner ohne irgend eine Sprache reden, keiner denken, es sei denn im naturnotwendigen Rahmen irgendeiner Weltdeutung und Weltanschauung. Die ist unser aller Schicksal, ihr «dass», aber nicht ihr «wie». Hier bleibt ein Unterschied und ein entscheidender.

Denn wir können unser ganzes Denken, wie immer es weltanschaulich bestimmt sein mag, freimütig ins Gespräch führen, ohne die offene oder versteckte Absicht, darin dominieren zu wollen, d.h. es früher oder später als das Richtige, allein Wahre, als die vom andern zu anerkennende Macht zu behaupten. Dies ist meine Meinung, wie ist nun die deine? Ist sie von der meinen verschieden, wollen wir miteinander ringen wie Jakob mit dem Engel, bis uns die wahre Einsicht segnet, bis wir den trennenden Irrtum erkannt und aufgedeckt haben. Oder es sich zeigt, dass beide Meinungen irren, unzulänglich sind und wir eine andere, neue, bessere suchen müssen. Aller Pazifismus krankte daran, dass er dem Kampf, nach Heraklit dem Vater aller Dinge, nicht seinen vollen Sinn im Geistigen zuzuerkennen vermochte. Der Mensch ist ein Kämpfer um und für die echte Wahrheit, die niemals den Mord, sondern allein nur das allerlebendigste Leben will. Nur die Wahrheiten im vergiftenden Kerker der Macht verfolgen das Werden der echten Wahrheit und unterbinden das wahrheitserschliessende Gespräch. Nur die Besitzenden und um ihren Besitz Besorgten wehren sich gegen die Suchenden, nur die in der Angst dämpfen den Geist, nur die Unsicheren scheuen sich, das Gold in die prüfende Säure zu legen.

Wird aber das Ringen und Suchen nach der Wahrheit zur einzigen uns bestimmenden Macht, dann ist sie es, welche nun ihrerseits überall die Freiheit sichert, in welcher die Wahrheit reifen kann. Darum gibt es ein Medium, in dem Kampf und Frieden sich versöhnen und das ist das offene Gespräch.

Wo aber Menschen nicht mehr miteinander reden können, reden wollen oder reden dürfen, da drängen uralte Gemächte im Tiefenseelischen zur geschlossenen, bald genug zur hassenden Gesellschaft und über Nacht zum Krieg. Eine freie Welt kann nur im freien Weltgespräch entstehen, und alles, was dieses in Religion, Philosophie, Politik und Erziehung verwehrt, treibt wissentlich oder unwissentlich im Banne der Macht ins Verhängnis.

In dieser freiheitlichen Gesinnung versuchen die Nationen hier im Kinderdorf miteinander zu leben, sie exerzieren diese Philosophie vielleicht nicht, aber sie folgen ihr freundlich und zustimmend ohne Einbusse der reichen kulturellen Farben ihres Herkommens. Es ist tröstlich genug, dass wenigstens doch hier Menschen aus Ost und West, aus Asien und Europa und nun freudigerweise auch aus Afrika mit dem guten Willen einer Bildungsgemeinschaft zusammenleben, das Gemeinsame zu erkennen und zu achten und das Trennende mehr für sich zu bewahren. Und erst so leuchtet auch das sinngesättigte Trennende in seiner vollen Schönheit auf. Jede Nation verspürt das ursprüngliche Bild dieses Dorfes – dass der suchende Mensch bejaht, geliebt und willkommen ist, woher er auch stamme und wie ihn seine Umwelt geprägt hat. Es geht ja auch nicht darum, Bilder zu stürmen, sondern Bilder zu achten, als die unsrigen, vorläufigen, vor dem letzten grossen Bilde, das uns vielleicht nicht gelingen wird, an dem wir aber hingegeben arbeiten, solange es von der Wahrheit ergriffene Menschen gibt.

Jahresbericht 1970:
25 Jahre Kinderdorf Pestalozzi Trogen

> «Was hilft alles Gerede über das Verderben unserer Zeit,
> wenn unser Innerstes darüber nicht erschüttert wird?»
> *Heinrich Pestalozzi*

Unser Kinderdorf hat seine ersten 25 Jahre bestanden. Wie das Schiff in dem schönen Wappen der Stadt Paris steuerte es stark und geduldig durch die unheimlichen Wogen der Zeit, – fluctuat nec mergitur: es fährt, aber es sinkt nicht. Gebaut wurde es nach dem Vorschlag vom August 1944 zunächst für die undenklich geschlagenen Kriegswaisen Europas – eine handvoll aus dem Ozean der Not – als eine Insel des Friedens und der Erziehung zur friedlichen Gesinnung. Bald zerstörte in der sich rasch wieder geteilten und sich verfeindenden Welt der Machtwille der Erwachsenen die blühenden Heime der Polen- und Ungarnkinder, diese aber trugen das hier Erlebte und Erlernte in ihre Länder mit. Was unser Dorf als ein kleines Modell lebt, strahlt als tröstliche und anspornende Theorie und Praxis in die ganze Menschheit. Noch steht auch die internationale Kinderdorfbewegung erst in ihren Anfängen. Sie hat in Asien, in Afrika, in den Vereinigten Staaten Fuss gefasst. Es sind auch nationale und weltanschaulich ausgerichtete Kinderdörfer entstanden, für die Trogen ein schöpferisches Ferment bedeutet. Viele der einstigen Vorschläge fanden ihre Verwirklichung. So etwa in der Schweiz die generöse Cité radieuse für cerebral gelähmte Kinder in Echichens (Vaud). Auch in anderen Ländern gibt es nun solche Werke mit besonderen erzieherischen und therapeutischen Aufgaben. Alles steht hier in einer Fülle drängenden Lebens; nicht nur lernen die Kinder von den Erwachsenen, sondern diese auch von ihnen. Es ist eine täglich wachsende Gemeinde der Suchenden. Die Kriegswaisen der neun ersten Nationen stehen nun in der Verantwortung ihres eigenen Lebens und bleiben dem Dorfe verbunden. Der Übergang zu den Sozialwaisen brachte neue und ernste Probleme im rasch sich wandelnden, schwer durchschaubaren Zeitgeist oder Zeitungeist der westlichen Gesellschaft. Einige der kriegsverwüsteten Länder erholten sich bewundernswert rasch und konnten selber wieder für ihre Kinder sorgen, nicht zuletzt in ihren eigenen seither errichteten Kinderdörfern. Andere bejahen besonders die ethische Zielsetzung.

Im Wandel der Zeiten
Das jüngste Dorf im Appenzellerland, das internationale Kinderdorf Pestalozzi in Trogen, ist am 28. April 1971 25 Jahre alt geworden. Vor einem Vierteljahrhundert ist in Trogen der Grundstein zu diesem Dorf der Kinder gelegt worden, das zwei anspruchsvollen Zielen dienen will: Dem verlassene und notleidenden Kinde möchte es eine Heimstätte und Förde-

rung in familienähnlicher Geborgenheit bieten. Es will zudem ein Ort sein, in dem sich Kinder und Erzieher aus verschiedenen Ländern über alles Trennende der Sprache, des Glaubens und des Herkommens hinweg zu einer übernationalen Gemeinschaft finden können.

Den Plan zu diesem Dorfe entwarf Walter Robert Corti. Er rief im August des Kriegsjahres 1944 in der Monatszeitschrift «DU» zu seiner Verwirklichung auf. Im Laufe der 25 Jahre seines Bestehens haben gegen 1000 Kinder aus den zehn europäischen Ländern Frankreich, Polen, Deutschland, Österreich, Italien, Finnland, Griechenland, Schweiz, Ungarn, England, und den aussereuropäischen Ländern Tibet, Südkorea, Indien, Tunesien, das Kinderdorf Pestalozzi in einem mehrjährigen Erziehungsaufenthalt erlebt. Seinen Grundzielen die Treue haltend, hat sich das Kinderdorf in der Durchführung seiner Aufgabe aber doch den Erfordernissen der Zeit angepasst. Dies ist unter anderem auch ersichtlich aus der sich stets verändernden Sozialstruktur der Kindergemeinschaft: Im Laufe der letzten Jahre hat sich das Kinderdorf vermehrt in den Dienst der pädagogischen Entwicklungshilfe gestellt. Damit ist auch die Partnerschaft zwischen den europäischen und den aussereuropäischen Gruppen zahlenmässig ausgeglichener geworden. Zu Beginn des Jahres 1971 zeigte sich das folgende Verhältnis:

111 Kinder aus Europa   54%
 94 Kinder aus Asien und Afrika   46%

Dieses Verhältnis soll bei einer zu erwartenden Änderung der Zusammensetzung der europäischen Gruppen und einer Ergänzung der aussereuropäischen Häuser durch eine neue Hausgruppe auch inskünftig nur wenig verändert werden. Die Voraussetzungen für einen wirklichen Dialog zwischen Angehörigen des westlichen und des östlichen Kulturbereiches und Vertretern von Ländern verschiedenster Entwicklungsstufen sind nunmehr gegeben. Vom Leben am selben Ort bis zu einem echten Zusammenleben ist aber ein beschwerlicher, wenn auch verheissungsvoller Weg zurückzulegen. Erst in einer internationalen Lebens- und Schicksalsgemeinschaft wird so recht offenbar, wie verschieden nicht nur unsere Sprache, sondern auch unser Denken und Fühlen und unsere Verhaltensmotivationen sein können. Und doch gehört es zu dem beglückendsten Kinderdorferleben, immer wieder durch alle Missverständnisse und Irrungen auf den gemeinsamen menschlichen Grund zu stossen und sich von da her orientieren und besser verstehen zu lernen.

Vor fünf Jahren haben wir feststellen dürfen, dass von allen Schützlingen, die unser Dorf verlassen haben, 74% wiederum in ihren Heimatländern beruflich tätig sind. 9% lebten damals als Gastarbeiter in der Schweiz, 5% hielten sich als Flüchtlinge mit Niederlassungsbewilligung in der Schweiz auf, 10% lebten weder in der Schweiz noch in ihrem Heimatland und 2% hatten sich in der Schweiz verheiratet. Diese Zahlen haben sich in den letzten fünf Jahren kaum wesentlich verändert. Es fragt sich aber, ob dies geschehen wird, wenn in 1–2 Jahren die ersten asiatischen Gruppen beruflich «flügge» werden. Zwar bestehen zwischen den jungen Tibetern und ihren Landsleuten in Indien starke persönliche und auch religiöse Bindungen, und die Rückkehr der Südkoreaner wie auch der Tunesier und Inder ist auf einer vertraglichen Basis mit den betreffenden Sozialministerien geregelt. Aber erst die Praxis und die Erfahrung wird weisen, wie weit die Hoffnungen erfüllt werden, die in der Vorstellung liegen, unsere Asiaten und auch die Nordafrikaner würden in der grossen Mehrheit zurückkehren, um in mittleren Kaderfunktionen ihrem Lande zu dienen. Im Vergleich zu den Berufswahlentscheiden unserer Austretenden früherer Jahre zeigt die Situation der letzten Jahre bemerkenswerte Entwicklungen auf: Da ist einmal auffällig, dass die technisch-handwerklichen Berufsgruppen bei den Knaben zwar nach wie vor dominieren, aber in Abnahme begriffen sind, dass die Sozialberufe bei den Mädchen etwa einen Viertel der Berufswahlentscheide ausmachen und eher zunehmen, dass der Kontakt mit dem Publikum im Kunden- und Verwaltungsdienst nach wie vor von vielen, besonders von Mädchen gesucht wird, sich aber vom Kundendienst in Richtung Verwaltungs-Dienst verlagert und dass die Berufsentscheidung heute häufig auf spätere Jahre verschoben wird, was im hohen Prozentsatz der Jugendlichen zum Ausdruck kommt, die weiterführende, allgemein bildende Schulen besuchen. Nach diesem kurzen Rückblick in die vergangenen 25 Jahre, über die unsere Chronik im einzelnen noch nähere Auskunft gibt, gelten die folgenden Abschnitte unseres Berichtes vor allem dem hinter uns liegenden Jahre 1970.

Die Erneuerung der Kindergruppen
Im Laufe der letzten fünf Jahre sind 153 neue Kinder aufgenommen worden, davon im vergangenen Jahre allein deren 65. Die hohe Zahl der letztjährigen Aufnahmen ist auch auf die Eröffnung des indischen Hauses mit 20 Kindern zurückzuführen. Seit dem Vollausbau des Kinderdorfes ist wohl noch nie eine so grosse Zahl von Neuaufnahmen pro Jahr registriert worden. Den 65 Neuaufnahmen stehen 35 Austritte gegenüber. Eine Überprüfung des jeweiligen Aufnahmealters zeigt, dass nicht nur bei den aussereuropäischen Kindern, wo dies bewusst angestrebt wird, das Aufnahmealter höher liegt, sondern dass das Alter der aufgenommenen europäischen Kinder im Durchschnitt ebenfalls leicht angestiegen ist. Der erfreulichen Tatsache, dass mit den zwanzig Inderkindern nach fünf Jahren wieder einmal eine in Trogen bisher noch nicht vertretene neue Kindergruppe aufgenommen werden konnte, steht die bedauerliche Tatsache gegenüber, dass die gegen Ende des Jahres 1970 sich abzeichnende Notwendigkeit der sicherlich vorübergehenden Schliessung des Schweizerhauses nicht mehr zu umgehen war und im Frühjahr 1971 durchgeführt werden musste.

Hauptgrund zu dieser Massnahme: Die kantonalen Jugendämter und Gemeinde-Fürsorgestellen konnten zur Zeit kaum mehr Kinder zur Aufnahme vorschlagen, die in den besonderen Gegebenheiten unserer internationalen Erziehungs- und Schulgemeinschaft einen persönlichen Gewinn und eine ausreichende individuelle Förderung hätten erfahren können. Andererseits konnte man sich aus begreiflichen Gründen nicht dazu entschliessen, künftighin das Schweizerhaus ausschliesslich für hilfsschulpflichtige oder psychisch schwer gestörte Kinder zu führen. Diese wären, zusammen mit ihren Hauseltern, in der internationalen Schulgemeinschaft des Kinderdorfes ohne Zweifel überfordert worden. Das Schweizerhaus soll aber wiedereröffnet werden, wenn dazu die Voraussetzungen erfüllt sind. Vielleicht ist es dann ein französisch sprechendes Haus, nachdem es während zwanzig Jahren Deutschschweizerkindern ein «Heimetli» war.

Schulreformfragen

Seit dem Jahre 1968 befassen wir uns im Kinderdorf mit Schulreformen. Die Juni-Studienwoche des Jahres 1970 war vorwiegend diesen Aufgaben gewidmet. Die Einsicht setzte sich durch, dass unsere Kinderdorfschulen versuchen sollten, jene Postulate der Gesamtschul-Idee zu übernehmen, die sich von einer sehr kleinen und so heterogen zusammengesetzten Oberstufenschule, wie sie das Kinderdorf besitzt, übernehmen und sinnvoll durchführen lassen. Die erste Begeisterung für dieses Vorhaben wich sehr rasch der Erkenntnis, dass die Kinderdorfschule immer eine besondere Schule bleiben wird, dass jede Änderung so erfolgen soll, dass sie einige Jahre Bestand haben kann, dass für jeden neu einzuführenden Wahl- oder Niveaukurs auch die entsprechenden Lehrmittel, Unterrichtsprogramme und Lehrkräfte zur Verfügung stehen müssen. Die von der Lehrerschaft in Kontakt mit Experten und Schulberatern und in Zusammenarbeit mit der Schulkommission betriebenen Studien und Abklärungen führten immerhin dazu, dass auf Frühjahr 1971 endlich ein erster konkreter Schritt realisiert werden konnte: An Stelle der im 8. und 9. Schuljahr bisher durchgeführten vertikalen Trennung in Realzug und Werkzug wird nunmehr das 7., 8. und 9. Schuljahr in Stammklassen geführt. Der Klassenlehrer erteilt dort nahezu die Hälfte der Fächer. Dem verschiedenen Leistungsvermögen der Kinder wird in Mathematik und in deutscher Sprache in zwei Niveaukursen Rechnung getragen. Dazu kommt ein jetzt noch sehr bescheidenes Angebot an Wahl- und Freifächern, das in einem nächsten Schritt erweitert werden soll. Mit der geplanten Erweiterung des Oberstufenlehrkörpers kann der Ausbau unserer Kinderdorf-Oberstufenschule zu einer noch differenzierteren Gesamtschule entwickelt werden. Das Kinderdorf arbeitet auf dem Gebiete der Oberstufen-Schulreform mit der interkantonalen Studiengruppe «Gesamtschule» zusammen. Es ist allen für unsere Kinderdorfschule Mitverantwortlichen bewusst, dass ein gesunder Weiterbestand des Kinderdorfes weitgehend von der Antwort auf die Frage abhängt: Was hat ein europäisches oder ein aussereuropäisches Kind in schulischer Hinsicht im Kinderdorf zu erwarten. Kann das europäische Kind hier mindestens so gefördert werden wie in seinem Heimatlande, und kann auch das aussereuropäische Kind eine Schulung erfahren, die ihm im Heimatland eine besondere Chance eröffnet? Die abschliessende Antwort auf diese Frage steht noch aus, vor allem deshalb, weil die Verhältnisse in den Heimatländern unserer Kinder einem steten und immer schneller sich vollziehenden Wandel unterworfen sind.

Die Zusammenarbeit mit der Gemeinde Trogen
Die beiden Dörfer, das alte Appenzellerdorf Trogen und das junge Pestalozzidorf sind auf eine freundnachbarliche Zusammenarbeit angewiesen. Der gute Wille zu dieser Zusammenarbeit wird von beiden Seiten her immer wieder unter Beweis gestellt: Die Gemeinde hat auf ihrem eigenen Grund an der Zufahrtsstrasse zum Kinderdorf einen Parkplatz errichtet, der von den Besuchern unseres Dorfes intensiv benützt wird. Die Zufahrtsstrasse selbst wurde neu angelegt und mit einem Asphaltbelag versehen. Auf dem Gebiet des Feuer-und des Zivilschutzes wird gemeinsam geplant. Die Mitbenützung des neu erstellten Skiliftes wird so geregelt, dass auch die Bedürfnisse des Kinderdorfes berücksichtigt werden. Bei der Behandlung von Bauland- und Wohnungsbeschaffungsproblemen finden Absprachen zwischen den Interessierten statt. In den entsprechenden Dorf- oder Gemeindeorganen wird dem Partner ein Sitz eingeräumt. So ist die Gemeinde Trogen seit jeher in der Stiftungskommission des Kinderdorfes vertreten, während der Kinderdorfleiter der neu gebildeten Strukturkommission der Gemeinde Trogen angehört. Den Trogener Frauen, die sich seit der Gründung des Kinderdorfes bis heute regelmässig in einer der Wohnstuben des Pestalozzidorfes versammeln, um der vielbeschäftigten Hausmutter dieses Hauses einige Flick- und Strickarbeiten abzunehmen, sei an dieser Stelle einmal ganz besonders herzlich gedankt. Zwischen der Schülerschaft von Trogen und jener des Pestalozzidorfes bestehen die verschiedensten Kontakte. Zu Schulanlässen lädt man sich gegenseitig ein. Im vergangenen Jahr haben Schülergruppen aus Trogen im Haus der Andacht des Kinderdorfes musiziert und in den Pausenhallen des Oberstufenschulhauses zum Tanz aufgespielt. «Pestalozzidörfler» und Trogener Schüler treffen sich auch regelmässig in der Trogener Pfadfinderabteilung.

Von der internationalen Zusammenarbeit
Während das vor wenigen Jahren im südindischen Gliedstaate Mysore gegründete Kinderdorf Pestalozzi noch mit Anfangsschwierigkeiten zu kämpfen hat, erleben die beiden europäischen Kinderdörfer Wahlwies (Deutschland) und Sedlescombe (England), mit denen Trogen einen freundschaftlichen Erfahrungsaustausch pflegt, einen steten Ausbau und eine erfreuliche Entwicklung. Die vier befreundeten internationalen Pestalozzi-Kinderdörfer haben im Oktober des vergangenen Jahres eine Charta unterzeichnet, in der die Richtlinien

für Zielsetzung und Arbeitsweise der Kinderdörfer dieses internationalen Typus festgehalten sind. Dem Bund dieser Dörfer können sich weitere, bereits bestehende oder noch zu gründende Siedlungen anschliessen. In zwei fernen Kontinenten, nämlich in Japan und in Südamerika, bemühen sich zur Zeit zwei Freundesgruppen um die Gründung eines weiteren Pestalozzidorfes. Ob ihr Vorhaben, in dem sie von uns beratend unterstützt werden, schliesslich Erfolg haben wird, werden die nächsten Jahre zeigen. Professor Mitchell von der Pennsylvania-University und Leiter des Human Resources Center an der University of Pennsylvania, Philadelphia, hat unser Dorf gegen Ende des Berichtjahres mit einer Assistentin aufgesucht. Die Ergebnisse ihrer Untersuchungen werden zur Zeit noch bearbeitet. Mit der schweizerischen UNESCO-Kommission unterhält das Kinderdorf sehr enge Beziehungen. Professor Panchaud, Präsident unseres Stiftungsrates, Fräulein Gaillard, Präsidentin der Schulkommission und der Berichterstatter gehören der Sektion Erziehung der UNESCO-Kommission an. Unsere Oberstufenschule ist seit mehreren Jahren Mitglied der assoziierten Schulen der UNESCO. Im vergangenen Jahr ist die erste internationale Konferenz der assoziierten Schulen der UNESCO im Kinderdorf Pestalozzi durchgeführt worden. 21 verschiedene Länder und ihre Schulen, auch aus europäischen Oststaaten, entsandten ihre Delegationen nach Trogen. Der Verein ausländischer Pressevertreter in der Schweiz hielt seine letztjährige Hauptversammlung im Pestalozzidorf ab. Er bezeugte unserem Dorfe damit sein Interesse und sein Wohlwollen.

Aus der Chronik des Jahres 1970

Im vergangenen Jahr konnten die Arbeiten an der Erneuerung der Sportplatzanlagen abgeschlossen werden. Der Schweizerische Landesverband für Leibesübungen hatte diese nach zwanzig Jahren notwendig gewordenen Renovationen massgeblich finanzieren helfen.

Seit 1970 besitzt das Kinderdorf eine Jugendfeuerwehr. Nach dem Brandfall im Schweizerhaus, der gottlob keine schweren Schäden verursachte, führten die verschiedenen Auswertungen dieser Branderfahrung unter anderem auch zu der Idee, die nunmehr mit unserer Jugendfeuerwehr verwirklicht ist: Eine Gruppe von 10 bis 12 jungen Burschen, Schüler der letzten Schuljahre und Lehrlinge, hält sich für erste Rettungs- und Löschmassnahmen bereit und hilft nach dem Eintreffen der Trogener Feuerwehr beim Absperr- und Sicherungsdienst mit. Die jungen Leute erhalten eine entsprechende Ausbildung und Ausrüstung.

Im Haus der Andacht wurde eine von den im Dorfe vertretenen religiösen Gruppen gestaltete ökumenische Feier durchgeführt. Sie wurde durch das Schweizer Fernsehen ausgestrahlt. Das vergangene Jahr hat dem Kinderdorf einige besonders schmerzliche Verluste gebracht: Am Abend vor dem Aufbruch zu einer Sommerferienwoche unserer Jugendlichen verunfallte der finnische Lehrling Hannu Kaasalainen mit einem Motorrad tödlich. In den Sommerwochen darauf verschieden zwei frühere Mitarbeiter des Kinderdorfes, deren Wirken in den Anfangsjahren unseres Werkes unvergessen geblieben ist: Schwester Frieda Lange, die dem ersten Erzieherstab des Hamburgerhauses angehört hatte und Herr Christian Schmidt, ehemaliger Hausvater des Elsässerhauses «Les Cigognes». Im November 1970 erlitt schliesslich Bernhard Basig, ein junger Bündner, der im Schweizerhaus seine Jugendjahre verbracht hatte, im Welschland einen schweren Arbeitsunfall, der seinen Tod zur Folge hatte.

Der Gründer des Kinderdorfes Dr. Walter Robert Corti hat im Kreise der Dorfgemeinschaft im Pestalozzidorf in Anwesenheit zahlreicher Freunde seinen 60. Geburtstag feiern können.

Im November 1970 trafen 20 indische Kinder mit ihren Hauseltern und Betreuern in Trogen ein. Die Gründe zu dieser Erweiterung sind vielfach: Die Inderkinder stammen aus dem südindischen Staate Mysore, in dem sich auch die beiden grossen landwirtschaftlichen Tibetersiedlungen Mundgod und Bylakuppe befinden. Viele unserer Tibetkinder werden später in diese Gegend zurückkehren. In der Nähe von Bangalore, der Hauptstadt Mysores, befindet sich zudem das von Adaikappa Chettiar gegründete erste indische Kinderdorf Pestalozzi. Die schweizerische Entwicklungshilfe der Eidgenossenschaft fördert zudem in

Südindien verschiedene landwirtschaftliche Projekte, die sowohl den Tibetern wie auch den Indern zugute kommen. Die Aufnahme eines Erziehungs- und Schulungsprogrammes für eine Gruppe von Inderkindern entspricht nicht nur einem besonders dringenden Bedürfnis, sondern auch dem bewährten Grundsatz der Konzentration der Kräfte auf bestimmte Entwicklungsräume.

Schliesslich wurde unser Dorf im Berichtsjahr auch von Botschafter Ernesto Thalmann, damals noch Chef der Abteilung Internationale Organisationen, besucht. Er war begleitet von den Mitarbeitern seiner Sektion Internationale Hilfswerke. Dass die Kontakte mit dem Dienst für technische Zusammenarbeit des Bundes ganz bestimmte praktische Resultate zeigen, ist auch darin ersichtlich, dass zur Zeit drei ehemalige Mitarbeiter im Dienste der Entwicklungshilfe stehen. Ohne Zweifel wird diese Zusammenarbeit in Zukunft noch vertieft. Wir freuen uns, dass es jetzt schon möglich ist, z.B. die beruflichen Ausbildungsprogramme unserer Tibeter mit den Entwicklungshilfeexperten des Bundes abzusprechen, die in jenen Gebieten tätig sind. In ein bis zwei Jahren werden die ersten tibetischen Berufsleute, Ehemalige unseres Dorfes, nach Indien zurückkehren, um ihren in den landwirtschaftlichen Tibet-Siedlungen lebenden Landsleuten behilflich zu sein.

Charta der Internationalen Pestalozzidörfer

1. Ein Internationales Kinderdorf im Geiste Pestalozzis setzt sich zum Ziel, den ihr anvertrauten Kindern und Jugendlichen eine harmonische Entwicklung von Körper, Seele und Geist zu ermöglichen und sie auf das Leben in der Gesellschaft vorzubereiten.
2. Ein Internationales Pestalozzi-Kinderdorf nimmt Kinder von mehr als einer Nation auf. Das Gemeinschaftsleben des Dorfes ist in übernationalem Sinne gestaltet, aus der Überzeugung heraus, dass Verständigung zwischen den Völkern nicht nur unterrichtet, sondern erlebt und gelebt werden soll.
3. Aufgenommen werden vor allem Kinder, die vom Schicksal weniger begünstigt, jedoch psychisch und physisch gesund sind, gleich welcher Nation, Rasse und Religion sie angehören.
4. Nach ihrer nationalen Herkunft gruppiert wohnen die Kinder in einzelnen Häusern, wo in einer familiären Atmosphäre ihre sprachlichen, kulturellen und konfessionellen Eigenarten gewahrt und gepflegt werden.
5. Ein Internationales Pestalozzi-Kinderdorf bemüht sich, nach modernen Erziehungs- und Unterrichtsmethoden zu arbeiten, die eine aktive Beteiligung der Kinder und Jugendlichen ermöglichen.
6. Mit der Durchführung dieser Aufgabe werden gut ausgewiesene Lehrer und Erzieher beauftragt, die sich den besonderen Zielen eines Internationalen Pestalozzi-Kinderdorfes verbunden fühlen.
7. Ein Internationales Pestalozzi-Kinderdorf bereitet seine Kinder und Jugendlichen zur Rückkehr in die Heimat vor, wo ihre schulische und allenfalls berufliche Ausbildung, aber auch ihre Erfahrung im Zusammenleben mit Menschen verschiedener Nationen sinnvolle Verwendung finden soll.
8. Verantwortlicher und rechtlicher Träger eines Pestalozzi-Kinderdorfs ist eine mehrgliedrige, unabhängige Körperschaft, in der verschiedene erfahrene Persönlichkeiten des betreffenden Landes vertreten sind.
9. Dieser rechtliche Träger eines Pestalozzi-Kinderdorfs überwacht die gesamte Tätigkeit, garantiert für eine zweckentsprechende und sorgfältig geplante Verwendung der finanziellen Mittel und legt darüber in klarer Form öffentlich Rechenschaft ab.
10. Da die Auswahl der Kinder und die Wiedereingliederung der Jugendlichen ein ständiger und langandauernder Prozess ist, bemühen sich die Pestalozzi-Kinderdörfer um die Mitwirkung von Fachleuten und Freunden der Dörfer in den Heimatstaaten der Kinder bei dieser Aufgabe.
11. Die Internationalen Pestalozzi-Kinderdörfer pflegen untereinander einen intensiven Erfahrungsaustausch. Sie fördern im Rahmen ihrer Möglichkeiten die Pflege von

völkerverbindenden Beziehungen und die Auswertung der medizinischen, psychologischen, pädagogischen und soziologischen Erfahrungen, die in ihren Bereichen gesammelt werden.

Wir, die Vertreter der Internationalen Pestalozzi – Kinderdörfer in Trogen (Schweiz), Wahlwies (Bundesrepublik Deutschland), Sedlescombe (England), Bangalore (Indien), haben an der Tagung vom 18. Oktober 1970 in Trogen diesen Richtlinien als der Basis unserer Arbeit zugestimmt, und wir heissen in unserem Kreis auch andere Dörfer mit gleichen Zielsetzungen willkommen.

Das Kinderdorfjahr 1971

> Kein Mensch kann alles wissen. Die höchste Stufe nimmt derjenige ein, der manches weiss, aber die Gewissheit in sich trägt, dass er manches auch nicht weiss, und sich darum bemüht, mehr zu erfahren. Dann folgen jene, die einen Gesichtspunkt kennen, aber einen weiteren gelten lassen, wenn er ihnen dargelegt wird. Weiter folgen solche, die sich ihm verschliessen, und die niedrigste Stufe bilden diejenigen, die eine Seite eines Problems kennen und es hassen, wenn man ihnen auch die andere Seite aufzeigt.
>
> *Epigramm des chinesischen Gelehrten Tschang Tschao,*
> *aufgeschrieben im Jahre 1693*

Das Kinderdorf Pestalozzi durfte im vergangenen Jahr sein fünfundzwanzigjähriges Bestehen feiern. Im Jahresbericht 1970 versuchten wir, in einem Rückblick und in einer Standortbestimmung das erste Vierteljahrhundert des immer noch jungen und in Entwicklung begriffenen Werkes zu würdigen. Die hier vorliegenden Beiträge beschränken sich deshalb auf die Berichterstattung über das Jahr 1971.

Anlässe zum Jubiläum 25 Jahre Kinderdorf

Eine ganze Reihe von Unternehmungen und Veranstaltungen kennzeichneten das vergangene Jahr als ein Jahr der Besinnung auf das 25-jährige Bestehen des Kinderdorfes: Die grösseren Kinder und eine Gruppe von Mitarbeitern gestalteten die szenische Kantate «Erde der Menschen – menschliche Erde» von Ernst Kappeler und Ernst Klug, auf die wir in diesem Jahresbericht noch zurückkommen. Als ein Rechenschaftsbericht besonderer Art darf auch der Film betrachtet werden, den Hans Zickendraht zu Beginn des vergangenen Jahres nach mehr als zweijähriger Vorarbeit fertigstellen konnte. Unter dem Titel «Ein Dorf für den Frieden» wurde er anlässlich der Feier zum fünfundzwanzigjährigen Bestehen des Kinderdorfes am 2. Mai 1971 erstmals in einem grösseren Kreis gezeigt und später auch vom Schweizer Fernsehen übernommen. In den vergangenen Sommerferien hat das Kinderdorf seine früheren Schützlinge und Mitarbeiter zu einer Art «Landsgemeinde der Ehemaligen» eingeladen. Ungefähr 200 folgten diesem Ruf und bewohnten für einige Tage die Kinderhäuser. Aus diesem Anlass war im Ausstellungsraum des Oberstufenschulhauses auch eine grosse Foto-Schau aus der Geschichte des Kinderdorfes zusammengestellt worden. Unsern Dorfkindern und den Mitarbeitern hat das Jubiläumsjahr allerlei zusätzliche Verpflichtungen und Aufgaben gebracht. So war ihnen denn auch die Bodenseerundfahrt zu gönnen, die auf einen wunderschönen Maientag fiel und an der die ganze Dorfgemeinschaft teilnahm. Einen Tag lang flatterte am Bug des Sonderschiffes die neue Kinderdorffahne mit dem Symbol der Freundschaft: Kinder, die sich die Hände reichen.

Aus der Jahreschronik
Auch im Jahre 1971 hat unsere Jugendherberge «Unterstadel», ein Geschenk der Freunde aus Uitikon, wiederum gute Dienste geleistet. Lehrergruppen aus Frankreich und Italien, Kindergärtnerinnen aus dem Elsass, britische Polizeikadetten, die als Freiwillige im Dorf arbeiten, Schülergruppen aus Zürich, Lausanne, Basel und La Tour-de-Peilz, eine Freundesgruppe aus Japan und schliesslich verschiedene Gruppen von Kinderdorf-Ehemaligen wohnten für kürzere oder längere Zeit in der wohnlichen Herberge am Rand unseres Dorfes. Das Haus «Ganga», in das bereits im November 1970 zwanzig indische Kinder eingezogen waren, wurde am 2. Mai 1971 in Anwesenheit des indischen Botschafters in der Schweiz, Air Chief Marshal Arjan Singh, offiziell eröffnet. Am selben Tag wurde im Haus der Andacht die neue Orgel, ein Geschenk von zwei befreundeten Zürcher Familien, mit einem Orgelkonzert von Jakob Kobelt eingeweiht.

Unter den Tagungen und Kursen, die wie jedes Jahr im Kinderdort durchgeführt wurden, wäre wiederum die Internationale Lehrertagung zu erwähnen, die dem Thema «Erziehung zur Solidarität» gewidmet war. Während einer Aussprachestunde über Möglichkeiten und Grenzen der schweizerischen Demokratie erschien der damalige Bundespräsident, Rudolf Gnägi, überraschend im Kinderdorf. Er befand sich auf einem Ferienausflug und liess sich, einer spontanen Einladung der Tagungsleitung Folge leistend, bereitwillig in die Diskussion einspannen. Sein Beitrag «aus der Sicht des Bundesrates» wurde mit lebhaftem Interesse aufgenommen. Aus der Überlegung heraus, dass das Kinderdorf seine Häuser nur jenen Nationen zur Verfügung stellen sollte, die geeignete Kinder vorzuschlagen haben, und die dem Trogener Programm aus sozialen oder ethischen Motiven heraus ein echtes Interesse entgegenbringen, sind im vergangenen Jahr Beschlüsse gefasst worden, die zu einer anderen Verwendung des Schweizer-, Franzosen- und Österreicher-Hauses geführt haben: Das «Heimetli» ist, nachdem es zwanzig Jahre lang Schweizer Kinder beherbergte, vorübergehend der grossen Familie eines Mitarbeiterehepaares und für eine Kindertherapiestation zur Verfügung gestellt worden. Das frühere französische Haus «Les Cigales» dient bis auf weiteres als «Dependance» des vollbesetzten Jugendhauses und bietet, vor allem während den verlängerten Wochenenden, den besuchsweise in ihr Dorf zurückkehrenden und auswärts in der Ausbildung stehenden Ehemaligen Unterkunft. Im früheren österreichischen Haus «Zur Kindersymphonie» haben einundzwanzig Kriegswaisen aus dem unglücklichen Südvietnam und ihre Hauseltern Aufnahme gefunden. Die eben beschriebenen Veränderungen

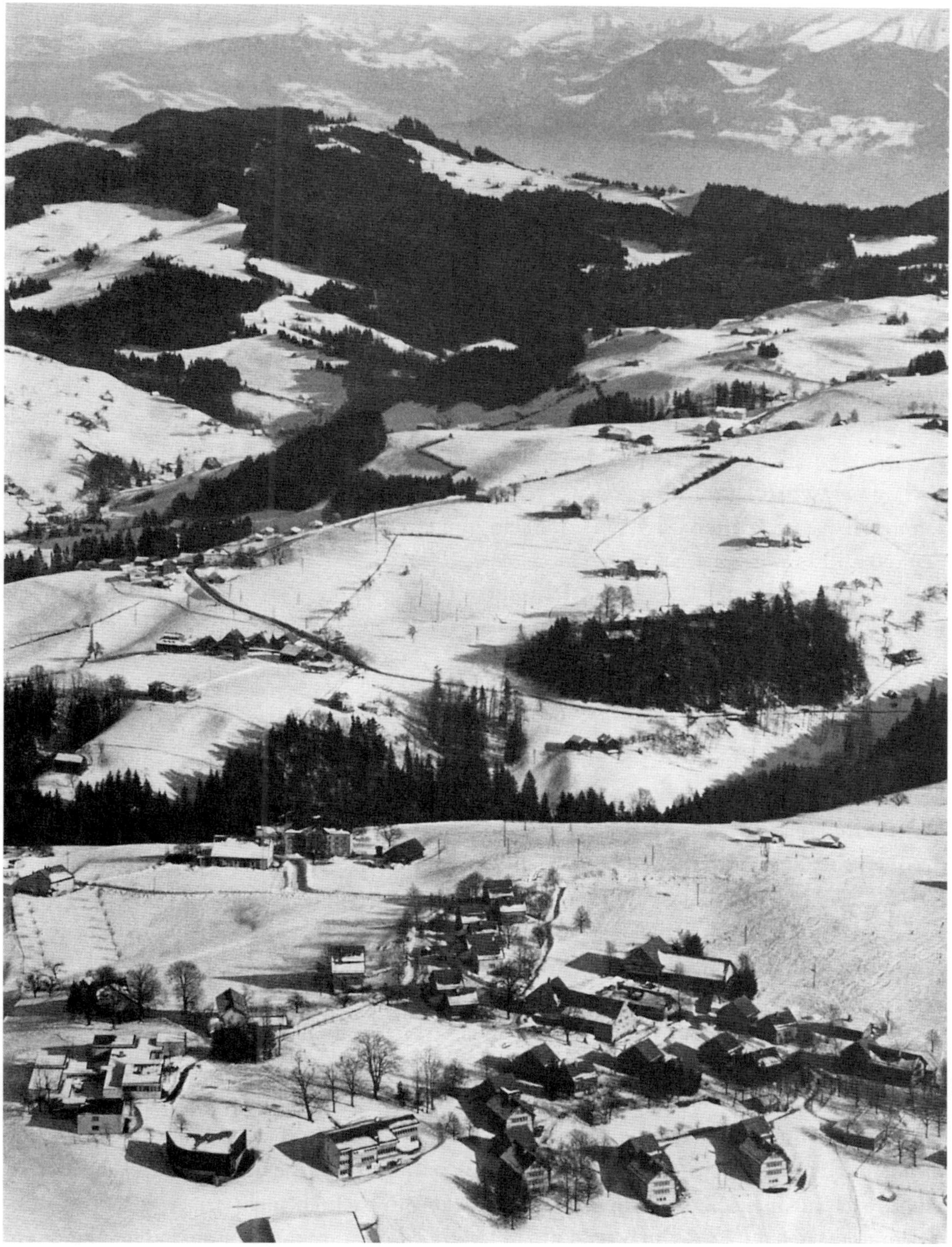

in der Zusammensetzung der Kinderdorfgemeinschaft haben dazu geführt, dass im Berichtsjahr die Gesamtzahl der durch das Kinderdorf betreuten Kinder unter die zwischen 200 und 220 liegende Norm abfiel. Mit der Eröffnung des Vietnamhauses und der bevorstehenden Aufnahme neuer Kindergruppen in die bestehenden Häuser wird die Zahl der Dorfkinder aber bald wieder ansteigen. Ausserdem betreut das Kinderdorf immer eine stattliche Anzahl von Lehrlingen, Lehrtöchtern, Studenten und Studentinnen, die in der Schweiz ihre Ausbildung erhalten, bevor sie in ihr Heimatland zurückkehren. Auch in diesem Jahr beklagen wir den Tod einiger ehemaliger Mitarbeiter und Schützlinge: Im März erreichte uns die schmerzliche Nachricht vom Hinschied der Mitbegründerin des britischen Kinderdorfes Pestalozzi und treuen Freundin des Trogener Werkes, Mary Buchanan. Im Sommer traf eine weitere Todeskunde aus England ein: Albert E. Stones, der ehemalige Hausvater im «Thames»-Haus starb nach schwerer Krankheit. Auch im Herbst hielt der Tod wieder Ernte: der französische Ehemalige, Alfred Schott, wurde im Alter von 29 Jahren von seinem tapfer ertragenen Leiden erlöst. Anfangs November schliesslich wurde unsere Dorfgemeinschaft durch den Verlust des ungarischen Ehemaligen Ferenc Nagy auf das schmerzlichste getroffen. Ferenc verlor sein junges Leben bei einem Autounfall. Zum Gedenken an ihn und auch an die anderen Weggefährten, die unsere Gemeinschaft im Jahre 1971 verloren hat, steht in diesem Jahresbericht der schöne Nachruf seines Kinderdorfkameraden Julius.

Zeitprobleme und Strukturreform
Der Gründer des Kinderdorfes Pestalozzi, Walter Robert Corti, hat sicher recht, wenn er feststellt, dass das Kinderdorf bisher von schweren Krisen erstaunlicherweise verschont geblieben ist. Andererseits erfahren wir in der Praxis der Kinderdorfarbeit, dass soziales und erzieherisches Wirken, vor allem wenn es in einem internationalen Rahmen geschieht, aus den verschiedensten Gründen vielschichtiger und auch schwieriger geworden ist. Zwar könnte man annehmen, dass ein Werk, das 25 Jahre nach seiner Gründung dank der Unterstützung und Treue des Schweizervolkes glücklicherweise drückende finanzielle Sorgen im Augenblick nicht kennt, damit auch in anderen Bereichen sorgenfreier leben könnte. Das ist aber nicht der Fall, denn mit den grösseren finanziellen und materiellen Möglichkeiten wachsen auch die Erwartungen und Ansprüche. Das Kinderdorf steht somit vor der nicht leicht zu lösenden Aufgabe, begründete materielle Bedürfnisse zu berücksichtigen, ohne in den schweren Fehler zu verfallen, die ihm anvertrauten Kinder an einen Wohlstand zu gewöhnen, den ihnen vielleicht ihr Heimatland, in das sie doch zurückkehren sollen, nicht bieten kann. Es braucht für unsere Mitarbeiter Verantwortungsbewusstsein und die Bereitschaft, sich auch im persönlichen Bereich solchen Einsichten nicht zu verschliessen. Die Gewinnung tieferer Einsichten setzt aber einige Zeit der direkten Auseinandersetzung mit

den Lebensproblemen und dem Werdegang des Kinderdorfes und ein echtes Engagement voraus. In der heutigen Zeit, in der die private Sphäre des Menschen immer mehr Raum einnimmt, wird es aber immer schwieriger, Mitarbeiter zu finden, die bereit sind, sich voll und ganz einer gemeinsamen Sache zu widmen. Man möchte zwar dabei sein, mitreden und mitbestimmen, gewiss; immer weniger Menschen sind aber heute auch bereit, die Last der Mitverantwortung zu tragen. Dass man Zeit aufbringt füreinander, vor allem auch für die Kinder, wird immer seltener. Dabei ist es recht aufschlussreich, dass die eben geschilderten Entwicklungen sich eher im europäischen Bereich unserer Dorfgemeinschaft abzuzeichnen beginnen als im asiatischen. Dass die leitenden Organe des Dorfes und der Stiftung der Zukunft des Kinderdorfes trotzdem zuversichtlich entgegenblicken und die Probleme nicht für unüberwindlich halten, geht aus der Tatsache hervor, dass auf Ende des Berichtsjahres ein neues Führungs- und Verantwortungsorganigramm ausgearbeitet und in Kraft gesetzt wurde. Dieses Organigramm ist das äussere Zeichen der Auffassung, es seien einem erweiterten Kreis von Mitarbeitern Kompetenzen und Verantwortung zu übertragen, wobei dem Teamwork und der demokratischen Meinungsbildung breites Feld eingeräumt wird. In dieses moderne Modell von Führung und Verantwortung sind auch die Fachkommissionen der Stiftung einbezogen, in denen ebenfalls gewählte Dorfvertreter sitzen. Vielleicht haben aber noch nicht alle Mitarbeiter die eigentlichen Konsequenzen eines solchen Engagements erkannt, so z.B. den Zeit- und Kraftaufwand für die vielen Sitzungen und Besprechungen und die Realisierung der gefassten Beschlüsse. Die beste und modernste Organisation ist gerade soviel wert wie das persönliche «Investment», das jeder einzelne zu erbringen imstande ist. Unsere Stiftung und die Dorfgemeinschaft sind aber bereit, trotz vorhandener Klippen mutig und auch auf neuen Wegen die bisherigen Kinderdorfziele weiter zu verfolgen. Dazu sind in der Praxis bereits einige wichtige Voraussetzungen erfüllt. Unter den neuen Stellen, die unser Organigramm vorsieht, sind im Berichtsjahr die des Mitarbeiterberaters, des Schulsekretärs und des Vorstehers der Oberstufenschule besetzt worden. Eine weitere neue Stelle, die des Erziehungsleiters, ist im Frühjahr 1972 geschaffen worden. Es wird nun darauf ankommen, dass auch das «verstärkte Kinderdorf-Orchester» zu einem Zusammenspiel gelangt, in dem bei aller Polyphonie doch nicht zu schrille Dissonanzen erklingen.

Jugendfragen
Auch unsere Jugendlichen begegnen den Versuchungen und Verführungen, denen die heutige Generation ausgesetzt ist. Wir haben also allen Grund, den lebenskundlichen Unterricht in den verschiedenen Bereichen auszubauen, die Schüler rechtzeitig und permanent zu orientieren über die wichtigsten Probleme des menschlichen Zusammenlebens und auch über die Gefahren, die dem Unerfahrenen heute zum Verhängnis werden können. Dabei erkennen wir erneut, wie wichtig bereits die Früherlebnisse eines jeden Kindes sind, welch

grosse Bedeutung die Geborgenheit und Sicherheit einer häuslichen «Wohnstube» haben und dass keine noch so gut gemeinte «Massnahme» den liebenden Menschen im Erzieher ersetzen kann. Die «Immunisierung» gegen die neuen Umweltgefahren erhoffen wir uns also von zwei Seiten: Von den erzieherischen Grundlagen des Kinderdorfes und von der realistischen Information, die von aussen in das Kinderdorf hineingetragen wird. Auf beiden Gebieten haben wir auch im Berichtsjahr erfahrene Fachexperten beigezogen, die sowohl mit Erziehern und Lehrern, als auch mit Schülern und Jugendlichen unseres Dorfes Gespräche und Seminarien durchgeführt haben. Eine sorgfältige und alle wichtigen Faktoren berücksichtigende Berufs- und Laufbahnberatung kann der von vielen Seiten her verunsicherten Jugend Hilfe, Halt und verlässliche Motivierung bedeuten. Das Kinderdorf hat im vergangenen Jahr für seine grösste Kinder- und Jugendlichengruppe, die Tibeter, im Rahmen des Berufsberatungsprogramms eine zusätzliche Anstrengung unternommen. Tsewang C. Tethong, ein Bruder unseres langjährigen tibetischen Hausvaters, seines Zeichens Leiter einer grossen Tibetersiedlung und Vertreter des Dalai Lama in Südindien, wurde von unserer Stiftung und von den zwei befreundeten Pestalozzidörfern, Wahlwies (Deutschland) und Sedlescombe (England), nach Europa eingeladen, um in allen drei Dörfern Aufgaben der berufskundlichen Information und individuellen Berufsberatung durchzuführen. Er war hiezu ganz besonders geeignet, weil er mit den europäischen Ausbildungsmethoden und Möglichkeiten wie auch mit den Lebensbedingungen und Berufsaussichten tibetischer Siedlungen auf das beste vertraut ist.

Die grösseren Schüler hatten im vergangenen Jahr mannigfaltige Gelegenheiten, selber zu planen, auszuführen und Verantwortung zu tragen: Sie haben einen ihnen zur Verfügung gestellten grossen Hühnerstall zu einem «Jugendzentrum» ausgebaut und für die Veranstaltungen die entsprechenden Programme zusammengestellt. Sie beteiligten sich an den regelmässigen Übungen der Jugendfeuerwehr. Sie erarbeiteten mit Hilfe unseres japanischen Sozialarbeiters Hitoshi Nogawa Wochenendprogramme für die jüngeren Kinder und beteiligten sich auch an einem Schüleraustausch-Programm zwischen dem Kinderdorf in Trogen und dem befreundeten österreichischen Kinderdorf Pötsching. Schliesslich führten sie einen Suppentag zugunsten der ostpakistanischen Flüchtlinge durch, an dem sich natürlich auch die Mitarbeiter des Dorfes beteiligten und der das schöne Ergebnis von Fr. 2500.– zeitigte.

Vom äusseren Wachstum

Vor wenigen Jahren noch war in unseren Berichten zu lesen, dass nunmehr der «Endausbau» des Kinderdorfes erreicht sei. Heute müssen wir erkennen, dass auch auf dem baulichen Sektor immer wieder neue und begründete Bedürfnisse auftauchen: So hat es sich gezeigt, dass das Kinderdorf ein Werkstattgebäude bauen muss, wenn es auch in Zukunft den

Unterhalt des Dorfes mit seinen 25 Firsten sicherstellen will. Handwerker sind heute für die vielfältigen laufenden Unterhaltsarbeiten kaum mehr zu gewinnen. Der eigene Dorfschreiner aber und vielleicht später auch ein Maler müssen über Räume und Einrichtungen verfügen, die ein rationelles Arbeiten erlauben.

Das Kinderdorf darf sich glücklich schätzen, im Rotary-Club von Meilen eine Freundesgruppe gefunden zu haben, die es sich zum Ziel setzte, unserem Dorf bei der Verwirklichung dieses Werkstattgebäudes zu helfen. Mit einer auch weitere Rotary-Clubs erfassenden Naturalspendenaktion haben unsere Freunde ein Planungs- und Materialbeschaffungsprogramm realisiert, das an die Anfangszeiten des Kinderdorfes erinnert. Wenn mit dem Bau dieses Gebäudes bereits im Frühling 1972 begonnen werden kann, verdanken wir dies der Initiative der Rotary-Freunde und des mit der Planung beauftragten Architekten, Josef Schütz.

Da neben dem Werkstattgebäude auch noch weitere Bauwünsche geäussert wurden, ist eine Gesamtausbaustudie in Auftrag gegeben worden, die anfangs 1972 zum Abschluss gebracht worden ist. Sie soll ermöglichen, die weiteren Bauten in einer wohldurchdachten Konzeption zu verwirklichen, ohne den Dorfcharakter, den Hans Fischli vor Jahren in so überzeugender Weise gestaltet hat, wesentlich zu verändern. Auch wird dieser weitere Ausbau sicher nur schrittweise und gemäss den vorhandenen Mitteln erfolgen können. Er sieht den Bau eines eigenen Primarschulhauses, einen notwendig gewordenen grösseren Küchenbau und allenfalls einen Umbau der Canada Hall vor.

Internationale Kontakte

Auch im vergangenen Jahr hat sich das Kinderdorf bemüht, seine mannigfaltigen internationalen Kontakte zu pflegen. Wertvolle neue Verbindungen konnten aufgenommen werden. So hatten wir die Freude, den Präsidenten der indischen philosophischen Gesellschaft, Professor Nikam, während eines längeren Aufenthaltes im Kinderdorf kennenzulernen.

Ende 1971 besuchten der Präsident der Stiftungskommission, Dr. Paul Stadlin, und der Berichterstatter die fernöstlichen Länder Vietnam, Japan und Südkorea. Über die Mission der beiden Vertreter kann zusammenfassend folgendes berichtet werden:
In Saigon konnte der Vertrag bereinigt und unterzeichnet werden, der die Aufnahme südvietnamesischer Kinder ermöglicht. Mit den Vertretern der südvietnamesischen Regierung wurden bei dieser Gelegenheit alle wichtigen Fragen dieses Vorhabens erörtert.

In Japan wurden die beiden Vertreter mit den zahlreichen Mitgliedern eines Freundschaftskomitees bekannt, das beabsichtigt, in nächster Zeit in Japan, vielleicht in der Nähe des heiligen Berges Fuji, ein internationales Pestalozzidorf zu gründen. Fragen der Zielsetzung eines solchen Dorfes, der Kinderauswahl, der Organisation und der Mittelbeschaffung standen zur Diskussion. Dem Dorfleiter wurde die Gelegenheit geboten, im japanischen Fernsehen über das Trogener Dorf zu berichten. Einmal mehr konnte festgestellt werden, dass das Gedankengut Pestalozzis, dank japanischen Übersetzungen seiner Werke, in diesem Land weite Verbreitung gefunden hat.

In Seoul sind Fragen der Reintegration der ersten Gruppen von Koreanern besprochen worden, die in 1-2 Jahren beruflich ausgebildet in ihr Land zurückkehren werden. Das Sozialministerium wird in Zusammenarbeit mit einem Kinder-Plazierungsdienst dafür besorgt sein, dass die Heimkehrer geeignete Betreuerfamilien, Wohngelegenheiten und Arbeitsstellen finden werden. Mit Erleichterung haben wir festgestellt, dass das Lebensniveau-Gefälle gegenüber der Schweiz nicht mehr so krass ist und dass junge Leute mit Berufen, wie sie unsere Koreaner in der Schweiz lernen, dringend benötigt werden.

Ausblick

Das Kinderdorf hat in seinem ersten Vierteljahrhundert immer wieder grosse Freuden, aber auch ernsthafte Sorgen erlebt. Es hat nun seinen Weg in eine unbekannte Zukunft angetreten, von der wir wissen, dass sie wesentlich anders aussehen wird als die Vergangenheit und dass sie einen immer schnelleren Wandel mit sich bringen wird.

So ist Angepasstheit ohne Fähigkeit und Bereitschaft zu neuer Anpassung fragwürdig geworden, und die Beherrschung des einmal Erlernten muss eine Ergänzung finden in der Erhaltung einer steten Lernbereitschaft. In einer solchen Welt kann der einzelne leicht überfordert und auf immer verunsichert werden. Auch von dieser Gefahr her gesehen, wird Teamarbeit immer bedeutsamer. Sind Erzieher und Lehrer des Kinderdorfes bereit, diese Realitäten einer nahen Zukunft zu erkennen? Können sie ermessen, was es bedeutet, die uns anvertrauten Kinder nicht nur auf das Leben in der bereits sehr anspruchsvollen Welt von heute, sondern auf die Welt von morgen vorzubereiten? Unsere kleine und leicht überblickbare Dorfgemeinschaft wäre nach ihrer Struktur durchaus in der Lage, ohne zu grossen Verzug Konsequenzen aus den Antworten auf die eben gestellten Fragen zu ziehen.

Wenn sie trotz den Verführungen einer immer anspruchsvoller werdenden Konsumgesellschaft dazu den Mut, die Kraft und die dafür unerlässliche grössere Einsatzbereitschaft aufbringt, besteht kein Grund, an einer sinnvollen Zukunft unseres Werkes zu zweifeln, dem im Laufe der Jahre bereits so viele Menschen ihre besten Kräfte geschenkt haben. Der Lohn einer solchen Anstrengung wird nicht nur in der Lebenstüchtigkeit der Kinderdorfkinder zu erkennen sein, sondern auch in der steten Verbundenheit des Schweizervolkes mit seinem Dorf.

Arthur Bill, Dorfleiter

Das Kinderdorfjahr 1972

Zum Geleit

Wieder ein Jahr vorüber! Wieder ein Bericht! Wieder ein Dank aus vollem Herzen an unsere Freunde und Gönner für alle dem Kinderdorf Pestalozzi erwiesene Sympathie und Förderung.

Im Vorwort zum letzten Bericht galt es, den Rücktritt des Dorfleiters, Dr. h. c. Arthur Bill, anzukündigen, der nach 26jähriger überaus fruchtbarer, aber auch kräftezehrender Aktivität seinen Posten verlässt, um fortan als Delegierter des Bundesrates für Katastrophenhilfe im Ausland zu wirken. Ich möchte ihm an dieser Stelle namens der Stiftung, der Dorfgemeinschaft und persönlich nochmals herzlich für seine überragenden Dienste danken. Wir sind glücklich, dass er dem Werk als Mitglied der Stiftungskommission und als Beauftragter für Spezialmissionen verbunden bleibt.

Die Wahl des Nachfolgers fiel auf Traugott Hufschmid, bisher Rektor der Gewerbeschule Rheinfelden, der sich schon in Trogen aufhält und die Leitung am 15. Juli 1973 übernimmt. Er hat während der Einführung in seine neue Tätigkeit bereits erkennen lassen, dass er die richtige Wellenlänge besitzen dürfte, um sein anspruchsvolles Amt auszuüben, ohne von ihm erdrückt zu werden. Unsere besten Wünsche begleiten ihn.

Mehr als tausend Kinder haben seit der Gründung im Kinderdorf Pestalozzi gelebt und dort einen wesentlichen Teil ihrer Jugendeindrücke und ihrer Erziehung empfangen. Wieviel an menschlichem Schicksal und an Entwicklungsmöglichkeiten liegt in dieser Zahl begriffen! Zum erstenmal seit der Gründung des Kinderdorfes wird der grosse Harst der Ehemaligen, dessen überwiegende Mehrheit die Kinderdorferfahrung positiv würdigt, nun auch in den Organen der Stiftung vertreten sein und zwar durch einen jungen Griechen. Er wurde an der letzten Sitzung in den Stiftungsrat gewählt.

Dr. Paul Stadlin
Präsident der Stiftungskommission

> Man sieht die Blumen welken und die Blätter fallen, aber man sieht auch Früchte reifen und neue Knospen keimen. Das Leben gehört den Lebendigen an, und wer lebt, muss auf Wechsel gefasst sein.
>
> Die Menschen sind trotz allen ihren Mängeln das Liebenswürdigste, was es gibt.
>
> *J. W. Goethe*

Im Zeichen des Wechsels

Dies ist der vierundzwanzigste und auch der letzte Jahresbericht, den ich als Leiter des Kinderdorfes Pestalozzi für dessen Freunde schreibe. Meine Frau und ich werden dieses Dorf, das wir mit seinen 26 Häusern entstehen sahen, im Herbst 1973, nach mehr als 26 Jahren, verlassen. Im Frühjahr 1947 sind wir als junges Paar mit unserer damals zweijährigen Therese nach Trogen gezogen. Das im Entstehen begriffene Kinderdorf Pestalozzi glich zu jener Zeit einem Bauplatz. Die ersten französischen und polnischen Kriegswaisenkinder, die kurz zuvor angekommen waren, kletterten auf den Erdhaufen und in den Baugruben zwischen den eben erstellten, honiggelben vier ersten Kinderhäusern umher. Dieser Bauplatz Kinderdorf Pestalozzi, von dessen lehmigem Grund Füsse und Schuhe sich schwer lösen liessen, wurde im Laufe der Jahre zu unserem eigentlichen Werkplatz, zu unserer zweiten Heimat. Zwischen dem Abschied, der uns nun unmittelbar bevorsteht, und jenen Anfängen des Jahres 1947 liegt ein Reichtum an Erlebnissen und Erfahrungen mit den Menschen, vor allem den Kindern dieses Dorfes, der überhaupt nicht in Worte zu fassen ist. Das tausendste Kind, ein Italienermädchen, durften wir kürzlich willkommen heissen. Aber an dieser Zahl 1000 allein liegt es nicht, ist doch jedes einzelne Kind, dem sich die Türe eines unserer Kinderhäuser öffnet, eine unverwechselbare, eigene Persönlichkeit, etwas in seinem Wesen Einzigartiges und Einmaliges, in vielen Fällen ein junges Menschenkind in Not und Bedrängnis, dem wir im Kinderdorf Pestalozzi eine Chance für einen Neubeginn bieten dürfen. Wer nun überlegt, was ein solches sich stets erneuerndes Engagement in der Erziehungspraxis bedeutet, kann sicher auch ermessen, was uns schliesslich zum Abschied vom Kinderdorf bewogen hat. Ich habe versucht, es in der Kinderdorfzeitung «Freundschaft» zu erklären: Wer weiss, dass viele Beziehungen zu den ehemaligen Schützlingen und auch zu den vielen Hunderten von früheren Mitarbeitern weiter gepflegt werden, hat sicher Verständnis dafür, dass im «Verbindungsnetz» eines einzelnen Menschen nicht einfach unbekümmert und unbegrenzt immer wieder neue Kontaktschaltungen geschlossen werden können. Auch der «Stromkreis» eines sehr kontaktfreudigen menschlichen Herzens könnte unter der stetig zunehmenden Belastung eines Tages zusammenbrechen. So meinen wir, dass es gut und an der Zeit sein dürfte, künftig zu schliessende Kontakte einer Gruppe von jüngeren Mitarbeitern zu überlassen und diese vielleicht einfach noch einige Jahre beratend zu begleiten. Wir haben uns also entschlossen, den doch einmal kommenden «Abschied vom Kinderdorf» bewusst zu erleben und mitzugestalten. Dass dieser Abschied uns und vor allem auch der grossen Gruppe der Asiaten unseres Dorfes, von denen meine Frau und ich in den vergangenen Monaten ergreifende Zeichen der Anhänglichkeit und Liebe erlebt haben, nicht leicht fallen wird, wissen wir. Ihnen, aber auch dem Kreis der älteren Ehemaligen, dem treuen Harst der altgedienten Mitarbeiter und der Gruppe von eben neu zu uns gestossenen Verantwortungsträgern, werde ich, so lange dies möglich, erwünscht und nützlich sein kann, zur Verfügung stehen.

Und nun zur neuen Aufgabe: Ich soll als Delegierter des Bundesrates ein grösseres Korps von Freiwilligen aufbauen und so organisieren, dass es im Katastrophenfall im Ausland, vorwiegend in der sogenannten «Dritten Welt», mit seinen Fachleuten und mit seinem Material zur Hilfe eingesetzt werden kann. Dieser anspruchsvolle Auftrag, der bereits vor einiger Zeit und in der Folge noch wiederholt an mich herangetragen wurde und den ich schliesslich annahm, bedeutet für mich auch eine Herausforderung, eine Chance, noch einmal in meinem Leben eine Aufbauaufgabe auf humanitärem und internationalem Gebiet zu übernehmen. Katastrophenhilfe für das Ausland realisieren zu dürfen, ist eine neue Möglichkeit, Solidarität von der Schweiz aus nicht nur zu deklarieren, sondern zu leben! Dies werden, so glaube und hoffe ich, nicht zuletzt die Kinder und Jugendlichen unseres Dorfes verstehen. Von ihnen erwarten wir ja auch, dass sie eines Tages bereit sind, Erlerntes und Erfahrenes einzusetzen, wo dies am sinnvollsten und dringendsten erscheint. Warum sollte ich dies in meiner letzten beruflichen Lebensphase nicht auch noch einmal selber wagen? Zählt nicht gerade auch in den Augen und im Erleben der Kinder das Tun eines Erziehers mehr als seine noch so schönen Worte über all das, was «man» draussen in der so arg bedrängten Welt tun sollte? Wie oft haben wir in den früheren Jahren, wenn wir uns von Kindern verabschiedeten, die nach ihren Kinderdorfjahren wieder in ihre Heimat zurückkehrten, das folgende Lied gesungen:

Freund, so du etwas bist, bleib doch ja nicht stehn;
man muss von einem Licht fort in das andre gehn.

Das nun möchten meine Frau und ich versuchen. Und wir werden es in der Gewissheit tun, in der Kinderdorfarbeit nicht nur gegeben, sondern im Ringen um dieses Werk und sein Gelingen die entscheidendsten Impulse und Lebenserfahrungen empfangen zu haben.

Blick auf das Jahr 1972
So haben wir allen Grund, in Dankbarkeit und innerer Bewegtheit auf das vergangene Jahr zurückzuschauen. In Stichworten seien die äusseren Ereignisse skizziert:
An einer ausserordentlichen Sitzung des Stiftungsrates kamen die Themen «Das Kinderdorf

im Umbruch der Zeit» und «Neuregelung der Zusammenarbeit von Dorf und Stiftung» zur Sprache. Nach mehrmonatigen Vorarbeiten im Schosse der Stiftungskommission und in den Organen der Dorfgemeinschaft wurde ein «Paritätischer Arbeitsausschuss» gewählt, der im Juni 1972 erstmals tagte und dem nun im Sinne eines Versuches zu Verbreiterung der Mitbestimmungsbasis ein grösserer Teil der Stiftungskommissionsgeschäfte ebenfalls zur Behandlung übertragen werden. In diesen Ausschuss entsenden die Stiftungskommission und die Dorfgemeinschaft gleich viele Delegierte. Den Vorsitz führt der Präsident der Stiftungskommission.

Im Juni 1972 hat das Kinderdorf die vierte asiatische Kindergruppe, 21 Kriegswaisen aus Vietnam, aufgenommen. Das Dorf zählt heute fünf europäische Nationen in sechs Kinderhäusern (Engländer, Finnen, Griechen, Italiener, Vietnamesen) und schliesslich unsere aus Nordafrika stammenden Tunesier; dazu kommt ein internationales Haus, das etwa 20 Jugendliche beherbergt, die in der Nähe von Trogen ihre berufliche Ausbildung absolvieren. Ein weiteres Haus steht den ungefähr 50 Ehemaligen zur Verfügung, die zur Zeit auswärts in der Ausbildung stehen und die ab und zu das Wochenende oder auch Ferien in ihrem Dorf verbringen möchten.

Im November kamen 23 aus Uganda vertriebene Asiaten ins Kinderdorf, die hier Hilfe und Unterkunft fanden, bis sie nach wenigen Monaten mit dem Aufbau einer neuen Existenz in der Schweiz beginnen konnten.

Im Sommer 1972 besuchten Dutzende von Ehemaligen, meist solche aus der allerersten Kinderdorfgeneration, mit ihren Familien ihre frühere Heimat, unter ihnen eine starke Delegation aus Frankreich, in Begleitung der Hauseltern Morel, und eine grössere Anzahl Finnen. Schliesslich kam auch noch Raffaele, heute Italo-Amerikaner, der sich in der neuen Welt vom Mechaniker zum Ingenieur hinaufgearbeitet hat und nun sein letztes Diplom vorzeigen wollte.

Im gleichen Sommer verbrachten erstmals fünf Koreaner und zwölf Tibeter einen mehrwöchigen Informationsaufenthalt in Korea, beziehungsweise in Indien. Er diente der geistigen und organisatorischen Vorbereitung der Rückkehr und der bestmöglichen beruflichen Eingliederung unserer jungen Asiaten, die in ein bis drei Jahren für sie auf dem Programm steht. Eine junge Tibeterin, die in Basel Medizin studiert, hat über diesen Aufenthalt unter anderem geschrieben: «Indien (die künftige Wahlheimat) war für mich kein fremdes, neues Land, und die Wirklichkeit entsprach meinen Erinnerungen und Erwartungen. Meine Aufmerksamkeit galt vor allem den Tibetern in Indien. Ich stellte fest, dass sie imstande sind, das völlig neue Leben zu meistern. Sie sind sehr selbstbewusst und auch kritisch gegenüber uns, die wir aus dem Westen kommen, eine Haltung, die sicher richtig ist. Sie erwarten, dass wir als nützliche Arbeitskräfte zurückkehren. Mit einer guten Ausbildung und mit ausreichenden Erfahrungen, glaube ich, werden wir ihren Ansprüchen gerecht werden können.»

Auf schulischem Gebiet ist zu berichten, dass nach längeren Vorbereitungen eine Arbeitsgruppe «Mathematik» gebildet wurde. Sie wird sich, mit Unterstützung von Experten, mit den unterrichtlichen Möglichkeiten der sogenannten «neuen Mathematik» vertraut machen und ein neues Mathematik-Curriculum für die Schulen des Kinderdorfes erarbeiten.
Die Hauseltern haben sich in einer Frühlings-Studienwoche mit Fragen der musikalischen Erziehung und mit Aufgaben und Möglichkeiten befasst, die unsere Kinder stufenweise zur Selbständigkeit und Lebenstüchtigkeit führen sollen.

Im August 1972 konnte mit den Bauarbeiten für das Werkstattgebäude begonnen werden. Bereits im November 1972 fand das Aufrichtfest statt, an dem eine Delegation des Rotary Clubs Meilen (ZH) den Dank des Kinderdorfes entgegennahm. Dieser Club hat, mit Hilfe weiterer Rotarier, das Gebäude massgeblich finanziert, ausgerüstet und recht eigentlich ermöglicht.

Nachdem ich mich im Frühling 1972 entschlossen hatte, die neue Aufgabe als Delegierter des Bundesrates für Katastrophenhilfe im Ausland anzunehmen, wurde die Dorfleiterstelle zur Neubesetzung ausgeschrieben. Aus über 30 Bewerbern wurde im Dezember des Berichtsjahrs Traugott Hufschmid, bisher Rektor an der Gewerbeschule von Rheinfelden, gewählt. Um zu einer möglichst reibungslosen Übergabe beizutragen, erklärte ich mich bereit, die neue Aufgabe in Bern erst im September 1972 anzutreten und für die Dauer eines ganzen Jahres nur im Halbamt zu versehen. Dies sollte die sorgfältige Einarbeitung meines Nachfolgers ermöglichen, der am 15. April 1973 nach Trogen gezogen ist. Nach einer ersten Einführungsphase wird er die Verantwortung als Dorfleiter am 15. Juli 1973 übernehmen. Ich werde ihm dann noch bis Ende August beratend zur Seite stehen, um schliesslich am 1. September die Aufgabe in Bern vollamtlich zu übernehmen. Meine in Trogen gesammelten Erfahrungen werde ich als Mitglied der Stiftungskommission dem Kinderdorf weiterhin zur Verfügung stellen.

Das Jahr 1972 hat unserer Dorfgemeinschaft besonders schmerzliche Verluste gebracht. Wir beklagen den Verlust des ehemaligen Hausvaters des Schweizerhauses und Dorfleiter-Stellvertreters, Walter Jordi, und unserer Dr. Adelheid Lohner, die während mehr als 22 Jahren mit ihrer ganzen Kraft unserem Werk gedient hatte, zuerst bei der Mittelbeschaffung und später auch in der Stiftungskommission. Wir gedenken ebenfalls in Dankbarkeit der im Berichtsjahr verstorbenen früheren Mitarbeiterinnen, Sr. Edith Türler, Rosa Steiner und Ottilia Schneider.

Zu unserer Freude wurden im Jahr 1972 drei Mitarbeiterkinder geboren. Auch konnte die unverhältnismässig grosse Zahl von 61 Kindern neu ins Kinderdorf aufgenommen werden. Es waren dies:

7	Griechen	21	Vietnamesen
10	Koreaner	1	Engländer
12	Italiener	1	Finnländerin
6	Tibeter	3	Deutsche

Diese 61 Neuen machen mich besonders glücklich. Ich kann mir eigentlich gar kein schöneres Geschenk zum Abschied denken, bedeutet dieser Zuzug doch: das Kinderdorf lebt, es wird weiterhin leben, weil und solange es seine Aufgaben, allen Problemen zum Trotz, mutig anpackt und zuversichtlich zu lösen versucht.

Gedanken zum Abschied
So erfreulich sich der vorhergehende Abschnitt über das Jahr 1972 liest, muss doch darauf hingewiesen werden, dass Erziehungsarbeit, vor allem in Heimen, heute besonders problemträchtig und verantwortungsvoll geworden ist. Dass das Kinderdorf mit seinen Schulen und seiner Erziehungsaufgabe zudem in die ganze Problematik internationaler Zusammenarbeit hineingestellt ist, gestaltet das Vorhaben nicht einfacher.

Eine Bilanz aus den vielen Jahren des Ringens, des Gelingens und des gelegentlichen Misslingens der Kinderdorfarbeit zu ziehen, soll einem späteren Zeitpunkt vorbehalten bleiben, verlangt dies doch eine gewisse Distanz. Einige wenige Grunderkenntnisse lassen sich indessen heute schon darlegen:

Kinder:
Bei aller Befürwortung einer sorgfältigen Kinderauswahl: Sehen wir zu, dass unser Werk ein Dorf für die Kinder bleibt, ein Dorf also, das bereit ist, sich in erster Linie nach den Bedürfnissen der Kinder zu richten. «Rosinen-Pädagogik» würde dem Kinderdorf schlecht anstehen. Wir können an Dutzenden von Beispielen nachweisen, dass es sich lohnt, mit einem Kind, das sich am Anfang «schwer tut», Geduld zu üben, es zu ermutigen und sich nicht durch die Befürchtungen einzelner voreiliger Schulleistungsmesser beeindrucken und beirren zu lassen.

Mitarbeiter:
Hingegen glaube ich auf Grund unserer Erfahrungen, dass man bei der Auswahl geeigneter Erzieher und Lehrkräfte gar nicht sorgfältig und streng genug vorgehen kann. Das Kinderdorf vereinigt auf seinem Hügel mit seinem anspruchsvollen Programm bereits so zahlreiche «naturgegebene Schwierigkeiten», dass wir es uns zum Beispiel nicht leisten können, zu viele Menschen mit zu grossen eigenen unbewältigten Problemen auch noch vor die Lösung der komplexen täglichen Dorfaufgaben zu stellen. Es ist kein Geheimnis, dass gerade Werke in der Art des Pestalozzidorfes auch jene Menschen anziehen, die sich selbst bisher nicht recht zu helfen wussten! Hat sich aber das Dorf einmal für einen Menschen als Mitarbeiter entschieden, darf dieser erwarten, dass auch er Unterstützung und Ermutigung findet. Eine Grundvoraussetzung, neben vielen anderen, muss er allerdings besitzen: Er muss vom Glauben an den Sinn seiner Kinderdorfaufgabe beseelt sein.

Den künftigen Mitarbeitern des Kinderdorfes möchte ich mitgeben, was ich meinem Nachfolger und seiner Gattin zu ihrem Dienstantritt in Trogen am 14. April 1973 unter anderem geschrieben habe: «Ob ich Ihnen so einfach ‹Glück› wünschen kann? Vielleicht so: Ich wünsche Ihnen, dass Sie beide glückliche Menschen sind, ich meine Menschen, die um einen inneren Halt, um ein letztes Geborgensein und um den tieferen Sinn all unseres unvollkommenen Tuns wissen. Wer diesen inneren Kompass kennt, darf hier im Kinderdorf frohgemut an die grosse Aufgabe herantreten. Denn das haben meine Frau und ich in unseren am heutigen Tag vollendeten 26 Kinderdorfjahren immer wieder erfahren: ‹Glückliche Menschen› werden in diesem Dorf noch glücklicher, ihrem Wesen nach unzufriedene werden hier oben noch unglücklicher.

Fast jede Gemeinschaft, auch das Kinderdorf, zählt ein paar «Engel» zu seinen Mitarbeitern, Engel an Geduld, Güte, Hilfsbereitschaft und Ausdauer. Die Kinder entdecken sie rasch, obschon sie meist zu den «Stillen im Dorf» gehören.

Erziehung und Schule:
Pestalozzis Anliegen der harmonischen Entfaltung der Kräfte des Kopfes, des Herzens und der Hand des jungen Menschen hat auch für das Kinderdorf, das seinen Namen trägt, seine unveränderte und hochaktuelle Bedeutung. Doch auch wir laufen Gefahr, unter dem äusseren Leistungsdruck unserer Gesellschaft, die rein intellektuelle Förderung unserer Kinder zu stark in den Vordergrund zu rücken. Bleiben wir der ursprünglichen Kinderdorf-Konzeption treu, die den musischen Fächern von Anfang an ein weites Feld und genügend Zeit eingeräumt hat! Gerade der später vielleicht einmal unter grossem Leistungsdruck stehende Mensch kann seelisch oft nur dann gesund bleiben, wenn ihm in seiner Jugend der Weg zu den Künsten, zu eigenem schöpferischem Gestalten im musischen Bereich erschlossen worden ist. Sorgen wir dafür, dass diese lebensrettenden Inseln des «zwecklosen» und doch so

sinnvollen freien Gestaltens im lebensbedrohenden Strom der zunehmenden Zwänge erhalten bleiben: Lasst die Kinder des Kinderdorfes musizieren, tanzen, gestalten, lasst sie in den vielen Werkstätten des Dorfes Hand anlegen, lasst sie turnen und spielen, und sie werden den übrigen Leistungen, die ihnen natürlich eine wirklichkeitsnahe Schule auch abverlangen muss, eher gerecht!

Gemeinschaftsleben:
So konservativ dies klingen mag: Rasch erzwungene Mehrheitsbeschlüsse im Erziehungsbereich sind mehr als fraglich. Besser ist es, zu Ende zu diskutieren, zu ergründen, zu belegen, zu überzeugen, zu versuchen, eine Übereinstimmung statt eine Abstimmung zu erzielen. Die bei solchen Geduldsübungen «verlorene Zeit» ist «gewonnene Zeit».

Die Schule könnte noch besser auf ein harmonisches Gemeinschaftsleben vorbereiten, wenn sie weniger auf Konkurrenzbasis aufgebaute Einzelleistungen verlangen und dafür vermehrt Gemeinschaftsleistungen, basierend auf dem Kooperationsgedanken, organisieren würde. Dabei wird der leistungsschwächere Schüler weniger blossgestellt. Er wird der Gruppe seinen Fähigkeiten entsprechend dienen können. Dies erleichtert die Verwirklichung des pestalozzianischen Grundanliegens, das in einem Satz etwa so zu umschreiben wäre: Versuche nicht, die Untugenden deines Schützlings zu bekämpfen, ermutige ihn vielmehr in seinen Tugenden, und er wird aus eigenen, derart gestärkten Kräften versuchen, mit seinen Untugenden selber fertig zu werden. Wir wollen gerne zugeben, dass auch in der erzieherischen Alltags-Praxis des Kinderdorfes immer wieder gegen dieses zentrale pädagogische Vermächtnis Pestalozzis verstossen wird. Nichtbeachtung einer Wahrheit ändert indessen nicht das geringste an ihrem Gehalt. Im übrigen lässt sich der ganze Reichtum des Lebens einer internationalen Erziehungsgemeinschaft zum Glück niemals in ein Schema von narrensicheren Regeln einfangen. Gewiss, auch die Kinderdorfgemeinschaft wird um die Aufstellung und Beachtung einiger weniger «Dorfregeln» nicht herumkommen. Hüten wir uns aber auch in Zukunft davor, in diesem prächtigen Trogener Kinder-Garten zu viele «eiserne Verhaltens-Zäune» aufstellen zu wollen. Ein Zaun ist auch hier ein ungenügendes Argument, denn nichts kann das persönliche Gewissen ersetzen. Es beim Kinde zu entwickeln, geht auf anderen Wegen vor sich: Glücklich eine Erziehergemeinschaft, der Menschen angehören, die glaubwürdig genug vorleben können, die Zeit finden für Gespräche mit den Kindern, die Vertrauen verbreiten und Vertrauen erfahren, die auch zu fordern wagen, die verzeihen und ermutigen können und die den Ernst des Erziehungsalltags mit ihrem wissenden und manchmal auch sich selbst in Frage stellenden Humor vergolden.

Menschen dieser Art können auch ein «einfaches Leben», wie es unser Dorf im Hinblick auf den späteren Lebensraum unserer Kinder anstreben muss, ertragen. Ja, sie werden dieses «einfache Leben» sogar suchen, weil sie auch seine Vorzüge zu schätzen wissen.

Arthur Bill

Mein Credo:
Ich glaube an die Zukunft und die Aufgaben des Kinderdorfes Pestalozzi und seiner Tochtersiedlungen in anderen Ländern und Erdteilen. Solche Werke jeden Tag mit neuem und gesundem Leben zu erfüllen, erfordert indessen einen aussergewöhnlichen Einsatz. Er ist schwerer Bergwerksarbeit vergleichbar: Mitten durch den Granit der nationalen Festungen, quer durch die Konglomerate unserer internationalen Gemeinschaften, unter dem Schutt und dem schweren Geröll unserer zukunftsorientierten Weltbauplätze läuft in der Tiefe verborgen die schmale Goldader der gemeinsamen menschlichen Anliegen und Ziele! Weiterhin unentwegt nach diesem Gold zu suchen, ist sinnvollstes menschliches Bemühen. Das Kinderdorf Pestalozzi in Trogen ist einer der Werkplätze dieser Welt, wo dies seit mehr als 27 Jahren und, so hoffe und glaube ich, auch in Zukunft geschieht. Ich bin dem Schicksal dankbar, das mich hierher geführt hat, wo es mir vergönnt war, während mehr als 26 Jah-

ren die grossartige Idee Walter Robert Cortis verwirklichen zu helfen. Meiner Frau danke ich für ihre Unterstützung und Geduld, und von unseren vier Töchtern – drei von ihnen sind inzwischen bereits «ausgeflogen» – weiss ich, dass das Kinderdorferlebnis sie für manches entschädigt hat, was ihnen ein «vielbeschäftigter Dorfleiter» als Vater nicht immer hat geben können.

So glaube ich, wie Winston Churchill sagen zu dürfen: «Die Herrlichkeit des Lichts kann ohne seine Schatten nicht bestehen. Das Leben ist ein Ganzes, und Gutes und Böses muss zusammen hingenommen werden. Die Reise war genussreich, und es hat sich durchaus gelohnt, sie zu machen – einmal.» Ich möchte hinzufügen: Um 26 Jahre verjüngt, würde ich ohne weiteres ein «da capo» für dieses Kinderdorf wagen! Nun gibt es aber für uns Menschen keine Wunder-Jungbrunnen. Die uns anvertrauten Fackeln haben wir nach unserem Lauf weiterzugeben. Junge, vertrauenswürdige Hände sind bereit, sie zu übernehmen.

Mit dem Wunsch, dass Sie, liebe Kinderdorffreunde, unserem Dorf auch in Zukunft Ihr Wohlwollen bewahren werden, verabschiede ich mich von Ihnen als Dorfleiter.

The Dalai Lama

THEKCHEN CHOLING
DHARMSALA CANT T.

KANGRA DISTRICT
HIMACHAL PRADESH

April 14, 1973

Dr. h.c. A. Bill
Director
PESTALOZZI CHILDRENS'S VILLAGE

9043 Trogen
SWITZERLAND

Dear Dr. Bill,
Thank you for your letter and for your warm greetings.

I was indeed very sorry to learn that you will soon be leaving the Children's Village after having spent over 26 years there. Your departure will be an irreparable loss to the Village.

The great amount of love and respect in which you are held by the Tibetan staff members and our children there clearly show what it means to have you in the Village. And this no doubt applies to all the other homes from the various countries. Of course, the work will go on – but it will be different. And this will be felt by the staff members as well as the children of the Village. All of us will then have a genuine feeling of deep appreciation for your contribution to and your work with the Village. There will be a lasting memory filled with gratitude.

We fully understand and appreciate the difficult decision you have made in accepting the new work entrusted to you by Swiss Federal Council and we sincerely wish you success in it.

With our kind regards,

Yours sincerely,
THE DALAI LAMA

Weihnachten 1972

Meine Gelegenheit als Dorfleiter zu dieser Kinderdorfgemeinschaft zu sprechen, der ich ein Vierteljahrhundert angehören durfte, sind nunmehr gezählt. So erlebe ich heute mit meiner Familie das letzte Mal als aktiver Dorfmitarbeiter jenes festtägliche Mahl des 26. Dezembers, das zu Weihnachten und zum Jahresende Mitarbeiter, Jugendliche und Ehemalige zu einigen kurzen Feierstunden zusammenführt. Und ich stelle fest, dass ich dieses Zusammensein im Kerzenlicht mit derselben Intensität und inneren Bewegtheit erfahre, wie vor vielen Jahren das allererste Mal.

Ereignisse scheinen sich zu wiederholen und sind doch immer besondere und andere. Das Gesicht dieser Dorfgemeinschaft wandelt sich. Die länger hier Wirkenden sind nicht mehr dieselben, die sie vor Jahren gewesen. Vertraute Gesichter fehlen, fehlen für immer. Neue Gesichter sind unter uns. Auch sie werden sich wandeln. Was hat uns hierher geführt, was verändert uns, was führt uns neuen Aufgaben entgegen? Vor der Einmaligkeit der jeweiligen Konstellation einer Dorf- und Schicksalsgemeinschaft kann ich nicht ohne Staunen und ehrfürchtiges Fragen innehalten. Vergegenwärtigen wir uns, dass wir vor unserer Geburt wohl kaum als jene menschliche Wesen haben existieren können, als die wir den heutigen Abend miteinander erleben. Die Natur, eine uns im Tiefsten wohl immer unbegreiflich bleibende Fügung, hat uns für würdig erachtet, zwischen Werden und Vergehen eine kurze Spur bewussten menschlichen Lebens zu verkörpern und damit ein Organ zu sein, mit dem sich diese Natur selbst betrachten kann. Nur dem Menschen ist dies gegeben. Nur zwischen Menschen ist Begegnung im Geiste und in einem zögernden Ahnen und werdenden Verstehen möglich. Und welch einzigartiger Ort des Begegnens und des beginnenden Verstehens ist doch eigentlich dieses Dorf der Kinder und der Erwachsenen, jener Menschen aus aller Welt! Es ist meine tiefste Überzeugung, dass es eine in ihrer Grösse kaum und nur selten zu erfassende Gnade ist, einer Gemeinschaft angehören zu dürfen, die sich unter so ausserordentlichen Voraussetzungen immer neu bildet. Von Werner Helwig, dem im benachbarten Liechtenstein lebenden Schriftsteller, kennen wir das Wort und den Aufruf: «Beleidige die Stunde nicht, die Dich leben sieht.» Und er ruft uns zu: «Helft einander, geht einander zur Hand, lernt voneinander und erobert in schöner Gemeinsamkeit dieses unser einmaliges In-der-Welt-Sein, füllt es aus, fordert es, macht es gross, so gross, wie es nur sein kann, und nehmt die Widerstände als etwas, woran man seine Kräfte stählt.» Was ist diese Aufforderung anderes als die Weihnachtsbotschaft, auf die sich die Christen Ende Dezember jeweils wiederum zu besinnen suchen und die im Johannes-Evangelium in die Aufforderung gekleidet ist: «Ein neu Gebot gebe ich euch, dass ihr euch untereinander liebet, wie ich euch geliebt habe, auf dass auch ihr einander lieb habt. Dabei wird jedermann erkennen, dass ihr meine Jünger seid, so ihr Liebe untereinander habt.»

Von den Gedanken, die mich heute abend bewegen, möchte ich ein einziges Thema herausgreifen und vor Ihnen, liebe Freunde, ausbreiten: Das Kinderdorf ist in letzter Zeit stärker von einer Tendenz ergriffen worden, die auch ausserhalb unserer Gemeinschaft zu beobachten ist: Es ist der schwindende Glaube an die Kraft und die Möglichkeit des gemeinschaftlichen Erlebens. Es findet ein langsamer aber steter Abbau der Kontaktgelegenheiten im grösseren Kreise statt. Der Wunsch nach Rückzugmöglichkeit in die individuellen oder nationalen Behausungen wird deutlicher angemeldet. Man will seine Ruhe haben, will nicht stören, nicht gestört werden. Viele, sicher nicht alle, empfinden es fast als Erlösung, nicht mehr wöchentlich einmal zusammen zu Mittag zu essen und dieses gemeinsame Mahl gegen ein gemeinsames, kurzes Kaffeetrinken abtauschen zu können. Mitarbeiterzusammenkünfte in Kinderhäusern werden mit zunehmender Hemmung auf die Wochenprogramme gesetzt, selbst bei Ländervertretern, bei denen sonst Gastfreundschaft überliefertes, heiliges Gesetz ist. Schon meinen einige hellhörig Gewordene unter uns erkennen zu müssen, dass zum Angriff auf die letzte und einzige noch verbliebene, regelmässige Zusammenkunft der ganzen Dorfgemeinschaft geblasen werden soll, auf die kurze Morgenfeier, mit der wir jeweils unsere wöchentliche Arbeit beginnen.

Am heutigen weihnächtlichen Abend möchte ich die Frage stellen: Wissen wir eigentlich, was wir mit dem Zerfallenlassen der Gemeinschaftsbegegnungen tun, oder was wir damit geschehen lassen? Ich bin nicht so sicher. So möchte ich versuchen, zu dieser Frage einige Überlegungen anzustellen, Überlegungen, die ihren Ursprung einerseits in persönlichen Erlebnissen haben, die über viele Jahre und in verschiedensten Lebenslagen im Kinderdorf und ausserhalb dieser Gemeinschaft gesammelt werden konnten, andererseits in Erfahrungen, die andere Menschen, junge und alte, Zeitgenossen und Verstorbene, haben machen können: Da wäre zunächst die Frage zu prüfen, welches denn etwa die Grundvoraussetzungen wären, die uns befähigen, der Einladung nachzukommen, einander in Liebe zu begegnen und zu helfen. Erste Voraussetzung ist ohne Zweifel die, dass wir dieses uns vorgeschlagene Verhaltensmuster als ein erstrebenswertes Ziel überhaupt bejahen, dass wir es als sinnvoll, als richtig erachten. Mit anderen Worten, es stellt sich die Frage nach der Motivation, nach dem «Wollen» an Stelle des «Müssens», und da wird sofort klar: Wer ganz im Grunde seines Wesens nicht will, vielleicht auch deshalb nicht will, weil er nicht kann, der wird eher drei Schritte rückwärts vom Andern weg, als einen einzigen zu ihm hin tun. Wo diese Grundvoraussetzung unerfüllt bleibt, hilft alles drängen, hoffen oder gar predigen nicht. Einem solchen Menschen ist möglicherweise aus bestimmten Gründen der Zugang zum Nachbarn verschüttet. Und bevor dieser trennende Schutt abgetragen ist, besteht nicht die leiseste Hoffnung auf Änderung. Tragisch wäre es allerdings, wenn ein Werk, das internationale und zwischenmenschliche Verständigung auf seine Fahnen schreibt, Erzieher dieser Art mit der Realisierung eines erzieherischen Verständigungswerkes betrauen würde. Unser Kinderdorfgründer, Walter Robert Corti, hat ein solch hoffnungsloses Vorhaben etwa mit den Bemühungen eines Chorleiters verglichen, der sich anschickt, einer Gruppe von Taubstummen das Singen beizubringen.

Hoffnungsvoller sieht die Lage schon aus, wenn der betreffende, vielleicht noch junge Mensch, zwar grundsätzlich frei und bereit wäre, sich auf den Weg zum Andern zu machen. Er ist lediglich jetzt noch mit sich selbst, seiner Ichwerdung, seiner Ichbestätigung so beschäftigt, dass er sein ganzes Augenmerk vorerst noch auf den eigensten Bereich verlegen muss. Teilhard de Chardin spricht in seinen Schriften immer wieder von den drei Stufen, die jeder Mensch im Laufe seines Lebens zu gestalten und oft auch zu erleiden hat. Er spricht von der ersten Stufe als vom Ich oder vom Sein, von der zweiten Stufe als vom Du oder vom Lieben und von der dritten Stufe als vom Es oder vom Anbeten. Ein Mensch also, der noch an der ersten Stufe baut, muss dort weiterbauen. Erst nachher kann er das Du als erstarktes und deshalb auch verlässliches und zur Du-Beziehung fähiges Ich ins Auge fassen. Um aber nun zu diesem Du überhaupt zu gelangen, muss etwas bewegt werden, das «Ich» oder das «Du» oder gar beide. Man müsste sich also derart nähern, dass man sich sehen, erkennen, hören und dann auch kennen lernen kann. Erst nachher kämen die Phasen des noch besser Kennens, des Verstehens und des noch besser Verstehens, ja des Achtens, der Wertschätzung und vielleicht dann auch des Liebens, d.h. doch auch, des Zeit habens für einander, für die Sorgen und die Freuden.

Begegnung wäre also das alles andere auslösende Moment. Wenn ich mich ehrlich prüfe, was meinem Leben bisher Sinn und Richtung gegeben hat, sind es Begegnungen. Vorerst jene mit der Welt meiner Eltern, die beide als Halbwaisen in Fremdpflege aufwuchsen. Später die Begegnungen mit den ersten Schulkameraden und Lehrern, mit meinem Geigenlehrer Hermann Müller, der sich Zeit nahm, mir von Vater Bach und seinen Söhnen, von dem ehemaligen Metzgergesellen Dvořàk und vom jungen Mozart zu erzählen. Als Vierzehnjähriger, die Begegnung mit bachscher Orgelmusik, gespielt im Berner Münster durch Albert Schweitzer, später die Begegnung mit Arnold Jaggi, meinem Geschichtslehrer am Lehrerseminar, mit meinen ersten eigenen Schülern, mit Bauern und Pflegekindern meiner Schulgemeinde, mit meiner Frau und ihrer Familie, und als Achtundzwanzigjähriger, während des 2. Weltkrieges an einem Sonntag über dem Jura, mit einem amerikanischen Jagdflieger, der damals mein Leben während eines zwölf lange Minuten dauernden Luftkampfes auslöschen wollte und dazu alle seine ihm zur Verfügung stehenden Mittel einsetzte. Dann die Begegnung mit einem französischen Kriegswaisenbuben, sein Vater war als Flieger gefallen, und schliesslich die Begegnung mit dem Gründer und den ersten Pionieren dieses Dorfes, die ersten Gespräche mit Walter Robert Corti, und daraufhin, die Begegnung mit den ersten Kindern dieses Dorfes, den Franzosen, den Polen, den Österreichern und den Hamburgern.

Im Frühling 1947, mit unserem Arbeitsbeginn im damals erst entstehenden Kinderdorf Pestalozzi, begann für meine Frau und mich und später für unsere vier Kinder, eine Zeit, wie wir uns sie reicher und gehaltvoller an Begegnungen gar nicht vorstellen könnten: Kinder, Mitarbeiter, Freunde und Besucher des Kinderdorfes.

Aus dieser Zeit will ich nur wenige Gedanken zu dem uns hier beschäftigenden Thema herausgreifen, Gedanken von Menschen, die inzwischen verstorben sind, die aber zum engeren oder weiteren Kreis der Freunde des Kinderdorfes gehört haben und denen wir hier auf dem Boden dieses Dorfes begegnen durften. Emil Anderegg, ehemaliger Stadtammann von St. Gallen, hat eine Aufsatzsammlung, einen Band von Vorträgen und Reden, hinterlassen. Er nennt ihn «Wege zur Gemeinschaft». In einer Rede, die er 1954 in Lindau zum Thema «Der Kulturgedanke in der Bodenseegegend» hielt, finden wir die folgenden Hinweise: «Mit Hunger und Durst werden wir geboren, zum sittlichen Menschen muss man erzogen werden, und die höchste Stufe dürfte erreicht sein, wenn der Mensch aus einer gewissen Reife und aus eigener Sicht Sittlichkeit, d.h. moralische Substanz verwirklicht. Freiheit ist deshalb eine Gemeinschaftsaufgabe, die vom Einzelnen grösste Strenge gegen sich selbst voraussetzt. Aktive, positive Toleranz ist Lebensraum, in welchem sich jeder Gast menschlich aufgenommen fühlen wird. Das setzt aber voraus, dass die menschliche Beziehung wirklich gesucht und tatsächlich gepflegt wird.»

Emil Anderegg war kein weltfremder Prediger. Er hat seine Stadtgemeinde gekannt, hat mit ihr viele Jahre gelebt. Im selben Lindauervortrag sagt er: «Es wäre Weltfremdheit, glauben zu wollen, eine Gemeinschaft von Menschen wäre zu realisieren, in der nicht auch das Böse in allen Formen, in der Lüge, im brutalen Ehrgeiz, in der Unwahrhaftigkeit, in der Verleumdung und in vielem mehr zum Ausdruck gebracht würde. Eine gesunde Menschengemeinschaft leugnet und fürchtet das Böse nicht, weil sie auf die guten Kräfte baut, durch welche das Negative immer wieder unermüdlich in Positives verwandelt wird.»

Von Elisabeth Rotten, der Mitbegründerin unseres Dorfes, besitzen wir den Text eines Referates, das sie ein Jahr nach dem Lindauer Vortrag Emil Andereggs in Weilburg an der Lahn gehalten hat. Es trägt den Titel: «Erziehung als Begegnung». Ihr Hauptanliegen fasst sie in dem einen Satz zusammen: «Erziehung ist ein lebenslanger, geistiger Prozess, der sich durch Wechselwirkung, eben durch Begegnung, vollzieht.» Und sie schloss ihre auch heute noch hoch aktuelle Rede, indem sie Johann Gottfried Herder zitierte: «So darf sich kein Volk vom andern abschliessen und töricht sagen:

> Bei mir allein, bei mir wohnt alle Weisheit. Der menschliche Verstand ist wie die grosse Weltseele; sie erfüllt alle Gefässe, die sie aufzunehmen vermögen.»

Die mittleren Fünfzigerjahre unseres Jahrhunderts scheinen in der Tat Jahre der besonderen Erkenntnis zu der uns beschäftigenden Frage zu sein: Als Martin Buber 1953 den Friedenspreis des Deutschen Buchhandels in Empfang nahm – kurz darauf durften wir ihn hier in Trogen kennen lernen – hat er ein Wort geprägt, das seinen Lauf inzwischen als sogenanntes «geflügeltes Wort» um die Welt angetreten hat: «Die eigentliche Schicksalsfrage der Menschheit ist die Frage, ob es den unmittelbaren, rückhaltlosen Dialog gibt, das echte Gespräch zwischen Menschen verschiedener Art und Gesinnung.» Nun wissen wir alle, dass wir Gespräche nicht vom Zaune reissen können; die Gesprächsbereitschaft muss wachsen können. Sie kann gründen auf einem genügenden Vorschuss an Vertrauen, der wiederum nur entstehen kann, wenn wir uns wenigstens zur Kenntnis nehmen, einander regelmässig und häufig genug begegnen. Auf dieses Begegnungsvorspiel sind vor allem auch unsere asiatischen Freunde angewiesen, die es nicht gewohnt sind, dass man mit Gesprächsanliegen wie mit einer Türe ins Haus fällt.

So wollen wir uns vielleicht an diesem Jahresende in aller Stille darauf besinnen, wie wir uns als Glieder dieser Gemeinschaft, die immer wieder das Gespräch und den Frieden sucht, in der Frage der Begegnung verhalten sollen. Dürfen wir hier fragen, ob uns eine erforderliche Aufgabe mehr oder weniger Mühe bereitet? Gilt es nicht vielmehr zu fragen, ob ein mit Anstrengung und Mühe bestrittener Weg zu einem erstrebenswerten Ziele führt? Bedenken wir, was wir in Frage stellen, wenn wir die menschlichen Kontaktmöglichkeiten aus einem kurzsichtigen Bequemlichkeitsdenken heraus reduzieren! Nicht die Reduktion, die Vermehrung der Kontakte sollte uns verheissungsvoll erscheinen! Nicht die Sinnentleerung der vorhandenen Begegnungen, sondern ihre Neubelebung und Vertiefung sollte ernstlich bedacht werden.

Und wenn einer unter den heutigen Gästen nicht sicher wäre, was er von diesen Anliegen und Überlegungen halten soll, dann mache er sich auf, um jene zu fragen, denen zu Liebe das Dorf hier steht und die Arbeit täglich neu erbracht wird: Fragen wir getrost unsere Kinder und auch jene, die schon aus einer gewissen Distanz heraus urteilen können: Die vielen Ehemaligen. Das Gespräch mit ihnen wird uns allen weiterhelfen, denn es ist längst kein Geheimnis mehr, dass wir von den Kindern und Jüngeren mindestens so viel lernen können, wie sie von uns, den Älteren.

Und so schliesse ich hier mit einem hoffnungsvollen Ausblick und mit einer ganz kurzen Geschichte, die ich als Vater auch einer Kinderdorffamilie mit eigenen Kindern als Lernender erleben durfte: Als wir von einer Ferienreise über einen mit Strassenbauarbeitern besetzten Alpenpass wiederum Richtung Kinderdorf fuhren, sagte eine unserer Töchter, die damals zwölf Jahre alte Theres, im Blick auf die staubigen Arbeiter: «Es ist doch schön, dass es Leute gibt, die Strassen bauen, so dass die Menschen zueinander gelangen können.» Sie hat dann noch einen zweiten Satz beigefügt, der nicht ganz in dieses übernationale Weltverbindungskonzept passte, der aber für uns heute doch eine gewisse Aktualität erlangt hat. Sie sagte nämlich noch:

«Und es ist doch schön, dass diese Strassen auch nach Bern führen». Als ich letzte Woche eben in dieser Stadt Bern war, habe ich meine weit über 80 Jahre alten Eltern besucht. Auf ihrem Weihnachtstisch fand ich eine Grussbotschaft derselben Tochter. Fünfzehn Jahre nach ihren «Strassenbaubemerkungen» hat sie das folgende Hessewort als Weihnachtsbotschaft nach Bern geschickt: «Aus der Beziehung zwischen mir und der Welt, den Andern, besteht ja einzig mein Leben.»

Für einen Vater, für einen Kinderdorf-Erzieher, für uns alle kann es wohl nichts Schöneres geben, als nach Jahren des Mühens, des Wartens, des Vertrauens nicht nur solche Zeichen tieferen Erkennens zu erleben, sondern auch mutige Schritte zu entsprechendem Tun.

Viel Glück und Mut auf die Kinderdorfwege des Neuen Jahres, viel Glück und Mut auf alle anderen Wege der mitmenschlichen Begegnung wünsche ich dieser Gemeinschaft heute abend, und ich möchte von Herzen dafür danken, dass meine Familie und ich hier oben so vielen Menschen und auch Ihnen, liebe Freunde, haben begegnen dürfen.

Freundschaft

*Die Kinderdorf-Zeitung «Freundschaft». Aufsatz von Arthur Bill
in der Schweizerischen Lehrerinnenzeitung, Nr. 12, 56. Jahrgang 1952*

Seit zwei Jahren gibt das Kinderdorf Pestalozzi eine eigene kleine Zeitung heraus. Ob sie wirklich als Zeitung angesprochen werden kann, bleibe dahingestellt: denn sie erscheint nur alle Vierteljahre, sozusagen mit dem Wechsel der Jahreszeiten. Vor etwa drei Jahren hatten sich im Kinderdorf die älteren Kinder zu der Gruppe der «Jungen Dorfbürger» als kleine Arbeitsgemeinschaft zusammengeschlossen. Alle Nationen des Dorfes und die verschiedenen Kinderhäuser sind darin vertreten.

Jeden Mittwochabend versammeln sich die Jungen Dorfbürger in einem unserer Kinderhäuser. Sie erörtern im Beisein des Dorfleiters Fragen, die sie besonders beschäftigen. Ein Präsident führt den Vorsitz, eine Schreiberin notiert, was gesprochen und beschlossen wird. Einer der ersten Beschlüsse, die Ursula, die Protokollführerin, in das blaue Heft eingetragen hat, lautete: «Der Geldbetrag, den eine New Yorker Schule den Kindern des Pestalozzi-Dorfes in Aussicht stellt, sollte verwendet werden, um eine Dorfdruckerei aufzubauen und eine Kinderdorfzeitung zu drucken.» Diese Zeitung sollte im Kinderdorf von Haus zu Haus, aber auch in «alle Welt», sogar an die Hamburger Oma und die Tante in Athen, geschickt werden. Sie war aber auch dazu bestimmt, an alle die Schulklassen und Heime und an die Kinderdörfer der Länder Frankreich, Belgien und Italien adressiert zu werden, die uns bereits ihre selbstgedruckten kleinen Zeitungen zukommen liessen.

Gleich von Anfang an war also die Dorfzeitung ein Werk der Arbeitsgemeinschaft. Die ersten Besprechungen dienten der Planung für die Beschaffung des notwendigen Materials, denn die Spende der amerikanischen Schulklasse reichte knapp aus, um einen Satz Bleilettern und eine kleine Abzugpresse zu kaufen. Jetzt galt es, für jedes Haus Setzkästen und Eisenrahmen bereitzustellen. Sofort stellte sich auch die Frage, welches Format die Zeitung haben sollte, welche Seitenzahl sie aufweisen und wie oft sie im Jahr erscheinen sollte. Gründlich wurde über den künftigen Namen des Blattes nachgedacht und referiert. «Freundschaft» müsse sie heissen, unsere Zeitung, denn Freundschaft wollten ja die Kinder untereinander halten, und die Zeitung sollte ihnen dabei helfen.

Bis der Wunsch der Kinder, eine eigene Zeitung zu besitzen, in Erfüllung ging, verstrich mehr als ein Jahr. Erstmals erlebten sie eindrücklich, dass auf dem Wege zu einem erstrebenswerten Ziel viel geduldiges Mühen und manch unerwartetes Hindernis liegen kann. Sie erlebten aber auch die Genugtuung und Freude, ein erstes Ziel erreicht zu haben, als sie Nr. 1 der «Freundschaft» in den Händen hielten. Beinahe wären sie vor berechtigtem Stolz hochmütig geworden. Doch davor schützte sie die ständig sich wiederholende Erfahrung, dass sie stark auf den Rat der Erwachsenen und die Hilfe des Fachmannes, des richtigen Buchdruckers, angewiesen waren.

Etwa einen Monat bevor eine Zeitungsnummer im Kinderdorf und an unsere Freunde in der Schweiz und im Ausland zur Verteilung kommen soll, läuft Volker, ein Mitglied des Redaktionskomitees, durch das Dorf, um die übrigen Mitglieder dieses neunköpfigen Arbeitsausschusses zu einer Sitzung im Hamburgerhaus zusammenzurufen. Neun Mitglieder zählt das Komitee deshalb, weil in ihm je ein Delegierter der neun Nationen des Dorfes vertreten ist. Der Hausvater und Lehrer der Hamburger Kinder ist regelmässig als Berater an diesen Sitzungen anwesend. Sehr oft wird auch der Hausvater des benachbarten französischen Hauses «Les Cigognes» beigezogen; ab und zu folgt der Dorfleiter den Beratungen des Komitees.

An dieser ersten Sitzung gilt es vor allem, das Thema der nächsten Nummer zu bestimmen. Soll es eine «bunte Nummer» werden, oder steht zurzeit ein besonderes Thema, wie Weihnachten, Ferien oder andere Ereignisse, im Vordergrund? Ist es angezeigt, dass die nächste Nummer vor allem darüber berichtet? Die verschiedenen Vorschläge werden diskutiert. Es stellt sich dabei nicht nur die Frage nach dem Thema, das sich vom Schreiber aus aufdrängt, sondern es wird auch überlegt, ob diese Berichte wohl die Leser interessieren könnten und ob ihnen damit ein zutreffendes Bild vom Leben unseres Dorfes gegeben wird. Ist das Thema festgelegt, übernehmen es die Mitglieder des Redaktionskomitees, bis zur nächsten Sitzung in ihren Häusern entsprechende Beiträge, Texte und Linolschnitte zu bekommen. Oft erweist es sich als notwendig, dass auch die Erwachsenen, die an der Sitzung des Redaktionskomitees teilgenommen haben, sich bei den Hauseltern und Lehrern einsetzen, damit den Kindern Zeit und Gelegenheit geboten wird, ihre Beiträge zu liefern. Die meisten Lehrkräfte des Dorfes – die Hausväter sind ja ohne Ausnahme Lehrer – beziehen das Thema der Zeitung in den Unterricht ein, so dass ohne wesentlichen zusätzlichen Aufwand die Artikel geschrieben werden können.

In einer weiteren Komiteesitzung wird festgestellt, ob bereits genügend Beiträge vorhanden seien. Eine erste Sichtung und Auswahl erfolgt. Es wird auch ein guter Linolschneider gesucht, der es übernehmen will, ein passendes Titelbild für die Nummer zu schneiden.

Von den zu bedruckenden Seiten werden für einen ersten Druckvorgang acht bereitgestellt. Acht Eisenrahmen füllen sich nun im Verlaufe der nächsten Woche in den verschiedenen Kinderhäusern mit Bleilettern und Linolschnitten. Dabei überwacht das Komitee die Gliederung der Seiten; die zwei nebeneinanderliegenden Seiten sollen sich durch Textanordnung und Bildwirkung ergänzen. Es muss daran gedacht werden, dass alle nicht deutsch

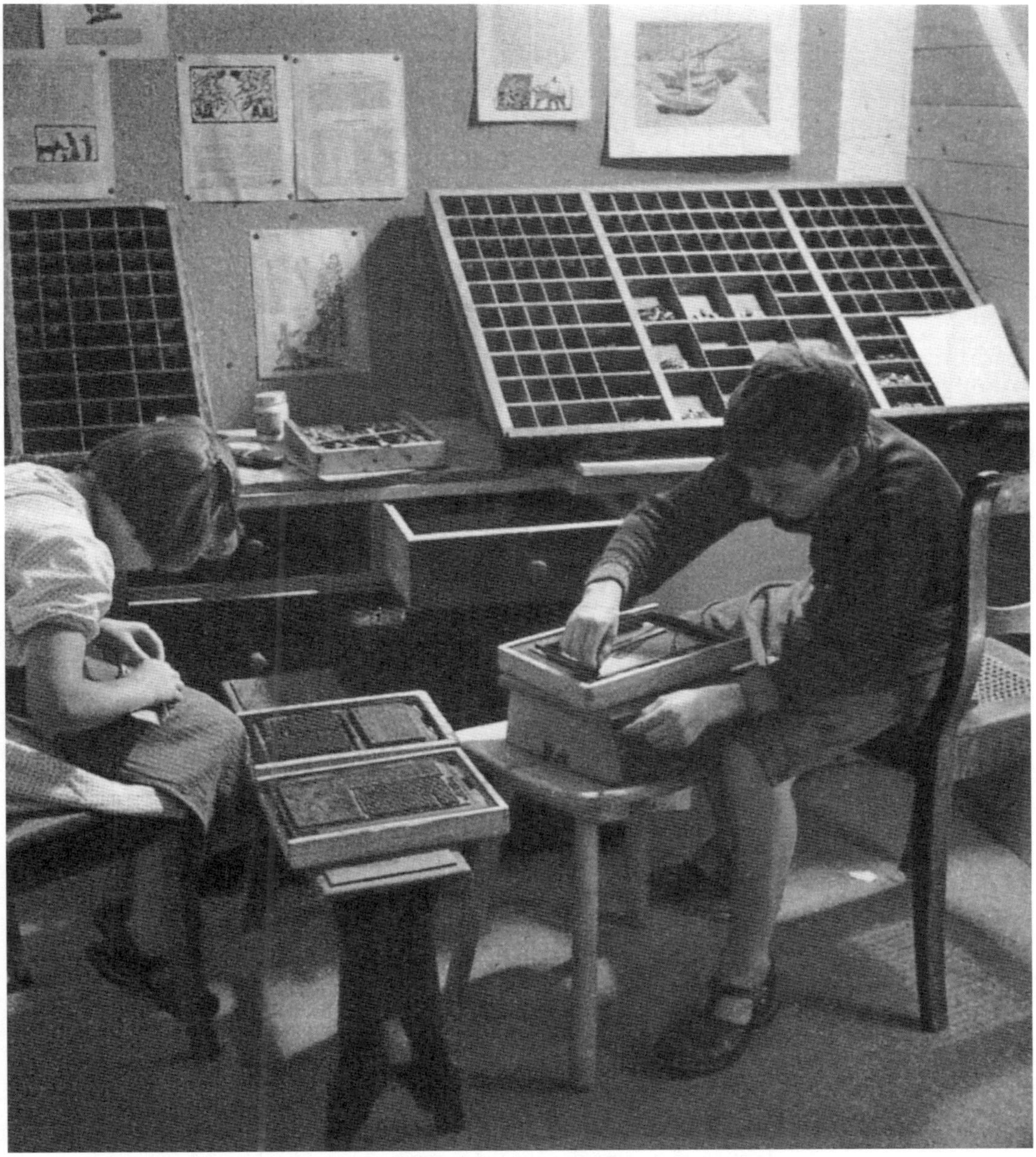

geschriebenen Artikel auch mit einer deutschen Übersetzung versehen werden. Obwohl in zwei Phasen gedruckt wird, reichen die Buchstaben oft nicht in allen Setzereien der Häuser aus. Die Kinder helfen sich gegenseitig aus. Dabei stellen sie fest, dass bei den Finnen ausserordentlich viele ä und ö, bei den Italienern wiederum verhältnismässig viele i, a und o gebraucht werden. Aus der Dorfreserve werden die besonderen Bedürfnisse gestillt.

Während auf diese Weise die Seiten der einzelnen Nationen in ihren Häusern gesetzt werden, tragen die Kinder die fertig gesetzten Seiten in die Dorfdruckerei des Kinderdorfes, wo sie von einigen besonders erfahrenen jugendlichen Setzern und ihren erwachsenen Beratern nochmals geprüft werden. Hier entstehen unter den neugierigen Augen der Artikelschreiber, der Illustratoren und der Redaktoren die ersten Probeabzüge. Sehr häufig setzt daraufhin nochmals eine emsige Korrekturarbeit ein. Dabei beteiligen sich Kinder und Erwachsene. Einige Lehrer unseres Dorfes erlebten einen seltsamen Rollenwechsel: Vor dem Bestehen der Dorfzeitung waren sie es doch gewesen, die sich redlich und mit wechselndem Erfolg darum bemüht hatten, bei ihren Schülern Interesse für eine einigermassen fehlerfreie Schreibweise zu wecken. Die Kinder hatten sich daran gewöhnt, dass ihre Aufsätze eigentlich nur vom Lehrer gelesen wurden; und zwar nicht so sehr deshalb, um zu vernehmen, was der jugendliche Berichterstatter letzten Sonntag erlebt hatte, als vielmehr, um ihm mit seinem Korrekturstift zu verstehen zu geben, dass er, der Lehrer, diesen Bericht etwas anders abgefasst hätte. Seit die Kinder aber «Artikel» schrieben, die dann gedruckt und von vielen bekannten und unbekannten Menschen gelesen werden sollten, konnte so ein Hausvater und Lehrer sich plötzlich in der unangenehmen Lage befinden, dringend ersucht zu werden, den «Artikel» noch einmal durchzusehen; es wäre gar zu peinlich, zu viele Fehler abzudrucken!

Die Korrekturbogen der ersten acht und etwa zehn Tage später der zweiten acht Seiten werden wiederum zuerst durch die Mitglieder des Redaktionskomitees, dann durch die jeweiligen Autoren und ihre Helfer gelesen. Erst wenn alle Bogen mit dem «Gut zum Druck» versehen sind, wird die Auflage von 5000 gedruckt. Diese verhältnismässig hohe Auflage war nötig, weil die erste, in kleinerer Auflage erschienene Nummer viel zu früh vergriffen war. Als es sich aber darum handelte, die 5000 Exemplare jeder Nummer auch wirklich zu drucken, mussten die Kinder bald einsehen, dass sie mit ihrer kleinen Abzugpresse nie zu Ende kommen würden. Das Redaktionskomitee vereinbarte deshalb mit der benachbarten Druckerei des Dorfes Trogen, dass wir die fertiggesetzten Druckblöcke maschinenbereit in die Druckerei liefern würden. Für den Einsatz seiner teuren Maschinen wollte natürlich der Drucker bezahlt sein, und nun hiess es für unsere Redaktoren und Setzer, zu berechnen, zu welchem Preis ein Exemplar unserer Zeitung verkauft werden sollte. Aus den Einnahmen musste ja das Papier und die Druckerei bezahlt werden. Die Gruppe kam überein, für die Nummer 70 Rp. zu verlangen und das Jahresabonnement auf Fr. 2.50 festzusetzen. Mit diesen Ansätzen sollte es möglich sein, mit der Zeit das sich stark abnützende Buchstabenmaterial zu ersetzen und sogar zu vervollständigen. Ja einige ganz kühne Rechner hoffen sogar, dass nach einiger Zeit ein erster Beitrag für die Anschaffung einer kleinen Druckmaschine zu ersparen sei.

Unversehens waren also unsere Kinder auf die Frage der Wirtschaftlichkeit ihres Unternehmens gestossen. Was durften sie sich und den andern an finanziellen Leistungen zumuten? Dabei galt es abzuwägen, ob die eigentliche Dorfgemeinschaft anders zu behandeln sei als der weitere Kreis der Abonnenten und Käufer unserer Zeitung. So wollte denn auch, als der Verkaufspreis bekannt wurde, eine unserer Mitarbeiterinnen wissen, ob im Kinderdorf selbst nicht Gratisexemplare an die Erwachsenen abgegeben werden könnten. Einer der kleinen Redaktoren, der eine Woche zuvor Stunden am Setzkasten zugebracht hatte, meinte daraufhin, wenn dieses Fräulein wüsste, was es für eine Arbeit bedeutet, bis nur eine halbe Seite richtig gesetzt ist, würde sie sicher die 70 Rp. gerne bezahlen. Es zeigte sich dann, dass diese Meinung auch zutraf, nachdem jene Mitarbeiterin sich von der Grösse der Anstrengung ein genaueres Bild gemacht hatte. An einer der ersten Sitzungen des Redaktionskomitees wurde auch vereinbart, dass den kleinen und grossen Mitarbeitern als Autorenhonorar für ihren Text- oder Bildbeitrag eine Gratisnummer abgegeben würde. Fast alle Beiträge stammen jeweils von Kindern. Ab und zu wird aber ein Erwachsener ersucht, ebenfalls einen Beitrag zu liefern, ein Vorwort zum Beispiel oder einen Brief an die Paten des Kinderdorfes.

Wer die ganze Fülle der sich stellenden Aufgaben bei der Herausgabe unserer Kinderdorfzeitung überblicken will, muss erkennen, dass diese Aufgaben nur gelöst werden können, wenn die Gemeinschaft, die sich diese einmal gestellt hat, sich auch für die Durchführung eines derartigen Planes zur Verfügung hält, wenn also die Arbeit als Gemeinschaftsarbeit an die Hand genommen wird. Wie oft haben die Kinder erfahren, dass sie an ihren Zusammenkünften wohl sehr schöne Beschlüsse fassen können, dass es aber schliesslich darauf ankommt, ob die Kindergruppe genügend einsatzbereite Einzelne und kleine Gruppen aufweist, die bereit sind, die Beschlüsse auch in die Tat umzusetzen zu helfen. Eine Gemeinschaftsarbeit, die auch für den Einzelnen nachwirkende Bildungswerte enthalten soll, muss diesem Einzelnen in seiner Sonderbegabung und seinem bestimmten und begrenzten Können auch laufend Einzelaufgaben zuführen, die für das Zustandekommen der Gesamtarbeit notwendig sind, dem einzelnen Kind aber genügend Spielraum für eigenes Planen und Schaffen lassen. Auch hier steht das Kind mitten im Spannungsfeld von Individuum und Gemeinschaft. Es wäre sicher verfehlt, nur noch Gemeinschaftsarbeiten und in ihrem Rahmen nur Gruppenarbeiten zu suchen. Eine wirkliche Gemeinschaftsarbeit fördert sowohl das einzelne Kind und seine Fähigkeiten, weist aber auch der kleinen Gruppe wie der ganzen Gemeinschaft Aufgaben zu. Dass unter diesem Gesichtspunkt betrachtet die Arbeit an der Kinderdorfzeitung besonders wertvoll ist, sollen die nachfolgenden Überlegungen nochmals zu erläutern versuchen.

Unsere Kinderdorfgemeinschaft setzt sich zusammen aus den verschiedenen nationalen Hausgemeinschaften. In den Häusern leben schulpflichtige Kinder jeder Altersstufe bis zum 16. Jahr. Es liegt nun auf der Hand, dass die Herausgabe einer Zeitung, die ein Spiegel dieser Gemeinschaft sein möchte, Aufgaben für alle in dieser Gemeinschaft lebenden Gruppen und Individuen stellt: Der Einzelne schreibt seinen Artikel, in der nationalen Hausgemeinschaft wird er gesetzt, und die Vertreter der Dorfgemeinschaft gliedern ihn zum Ganzen.

Besonders glücklich greifen wir die Möglichkeiten auf, bei der Arbeit an unserer Zeitung das Leben im Haus und im Dorf in steter Verbindung mit dem Leben in der Schule zu halten: Der erste Entwurf für den Artikel über die letzten Sommerferien ist vielleicht in der Sprachstunde entstanden; abends nach Tisch liest der Lehrer, der auch Hausvater ist, zusammen mit dem Verfasser den bereits überarbeiteten Entwurf nach. Noch am selben Abend setzt der Verfasser gemeinsam mit einem Kameraden, einem geschickten Setzer, den ersten Teil des Artikels, bis die Hausmutter die Kinder zum Abendsingen ruft.

Welches sind nun die Aufgaben, die nur in Gemeinschaftsarbeit gelöst werden können, die also im eigentlichen Sinne gemeinschaftsbildend und -fördernd sind? Die Wahl des Themas jeder Nummer, die Gliederung der Seiten, das Aufteilen von Texten und Bildern auf die 16 Seiten, das Verteilen der zusätzlich benötigten Druckbuchstaben, das Übersetzen der fremdsprachigen Beiträge. In der Hausgemeinschaft sind zu erarbeiten: die Textbeiträge, die Linolschnitte, der druckfertige Satz. Dabei hat die Hausgemeinschaft das Gesamtthema im Auge zu behalten.

Zu den bereits beschriebenen Vorzügen, die in der Beschäftigung mit unserer Zeitung liegen, kommen aber noch zwei ganz bedeutsame dazu:

Die Arbeit an der Zeitung wirkt gemeinschaftserweiternd. Die Zeitung geht als Bote von Haus zu Haus, sie verlässt in vielen Hundert Exemplaren unser Dorf. Das freundliche Echo, das dieser Bote auslöst, hilft uns, die Verbindung zu einer grossen Gemeinschaft zu finden. Immer mehr wird unsere Zeitung diesem Echo auch Raum gewähren können und so zu einem Bindeglied zwischen kleinen und grossen Lebens- und Arbeitsgemeinschaften werden. Unsere Kinder erfahren, dass überall Menschen leben, denen wir nicht gleichgültig sind, die uns schreiben, die unsere Zeitung lesen möchten. Die Zeitung selbst, also das Werk der Arbeitsgemeinschaft, wirkt fördernd auf diese Gemeinschaft.

Theodor Körner, der österreichische Bundespräsident, leitet die Sonderausgabe, die das «Journal de Genève» unserem Nachbarlande widmet, mit folgendem Satz ein: «Nachbarn, die gut Freund sein wollen, müssen möglichst viel voneinander wissen, damit jeder ein klares Bild von den Lebensverhältnissen des andern habe und sie sich gegenseitig verstehen.»

Im Kinderdorf Pestalozzi sind die Kinder und eine Gruppe aufgeschlossener Erzieher der Länder Frankreich, Polen, Italien, Österreich, Deutschland, Finnland, Griechenland, England und der Schweiz in die nachbarliche Nähe einer Dorfgemeinschaft gerückt. Welche Möglichkeiten, sich kennenzulernen! Die Kinderdorfzeitung hat hierbei ihren gewichtigen Anteil. Bei allem Schreiben über unser Dorf und seine 250 Bewohner lernen wir einander selber besser kennen, unsere Fähigkeiten, Besonderheiten, unsere Schwächen.

Dass unsere Zeitung nur vierteljährlich, also in verhältnismässig grossen Zeitabständen erscheint, ist nicht zufällig. Es würde die kindlichen Kräfte übersteigen, die Zeitung z. B. monatlich erscheinen zu lassen. Den Zeiten freudig geleisteter Anstrengung muss eine Phase der völligen Entspannung folgen können. Dann aber sollen die Kinder durch das vierteljährliche Wiederaufnehmen der Arbeit, deren Hauptlasten sich zudem immer etwas anders verteilen, auch erfahren, dass es Aufgaben gibt, die sich immer wieder stellen und die wohl am besten in Gemeinschaftsarbeit gelöst werden. Alle Vierteljahre überwinden sie gemeinsam die Schwierigkeiten, erleben dann aber, dass auch hier Treue und Hingebung belohnt werden durch die Freude und die Zuversicht, die die jungen Zeitungsleute und die ganze Kinderdorfgemeinde erfasst, wenn sie wieder eine neue Nummer der «Freundschaft» vor sich auf dem Tische liegen sehen.

Folgende Seiten:
Reproduktionen einzelner Seiten aus der Kinderdorf-Zeitung «Freundschaft»
Von Nr. 1, Frühling 1950 bis Nr. 69, Frühling 1969.

Freundschaft

Amitié Amicizia Friendship Filia Ystävyys Przyjaźń

Zeitung des Kinderdorfes Pestalozzi · Journal du village d'enfants Pestalozzi

TROGEN Schweiz Suisse · **Nr. 1** · Frühling/Printemps 1950

ZUM GELEIT

Jetzt geht ein Lieblingstraum in Erfüllung: Die Kinderdorf-Zeitung erscheint! Acht Nationen werden am Setzkasten stehen und werden vom Leben in den einzelnen Häusern und von der Gemeinschaft im Dorfe berichten. Wer uns diesen Kasten schenkte — es ist die New Forest School in New York — wird nun regelmäßig lesen können, was wir mit ihm anrichten. Jeder Zeitungsmacher hat es selber in der Hand, ob er Gutes, ob er Schlechtes damit wirken will, ob er sich unter Segen oder Fluch stellt, ob er der Wahrheit oder der Lüge dienen will. Das gedruckte Wort vermag ja ganz Wunderbares zu tun. Auch das Kinderdorf ist aus einem Zeitschriften-Aufsatz entstanden, man hat einmal die Buchstaben gezählt, die seinen eigentlichen Plan enthalten: es sind nicht mehr und nicht weniger als 1995 Lettern! Und aus solch einem Häuflein Blei kann ein Kinderdorf entstehen! Dann laßt uns alle Bleikugeln der Welt in Buchstaben umgießen und schreiben, drucken, wirken! Glückauf, meine lieben Setzer, meine jungen Kollegen in der Redaktion! Ich freue mich riesig auf die erste Nummer! Und schickt sie heim, in alle Länder. Bei uns wird sich unter vielen Edwin Arnet freuen und Erwin Burckhardt, der unentwegte Vorkämpfer für die Schuldruckerei! Und draußen alle Kinderdörfer, die auch schon ihre Zeitung drucken. Nochmals: Glückauf und möglichst wenig Druckfehler!

Von Herzen Euer

Walter Robert Corti

REDAKTIONSKOMITEE:

Georges Faure, 14 J., Frankreich	Benito Gesualdo, 14 J., Italien
Erasmo Lombardi, 13 J., Italien	Volker von Ahn, 12 J., Deutschland
Erwin Karger, 13 J., Oesterreich	Kari Anttila, 13 J., Finnland
Sophia Pagounis, 13 J., Griechenland	

Wir entbieten den Patinnen und Paten des Kinderdorfes einen herzlichen Gruß und künden für die nächste Nummer unserer Dorfzeitung einen ausführlichen Patenbrief an.

Ein Rundgang durch das Kinderdorf

Ich möchte den Rundgang durch das Dorf aus folgendem Grund beschreiben: Diese Zeitung wird ja nicht nur bei uns gelesen, sondern auch in der ganzen Schweiz, vielleicht sogar in anderen Staaten. Damit auch die, die noch nicht bei uns waren, das Dorf kennen lernen, will ich es beschreiben.

Wir beginnen den Rundgang auf unserem Fahnenhügel, das ist eine Erhöhung hinter unserem Dorf, auf dem ein Fahnenmast und eine Übersichtstafel des Dorfes stehen. Jetzt gehen wir den Weg hinunter in das Dorf. Auf der rechten Seite finden wir folgende Häuser: das Polenhaus 'Orlenta', als nächstes das französische Haus 'Les Cigales' und als drittes Haus das italienische 'Pinocchio'. Nun stehen wir vor dem Bauernhaus 'Im Grund'. Im Erdgeschoss ist eine Werkstatt, darüber ist die Post, ein Büro der Verwaltung und die Bauernstube, in der die Mitarbeiter essen. Im ersten Stock ist die Dorfleitung u. die Wohnung des Verwalters, im zweiten Stock ist die Wohnung des Musiklehrers. Anschl. an das Bauernhaus, in der ehemaligen Scheune, sind verschiedene Magazine, die Nähstube und Vorratsräume der Küche untergebracht. Gegenüber an der Südseite sehen wir die Zentralwäscherei und Zentralküche.

An der Ostseite haben wir das polnische Haus 'Marie Curie Sklodowska'. An die Nordseite des Bauernhauses schliesst sich der Sportplatz, mit den Ausmassen 40 mal 60 m an. An seiner Nordseite liegt das 200 Jahre alte Schläpfergut, in dem wir unser Theater eingerichtet haben und in dem einige Räume für Ausstellungen als Jugendherberge und für Mitarbeiter eingerichtet sind. Östlich des Sportplatzes liegt das italienische Haus 'Cuore'. An seiner Westseite kommen wir zum Hamburgerhaus 'Butendiek' und zum Elsässerhaus 'Les Cigognes'. Wenn wir uns wieder nach Süden wenden, gehen wir an den beiden Griechenhäusern vorbei und kommen an eine Wegkreuzung. Ein Weg führt zum Bauernhaus, der andere zum österreichischen Haus 'Kindersymphonie', zum Ungarnhaus und zum Finnenhaus 'Suomitalo' Wenden wir uns nach Osten, so erreichen wir den Dorfplatz, der von Bauernhaus und Küche begrenzt wird. Von dort führt auch die Strasse hinab nach Trogen. Damit haben wir unsere kleine Führung durchs Kinderdorf beendet und ich hoffe, dass Ihr Euch auf der Skizze oben zurechtfindet und besser auskennt.

Hermann Gubier, 14 J. Haus Kindersymphonie

ZUM 2. JAHRGANG

Unsere Zeitung „Freundschaft" will auch im zweiten Jahre ihres Erscheinens nichts anderes sein, als ein Bote, der Kunde vom Leben im Kinderdorf Pestalozzi gibt, ein Bote, der mit dieser Kunde den lebendigen Glauben an die guten Kräfte im Menschen weitergeben will, den Glauben vor allem, daß wir im Frieden die Ordnung des Lebens finden können.

Viermal hat dieser Bote im vergangenen Jahr das Kinderdorf verlassen. Viermal möchte er auch im Neuen Jahr seinen Weg zu Nah und Fern, zu neuen Freunden finden. Die Freundschaft, die in diesem Dorf der Kinder lebt, sucht nicht das Eigene.

Sie kennt keine Grenzen,
Sie umschließt auch den Andern, den Fremden,
Sie wird in dunklen Zeiten heller,
Sie möchte zur Liebe erstarken.

Ein Erstlingsgedicht des Dichtermalers Laubscher,
eines Zeitgenossen, sei dem zweiten Jahrgang mitgegeben:

Viele, viele Blüten	Stille, stille Stunden	Viele, viele Himmel
Trägt der große Baum	Senken sich herab	Nehmen alles auf
Viele, viele Hoffnung	Viele, viele Wunden	Viele, viele Sterne
Bis zum Himmelssaum.	Decket zu ihr Grab	Blitzen ewigen Lauf.

Arthur Bill

Ostern im Kinderdorf

Ich möchte erzählen, wie es im vorigen Jahre zu Ostern im Kinderdorf zuging.

Am Abend des Karfreitags, als man am Himmel schon die Sterne sah, zogen wir uns still an, gingen leise hinaus und ohne ein Wort zu sprechen gingen wir vor dem Dorf zum Fahnenhügel hinauf. Gegen den Himmel sah man deutlich die Umrisse eines großen Kreuzes. Dort trafen sich die Kinder und die Großen aus allen Häusern, und die meisten trugen eine brennende Kerze in der Hand. Es wurde gar nichts gesprochen, nur einige Lieder wurden gesungen. Danach gingen alle ebenso leise wieder nach Hause. Wir standen noch eine Weile auf unserer Terrasse, beschauten uns die Sterne und gingen dann still zu Bett.

Am nächsten Tag war Samstag. Der verstrich sehr schnell. Wir gingen in den Wald und suchten Zweiglein und Moos und machten Osternester.

Und dann war der langerwartete Ostersonntag da. Nach dem Wecken waren wir mit einem Ruck aus den Federn, liefen zum Waschen in den Duschraum, putzten die Zähne, kämmten uns, und nun gings hinaus, um die Nester zu suchen.

Gab das ein Laufen und Springen, ein Rennen und Suchen, ein Gequieke und Gejuchse! In allen Ecken und Winkeln, hinter Büschen und Sträuchern, in Löchern und Furchen, überall suchten wir nach unsern Nestern. Derjenige, der sein Nestchen fand, lief damit laut jubelnd zu den Hauseltern, und die es nicht fanden, liefen immer aufgeregter hin und her. Und schließlich hatten wir alle 19 unsere Nester gefunden. Aber essen durften wir daraus noch nichts. Jetzt ging es wieder ins Haus zum Morgenessen. Es war schon der Tisch mit dem neuen bunten Geschirr gedeckt und auf jedem Teller lag auch noch ein buntes Ei, rot, grün, gelb blau. Das sah schön aus.

Am Nachmittag gab es eine noch größere Überraschung. Der Schweizer Konsum-Verein hatte dem Kinderdorf einen grossen Osterhasen geschenkt. Er war 90 cm hoch und wog 28 kg. Dazu hatte der Konsumverein noch sehr viel Geld für uns gesammelt und mitgeschickt, sodaß wir jetzt 1 1/2 Jahre ohne Sorgen leben können. Den Osterhasen hatte Herr Maire im Dorfe versteckt und Herr Bill hielt eine Ansprache und sagte: "Wenn Ubald läutet, dann geht los und sucht den Osterhasen und wenn ein zweites Mal geläutet wird, dann heißt das, der Osterhase ist gefunden." Da läutete es schon, und wir zerstoben wie der Wirbelwind. Bald läutete es zum zweiten Mal und aus allen Richtungen liefen die Kinder zum Dorfplatz. Wassili, ein Griechenjunge, hatte den Osterhasen gefunden. Der Osterhase wurde in die Mitte gestellt und Claudio aus dem Italienhaus tanzte mit zwei großen Messern um ihn herum. Mit einemmal stürzte er sich dann auf ihn und machte dem guten Meister Lampe ein Ende für alle Zeit. Jedes der Kinder bekam davon ein Stück Schokolade, und wir durften noch draußen spielen bis zum Nachtessen. Das war ein schönes Osterfest.

Horst, 13 Jahre, Haus Butendick

UNSERE BIENEN

Vom Schweizerischen Imkerverein wurde uns ein schönes, neues Bienenhäuschen geschenkt. Der Verein will uns auch die Bienen schenken. Damit es den Bienen gut geht, will ich den Kindern erzählen, was sie nicht tun dürfen:

1. Die Weidenkätzchen nicht abreissen, weil sie den ersten Blütenstaub geben. [Ein Volk braucht im Jahr, um junge Bienen zu füttern ungefähr 20 kg Blütenstaub!]

2. Die Bienen nicht unnötig reizen, weil die Bienen sterben müssen, wenn sie jemanden stechen.

3. Im Winter das Bienenhäuschen nicht berühren und keine Schneebälle darauf werfen.

Nun will ich noch mehr von meinen Bienen erzählen. Heute war ein warmer Tag und meine Bienen machten den ersten Reinigungsflug. [Weil die Bienen sehr sauber sind, entleeren sie nicht im Kasten.] Bald beginnt die Königin mit Eierlegen. Sie ist Königin und zugleich Mutter des Stockes. Sie allein legt Eier und wenn sie stirbt geht das Volk zu Grunde.

Aus einem Buch: „Der Schweizerische Bienenvater" und aus einem Katalog habe ich die Zahlen abgeschrieben, die ich jetzt anführe:

Eine junge Königin kann in einem Tag 1500-1700 Eier legen; mehr Eier an Gewicht als ihr Körpergewicht ausmacht! Im Jahr legt sie ungefähr 120.000 Eier und zwar im Februar 2000, März 10000, April 28000 Mai 36000, Juni 20000, Juli 15000 und August 6000. Die Entwicklung des Eies bis zur fertigen Biene dauert in Tagen:

	Arbeitsbiene	Königin	Drohne
Ei	3	3	3
Rundmade	6	5	6-7
Streckmade	4	2	4-5
Puppenzeit	8	5-7	10
Total	12	15-17	23-25

Wenn die Biene ausschlüpft, darf sie noch nicht Honig sammeln. Sie muss drei Tage Zellen reinigen, neun Tage Larven füttern, Futter abnehmen und anderes mehr. Sieben Tage baut sie Zellen und hält Wache beim Flugloch. Erst danach beginnt sie ihre Arbeit als Honigsammlerin, als die wir sie fleissig von Blume zu Blume fliegen sehen. (Marian Janiec 10 1/2 Jahre)
Haus Marie Curie Sklodowska

JOURNÉE FRANÇAISE A ZURICH
(Racontée par « Les Cigognes »)

C'était samedi le vingt janvier que les deux maisons Françaises Cigales et Cigognes du Village Pestalozzi sont parties pour Zurich (Geogette .)
Qnand nous sommes descendus à Trogen pour prendre le train, la grêle nous cinglait la face, les petits grêlons piquaient comme des aiguilles . (Charly)
Nous étions tellement mouillés que nous sommes tout de suite montés dans le premier wagon. A peine étions nous installés que le contrôleur monte en disant qu'il nous avait réservé le dernier wagon
(Colette)

Il nous fallut rassembler nos affaires en hâte, redescendre et remonter dans le dernier wagon. Pendant le trajet vers St Gall, je me suis senti mal, et je suis allé sur la plate - forme, (Charles)
A St Gall le train pour Zurich avait un quart-d'heure de retard, mais à Zurich le retard, était rattrapé. Nous avons mangéde la salade de pomme de terre et des «wiener lis» au Seilerhospiz.
(Rosine)

L'après - midi, nous sommes, montés au Pestalozzianum pour visiter l'exposition des villages d'enfants de l'Europe. J'ai vu les travaux des enfants de Wal wies, de Rémini 'de la Cité Joyeuse et de beaucoup d'autre villages . (Pierrot)
Notre village a exposé beaucoup de travaux : J'ai vu notre presse avec laquelle nous avons imprimé l'histoire des marcassins, notre modelage du chasseur . et des sangliers , l'avion de Charles la ferme alsacienne des grands garçons , sur une photo j'ai vu papa à l'école avec nous
(Annie)
A trois heures nous avons fait l'école dans une grande salle où il y avait beaucoup de nos dessins aux murs et beaucoup de personnes pour nous écouter. Charly ne savait pas sa table de multiplication. Nous les petits nous avons bien travaillé. (Daniel)
Nous avons aussi chanté et dansé , j'étais habillée en petit alsacien et j'ai dansé la polka piquée avec Annie
(Hélène)

Tag der Franzosenkinder in Zürich

(Erzählt durch die „Cigognes")

Am Samstag, den 20. Januar fuhren die zwei französischen Häuser "Cigales" und "Cigognes" des Pestalozzidorfes nach Zürich. (G e o r g e t t e)   Als wir nach Trogen an den Zug gingen, peitschte uns der Hagel ins Gesicht, die kleinen Hagelkörner stachen wie Nadelstiche. (C h a r l y)   Wir waren so naß, daß wir sogleich in den erstbesten Wagen eingestiegen sind. Kaum hatten wir uns darin eingerichtet, kam der Kontrolleur und sagte uns, der letzte Wagen sei für uns reserviert. (C o l e t t e)   Wir packten schnell unsere sieben Sachen zusammen und stiegen in den letzten Wagen um. Während der Fahrt nach St. Gallen wurde es mir schlecht, ich mußte auf die Plattform hinausgehen. (C h a r l e s) In St. Gallen hatte der Zug nach Zürich eine Viertelstunde Verspätung, aber in Zürich hatte er die Zeit bereits eingeholt. Wir haben im Seilerhospiz Kartoffelsalat und Wienerlis gegessen. (R o s i n e)   Nachmittags sind wir nach dem Pestalozzianum gestiegen, um die Ausstellung der Kinderdörfer Europas zu besichtigen. Ich habe die Arbeiten der Kinder von Wahlwies, von Rimini und von der Cité Joyeuse und von vielen anderen Kinderdörfern gesehen. (P i e r r o t)   Unser Dorf hatte auch viele Arbeiten ausgestellt, ich habe unsere Druckereipresse gesehen, mit welcher wir unsere Geschichte von den Wildschweinchen gedruckt haben, unsere Modellierarbeit des Jägers und der Wildschweine, Charly's Flugmodell, unseren Elsässer Hof, den die großen Buben gebastelt haben.   Auf einer Photo habe ich Papa mit uns in der Schulklasse gesehen. (A n n i e)   Um drei Uhr haben wir Schule gehabt in einem großen Saal mit vielen unsrer Zeichnungen an den Wänden und mit vielen Leuten, die uns zuschauten und zuhörten. Charly konnte sein Einmaleins nicht. Wir, die Kleinen, wir haben gut gearbeitet. (D a n i e l)   Wir haben auch gesungen und getanzt. Ich war als kleiner elsässer Bub gekleidet und habe die Polka Piquée getanzt mit Annie. (H é l è n e)

Η ΠΡΩΤΗ ΜΕΡΑ ΣΤΟ ΧΩΡΙΟ

Βασίλης Μπάκας, «Κυψέλη»

Καθένας ἀπὸ μᾶς ἔχει κάποια ξεχωριστὴ ἀνάμνηση ἀπὸ τὴ ζωὴ τοῦ Χωριοῦ. Ἡ καλύτερη δική μου εἶναι ἡ πρώτη μου μέρα στὸ Χωριό, ὅταν ἀκόμη ἤμουν δέκα χρονῶν. Ἦταν ἡ πρώτη φορὰ ποὺ θὰ ἔκανα ἕνα τόσο μακρυνὸ ταξίδι, καὶ μάλιστα νὰ φύγω ἀπὸ τὴν πατρίδα μου καὶ νὰ ἔρθω στὴν ἄλλη Εὐρώπη, στὴν ἄγνωστή μου ὣς τότε Ἑλβετία.

Ἦταν 18 Ὀκτωβρίου, φθινόπωρο, στὸ ἀεροδρόμιο τοῦ Χασανιοῦ. Πολὺς κόσμος μαζεμένος κι ἀνάμεσα σ' αὐτοὺς κι ἡ ἀδελφή μου. Δεκατέσσερα μικρὰ ἑλληνόπουλα θὰ ἔφευγαν γιὰ τὴν Ἑλβετία.

Σὲ λίγο ἤμασταν κιόλας στὸν ἀέρα. Κάναμε ἕνα σταθμὸ στὴ Ρώμη καὶ τὸ ἀπόγευμα προσγειωθήκαμε στὴ Γενεύη. Τὴν ἄλλη μέρα ὁ σιδηρόδρομος μᾶς ἔφερε στὸ χωριὸ αὐτό. Διασχίσαμε ὅλη τὴν Ἑλβετία.

Μόλις τελείωσε τὸ ταξίδι μας, στὸν τελευταῖο σταθμό μας περίμεναν πολλὰ παιδιὰ μὲ διάφορες σημαῖες. Μᾶς ἐξήγησαν ὅτι ἦταν παιδιὰ ἀπὸ διάφορα κράτη. Ἐμεῖς τὰ εἴχαμε χαμένα. Περπατήσαμε σ' ἕναν ὡραῖο δρόμο μὲ ἔλατα στὶς ἄκρες καὶ εἴδαμε σὲ λίγο σὲ μιὰ στροφὴ κι ἄλλα παιδιὰ νὰ μᾶς περιμένουν. Ἦταν ἡ εἴσοδος τοῦ μικροῦ αὐτοῦ χωριοῦ, τοῦ ὁποίου ἤμαστιαν κιόλας οἱ μικροὶ κάτοικοι. Εἴδαμε λίγα σπίτια στὴν ἀρχή, ἀλλὰ σὲ λίγο προσέξαμε πὼς ὑπῆρχαν κι ἄλλα ἐκτὸς ἀπ' αὐτά, ὅλα ὁμοιόμορφα. Φτάσαμε καὶ στὸ δικό μας. Ἕνα παιδὶ μᾶς πρόσφερε τὸ κλειδὶ τοῦ σπιτιοῦ μας ἐπάνω σ' ἕνα μαξηλάρι. Ἕνας κύριος μίλησε γερμανικὰ χωρὶς νὰ καταλάβουμε τίποτε καὶ μετὰ περάσαμε στὸ σπίτι. Ἦταν πολὺ ὡραῖο, καινούριο καὶ στρωμένο μὲ χαλιά. Στὴν ἀρχὴ καθήσαμε ἔξω στὸ χὼλ γιατὶ δὲν τὸ ξέραμε. Ἀλλὰ μετὰ μᾶς ἔβαλαν στὴν τραπεζαρία ποὺ ἦταν στρωμένο τὸ τραπέζι.

Ἄρχιζε κιόλας νὰ βραδιάζη. Τακτοποιήσαμε τὰ ροῦχα μας κι ὅ,τι ἄλλο εἴχαμε καὶ κατεβήκαμε ἔπειτα στὰ ὑπόγεια ποὺ ἦταν τὰ μπάνια. Πλυθήκαμε καὶ μετὰ τὸ μπάνιο μᾶς μοίρασαν σὲ δωμάτια μὲ ὡραῖα κρεβάτια μὲ πούπουλα. Σὲ λίγο μᾶς πῆρε ὁ ὕπνος, καθέναν μὲ τὶς δικές του σκέψεις.

Der erste Tag im Kinderdorf

Jeder von uns hat eine besondere Erinnerung von seinem Leben hier im Kinderdorf. Der erste Tag hier oben ist meine liebste Erinnerung. Ich war damals 10 Jahre alt. Es war das erste Mal, daß ich soweit reisen sollte, und sogar in ein für mich fremdes Land, in die Schweiz. Herbst war es, 18. Oktober. Luftplatz in Athen. Viele Leute waren dort und meine Schwester auch. 14 Griechenkinder reisten in die Schweiz. Bald waren wir schon sehr hoch unter blauem Himmel. In Rom hielt das Flugzeug für kurze Zeit und am Nachmittag waren wir in Genf. Am nächsten Tag brachte uns ein schneller Zug nach Trogen. Fast durch die ganze Schweiz sind wir dabei gereist.
In Trogen warteten viele Kinder mit ihren Fähnchen auf uns. Man hatte uns gesagt, es seien Kinder aus verschiedenen Ländern. Wir schauten hier und dort. Wir gingen bergan, an Tannen vorbei. Oben am Eingang des kleinen Dorfes, dessen Einwohner wir jetzt auch werden sollten, warteten andere Kinder auf uns. Wir sahen kleine Häuser, die alle ähnlich waren, und hielten dann vor unserm zukünftigen Haus, und man überreichte uns den Schlüssel auf einem Kissen. Ein Herr sprach auf Deutsch, was wir natürlich nicht verstanden, und wir gingen in unser Haus. Es war schön und mit Teppichen auf dem Boden. Wir saßen im Eßzimmer, wo der Tisch schon gedeckt war. Langsam kam der Abend. Wir ordneten unsere Sachen und gingen unter die Dusche. Nach dem Bad gingen wir in die Schlafzimmer, wo schöne Betten mit Wolldecken und Federkissen waren. Bald schlief jeder mit seinen Gedanken ein.

Wassilis Bakas, „Haus Kypseli"

ΘΕΛΩ ΝΑ ΓΙΝΩ ΓΕΩΡΓΟΣ

Ήμουν πολύ μικρός ἀκόμη ὅταν γνώρισα τὴ ζωὴ τῶν γεωργῶν. Στὸ χωριό μου, συχνὰ ὅταν ἔβγαινα ἔξω, ἔβλεπα τοὺς χωρικοὺς νὰ δουλεύουν. Ἀπὸ κεῖ λοιπὸν ξεκίνησε ἡ ἰδέα μου νὰ γίνω γεωργός. Βέβαια, ἡ δουλειὰ αὐτὴ δὲ δίνει μεγάλο πλοῦτο, ἀλλὰ κάνει τὸν ἄνθρωπο ἐργατικὸ καὶ τίμιο.

Τὴ δουλειὰ αὐτὴ τὴν παρακολούθησα, φυσικά, πῶς γίνεται, ἀφοῦ κι ὁ πατέρας μου γεωργὸς ἦταν. Κάθε μέρα πρωὶ - πρωὶ ὁ γεωργὸς παίρνει τὸ παιδί του, ἂν ἔχη, καὶ πηγαίνει στὰ χωράφια του. Τὴ μιὰ μέρα θὰ ἔχη νὰ ὀργώση, τὴν ἄλλη νὰ σπείρη κ.λ.π. Ἂν ἔχη νὰ ὀργώση, πρῶτα-πρῶτα θὰ ζέψη τ' ἄλογα ἢ τὰ βόδια. Ὕστερα παίρνει στὰ χέρια του τὸ ὑνὶ κι ἀρχίζει τὸ ὄργωμα. Τὸ παιδί του δὲν τὸ ἀφήνει χωρὶς δουλειά. Πότε τὸ βάζει νὰ βγάζη τὶς μεγάλες πέτρες ποὺ εἶναι μέσα στὸ χωράφι, πότε νὰ ὁδηγᾷ τὰ βόδια καὶ πολλὲς φορὲς τοῦ δίνει τὸ ἴδιο τὸ ὑνὶ στὰ χέρια του. Ἂν ἔχῃ κανένα κορίτσι θὰ τὸ βάλῃ νὰ κάνῃ τὴν ἴδια δουλειά. Γι' αὐτὸ κι οἱ χωριατοποῦλες εἶναι σκληραγωγημένες.

Μετὰ τὸ ὄργωμα θ' ἀρχίση νὰ σπέρνῃ ὅ,τι δημητριακοὺς καρποὺς θέλει. Ὥσπου ν' ἀρχίσουν νὰ βγαίνουν οἱ βλαστοὶ ἀπὸ τοὺς σπόρους, ὁ γεωργὸς καθαρίζει τὸ χωράφι του ἀπὸ τὶς πέτρες καὶ τὰ μικρὰ ξύλα.

Ὅταν πιὰ ἔρθη τὸ καλοκαίρι τότε εἶναι γεμᾶτος χαρά. Ὅλη ἡ οἰκογένεια ἀρχίζει τὸ θέρισμα. Γιὰ μέρες θερίζουν κάτω ἀπὸ τὸν καυτερὸν ἥλιο. Τὰ χρυσᾶ στάχια δεμάτια-δεμάτια κουβαλοῦνται στὸ ἁλώνι. Ὁ Ἁλωνάρης ζεύει τ' ἄλογα. Τὰ μικρὰ παιδιὰ παίζουν καὶ γελοῦν. Ὅταν τελειώση τὸ ἁλώνισμα πηγαίνουν στὸ μύλο.

Μὲ τὴ σειρά του περνᾷ κι ὁ Ἀλωνάρης κι ἔρχεται ὁ Τρυγητής. Νομίζει κανεὶς τότε πὼς καὶ τ' ἀμπέλια τραγουδᾶνε. Ἐργάτες κι ἐργάτριες δουλεύουν σκληρὰ ἀπὸ τὸ πρωὶ ὣς τὴ δύση τοῦ ἥλιου.

Ἀργὰ ἔρχεται κι ἡ σειρὰ τοῦ χειμώνα. Μεγάλη ἡσυχία βασιλεύει τότε στὸ σπίτι τοῦ γεωργοῦ.

Γιῶργος Κουνιᾶς, «Κυψέλη»

Ich möchte ein Bauer werden

Seit ich klein war, sah und hörte ich viel von Bauern. In meinem Dorf sah ich sie jeden Tag arbeiten. Und mir kam der Gedanke, ich möchte auch so ein Bauer werden. Diese Arbeit bringt nicht viel Geld, aber der Mensch muß fleißig und ehrlich sein.

Mein Vater ist auch ein Bauer gewesen. Jeden Morgen nimmt der Bauer sein Kind, wenn er eins hat, und geht auf seinen Acker. Erst muß er die Erde bearbeiten. Sein Kind hilft immer mit. Er nimmt die großen Steine weg oder führt die Ochsen. Wenn er ein Mädchen hat, macht sie die gleiche Arbeit. Deswegen sind die Bauernmädchen derb. Nachher beginnt er das Getreide, oder was er hat, zu säen. Bis die Saat aufgeht, macht er täglich die Steine weg. Wenn der Sommer kommt, dann ist er froh. Die ganze Familie hilft beim Mähen. Viele Tage mähen sie unter der heißen Sonne. Die goldenen Aehren in Garben werden in die Tenne getragen. Im Juli beginnt das Dreschen. Die kleinen Kinder spielen und lachen dabei. Wenn das Dreschen zu Ende ist, geht's in die Mühle.

Dann kommt auch bald die Zeit der Weinlese. Männer und Frauen arbeiten und singen von früh bis abends. Man könnte glauben, die Weinfelder singen!

Später kommt die Winterzeit. Im Hause des Bauern ist dann alles ruhig.

Giorgos Kunias, „Kypseli"

Carnevale 1951

Il carnevale di quest'anno é stato il piú buffo, al confronto dei due precedenti che ho passati qui al Villaggio. Infatti questa vólta, gli adulti hanno deciso di far provare un po' a noi, cosa voglia dire dirigere e sorvegliare degli scavezzacolli, come siamo noi ragazzi.

Percio' nella nostra conferenza settimanale, ci é stato riferito che gli adulti sarebbero stati a vedere, per una giornata, e che i ragazzi avrebbero dovuto ricoprire le cariche dei padri di casa, dell'amministratore e del Direttore del Vill ggio.

Cosî alcuni hanno pensato ad organizzare la festa, altri a dirigerla, altri infine hanno preparato il carretto con il pupazzo che avremmo bruciato il giorno dopo. La domenica, il carretto era pronto e fece il giro del Villaggio e man mano che passava davanti alle case, i ragazzi uscivano e lo seguivano in corteo.

Nella Gemeindehaus, tutto era stato preparato per la festa ed io, che ero mascherato da poliziotto, ebbi l'incarico di tener l'ordine durante i giochi. Le maschere erano di ogni specie e variopinte. Alla fine della festa sfilarono davanti alla giuria ed i migliori gruppi furono i suonatori della casa 'Les Cigognes, ed il nostro gruppo dei pirati. Ci furono degli inconvenienti: i rampolli erano un po' troppo chiassosi e indisciplinati e la musica non si sentiva bene.

Il piccolo Dorfleiter strillava come un ossesso per farsi sentire. Questo pero' non tolse che la festa fosse molto divertente.
Alla sera dopo cena, i piú grandi si poterono radunare ancora per fare dei giuochi e stare ancora allegri un'ora. potemmo anche ballare colle ragazze per a prima volta e ci ha fatto molto piacere.

In complesso carnevale di quest'anno é piaciuto a tutti, sia ai piccoli che ai grandi, che parzialmente hanno fatto vacanza.

        Dalmazio Gerîchîevich, anni 14   CASA PINOCCHIO

Uebersetzungen der vorhergehenden und nachfolgenden italienischen Seiten

Fasnacht 1951

Seit ich im Kinderdorf bin, habe ich noch keine so lustige Fasnacht erlebt, wie die diesjährige. Die Erwachsenen hatten beschlossen, uns einmal eine kleine Kostprobe zu geben, was es heißt, Rangen wie wir zu leiten im Zaun zu halten. So wurde uns in unserer Schülerkonferenz, die wir allwöchentlich abhalten, mitgeteilt, daß die Erwachsenen ihre Aufgabe als Hausvater, als Dorfleiter, Verwalter etc. für einen Tag uns Kindern überlassen wollten. Sie selber wollten nun einmal zuschauen. Nun begannen wir mit den Vorbereitungen; einigen oblag die Organisation des Festes, einigen andern die Leitung, wieder andere begannen den Wagen mit dem «Bögg» herzurichten, der am Tag nach dem Fest verbrannt werden sollte. Am Sonntag war der Wagen fertig und wie er nun langsam durch das Dorf geführt wurde, kamen die Kinder aus den Häusern gelaufen und folgten ihm im Zuge.

Im Saale des Gemeinschaftshauses war alles für das Fest bereit. Als Polizist verkleidet, hatte ich die Aufgabe, während der Spiele die allgemeine Ordnung aufrecht zu erhalten. Es gab da alle möglichen Masken und bunte Verkleidungen. Als das Fest zuende ging, defilierten sie alle vor dem Preisgericht. Die ersten Preise erhielten die Gruppe der Musikanten aus dem Haus „Les Cigognes" und unsere Seeräubergruppe. Leider hörte man von der Musik recht wenig, so laut und ausgelassen tobten unsere Rangen. Der kleine „Dorfleiter" schrie wie ein Besessener, um sich bemerkbar zu machen. Doch die Fröhlichkeit des Festes erlitt dadurch keinen Abbruch.

Nach dem Nachtessen durften wir Größeren uns noch auf eine Stunde zu fröhlichem Spiel zusammenfinden. Wir durften, zum erstenmal, auch mit den Mädchen tanzen und das gefiel uns sehr. Jedenfalls hat die diesjährige Fasnacht allen, groß und klein, viel Freude bereitet.

Haus Pinoccio   Dalmazio Gerichievich, 14 Jahre

Zur Grundsteinlegung im Gemeinschaftshaus

Alle sprachen von der kommenden Feier am Sonntag. Es wurde hin und her gefragt, doch keiner wußte richtig, um was es sich handeln sollte. Nach vielen Proben kam endlich der bestimmte Tag. Die Kinder fast aller Häuser erschienen in ihren Nationaltrachten, schön sauber und warteten ungeduldig auf ihre Reihe. Ihre Gesichter waren von großer Freude durchleuchtet. Endlich begann der Chor mit seinem freudigen, hellklingenden Gesang. Zum Schluß gab es ein großes Händeklatschen.

Der Tanz, der mir am meisten gefallen hat, war der Rittertanz der Elsäßerkinder. Er erinnerte mich an prächtige Reiterscharen und an Edelmänner aus vergangenen Zeiten mit ihren eleganten Damen, wie wir es in den Büchern lesen. Man hörte das Klopfen der Absätze, wie das Peitschen von Hagelkörnern. Dann legte die Dame ihre Hände in jene ihres Ritters, kehrte sich um und schaute tief in seine Augen, als ob sie ihn küssen wollte. — Zum Schluß kamen wir Italienerkinder an die Reihe. Ich schämte mich am Anfang, faßte jedoch endlich Mut und wir tanzten alle gut beim Gesang des Liedes „Nannarè". Als ich aus dem Gebäude trat, sagte mir eine ältere Dame, daß wir gut getanzt hätten. Ich antwortete, daß es ein alter Tanz war, doch sie erwiderte nichts, lächelte nur und ging weiter.

Umberto Rea, 12 jährig, 2. Italienerhaus Cuore

La posa della prima pietra della casa comune.

    Tutti parlavano della prossima festa di domenica. Le domande volavano da una bocca alla altra, ma nessuno sapeva il significato di quella festa. Fatte tutte le prove, arrivo' il giorno fissato. I ragazzi di quasi tutte le case, in costume nazionale, tutti ben puliti e pronti, aspettavano il proprio turno. Si vedeva dai loro rosei volti trasparirne la gioia. Incomincio' il coro con le sue allegre e argentine canzoni e una schiera di applausi fece la finale.

    La danza che a me piacque di più fu quella che fecero gli Alsaziani ricordandoci gli antichi nobili, con le loro dame eleganti e le loro sfarzose cavalcate, come si legge nei libri; ma essi fecero una danza e non una cavalcata. Si sentiva il rumoreggiare dei tacchi, come un picchiettare di grandine. In una delle loro mosse fecero un gesto: la dama aveva le mani in quelle del suo cavaliere e si voltava e fissava i suoi occhi in quelli dell'altro, come se volesse dargli un bacio.

    Per ultimo venne il nostro turno. Io mi vergognavo, ma mi feci coraggio e la danza cosi' venne fatta benissimo, al canto di 'Nannare,. Quando uscii, una signora anziana mi disse che la danza era stata fatta molto bene, ed io risposi che la danza era vecchia, ma essa non vi fece caso e se ne ando' sorridendo.

                      Umberto Rea   anni 12   CASA CUORE

Languages

There are lots of languages in the world but I had not come across any before I came to the Dorf. In the Dorf there are seven languages spoken, these are German, French, Italian, Finnish, Greek, Polish and English. The only language I know is English, but here I am learning German, which is the chief language of the Village. Nearly all the other children in the Dorf know German, but being new to the Village I did not. Since I first came to the Village I have found out that although I could not speak the other children's languages I could still make friends with them. The boys in my house soon made friends with the Greek children, and Greek as you know is different altogether from English but they were still firm friends. The house next door is the Finnish house and our boys can be found with the Finns many a time tobogganing or snow balling. As for myself I go to many international lessons where German is spoken all the time and in one lesson there are two French and four German children and a Finnish girl. But I find that I can understand fairly well. So it all goes to prove that whatever language you speak you can always make friends.

      Elizabeth Deane.   13yrs   Stepping Stones

Sprachen

Es gibt viele Sprachen auf der Welt, aber ich hatte noch keine andere gehört, ehe ich ins Kinderdorf kam. Im Dorf werden sieben Sprachen gesprochen, nämlich Deutsch, Französisch, Italienisch, Finnisch, Griechisch, Polnisch und Englisch. Die einzige Sprache, die ich kann, ist Englisch, aber nun lerne ich hier Deutsch, denn das ist die Hauptsprache des Dorfes. Fast alle anderen Kinder im Dorf können Deutsch, aber da ich neu hier bin, kann ich es noch nicht. Gleich nachdem wir herkamen, habe ich gemerkt, dass man miteinander Freundschaft schliessen kann, auch wenn man die Sprachen der anderen Kinder nicht versteht. Die Jungen in meinem Haus freundeten sich sehr bald mit den griechischen Kindern an und Griechisch ist, wie ihr sicher wisst, ganz verschieden vom Englischen, aber sie sind nach wie vor eng befreundet. Das Haus nebenan ist das Finnenhaus und unsere Buben sind sehr viel mit den Finnen zusammen, rodeln zusammen oder spielen mit Schneebällen. Ich selber habe viele internationale Unterrichtsstunden, in denen die ganze Zeit über deutsch gesprochen wird. In einer dieser Stunden sind zwei französische und vier deutsche Kinder und ein finnisches Mädchen. Ich finde, dass ich mich ziemlich gut verständigen kann. Und das beweist, dass man immer Freunde finden kann, ganz gleich welche Sprache man spricht.   Elizabeth Deane

Eine Bitte!

Wer kann uns Sträucher, Hecken und kleine Tannen abgeben? Wir möchten sie in unsere Gärten und an Wegen und Plätzen in unserm Dorf einpflanzen. Es soll alles recht schön werden. Um unsere Häuser sind nur Wiesen. Auch die Vögel sollen nisten und den Wind wollen wir etwas aufhalten. Wir wohnen nämlich fast 1000 m hoch.
Schreibt bitte an das Redaktionskomitee

Uusi ystavamme, Dani

Meidan talomme sai eraana paivana iloiseksi yllatyksekseen lahjan, kauniin bernhardilaiskoiran. Sen nimi on Dani. Se on variltaan musta' vain rinta on valkoinen ja tossut ruskeat. Heti alussa se alkoi tutustua meihin, eika silla ollut yhtaan ikava. Se alkoi syöda ja se vasta syökin paljon. Sille laitettiin oma nurkkaus ja siella se syö ja nukkuu. Isan ei tarvitse koskaan olla sille ankara, silla se on hyvin kiltti koira. Joskus kun me syömme, kuljeksii se ympariinsa. Silloin sita pitaa komentaa nukkumaan. Kun satoi lunta, oli se hirvean iloinen ja heti, kun se paasi ulos, sukelsi se lumeen ja söi lunta. Eraana paivana isa kaski pesta sen. Se vahan murisi ja yritti juosta pois. Nyt se joka paiva meidan kanssamme leikkii ulkona. Nyt se on tottunut kulkemaan ulkona vapaana. Puolan talon Aro ei pida Danista. Se on varmaankin kateellinen, koska Dani on komeampi. Kerran Aleksi yritti tapella Danin kanssa, mutta taman kylan kasvatuksen periaatteet taysin ymmartaen ei se ruvennut tappelemaan vaan poistui tantereelta. Me kaikki pidamme Danista oikein paljon ja yritamme olla sille hyviä.

       Vuokko KanerVa   12 vuotias

Unser neuer Freund Dani

Vor einigen Wochen erhielt unser Haus ein grosses und sehr willkommenes Geschenk. Wir bekamen einen schönen Berner Sennenhund, Dani. Er ist schwarz, aber vorne hat er auch etwas weiss. Wir waren von Anfang an alle mit ihm gute Freunde. Er hat gar nicht mehr Heimweh, und jetzt frisst er schon viel. Wir machten ihm eine Ecke, wo er schlafen kann. Der Vater braucht zu ihm gar nicht streng sein. Dani ist immer sehr brav und lieb. Immer, wenn wir essen, ist Dani auch in der Stube, er schaut und geht überall. Dann muss man ihm sagen:,, Schlafen", und er gehorcht bald und legt sich auf den Fussboden. Er spielt auch sehr gern mit uns. Jetzt ist er jeden Tag mit uns draussen. Weil er unser Dorf schon gut kennt, darf er frei draussen sein. Aro, der Hund vom Polenhaus, hat Dani nicht gern. Er ist vielleicht neidisch, weil unser Dani schöner ist. Einmal wollte Alex, Klugs Hund, mit Dani streiten, aber Dani, weil er so klug ist, versteht, dass man nicht streiten darf, ging ganz stolz weg! Wir alle haben Dani sehr gern', und wollen ihn weiterhin gut pflegen.

Αἰγαῖο

Κάθε σπίτι τοῦ Χωριοῦ ἔχει καὶ τὸ ὄνομά του. Καὶ ὅμως δὲν εἶναι καὶ τόσο εὔκολο νὰ διαλέξη κανεὶς ἕνα ὄνομα γιὰ τὸ σπίτι του. Πρέπει αὐτὸ ποὺ θὰ προτιμήση νὰ ἔχη καὶ κάποιο νόημα.

Ἐμεῖς σκεφθήκαμε πολλά, ἀλλὰ κανένα δὲν μᾶς πολυάρεσε. Στὸ τέλος τὸ βρήκαμε: σὰν Ἕλληνες ποὺ εἴμαστε, ναυτικοὶ καὶ τριγυρισμένοι ἀπὸ θάλασσα, εἴπαμε νὰ τὸ ὀνομάσουμε «Αἰγαῖο». Ἄρεσε σὲ ὅλους.

Τὸ Αἰγαῖο εἶναι μιὰ θάλασσα τῆς πατρίδας μας. Ἀλλὰ θὰ μπορούσαμε νὰ ποῦμε πῶς εἶναι ἡ θάλασσα τῆς πατρίδας μας. Γιατὶ ἔτσι καθὼς τὴν ἀγκαλιάζει, σπαρμένο ὅπως εἶναι μὲ τὰ ἄπειρα νησιά του, σοῦ δίνει τὴν ἐντύπωση πῶς εἶναι κι αὐτὸ ἕνα κομμάτι τῆς ἑλληνικῆς γῆς.

Ἔπειτα εἶναι κι ἡ ἱστορία μας ποὺ εἶναι δεμένη μὲ τὸ Αἰγαῖο. Ἀπὸ τὰ πολὺ παλιὰ ἀκόμη χρόνια οἱ Ἕλληνες ταξίδευαν καὶ ἔκαναν ἐμπόριο. Στὴν ἀρχὴ δὲν τὴν ἤξεραν κἂν τὴ θάλασσα. Κι ὅταν ἀργότερα τὴν γνώρισαν τὴν φοβόντουν. Δὲν κράτησε ὅμως καὶ πολὺ αὐτὸς ὁ φόβος. Γρήγορα ξεθαρρεύτηκαν καὶ μὲ ὅ,τι μέσα εἶχαν ἔφτιαξαν τὰ πρῶτα πλεούμενα καὶ ξεκίνησαν νὰ τὴ γνωρίσουν. Σιγὰ-σιγὰ ἔφτιαξαν μεγαλύτερα καὶ ταξίδεψαν σὲ ὁλόκληρο τὸ Αἰγαῖο. Βρῆκαν καὶ τὰ νησιά του καὶ τὰ κατοίκησαν. Κι ἔτσι προχωρῶντας ταξίδεψαν καὶ σὲ ἄλλες θάλασσες.

Καμμιὰ ὅμως δὲν ἀγάπησαν τόσο, ὅσο τὸ Αἰγαῖο. Αὐτὴ τοὺς ἔδωσε τὶς πρῶτες χαρὲς καὶ τὶς πρῶτες λύπες κι ἀπὸ κεῖ ξεκίνησαν γιὰ νὰ γνωρίσουν τὸν κόσμο. Τὴν ἴδια αὐτὴ ἀγάπη κράτησαν ἀργότερα κι οἱ ἄλλοι Ἕλληνες γιὰ τὴ θάλασσά τους καὶ τὸ ἴδιο τὴν ἀγαποῦμε κι ἐμεῖς σήμερα.

Πολλὲς φορὲς σοῦ δίνει τὴν ἐντύπωση πῶς καὶ μὲ μιὰ βάρκα ἀκόμη μπορεῖς νὰ τὴ διασχίσης. Τόσο εἶναι ἥσυχη. Ὅταν ὅμως φυσήξη ὁ ἄνεμος, τότε ἀλίμονό σου. Τὰ κύματα σηκώνονται τεράστια καὶ δὲν μπορεῖς νὰ ξεφύγης. Κι ὅμως καὶ μὲ τὰ πείσματα καὶ μὲ τοὺς θυμούς της τὸ ἴδιο τὴν ἀγαποῦμε.

Αὐτὸ εἶναν τὸ Αἰγαῖο καὶ γι' αὐτὸ διαλέξαμε γιὰ τὸ σπίτι μας τ' ὄνομά του. Ἄς ἐλπίσουμε πῶς τὸ καινούριο μας ὄνομα θὰ ἀρέση καὶ στὸ Χωριό.

Βασίλης Μπάκας

AEJEO

Jedes Haus hat seinen Namen. – Aber es ist nicht leicht, einen Namen für sein Haus zu wählen. Denn der Name, den man wählt, soll eine Bedeutung haben. Wir haben überlegt und viele Namen gefunden, aber keiner hat uns richtig gefallen. Endlich hatten wir's: als Griechen sind wir Seeleute, denn rings um Griechenland ist das Meer, und darum beschlossen wir, unser Haus „AEJEO" = Aegäis zu nennen. Das gefiel allen.

Die Aegäis ist das Meer unserer Heimat. Wir nennen sie so, weil dieses Meer Griechenland mit seinen vielen Inseln umschließt, so daß es für uns zur griechischen Erde gehört.

Unsere Geschichte ist auch mit der Aegäis verbunden. Vor vielen, vielen Jahren reisten die Griechen und trieben Handel. Anfangs kannten sie das Meer noch nicht und hatten Angst vor ihm. Aber später lernten sie es kennen und verloren ihre Angst. Schnell und mutig haben sie angefangen mit den Mitteln, die sie hatten, die ersten Schiffe zu bauen. Nach und nach bauten sie größere Schiffe und lernten die ganze Aegäis mit ihren Inseln kennen und begannen auch, die Inseln zu bewohnen. Später gingen sie noch weiter und reisten auch über andere Meere. Aber keines haben sie so sehr geliebt wie die Aegäis; sie hat ihnen Freude und Leid gegeben, und von dort sind sie in die Welt hinausgefahren.

Diese gleiche Liebe für ihr Meer haben die Griechen immer behalten. Manchmal glaubt man, daß man mit einem Boot über das ägäische Meer fahren kann, so ruhig ist es. Wenn aber der Wind bläst, dann ist es schlimm. Dann erheben sich große Wellen, und es wird gefährlich. Aber wir lieben es trotzdem immer. Das ist unsere Aegäis, und deshalb haben wir diesen Namen für unser Haus gewählt.

Wir hoffen, daß er im Dorf gefallen wird.

Wassilis Bakas.

BUTENDIEK

Als wir vor 4 Jahren hierher kamen, war hier ein schönes Haus für uns. Weil hier aber viele schöne Häuser waren, sollten wir einen Namen für unser Haus aussuchen. Es war auch eine Oma da, die war auch aus Hamburg, und die sagte einen schönen Namen. Der hieß «Butendiek» und gefiel uns gut. Darum wurde unser Haus so getauft. Der Name wurde in eine große Tafel geschnitzt und draußen angehängt. Viele Leute wissen nicht, was das heißt, denn es ist plattdeutsch. Plattdeutsch ist bei uns in Hamburg eine Sparche, wie hier das Schwitzerdüsch. In eine Zeitung wurde gedruckt: «Butendiek ist ein Vorort von Hamburg.» Das stimmt aber nicht. Ich will mal erzählen, wie es richtig ist. „Buten" heißt draußen und „diek" heißt Deich. Wir wohnen also draußen vor dem Deich. Ich will Euch noch erzählen wozu bei uns ein Deich ist. Der ist am Meer und an der Elbe, damit das Wasser nicht alles überschwemmen kann, wenn hohe Flut und Sturm kommt. Jeden Tag kommt zweimal die Flut und hinterher ist wieder Ebbe. Wenn Ebbe ist, kann man vor dem Deich, wo vorher das Meer war, spazieren gehen. Dann ist dort das Watt. Manchmal liegt draußen im Watt noch ein Haus auf einem Hügel. Dazu sagt man „Warft" und wenn mehr Häuser dort stehn, ist es eine „Hallig". Die Warft und die Hallig gucken aber auch noch heraus, wenn die Flut hoch kommt. Nun wißt Ihr, wie es am Meer ist und warum unser Haus Butendiek heißt.

Elisabeth Schiemann 12 Jahre

JUKOLA

Meidän talollamme ei ole ollut vielä varsinaista nimeä, sillä Suomitalo on vain käännös nimestä Finnenhaus. Olimme miettineet jo kauan sopivaa nimeä talollemme Jotkut olivat ehdottaneet nimeksi Pirtti, toiset Impivaara vieläpä Finlandiakin. Mutta yhteiseen päätökseen ei vielä oltu päästy. Sitten luoksemme tuli suomalainen vieras. Me kerroimme hänellekin nimen etsintäpulmastamme. Hän ajatteli hetkisen ja vähän ajan perästä hän huudahti: „Mutta eikö Jukola olisi sopiva nimi". Se oli meistä hyvä ehdotus. Jukola on Aleksis Kiven romaanista „Seitsemän veljestä" seitsemän orpopojan koti. Meillä tosin on 7 tyttöä ja 10 poikaa, mutta mitäs siitä. Jukola on helppo lausua ulkomaalaistenkin. Siispä päätimme yksimielisesti antaa talollemme nimeksi Jukola.

Marjatta Remes 13-vuotias

Jukola

Unser Haus hatte noch keinen eigenen Namen, denn Suomi - talo ist nur die Übersetzung von Finnenhaus. Wir überlegten und suchten alle, um einen Namen für unser Haus zu finden. Einige schlugen vor, dass es Pirtti oder Impivaara heissen sollte. Jemand sagte, Finnlandia wäre auch gut. Aber wir wussten nicht, was jetzt am besten wäre. Dann kam eine Besucherin von Finnland zu uns. Wir erzählten ihr von unserm Problem. Die Frau überlegte sich und sagte: „Aber wäre Jukola nicht ein guter Name?„ Wir freuten uns sehr. Endlich hatten wir einen passenden Namen gefunden. Jukola stammt aus dem Werk: Sieben Brüder von Aleksis Kiven, der einer der berühmtesten Dichter Finnlands war. Das Buch erzählt von den 7 verwaisten Brüdern und Jukola war ihr Haus. Unser Haus hat aber 7 Mädchen und 10 Knaben. Auch die Ausländer können den Namen Jukola leicht aussprechen. So waren wir alle einverstanden und gaben unserm Finnenhaus diesen Namen. Marjatta Remes 13.J.

ΑΡΓΟΝΑΥΤΕΣ

Τὸ ὄνομα τοῦ σπιτιοῦ μας τὸ διαλέξαμε ἀπὸ τοὺς ἀρχαίους μύθους τῆς πατρίδας μας καὶ μάλιστα ἀπὸ ἐκεῖνον ποὺ συμβολίζει κάπως ἰδιαίτερα τὴν ἀπόφαση καὶ τὴν τόλμη.

Εἶναι βέβαια κάπως ἐπικίνδυνο νὰ ζητᾶς τὶς παλιὲς μορφὲς νὰ τὶς ντύνῃς σὲ καινούργιο περιεχόμενο. Γιατὶ καὶ ἡ ἐπιτυχία καὶ ἡ ἀποτυχία σὲ συντροφεύουν ὅμοια στὸ ξεκίνημα τῆς δουλειᾶς σου. Ὡστόσο τὸν κίνδυνο αὐτό, λογαριάζεις πάντα πῶς θὰ τὸν παραμερίσῃς ὅταν πιστεύῃς στὴν ἀλήθεια τῆς καὶ στὸν τελικό σου σκοπό.

Κι ἂν διαλέξαμε τὸ «Μύθο» γιὰ τὴν ἔκφραση τῆς δουλειᾶς μας, κι ὄχι μιὰ λέξη ἴσως ἀγαπητὴ κι ἴσως ὄμορφη, ἀπὸ τὴν καθημερινὴ πραγματικότητα, εἶναι γιατὶ ὁ «Μύθος» στάθηκε πάντα ἡ πρώτη ἀπόδειξη τοῦ ζωντανοῦ ἀτόμου πῶς ἀποχτᾷ συνείδηση τῆς λευτεριᾶς του καὶ δημιουργεῖ τὴν ἱστορία του.

Ἔτσι, τὸ μύθο τῆς Ἀργοναυτικῆς ἐκστρατείας ποὺ, ἀπὸ τὰ πρῶτα ἑλληνικὰ χρόνια τοῦ κόσμου, συμβολίζει τὴν ἐλεύθερη ἕνωση τῶν ἀνθρώπων γιὰ τὴν ἐπιτυχία ἑνὸς σκοποῦ, χωρὶς δισταγμὸ μπροστὰ στοὺς μεγάλους κι ἄγνωστους κινδύνους, ζητήσαμε νὰ τὸν συνδέσουμε μὲ τὴ σημερινὴ προσπάθεια τοῦ χωριοῦ τούτου.

Γιατὶ κι ἐδῶ τώρα βρισκόμαστε στὴν ἀρχὴ ἑνὸς νέου μύθου, στὴν ἀρχὴ μιᾶς ἀνθρώπινης ἱστορίας. Ξεκινήσαμε μὲ πίστη. Τὴ δύναμή μας ὅμως καὶ τὴν ἀντοχή μας μονάχα στὸν καθημερινὸ μόχθο τῆς δουλειᾶς μας θὰ τὶς δοκιμάσουμε ὁλόκληρες. Κι ἐκεῖ θὰ βροῦμε ὣς ποῦ μποροῦν νὰ τεντώσουν κι ἂν ὁ μύθος θὰ ὁλοκληρωθῇ γιὰ νὰ περάσῃ κάποτε στὴ γλώσσα τῆς ἀνθρωπότητας μὲ μιὰ νέα λέξη. Τὴ λέξη: «Pestalozzidorf»

ARGONAUTES

Wir haben den Namen unseres Hauses nach einem alten Mythos unserer Heimat gewählt, der vor allem die Entschlossenheit und den Mut versinnbildlichen will.

Sicher ist es etwas gefährlich zu versuchen, die alten Gefäße mit neuem Gehalt zu füllen. Denn Erfolg und Mißerfolg begleiten gleichermaßen den Anfang jeder Arbeit. Aber wenn Du an Deine Arbeit und deren endliches Ziel glaubst, wirst Du doch denken, die Gefahren überwinden zu können.

Und wenn wir diesen Mythos als Namen unseres Hauses wählten – als Ausdruck unserer Arbeit und nicht einfach als Wort, vielleicht als ein schönes, vielleicht als ein beliebtes Wort aus der täglichen Wirklichkeit, – so deshalb, weil der Mythos immer der erste Beweis des lebendigen Individuums war, welches das Bewußtsein seiner Freiheit gewann und daraufhin seine eigene Geschichte gestaltete. So wie der Mythos der „Argonautischen Fahrt" seit den ersten griechischen Jahren der Welt das Symbol darstellt für die freie Gemeinschaft der Menschen, – zur Verwirklichung eines Zieles, ohne Bedenken angesichts großer unbekannter Gefahren, – so versuchen auch wir, den Mythos mit den heutigen Bestrebungen unseres Dorfes zu verbinden.

So stehen wir hier im Anfang eines Mythos, im Anfang einer Gemeinschaftsgeschichte. Mit dem Glauben haben wir begonnen, aber mit unseren Kräften und unserer Tragfähigkeit allein können wir in täglichem Bemühen erkennen, wie weit wir den Mythos erfüllen können, damit sich dafür eines Tages ein neues Wort in der Sprache der Menschheit durchsetzen wird: das Wort „Pestalozzidorf".

Juni 1951.   N. Politis,
Hausvater, II. Griechenhaus.

CUORE

Ogni casa al Villaggio dei Bambini Pestalozzi ha un nome. La nostra casa, la Seconda Casa Italiana, é denominata ‚Cuore'. La scelta di questo nome deriva dalle seguenti considerazioni :

'Cuore, è il titolo di un famoso libro di Edmondo de Amicis, specialmente dedicato ai bambini; quindi la nostra casa, che é al servizio del benessere dei bambini orfani, si chiama 'Cuore'

‚CUORE' ha un significato sublime. Il cuore é la sede di tutti gli attributi nobili e di tutte le virtú. Un uomo che ha 'cuore' é sensibile e ricettivo a tutto quanto vi é di bello e sublime. Inoltre é buono caritatevole e pronto ad aiutare. In casa nostra, asilo degli orfani, deve risiedere l'amore provvidenziale e la carita'

Cuore' deve essere la nostra parola. Chi ha cuore é coraggioso, valente, abile. La nostra casa ha per meta di sviluppare ed attivare le forze ed energie del cuore, per renderci degnamente idonei alla lotta per l'esistenza.

‚Cuore' tale nome suona come un grido di giubilo. Ove battono cuori sensibili regnano canti giochi allegri e gli uomini fraternizzano nel lavoro e nella gioia.

Cuore, tale é la nostra opera, un richiamo ed uno sprone per tutti gli abitanti della nostra casa, per i bambini, genitori ed anche per i maestri sia nella ospitale Svizzera che in Patria. Quest'opera é paragonabile ad un fanale acceso che illumina le parti del mondo ove battono cuori per bimbi derelitti

Il ‚Cuore' dirige anche i nostri sguardi, i nostri pensieri e la nostra anima verso il cielo. Il Cuore di Gesù incorpora per noi cristiani, il divino amore. Al servizio di questo amore sta la nostra casa e preghiamo Iddio di poter ricevere protezione e benedizione.

ERASMO

PINOCCHIO

Come tutte le case del Villaggio, anche la nostra ha un nome, molto significativo. E' un nome subito scritto, ma racchiude in sè tutta una lunga storia.

Qusta storia parla di un burattino di legno, di nome Pinocchio. Era venuto al mondo per volonta' di un vecchio falegname a nome Geppetto, che, non avendo figli, s'accontentò di farsene uno di legno. Pero', appena fu fatto, comincio' a parlare ed agire, come fosse un vero regazzo, tanto che Geppetto se lo prese subito a cuore.

Per tutta riconoscenza, Pinocchio gliene combino' di tutti i colori, procurando un sacco di grattacapi al povero vecchio. Pinocchio era vivace e amava solo correre e scherzare.

Il suo continuo vagabondare lontano da casa, lo porto' anche al paese dei Balocchi, dove assieme con un suo cattivo compagno, divento' dopo poco tempo, un vero asino, con delle orecchie lunghe e pelose, del tutto degne della sua asineria. Nella sua vita, pero', aveva avuto anche cuore, e si era pentito delle sue monellerie, magari solo per pochi minuti. Per questa sua bonta', e dopo molti sacrifici fatti come asinò, ottenne il perdono della sua buona fatina che lo fece diventare, questa volta, non piú un burattino, ma un vero e bravo ragazzino, con grande gioia di babbo Geppetto.

Marcella Manunta anni 13

CUORE

Jedes Haus in unserem Kinderdorf hat einen Namen.

Unser Haus, das 2. Italienerhaus heisst CUORE. Bei der Wahl dieses Namens haben wir uns von verschiedenen Gedanken führen lassen:

CUORE ist der Titel des berühmten Buches von E. de Amicis, das in der Hauptsache dem Kinderherzen gewidmet ist, und Cuore heisst danach unser Haus, das im Dienst der Hege und Pflege des Kindes steht.

CUORE ist uns ein erhabenes Sinnbild. Das Herz ist der Sitz aller edeln Eigenschaften und Tugenden. Ein Mensch, der Herz hat, zeigt sich empfänglich für alles Hohe und Schöne; ist gütig, mitleidig und hilfreich. Die fürsorgliche, erbarmende Liebe soll hier eine Heimstätte und das Kind hier seine Heimat haben.

CUORE sei unsere Parole. Wer Herz hat, ist ein mutiger, tapferer, tüchtiger Mensch. Drum setzt sich unser Haus das Ziel, die Kräfte des Herzens zu entwickeln und zu mobilisieren, die uns befähigen den Kampf ums Dasein mit Erfolg zu führen.

CUORE klingt wie ein Jubelschrei. Wo empfängliche Herzen schlagen, da herrschen Lied und Spiel und Fröhlichkeit. Arbeit und Freude ketten die Menschen kameradschaftlich, freundschaftlich und geschwisterlich zusammen.

CUORE ist unser Werk. Ein Aufruf und Sporn für alle Insassen unseres Hauses, für Kinder, Hauseltern und Lehrer zugleich; ein Aufruf an alle unsere Freunde hier in der gastlichen Schweiz, im geliebten Vaterlande daheim; ein weithin strahlendes Fanal in alle Welt, wo in Menschenbrust ein fühlendes Herz den Kindern entgegenschlägt.

CUORE richtet aber unsere Blicke und Gedanken, unsere Seelen auch himmelwärts. Das Herz Jesu verkörpert uns Christen die allerbarmende göttliche Liebe. In ihrem Dienst steht unser Haus, und in ihrem Schutz und Segen so bitten wir, lass Gott es Dir befohlen sein.

PINOCCHIO

Wie alle Häuser im Dorf hat auch unser Haus einen Namen; kurz ist er, doch voller Bedeutung, weil es sich dabei um eine lange Geschichte über einen Hampelmann aus Holz, namens Pinocchio handelt. Pinocchio verdankt sein Erscheinen im Leben dem Schreinermeister Geppetto der ihn selbst aus Holz geschnitzelt hat, weil er sich Kinder wünschte und keine Kinder hatte. Kaum war der Hampelmann fertig, fing er sonderbarerweise zu reden an und sich zu bewegen, wie ein richtiger Knabe aus Fleisch und Blut.

Geppetto war davon sehr entzückt und hatte den kleinen Pinocchio sehr lieb. Doch das Bürschchen war ihm nicht dankbar und machte dem Alten viele Sorgen mit seinen schalkhaften Streichen. Er wollte nur herumstrolchen und scherzen.

Auf seinem Wanderweg kam er eines Tages mit einem Kameraden in das Land der Spielzeuge. Dort verwandelte er sich nach und nach wegen seiner Dummheit in einen richtigen Esel mit langen, behaarten Ohren.

Im Grunde hatte er aber ein sehr gutes Herz und manchmal bereute er seine Bosheit.

Die gute Fee hatte deswegen Mitleid mit ihm und verwandelte ihn eines Tages in einen richtigen guten Knaben, und nicht in einen Hampelmann wie früher, zur grössten Freude von Papa Geppetto.

Marcella Manunta 13 J.

KINDERSYMPHONIE

Das Haus der österreichischen Kinder, wir sind meist aus Wien, heisst 'Zur Kindersymphonie'. Ein grosser Österreicher, Josef Haydn, hat eine Symphonie komponiert, der er diesen Namen gegeben hat. Sie ist gar nicht schwer und es kommen neben dem Orchester in ihr auch verschiedene Kinderinstrumente vor: eine Kindertrompete, eine Trommel, ein Kuckuck, eine Wachtel, eine Nachtigall, eine Triangel und eine Knarre.

Eine Symphonie ist ein Orchesterstück, in dem alle Instrumente aufeinander abgestimmt sein müssen, sonst klingt es ganz falsch. Die Spieler müssen auch achtgeben, dass sie genau im Takt bleiben und richtig zusammenspielen, sonst gibt es ein Durcheinander. So wie diese Instrumente in der Symphonie müssen auch wir zusammenhalten und immer einig sein wie ein Orchester und auf unseren Dirigenten schauen.

Nun einiges über den Komponisten der Kindersymphonie.

Haydn wurde im Jahre 1761 geboren. Mit acht Jahren war er schon Sängerknabe im Wiener Stefansdom. Als er die Stimme wechselte, wurde er hinausgeworfen. Ein Sänger nahm ihn erst auf, bei dem er Musik weiterlernte, später kam er zu adeligen Gönnern bei denen er als Hauslehrer unterrichtete. Angeregt durch Hausmusikabende, setzte er seine Kompositionsversuche fort und schrieb Streichquartette. Endlich wurde er Kapellmeister bei Fürst Esterhazy in Eisenstadt, das im heutigen Bundesland Burgenland liegt. Sein Lebensunterhalt war gesichert und er hatte viel Zeit zum Komponieren. 30 Jahre war er dort. Er wurde berühmt, fuhr sogar zweimal nach England und dirigierte seine Werke in London. Gegen sein Lebensende zog er sich still und bescheiden nach Wien in den damaligen Vorort Gumpendorf, heute ein Teil des 6. Wiener Gemeindebezirkes zurück.

Als er am 31. Mai 1809 vor 142 Jahren starb, hinterliess er 104 Symphonien, 77 Streichquartette, 38 Klaviertrios, 24 Opern, 20 Klavierkonzerte, 14 Messen, 3 Oratorien u. a. mehr. Er war der Vater der heutigen ernsten Musik, er war der Schöpfer der Symphonie und des Streichquartettes. Was er begonnen hat, wurde später von Mozart und Beethoven auf das Wunderbarste vollendet.

Wir haben diesen Artikel aus verschiedenen Büchern zusammengetragen. In einem haben wir einen Ausspruch Haydens gefunden, als er nach England fuhr, der uns sehr gefallen hat, und der auch in unser Kinderdorf passt. Er sagte:
"Meine Sprache versteht man überall"

STEPPING STONES

Our house is called "Stepping Stones", as like every other house it has a name. There are two meanings to the word Stepping Stones, both are very old. These words first came into use long ago when people in the country had a river to cross and had not the money to build a bridge. They sunk large stones with flat tops into the river, so that the top showed about the water. In this way they could cross the river safely. Stepping Stones in life are much the same as in the river. You may start easily in the World and begin with a good life; that is when you are young and you are on the first stone. Then you go to the second stone, you are older now and maybe you go to a different school and make new friends. Still later you jump to another stepping stone, but maybe you are not so lucky this time; your stone is not firm, perhaps you have not made a good friend or you may not have proved that you youself are a good friend. With luck you might have jumped from this unsteady stone and come once more to a good firm stone, or maybe you did not clear the unsteady stone and fell right into the water, and unless you cling very determinedly you will be swept away. So you must all think and be careful that you don't tread on an unsteady stone, but tread only on the reliable and firm "Stepping Stones."   Betty Deane   Gillian Sawyer

Unser Haus heißt «Stepping Stones», denn wie alle anderen Häuser hat es auch einen Namen. Das Wort «Stepping Stones» hat zwei Bedeutungen, und beide sind sehr alt. Es wurde vor langer Zeit zuerst gebraucht, wenn Leute auf dem Lande einen Fluß überqueren mußten und nicht das Geld hatten, eine Brücke zu bauen. Dann legten sie große Steine mit flacher Oberseite in den Fluß, und zwar so, daß sie gerade über das Wasser herausragten. Auf diese Weise konnten sie sicher über den Fluß gelangen. Auch im Leben gibt es solche Übergangssteine wie im Fluß. Am Anfang ist es oft leicht und das Leben beginnt gut. Da ist man jung und steht auf dem ersten Stein. Dann, wenn man etwas älter ist, tritt man zum zweiten Stein über, das heißt, man kommt vielleicht in eine andere Schule und schließt neue Freundschaften. Später springt man weiter zum nächsten Stein, aber diesmal hat man vielleicht weniger Glück; vielleicht ist der Stein nicht so fest, man findet keine guten Freunde, oder es zeigt sich, daß man selbst nicht imstande ist, ein guter Freund zu sein. Wenn es einem gelingt, noch einen Stein weiter zu springen, so mag man vielleicht wieder fest und sicher stehen – gelingt es einem aber nicht, von dem wackeligen Stein wegzukommen, so fällt man womöglich ins Wasser, und wenn man sich dann nicht ganz fest anklammert, wird man am Ende noch weggeschwemmt. Darum soll man stets aufpassen und vorsichtig sein, daß man nicht auf einen wackligen, unsicheren Stein tritt, sondern nur auf festen, sicheren «Stepping Stones» weiterschreitet.

THAMES

Our house is called Thames, because Thames is the name of the river on which London, the heart of Britain, stands. Nearly all the children come from London and the river Thames holds a high place in the hearts of all Londoners. To children of the South of England it represents the spirit of adventure and the images of far-away places and unknown people, calling them to seek a wider knowledge and life. As a river starts in a small way and grows wider and wider until it reaches the sea and becomes one with all the other rivers, so we hope that life in this Village will develop for us. By living with children of other countries and learning something of their ways, so our outlook may broaden as a river and we all may reach the sea of world friendship and peace. Patricia Atcheler

Unser Haus heißt «Themse-Haus», denn Themse ist der Name des Flusses, an dem London das Herz Britanniens, liegt. Fast alle Kinder unseres Hauses kommen aus London, und der Themsefluß nimmt einen Ehrenplatz im Herzen aller Londoner ein. Für uns Kinder Südenglands bedeutet er das Abenteuer, ferne Länder und unbekannte Völker, und erweckt in uns den Wunsch, mehr zu wissen und zu erleben

Genau wie ein Fluß klein beginnt und dann größer und größer wird, bis er das Meer erreicht und sich dort mit allen anderen Flüssen vereint, so hoffen auch wir uns durch das Leben hier im Kinderdorf weiter zu entwickeln. Denn dadurch, daß wir hier mit Kindern anderer Länder zusammenleben und etwas von ihrer Art lernen, soll sich auch unser Blick und unser Verständnis erweitern, sowie ein Fluß immer breiter wird, damit wir alle das Meer der Welt-Freundschaft und des Welt-Friedens erreichen mögen. Patricia Atcheler

Was wir uns wünschen:

Allen Spendern, die uns **Bäume, Stäucher, Pflanzen** schickten, danken wir recht herzlich! Wir konnten manche Stelle im Dorf und in den Hausgärten verschönern; jedoch besteht noch Bedarf, sodaß wir unsere Bitte wiederholen.

Welcher **Frauenverein** hilft unsern Hausmüttern bei Flick- und Stopfarbeiten?

Um bei unsern Setzern, die all diese Seiten im Handsatz zusammenstellen, die Freude an der Arbeit zu erhalten und zu steigern wünschen wir uns für unsere «Druckerei» **eine kleine Abziehpresse** Wer kann uns eine noch brauchbare Presse vermitteln?

Wer hat **Angora - Kaninchen?** Wir können echte Schweiz.-Hasen-Kaninchen zum Tausch anbieten.

Unser Velo-Klub hat 1 Präsidenten, 42 Mitglieder - aber nur zwei Velos. Wer schenkt **alte Velos** (oder Teile davon)? Wir bauen alles zusammen.

Die Kinder des österreichischen Hauses «Kindersymphonie» möchten diese auch spielen. Sie brauchen 7 **Kinder-Musik-Instrumente:** Kindertrommel, Kindertrompete, Triangel, Knarre, Wachtel, Nachtigal und Kuckuck; außerdem eine Klarinette. Wer hilft dem zukünftigen Orchester?

Freundliche Zuschriften an die Redaktion erbeten.

LES CIGOGNES

En Alsace il y a dans presque tous les villages des nids de cigognes. Elles partent en automne pour les pays chauds et reviennent au printemps pour annoncer le retour des beaux jours.

A Ostheim, petit village entre Sélestat et Colmar, quand la cigogne est revenue en 1945, elle avait de la peine à se reconnaître et à retrouver son nid : partout elle voyait des ruines, des trous d'obus dans les champs, il ne restait plus aucune maison intacte dans son beau village. Elle plana longtemps pour retrouver son nid. Enfin elle l'aperçut ! Il avait aussi souffert ! Des éclats d'obus l'avaient traversé de part en part, de la belle ferme à colombage de bois, il ne restait plus que le pignon qui portait son nid ! A la place de la cour elle voyait des tas de pierres, des voitures renversées, de la ferraille tordue. Elle chercha les habitants de la ferme, le petit garçon qui lui criait toujours : « Storich, Storich, langi Bein, bring mer e klanes Schweschterle heim ». Ou bien comme pendant la guerre : « Cigogne, cigogne, t'as de la chance, tous les ans tu passes la France. »

Mais elle ne vit personne. Elle eut envie de partir. Mais la fidélité envers son vieux village et son nid furent plus fort. Elle se posa sur son nid, étira ses longues jambes et claqua du bec. C'est sûrement un garçon qui remarqua le premier la cigogne, qui propagea la bonne nouvelle. Quelle fête parmi les habitants d'Ostheim quand ils virent que la cigogne voulait rester. Ils sortirent des caves où ils logeaient pour saluer la cigogne. Celle-ci, comme pour montrer aux gens ce qu'il fallait faire, se mit tranquillement à réparer son nid. En voyant cela, les villageois décidèrent de faire comme la cigogne et de reconstruire sans tarder leur village mieux et plus beau qu'avant. Pour beaucoup de gens de toute l'Alsace la cigogne d'Ostheim devint le symbole de la fidélité, de la persévérance et de la confiance en l'avenir.

Les dix-sept petits alsaciens-lorrains du village Pestalozzi ont pris comme exemple cette cigogne. Ils veulent être fidèles au village ; persévérants dans le travail et confiants dans l'avenir.
C'est pour celà qu'ils portent fièrement le nom « Les cigognes. »
Colette Leroy 13 ans.
Jean-Claude Romens 12 ans.

DIE GRILLEN (aus dem französischen Text der Nebenseite)

In Südfrankreich gibt es viele Crillen. Das sind Insekten, die auf Wiesen und Bäumen leben. Die Hauptarbeit der Grille ist, den ganzen Sommer über zu singen. Deshalb gilt sie als faul. Die Leute im Süden freuen sich jedoch über ihr schrilles, einförmiges Zirpen. Fünfzehn kleine Franzosen des Pestalozzidorfes haben die Grille zum Wahrzeichen – denn ihr Haus heißt "Les Cigales„ unb das bedeutet „Die Grillen". Sie wollen immer fröhlich wie die Grille sein, nicht faul wie diese, sondern sehr fleissig, damit sie später einmal gute Arbeiter werden

LES CIGALES

Dans le midi de la France il y a beaucoup de cigales. Ce sont des insectes qui vivent dans les prés ou sur les arbres. Le plus grand travail de la cigale est de chanter tout l'été. C'est pour cette raison qu'on traite la cigale de paresseuse. Son cri strident et monotone réjouit cependant les gens du Midi. La cigale ne ressemble pas à la fourmi qui travaille tout l'été pour ramasser des provisions pour l'hiver.

Comme en Alsace, la cigogne annonce les beaux jours, la cigale annonce l'été dans le midi de la France.

Nous ne voulons pas raconter ici la fable "la cigale et la fourmi" que tout le monde connait bien, mais nous pensons que la fourmi aurait dû être un peu plus généreuse envers ce malheureux insecte qui mourrait de faim. L'insecte travailleur aurait dû, bien sûr, gronder la cigale pour qu'une autre année elle pense à faire des réserves pour l'hiver.

Les quinze petits Français du village Pestalozzi ont pour emblème la cigale. Ils veulent toujours être joyeux comme elle. Mais, au contraire de cette paresseuse, ils veulent travailler avec courage, afin d'être plus tard de bons ouvriers.

Les Cigales

DIE STÖRCHE (Übersetzung des französischen Textes der Nebenseite)

Im Elsaß hat es fast in jedem Dorfe ein Storchennest. Die Störche fliegen im Herbst nach den heissen Ländern, kehren im Frühling wieder zurück, und kündigen so die Wiederkehr der schönen Tage an. In Ostheim, einem kleinen Dorfe zwischen Schlettstadt und Kolmar, hatte der Storch Mühe sich zurecht zu finden und sein Nest ausfindig zu machen als er 1945 wieder zurück kam: Überall sah er Ruinen, Granatlöcher in den Feldern, vom Dorf war nicht ein einziges ganzes Haus zu sehen. Lange suchte der Storch bis er endlich sein Nest fand. Wie hatte es auch gelitten! Granatsplitter hatten es durchlöchert und von dem schönen Bauernhof mit den Riegelwänden, blieb nur noch die Brandmauer mit seinem Nest. Da wo der Hof war, lagen Steinhaufen, umgeworfene Wagen, Eisenstücke. Er suchte die Einwohner, den kleinen Buben der ihm immer nachrief: „Storich, Storich langi Bein, bring mer e klanes Schweschterle heim" Oder so wie während des Krieges: „Storich, Storich, dü hesch Glueck, kehrsch, alli Johr noch Frankrich zurueck."
Aber er sah Niemanden. Er wollte zuerst wieder fortziehen. Die Treue zum alten Dorfe, zum Nest waren aber stärker. Er setzte sich auf sein Nest, räkelte sich und klapperte mit dem Schnabel. Sicher war es ein kleiner Bub, der den Storch zuerst sah und die frohe Botschaft verbreitete. Welche Freude unter den Einwohnern Ostheims! Alle stiegen sie aus den Kellern, wo sie wohnten und begrüßten den Storch.
Dieser, als ob er den Leuten zeigen wollte, was sie zu tun hätten, begann ganz einfach damit, sein Nest zu reparieren. Als die Ostheimer das sahen, beschlossen sie, es dem Storch gleich zu tun und ihr Dorf wieder aufzurichten, schöner und besser als es vorher stand. Für viele Leute im Elsass, wurde der Ostheimer Storch ein Symbol der Treue, des Ausharrens, des Vertrauens in die Zukunft. Die 17 kleinen Franzosen aus Elsass-Lothringen die im Pestalozzidorf wohnen, haben sich diesen Storch als Beispiel vorgenommen. Sie wollen auch dem Pestalozzidorf die Treue halten, ausharren in der Arbeit und der Zukunft Vertrauen schenken. Deshalb tragen sei stolz ihren Namen: „Les Cigognes"

MARIA CURIE-SKŁODOWSKA

Unser Haus trägt den Namen Maria-Curie-Sklodowska. Ich möchte erzählen, wer das gewesen ist und warum unser Haus ihren Namen trägt.

Maria Sklodowska wurde in Warschau im Jahre 1867 geboren. Das war noch die Zeit, wo Polen an Russland, Deutschland und Österreich aufgeteilt war. Polnischen Schulunterricht konnte man nur heimlich geben. Als Maria das Gymnasium fertig besucht hatte, wurde sie Volkslehrerin. Nachher ist sie nach Paris gefahren und hat dort Physik studiert. Dort hat sie auch Pierre Curie geheiratet und zusammen haben sie dann das Radium entdeckt. Damit kann man krebskranke Leute heilen. Als ihr Mann gestorben war, führte sie die Arbeit allein weiter und wurde Professor an der Universität in Paris.

Wir gaben unserm polnischen Hause ihren Namen, weil wir sie verehren und stolz auf sie sind. Sie war nämlich nicht nur Polin und Wissenschaftlerin, sondern vor allem ein edler Mensch. Ihre Entdeckung hielt sie nicht geheim und verdiente damit kein Geld. Sie kannte keinen Hass. Die Menschen aller Nationen waren ihre Brüder. Darum passt ihr Name gut ins Kinderdorf Pestalozzi.

Marjan Janiec.

An die Paten und Freunde des Kinderdorfes

Trogen, Juli 1951

Liebe Freunde !

Schon ist ein Jahr vergangen, seit wir in der 'Freundschaft' zum ersten Male die Paten des Kinderdorfes begrüssen durften. Unterdessen ist unser Freundeskreis stetig gewachsen, und wenn wir im letzten Juli 1100 Paten zählen durften, so sind es heute deren 2000 geworden. Wir freuen uns herzlich über die schöne, runde Ziffer; aber wir verraten Ihnen sogleich, dass unsere Erwartungen noch höher gespannt sind - gespannt sein müssen. Wenn es uns nämlich gelingt, diese Zahl beispielsweise zu verdoppeln, wenn wir uns einen festen und dauerhaften Ring der Freunde sichern können, der das Pestalozzidörfchen gleichsam trägt, dann wäre ein guter Teil unserer Sorgen von uns genommen.

Es wird zwar in diesen Heftchen wenig von den ernsten Anliegen der Grossen gesprochen. Die 'Freundschaft' soll ja der Welt der Kinder gehören. Verzeihen Sie, wenn wir es heute dennoch tun und Ihre Hilfsbereitschaft in Anspruch nehmen: wenn es Ihnen möglich wäre, für das Kinderdorf eine Patin oder einen Paten zu werben, dann würden wir dem Ziel einer langfristigen Mittelbeschaffung, das wir uns setzen müssen, näher gerückt sein.

Herzlichen Dank und auf Wiedersehen am Patentag im Frühherbst 1951.

KINDERDORF PESTALOZZI   Patenschaftsaktion: Adelheid Lohner

Η ΚΑΛΥΤΕΡΗ ΘΥΜΗΣΗ ΤΟΥ 1951

Εἶναι τώρα ἕνας μήνας ποὺ βρισκόμαστε στὴν Ἑλλάδα γιὰ διακοπές, στὴν κατασκήνωση τοῦ Καβουρίου. Ἐκεῖ ποὺ καθόμαστε ὅλα τὰ παιδιὰ μαζεμένα, ἦρθε ἕνας κύριος καὶ φώναξε:

— Χαράλαμπος Βρασίδας, σὲ ζητάει ἡ γιαγιά σου.

— Ποιά γιαγιά μου; εἶπα ἐγὼ κοιτάζοντας μιά γυναίκα ποὺ μὲ πλησίαζε καὶ ποὺ ποτέ μου δὲν τὴν εἶχα δῆ. Ὅταν ἦρθε κοντά μου τῆς εἶπα ὅτι δὲν τὴν γνωρίζω κι ἔφυγε λυπημένη.

Τὴν ἄλλη μέρα ἦρθε ὁ μπαμπάς μου καὶ μοῦπε πὼς πρέπει νὰ εἶμαι πολὺ χαρούμενος γιατὶ θὰ ἐρχόταν νὰ μὲ δῆ ἡ μητέρα μου. Κι ἐγὼ τὸν ρώτησα:

— Ποιά μητέρα μου;

Τώρα θὰ μὲ ρωτήσετε, γιατί; Ἐγὼ ἔχασα τοὺς γονεῖς μου ἀπὸ 7 χρονῶν καὶ τώρα εἶμαι 14. Τὰ τελευταῖα χρόνια ζοῦσα μὲ τὴ θετή μου μητέρα. Τὰ πέρναγα πολὺ καλὰ καὶ τὴν ἀγάπησα πολύ. Νὰ γιατὶ ρώτησα «ποιά μητέρα;»

Ὁ μπαμπάς μου μοῦ τὰ ἐξήγησε ὅλα ἀλλὰ ἐγὼ θύμωσα κι ἐκεῖνος μοῦ εἶπε:

— Μπρὲ κουτέ, δὲν ξέρεις τί πολύτιμο πρᾶγμα εἶναι νὰ ἔχης στὸν κόσμο μητέρα.

Μετὰ ἀπὸ λίγο ποὺ ἔφυγε ὁ μπαμπάς ἦρθε ἡ μητέρα μου μὲ τὴ γιαγιά μου καὶ μὲ τὴ θεία μου. Ἐγὼ δὲν τὶς γνώρισα πάλι, μονάχα τ' ὄνομα τῆς μητέρας μου θυμόμουν. Ὅταν μ' ἀγκάλιασαν καὶ κλαῖγαν ἀπὸ χαρὰ ἐγὼ τοὺς εἶπα ὅτι δὲν τὶς γνωρίζω. Αὐτὲς ἐπίμεναν καὶ προπαντὸς ἡ μητέρα μου. Ἐγὼ πάλι τὶς ἀρνήθηκα ὥσπου φύγανε.

Ξανάρθαν πολλὲς φορὲς καὶ πάλι τὶς ἀρνήθηκα, ἀλλὰ τὸ πίστεψα καὶ λίγο γιατί κά-

τι μοὔλεγε μέσα μου πὼς ἦταν ἡ μητέρα μου. Κάποτε τ' ἀποφάσισα καὶ πῆγα κι ἔμεινα μερικὲς μέρες μαζί της καὶ τὰ πέρασα καλά.

Ὅταν ἔφτασε ὁ καιρὸς νὰ ξαναγυρίσουμε στὸ χωριὸ στὸ ἀεροδρόμιο βρῆκα τὴ μητέρα μου καὶ τὴ θετή μου μητέρα νὰ μὲ περιμένουν γιὰ νὰ μ' ἀποχαιρετήσουν. Τὶς φίλησα καὶ μπῆκα στ' ἀεροπλάνο. Πῆγα στὸ παράθυρο γιὰ νὰ τὶς δῶ γιὰ μιὰ τελευταία φορὰ ἀλλὰ δυστυχῶς δὲ μπόρεσα γιατὶ ἦταν πολὺς κόσμος κι ἐμεῖς μακρυά.

Ἔτσι βρῆκα τὴ μητέρα μου μετὰ ἀπὸ 7 χρόνια καὶ τώρα δὲν τὴν ξεχνῶ καὶ κάθε μέρα σκέφτομαι πῶς τὴν ἀρνήθηκα καὶ προσπαθῶ νὰ μὴν ξεχάσω τὰ χαραχτηριστικά της.

Meine schönste Erinnerung vom letzten Jahr

Wir waren schon fast einen Monat in Griechenland in einem Ferienlager in Kavouri, da kam eines Tages ein Herr, gerade als wir Kinder alle zusammen waren, und rief: «Charalambos Vrassidas, deine Großmutter ist da!»

«Was für eine Großmutter?» fragte ich, während eine Frau, die ich noch nie gesehen hatte, auf mich zukam. Als sie vor mir stand, sagte ich ihr, daß ich sie nicht kenne, und sie ging traurig wieder weg.

Am nächsten Tage sagte unser Papa zu mir: «Freue dich, deine Mutter kommt!» Und ich fragte: «Welche Mutter?» Und nun wundert ihr euch vielleicht, warum ich das tat. Als ich 7 Jahre alt war, verlor ich meine Eltern — und jetzt bin ich 14. Die letzten sieben Jahre habe ich bei einer Pflegemutter gelebt. Ich hatte es gut bei ihr und hatte sie sehr lieb.

Das war der Grund, warum ich fragte: «Welche Mutter?»

Unser Papa hat mir dann alles erklärt, aber ich wurde böse, und er sagte: «Du Dummkopf, du weißt nicht, was für eine wunderbare Sache es ist, eine Mutter auf der Welt zu haben.»

Als er fort war, kamen meine Mutter, meine Großmutter und meine Tante und besuchten mich. Und ich erkannte sie wieder nicht, ich erinnerte mich nur an den Namen meiner Mutter. Sie umarmten mich und weinten vor Freude, aber ich sagte, daß ich sie nicht kenne. Sie ließen aber nicht ab, besonders meine Mutter nicht, obwohl ich sie immer wieder verleugnete, bis sie weggingen. Sie kamen noch mehrere Male, und anfangs habe ich sie immer wieder verleugnet; dann habe ich ihnen doch ein bißchen geglaubt, weil mir etwas in meinem tiefsten Innern sagte, daß diese Frau wirklich meine Mutter ist. Und eines Tages faßte ich den Entschluß und ging hin und blieb ein paar Tage bei ihr. Und es war sehr schön.

Als es dann wieder so weit war, daß wir ins Kinderdorf zurückreisten, traf ich meine Mutter und auch meine Pflegemutter auf dem Flugplatz, wo sie auf mich warteten, um mir Adieu zu sagen. Ich habe sie zum Abschied umarmt und geküßt, und dann bin ich ins Flugzeug gestiegen. Ich ging gleich ans Fenster, um sie noch einmal zu sehen, aber leider sah ich sie nicht, denn es waren sehr viele Leute da und wir waren zu weit entfernt.

So habe ich nach sieben Jahren meine Mutter wiedergefunden, und jetzt werde ich sie nie mehr vergessen. Jeden Tag denke ich daran, daß ich sie verleugnet habe, und ich versuche mich zu erinnern, wie ihr Gesicht aussieht.

LE FŒHN

L'avez-vous entendu,
le fœhn,
cette nuit?

Il souffle,
il siffle,
il hurle
dans la nuit.

Les volets claquent,
les arbres gémissent,
sur le toit une latte déclouée
ronfle
dans la nuit.

la charpente craque,
la maison tremble,
nos lits nous bercent
dans la nuit.

J'aime entendre
en décembre
le fœhn
dans la nuit.

Il me berce,
je me sens bien
dans mon lit
et j'ai peur
dans la nuit.

LES CIGALES

Classe des petits
1953

I nostri pesci

Anche i nostri ultimi tre pesci sono morti. Poverini, erano così belli! Erano tanti e guizzavano nell' acquario, fra le erbe acquatiche, che avevamo messo, allegri e pieni di vita. Noi tutti stavamo a lungo davanti all'acquario a guardarli e ci divertivamo, ma ora non ci sono più. Uno di noi, ogni due o tre giorni, dava da mangiare a quelle bestioline come erano contenti! Guizzando veloci arrivavano fino alla superficie dell'acpua raccoglievano una briciola e poi scendevano di nuovo sul fondo dell'acquario. Adesso devo però dirvi anche perchè sono morti i nostri pesciolini. In tutti gli acquari c'è un apparecchio che serve a riscaldare l'acqua fino ad una fissa temperatura, sicuramente é perchè questo apparecchio si é rotto che i nostri pesciolini sono morti. Papà ci ha promesso che se saremo buoni e saremo diligenti nella scuola per Natale ci farà avere ancora un acquario con tanti pesci. Forse alcuni saranno dorati come quelli che si vedono nelle fontane dei giardini pubblici. Noi facciamo tutto il possibile per essere ubbidienti e studiosi, così potremo avere di nuovo tanti bei pesci. Avremo per loro ancora tutte le cure che già avemmo per gli altri.

Olga Midali, anni 11

Casa Cuore

Unsre Fische

Auch unsere drei letzten Fische sind gestorben. Arme, sie waren so schön. Am Anfang hatten wir viele und sie schwänzelten zwischen den Wasserpflanzen im Aquarium herum, fröhlich und voll Leben. Wir alle standen lange vor dem Aquarium und unterhielten uns, sie anzuschauen, aber jetzt sind sie nicht mehr. Jeden zweiten oder dritten Tag fütterte sie einer von uns wie fröhlich waren sie dann. Sie zuckten schnell an die Oberfläche des Wassers, schnappten einen Brocken und tauchten wieder unter.

Aber jetzt muss ich Euch sagen, wie sie gestorben sind. In jedem Aquarium gibt es einen Heizapparat. Sicher sind unsere Fischlein gestorben, weil dieser Apparat nicht mehr funktionierte. Papa hat uns auf Weihnachten ein neues Aquarium versprochen, wenn wir in der Schule fleissig seien. Vielleicht wird es darunter auch Goldfischlein haben, wie man sie in den Brunnen der öffentlichen Pärken sieht. Wir werden uns grosse Mühe geben, gehorsam zu sein und unsere Schulaufgaben gut zu machen, damit wir wieder viele schöne Fische bekommen.

Wir werden sie ebensogut pflegen, wie die früheren.

Olga Midali, 11 Jahre,

„Cuore."

Ο ΠΑΠΠΟΥΣ ΜΑΣ

Σὲ κάθε σπίτι κατοικοῦν 16-18 παιδιά καὶ 3-4 μεγάλοι. Τοὺς μεγάλους τοὺς ἀποκαλοῦμε μὲ τὰ ὀνόματα: μαμά, μπαμπᾶ καὶ θεῖες. Μὲ αὐτὸν τὸν τρόπο τὸ περιβάλλον τῆς οἰκογενείας γίνεται πιὸ θερμό.

Τὰ ἑλληνικὰ σπίτια ἔχουν κι ἔναν ἄλλο προστάτη, ποὺ συνεχῶς ἐνδιαφέρεται διὰ τὰ παιδιά. Τιμῆς ἔνεκεν τὸ ἔτος 1955 τοῦ ἐδώσαμε τὸ ὄνομα τοῦ παπποῦ, λόγῳ τοῦ σεβαστοῦ τῆς ἡλικίας.

Νομίζομε, ὅτι εἶναι καθῆκόν μας νὰ γράψωμε λίγα λόγια, διότι ὁ χῶρος δὲν μᾶς ἐπιτρέπει νὰ ἐπεκταθοῦμε.

Πᾶνε σχεδὸν 10 χρόνια ἀπὸ τότε ποὺ ὁ παπποῦς μας, μᾶς ἐπεσκέφθη γιὰ πρώτη φορά. Εὑρίσκετο εἰς τὸ Σαὶν-Γκάλεν, ὅταν κάποιος φίλος του, τοῦ εἶπε, ὅτι εἰς τὸ διεθνὲς χωριὸ Πεσταλότσι εἰς τὸ Τρόγκεν ὑπῆρχαν κι Ἑλληνόπουλα.

Μόλις τὸ ἄκουσε, ἀμέσως ξεκίνησε νὰ ἔλθη νὰ μᾶς ἐπισκεφθῆ. Ἔτσι ἔγινε ἡ ἀρχή. Ἀπὸ τότε μέχρι σήμερα κάθε 1-2 χρόνια, ὅταν εὐρίσκεται εἰς τὸ ἐξωτερικὸν μᾶς ἐπισκέπτεται.

Ἑορτάσαμε μαζὶ Πάσχα μὲ ψητὰ ἀρνιὰ καὶ Πρωτοχρονιὰ μὲ ψητὲς γαλοποῦλες. Ἐπίσης γιορτάζομε καὶ κάθε φορὰ ποὺ μᾶς ἐπισκέπτεται ὁ παπποῦς.

Σὲ κάθε σπίτι ἔχομε καὶ τὴν φωτογραφία του. Τὸν ἔχομε πάντα μπροστά μας καὶ νομίζομε, ὅτι ἀκοῦμε τὴν γλυκεῖα πατρικὴ φωνή του, τὴν γεμάτη καλωσύνη καὶ στοργή.

Καὶ τώρα λίγα λόγια ἀπὸ τὴν τελευταία ἐπίσκεψή του, ἡ ὁποία ἔγινε τὰ μέσα Νοεμβρίου 1958.

Εἶχαν περάσει σχεδὸν 2 ἔτη ἀπὸ τότε ποὺ εἴχαμε νὰ τὸν ἰδοῦμε. Οἱ φροντίδες του γιὰ ἄλλα παιδιά τοῦ τόπου κατοικίας του δὲν τοῦ ἐπέτρεψαν νὰ ἔλθη ἐνωρίτερα.

Εἶχε στείλει διὰ τὸν καθένα ἕνα μικρὸ προσευχητάριο καὶ εἶχε σημειώσει τὶς προσευχὲς ποὺ ἔπρεπε νὰ μάθωμε. Κάθε καλὸς Χριστιανὸς πρέπει νὰ ξέρη τὶς προσευχὲς αὐτές.

Ἐπειδὴ γνωρίζαμε, ὅτι μὲ μεγάλη χαρὰ θὰ ἄκουε ἀπὸ τὸν καθένα μας τὶς διάφορες προσευχές, μὲ μεγάλη προσοχὴ τὶς μελετούσαμε.

Μόλις ἦλθε, ἡ πρώτη λέξη του ἦταν, ἂν εἴχαμε μάθει τὶς προσευχές.

Σκέφθηκε νὰ γίνουν ἐξετάσεις μὲ βαθμολογία. Κάθε παιδὶ λέγοντας τὶς προσευχὲς ἔπαιρνε τὸ βαθμό του. Ὅπως πάντα κι αὐτὴ τὴν φορὰ ἦλθε φορτωμένος μὲ δῶρα.

Ἡ ὡραία ἑορτὴ ἄρχισε. Ἀξέχαστες στιγμές! Ὅλοι συγκινημένοι καθόμαστε γύρω του. Τί χαρὰ δοκιμάζαμε τὴν ὥρα ποὺ μᾶς μοίραζε τὰ δῶρα!

Εὐχόμεθα ὁ Πανάγαθος Θεὸς νὰ τοῦ χαρίζῃ ὑγείαν κι εὐτυχίαν διὰ τὸ καλὸν τῶν παιδιῶν ποὺ φροντίζει. Ἐπίσης εὐχόμεθα ἡ ἑπομένη ἐπίσκεψή του νὰ εἶναι πιὸ σύντομη.

Λένα Βελιμέζη,
10 ἐτῶν «Ἀργοναῦτες»

Unser Grossvater

In jedem Haus wohnen 16-18 Kinder und 3-4 Erwachsene. Den Erwachsenen sagen wir: Mutter, Vater und Tanten. Die griech. Häuser haben aber noch einen weiteren Schutzherrn, der sich für uns Kinder iteressiert. Im Jahre 1955 haben wir ihm den Namen „Grossvater" gegeben. Er ist ein Kaufmann aus Konstantinopel. Es sind fast 10 Jahre vorbei, seit uns der Grossvater zum ersten Mal besuchte. Er befand sich in St. Gallen, als ein Freund ihm sagte: „Im internationalen Kinderdorf Pestalozzi in Trogen gibt es auch Griechenkinder." Als er das hörte, fuhr er sofort ab, um uns zu besuchen. So hat unsere Bekanntschaft angefangen. Seit damals kommt er alle 1-2 Jahre zu uns. Wir feierten zusammen Ostern und auch schon Silvester. Wir feiern überhaupt jedesmal, wenn der Grossvater uns besucht.

In beiden Häusern haben wir seine Foto aufgehängt. Wir haben ihn immer vor uns und glauben, seine väterliche Stimme zu hören.

Jetzt erzählen wir euch etwas von seinem letzten Besuch. Er besuchte uns im November und Dezember. Bei einem seiner letzten Besuche hatte er jedem ein Gebetbüchlein gegeben. Darin waren die Gebete angezeichnet, die jeder lernen musste. Wir wussten, dass er sie mit grosser Freude anhörte. Als er kam, sagte er: „Habt ihr die Gebote gelernt?" Er rief ein Kind nach dem andern zu sich und machte Noten. Das war eine grosse Freude für uns. Für jedes hatte er ein Geschenk bei sich. Wir wünschen, dass der liebe Gott ihn glücklich macht. Wir hoffen auch, dass er bis zu seinem nächsten Besuche nicht so lange warten wird.

Lena Welimesi 10 Jahre, „Argonautes".

Die Schanze

Heti, kun ensimmäinen lumi tuli iloksemme, rakensimme tänäkin vuonna, kuten ennenkin, hyppyrin "Nagelin" taakse. Jo rakentaessamme näimme itsemme liitelemässä ilmojen halki mitä ihanteellisimmassa aerodynaamisessa asennossa. Hyppyristä piti tietysti tulla suuri ja leveä; olihan siihen mahdutettava kahdet ladut, toiset oikeita mäkisuksia varten, joita meillä on kahdet parit, ja toiset tavallisille "sveitsareille".

Lapiot heiluvat ahkeraan monena iltapäivänä, ja vihdoin koitti päivä, jolloin saimme kokeilla, vieläkö viime talven huippukunnosta olisi jotain jäljellä. Aurinko paistoi lämpimästi ja lumi oli nuoskaa. Sukset eivät oikein luistaneet, ja viimevuotiset pituudet jäivät saavuttamatta. Emme olleet ehtineet vielä edes "lämmetä", kun jo piti lähteä syömään ja kisat olivat ohi sen päivän osalta.

Odotimme seuraavaa päivää suuren innostuksen vallassa' mutta yöllä riehui pahin talvinen vihollisemme "fööni" ja aloitti vastustamattoman hävitystyönsä hyppyrimme kimpussa. Yritimme joitakin päiviä taistella vastaan, mutta meidän oli luovuttava, sillä työmme kutistui yöllä enemmän kuin kasvoi päivällä.

Nyt on hyppyristämme vain surulliset rauniot jäljellä, ja saamme todennäköisesti odottaa täyden vuoden. ennenkuin jälleen pääsemme edes yrittämään.

Juhani Pyy; 13 vuotta
JUKOLA

Hyppyrimme

Gleich als der erste Schnee kam, bauten wir wieder eine Schanze, wie jedes andere Jahr auch hinter dem Nagelhaus. Schon beim Bauen sahen wir uns in „aerodynamischer Stellung" durch die Lüfte fliegen. Die Schanze musste natürlich gross und breit werden,-es sollte ja zwei Spuren geben: Die eine für Sprungskis und die andere für gewöhnliche Bretter.

An vielen Nachmittagen schaufelten wir fleissig, und endlich kam der Tag, da wir versuchen konnten, ob vom letztjährigen Können noch etwas übriggeblieben war. Doch schien an diesem Tag die Sonne bereits warm, und der Schnee war nass. Die Ski liefen nicht so gut, und die Sprünge waren kürzer als im letzten Jahr. Wir hatten nicht einmal richtig „warm" werden können, als wir schon wieder nach Hause mussten. So endete unser Training für heute.

Der nächste Tag wurde von uns mit Spannung erwartet. Doch bereits in der Nacht heulte der Föhn und hat unsere Schanze natürlich auch gefunden. Wir versuchten einige Tage gegen ihn zu kämpfen. Aber wir mussten es aufgeben, denn während der Nacht frass er mehr, als wir während des Tages wieder aufbauen konnten.— Jetzt können wir nur noch trostlose Ruinen feststellen. Wahrscheinlich müssen wir nun ein ganzes Jahr warten, bis wir es wieder wagen können, neu zu bauen.

Juhani Pyy, 13 J.
„Jukola"

Unser Krippenspiel

Wie in all den Jahren wollen wir auch diesmal in unserer Halle das Krippenspiel am Heiligabend aufführen. Schon fangen wir an, die Halle mit Tannengrün und Weihnachtssternen zn schmücken. Alle Kinder unseres Hauses spielen mit. Maria, Joseph, die Nacht, der Hirtenknabe und der große Weihnachtsstern sind die Hauptrollen; alle anderen Mädchen sind die Engel und alle Jungen die Hirten. Die Mädchen machen ihre weißen Engelsgewänder zurecht und nähen silberne und goldene Sterne darauf. Wir Jungen suchen alle Pelze und Fellstücke, die wir bekommen können, zusamnien. Manche drehen auch einfach die Jacke herum. Wir machen auch unsere Hirtenstöcke zurecht. Die Umhängetaschen, ein Krug mit Milch, ein Brot, alles muß bereit sein. Jeden Tag proben wir die Rollen. Manchmal gibt Herr Rulff dafür sogar eine Schulstunde her. Der Stall mit dem Strohdach und der Krippe wird erst am Heiligabend aufgebaut. Und wenn der ersehnte Tag da ist, dann sitzen die Erwachsenen da als Zuschauer, auch einige Gäste kommen, und immer sind auch einige von unsern Ehemaligen dabei. Die freuen sich an dem Spiel und denken an die Zeiten zurück, als sie noch klein waren und diese Rollen spielten. Beim Spiel werden auch Lieder gesungen, und alle Zuschauer singen mit.

JOACHIM KLIEM, 11 Jahre,
HAUS BUTENDIEK

Ein alter Brauch

Seit vielen, vielen Jahren wird bei uns in Österreich am Vorabend des 6. Dezember das Fest des hl. Nikolaus gefeiert. Der hl. Nikolaus lebte im 5. Jahrhundert in Kleinasien. Von ihm wird erzählt: Ein Vater hatte 3 Töchter, von denen 2 schon verheiratet waren, für die Dritte hatte er aber kein Geld, und sie konnte daher nicht heiraten. Davon erfuhr der hl. Nikolaus und legte ihr eines Abends heimlich ein Säckchen mit Geld in ihr Zimmer. Er half aber auch sonst immer wo er konnte und ohne sich zu erkennen zu geben. So entstand in unserem Lande der Brauch, am Abend vor St. Nikolaus die Kinder zu beschenken. Mit dem Heiligen ging meist sein gefürchteter Begleiter, der Krampus, zu den Kindern, um die Schlimmen zu bestrafen. Da sich aber die Kinder so sehr fürchteten, geht jetzt meist nur der Nikolaus um. Wenn er erscheint, singen die Kinder oder beten, und er beschenkt sie.
Wir im Kinderdorf bereiten diesen Tag schon lange vorher vor. Wir basteln kleine Krampusse aus Äpfel und Zwetschken mit Ketten aus Rosinen. Die Nikolos machen wir aus Buntpapier. Diese Arbeit machen wir sehr gerne, weil wir dabei viel naschen können. Am Abend des 5. Dez. gehen wir dann zu den Häusern und verteilen sie. Wir stellen den Krampus und den Nikolo unbemerkt vor die Türen und machen dann Lärm, so dass alle Kinder, oft schon in den Nachthemden, gelaufen kommen. Wir aber sind schon längst verschwunden.
So haben wir und die Beschenkten Freude an diesem alten Brauch.

Alice Bosmann
11 Jahre
„Kindersymphonie"

Old english Christmas Carols

Nobody in England could imagine Christmas without carols. The very first Christmas of all was announced to the shepherds by 'angel voices on high' singing praises to God, and very soon carols will be heard again all over England proclaiming the approach of another Christmas. Every country has its own carols as well as those which have become part of the common heritage of Christendom. The origin of many early Christmas carols can be traced to some place, community or occasion in English history. We have chosen three of our oldest carols to write about.

The Wassail Song has a rich quality of folksong about it for it has become linked with young and old alike, being sung around the houses and blessing the house and its inhabitants. Even as early as 1494 there are regulations in the Royal household concerning the Wassail ceremonies; these declare that "When the Steward cometh in the hall door with the Wassail, he must cry three times: "Wassail! Wassail! Wassail!" And then the Chapter to answer with a good song." The Wassail-bowl contained the wine, beer, mead or cider with which everyone's health would be drunk.

There is no knowing how old the Boar's Head Carol is. It is recorded over four hundred years ago as being sung to accompany the entry of the boar's head into the Christmas feast; and this ceremony is still preserved at Queen's College, Oxford. This carol was probably the first carol to be printed, for it was set by hand by Wynkyn de Worde, an apprentice of Caxton himself, in the year 1521.

The Coventry Carol which we sing today dates from the sixteenth century and is a lullaby for the Christ Child. This derives from the Church's custom of setting up a crib near the altar in church. Its title comes from the Nativity Play which has been performed at Coventry ever since the fourteenth century, but never did the singing of the carol sound more poignant than when the choir sang it amid the ruins of the cathedral at Christmas 1940. a few weeks after it had been destroyed by bombs.

.Thames House.

Alte englische Weihnachtslieder

Niemand in England kann sich Weihnachten ohne Jubellieder vorstellen. Die allererste Weihnacht wurde den Hirten durch Engelstimmen angekündigt, die Gott priesen. Sehr bald wurden überall in England Lieder gesungen, die verkündigten, dass es bald wieder Weihnachten sei. Zu den allgemein bekannten Weihnachtsliedern hat jedes Land noch seine eigenen. Den Ursprung vieler alter Jubellieder findet man an irgend einem Ort, in einer Gemeinde oder in der englischen Geschichte. Wir haben 3 der ältesten Weihnachtslieder ausgewählt, um darüber zu berichten.

Der Wassail-song, der als Segen für Haus und Bewohner gesungen wird: Schon 1494 gab es im königlichen Haushalt Bestimmungen über die Wassail Zermonien: "Wenn der Steward mit der Wassail-bowle eintritt, muss er 3 mal rufen: Wassail! Wassail! Wassail! Darauf muss der Chor mit einem schönen Lied antworten." Die Wassail—bowle enthielt Wein, Bier, Met oder Most und wurde auf jedermanns Gesundheit getrunken.

Man weiss nich, wie alt das Boar's Head Jubellied ist. Man weiss, dass es schon vor vierhundert Jahren beim Eintreten des Boar's Head ins Weihnachtsfest gesungen wurde. Diese Zeremonie ist im Queen's College in Oxford erhalten geblieben. Es ist wahrscheinlich das erste gedruckte Lied, denn es wurde von Wynkyn de Worde, einem Lehrling Caxton's, im Jahre 1521 von Hand gesetzt.

Das Conventry—Lied aus dem 16. Jhdt. ist ein Wiegenlied für das Jesuskind:

Dieses geht auf den Kirchenbrauch zurück, wo in der Nähe des Altars eine Krippe aufgestellt wurde. Sein Titel kommt von dem Weihnachtsspiel, welches in Coventry seit dem 14. Jhdt. aufgeführt wird. Aber nie hat das Lied so eindrücklich getönt, als damals an Weihnachten 1940, als es in den Ruinen der Domkirche gesungen wurde, nachdem sie ein paar Wochen zuvor durch Bomben zerstört worden war.

Theresa, 14 Jahre,
„Thames"

Negyedik karácsonyunk idegenben

Ha visszagondokok a Forradalom és a menekülés napjaira úgy tünik, mintha azok a szomorú események csak néhány hónapja zajlottak volna le. Egy-két hónapnak tünik, de aztán eszembe jut, hogy a következő Karácsony már a negyedik idegen földön. Szinte hihetetlen, milyen gyorsan eltelt az idő!

Valahányszor Karácsony napjaira gondolok, egy pillanatra haza szállok, és elfog a honvágy. Ilyenkor legtöbszor otthon maradt rokonaimra, barátaimra és a karácsonyi szokásokra emlékszem. Eszemde jut, milyen szorgalommal készülödtünk sz enteste napjára. Kis betlehemi istállót készitettünk, karácsonyi énekeket és verseket tanultunk. Milyen boldogok voltunk, mikor eljött az izgalommal várt nap. A gondosan kifaragott betlehemi istállóval házról-házra mentünk és Jézus születése örömét hirdettük a sötét magyar éjszakában. Mi magyar em igránsok általában karácsony napjaiban vagyukn a legszomorúbbak. Ilyenkor érezzük legjobban, hogy egyedül vagyunk és távol sok kedvesünktöl. Ugyanakkor nagyon hálásak vagyunk svájci barátainknak, akik sokat segitenek abban, hogy megfeledkezzünk fájdalmas érzéseinkröl.

Kedves Mindnyájuknak Isten áldását és boldog ünnepeket kíván

Baader Mihály
Sek Sch 3. oszt

Unsere vierte Weihnacht im Ausland

Wenn ich an die Revolution und an die Tage der Flucht zurückdenke, scheint es, als wären diese Ereignisse erst vor einigen Monaten geschehen. Aber nachher kommt es mir in den Sinn, dass die nächste Weihnacht schon die vierte im Ausland ist. Es ist fast nicht zu glauben, wie schnell die Zeit vorbeigegangen ist.

So oft ich an die Weihnachtstage denke, fühle ich mich zuhause, und in diesem Moment verfolgt mich das Heimweh. Da kommen mir die Angehörigen, die Freunde und die verschiedenen Weihnachtsbräuche in den Sinn. Ich erinnere mich, wie fleissig wir uns auf den Tag der Heiligen Nacht vorbereiteten. Wir machten einen kleinen Bethlehem—Stall, ausserdem lernten wir Weihnachtsgedichte und Lieder. Wie froh waren wir, wenn der sehnlichst erwartete Tag kam. Wir gingen mit den Ställen von Haus zu Haus und verkündeten die Freude, Jesu Geburt, in den dunklen ungarischen Nächten.

Wir ungarischen Emigranten sind immer an Weihnachten am traurigsten. Um diese Zeit merken wir am stärksten, dass wir allein sind, und dass alle unsere Lieben weit von uns entfernt wohnen.

Gleichzeitig sind wir unseren Schweizer—Freunden sehr dankbar, dass sie uns helfen, unsere traurigen Gedanken zu vergessen. Wir wünschen allen Gottes Segen und ein frohes Fest.

Michael, Werkzug,
„Kukoricza Jancsi"

Ein Besuch aus Tibet

«Hast du schon gehört? Weisst du es schon?» So schwirrten die Fragen durcheinander, als ich eines Morgens in unser Klassenzimmer kam. «Was ist geschehen? Wo brennt es?» «Der Bruder Gottes kommt zu uns auf Besuch!»
«Ach Unsinn, Gott hat doch keinen Bruder. Das ist ein Witz!» «Wirklich, Mr. Norbu kommt, der Bruder des Dalai Lama, und der ist doch für die Tibetaner ein Gott!» Jetzt wurde mein Interesse gross. Ich begann mir zu überlegen, wie dieser Halbgott wohl aussehen werde. Gross gewachsen, ganz braun, ein langes, prächtiges Kleid mit vielen Stickereien. Wir konnten uns kaum beruhigen. Und dann war es endlich so weit. Unser Dorfleiter spazierte mit zwei Herren durch das Dorf und erklärte ihnen alles.
Ich achtete nicht weiter darauf, denn es kommen immer viele Besucher zu uns. Dann rief eine meiner Freundinnen wieder: «Schau einmal, der Norbu!»
Mir blieb der Mund vor Staunen weit offen, als ich das vernahm, denn der Herr, den sie mir zeigte, war europäisch gekleidet, trug eine Brille und nur seine dunkle Hautfarbe verriet, dass er nicht aus Europa stammte. Wir hatten auch erfahren, dass sein Begleiter der bekannte österreichische Tibetkenner, H. Harrer war, der als Dolmetscher mitkam. Wir waren sehr gespannt zu erfahren, was dieser Besuch zu bedeuten hatte. Zum Glück hatten wir an diesem Tage wieder Sozialkunde. Dieses Fach unterrichtet unser Dorfleiter und da erfahren wir alle wichtigen Dinge, die sich in der Welt ereignen. So hofften wir auch etwas über unseren berühmten Besuch zu erfahren. Die Stunde begann. Wir warteten aufgeregt auf unseren Dorfleiter. Als er endlich kam, überfielen wir ihn mit tausend Fragen. Als wir uns endlich beruhigt hatten, konnte er erst beginnen: «Also Kinder, ihr scheint mir sehr neugierig zu sein, aber ich kann euch auch noch nicht viel erzählen, denn wir Erwachsenen werden heute Abend mit unserem hohen Gast eine Besprechung haben. Aber ich will euch noch erklären, warum ein so hoher Gast in unserer Mitte weilt. Mr. Norbu kam zu uns, um einige Probleme zu besprechen, denn, wie ihr ja sicher wisst, ist Tibet in einer schwierigen Lage. Tausende Tibetaner mussten ihre Heimat verlassen und nach Indien flüchten, wo sie in Lagern leben und hungern. Darum erwägen wir, ungefähr 20 Tibetaner Kinder im Dorf aufzunehmen. Wäre das nicht fein?» Wir waren davon begeistert und alle jubelten durcheinander. Am selben Abend fand die Besprechung statt, und unser Hausvater erzählte uns am folgenden Tage, dass nun beschlossen wurde, Tibetaner Kinder aufzunehmen.
Darüber freuten wir uns sehr. Wir werden unseren neuen Freunden ein schönes Heim und ein frohes Willkommen bereiten.

Brigitte Baller
16 Jahre
Österreich

Joulupukki

Oli syyskuu. Tappelimme Riston kanssa luokassa emmekä huomanneet, että Alli-täti tuli sinne. Hän otti meitä niskasta kiinni, pani nurkkaan ja sanoi samalla, että tonttuja oli liikkeellä.

Silloin aloin ajatella asiaa tarkemmin: Ne tontut ovat sellaisia joulupukin apulaisia. Niillä on punainen hiippalakki, punainen takki ja harmaat housut. Ja se joulupukki on sellainen vanha mies. Hänellä on pitkä valkoinen parta, aina turkit yllä ja keppi kädessä, ja hän asuu tonttujen kanssa Korvatunturilla, missä he tekevät kilteille lapsille lahjoja, mutta tuhmille hän antaa piiskaa. Kannattaa olla kiltti, muuten saa piiskaa.

Se tunturi on semmoinen vähän vuoren tapainen, mutta pyöreämpi päältä. Siinä tunturissa asuu paljon tonttuja, mutta vain yksi joulupukki.

Kun pukki aattoiltana tulee jakamaan lahjoja kaikille Suomen kilteille lapsille, ajaa hän porolla niin että kulkuset kilisevät. Hänellä on mukanaan paksu kirja ja siinä on kaikkien lasten nimet. Siitä hän katsoo, kuka on ollut kiltti ja kuka tuhma.
Minä olen ainakin yrittänyt olla kiltti, mutta en tiedä, olenko joulupukin mielestä ollut tarpeeksi kiltti. Yrittäkää tekin olla kilttejä.

Pertti, 10 vuotta
JUKOLA

Der Weihnachtsmann in Finnland

Es war September. Wir rauften mit Risto im Schulzimmer und merkten nicht, dass Tante Alli herein kam. Sie packte uns am Nacken, stellte uns in eine Ecke und sagte, die Weihnachtsmännlein gingen schon herum. Da begann ich mir gerade diese Sache ein bisschen zu überlegen: Die Weinachtsmännlein sind die Helfer des Weihnachtsmannes. Sie tragen eine rote Kapuze, eine rote Jacke und graue Hosen. Und der Weinachtsmann ist ein alter Mann. Er hat einen langen, weissen Bart; immer trägt er einen Pelz und hat einen Stock in der Hand. Er wohnt mit den Weihnachtsmännlein in Korvatunturi, wo sie für die braven Kinder die Geschenke bereitmachen; doch die bösen straft er mit der Rute. Es lohnt sich, brav zu sein! In den abgelegenen Hügeln Korvatunturi wohnen viele Weihnachtsmännlein — aber nur ein Weihnachtsmann.

Wenn der Weihnachtsmann am Weihnachtsabend den braven Kindern in Finnland die Geschenke bringt, fährt er in einem Rentierschlitten, und man hört weiterum die Schellen klingen. Er trägt ein dickes Buch bei sich, in dem alle Namen der Kinder stehen. Darin kann er nachsehen, wer brav und wer böse gewesen ist.

Ich habe nun versucht, brav zu sein, doch ob ich in den Augen des Weihnachtsmannes auch brav genug gewesen bin, weiss ich nicht. Versucht nun auch, brav zu sein.

Pertti, 10 Jahre, Finnenhaus "Jukola"

–Die Seite der Ehemaligen-

Liebe Ehemalige

Vor ziemlich genau einem Jahr habe ich Euch auf der Seite der Ehemaligen meinen letzten Brief geschrieben. Damals erzählte ich Euch von der Schulhauseinweihung und von der Eröffnung unseres neuesten Kinderhauses, des tibetischen Hauses "Yambhu Lagang".

Inzwischen hatte ich Gelegenheit, unsere Erde einmal für einige Monate von der "andern Seite her" zu erleben und kennen zu lernen. Dieses Betrachten der Dinge von der andern Seite her, vom ungewohnten Standpunkt aus, ist sehr heilsam und aufschlussreich. Ich werde mich deshalb in Zukunft noch vermehrt und intensiver um diese besondere Betrachtungsweise bemühen, umsomehr, als man ja dazu in den allermeisten Fällen durchaus keine Weltreise antreten muss. Diesmal aber durfte ich eine solche grosse Reise machen, die dann schliesslich zu einer richtigen Weltreise geworden ist: Im vergangenen Frühling flog ich von Europa über Amerika und Hawaii nach Japan und Korea. Dort wirkte ich fast ein halbes Jahr als Mitglied der Schweizerdelegation in der Neutralen Ueberwachungskomission. Im Herbst führte mich meine Heimreise über die Philippinen, Thailand, Indien und Nordafrika nach Europa zurück.

Ihr könnt Euch ja denken, dass von diesen Reisen, von den mehrtägigen Reiseaufenthalten und vor allem von den Monaten in Korea seitenlang zu berichten wäre. Wenn ich Zeit dazu finde und wenn ihr Euch für solche Schilderungen wirklich interessieren solltet, werde ich gerne versuchen, in den nächsten Nummern der Freundschaft einige kürzere Berichte zu bringen. Für diesmal werde ich mich begnügen von Begegnungen in Nordindien und von solchen in Italien zu erzählen.

In Nordindien, genauer gesagt in Dharamsala, durfte ich dem Dalai Lama einen Besuch abstatten. Als er davon hörte, dass ich von Korea über Indien nach Europa zurückreisen werde, hat er mich eingeladen, ihn in Dharamsala zu besuchen. Dies ist nun allerdings schneller geschrieben und gesagt, als getan, denn von New Delhi aus hatte ich eine ganze Nacht lang in einem Schnellzug nach Nordosten zu fahren. Von der Endstation, von Pathankot aus, hatte ich die Fahrt auf einer gewundenen Strasse im Auto fortzusetzen. Dharamsala ist ein hochgelegener Ort am Südhang einer Gebirgskette, die zum Himalaja gehört. Nahe der oberen Waldgrenze stehen auf engen Bergterrassen über dem eigentlichen Dorfe Dharamsala einige grosse, alte Häuser. Dort ist die heutige Residenz des 14. Dalai Lama. Zuerst lernte ich aber seine älteste Schwester kennen, die den Namen Tsering Dolma trägt. Sie leitet seit bald zwei Jahren eine Station für tibetische Flüchtlingskinder. Dieses Kinderheim steht ganz in der Nähe der Gebäude, die der Dalai Lama selbst bewohnt. Er selbst hat im Jahre 1960 eine kleine Gruppe von 51 halb verhungerten und kranken kleinen Tibeterkindern nach Dharamsala kommen lassen, um sie vor Schlimmerem zu bewahren und der Fürsorge seiner ältesten Schwester anzuvertrauen. Davon hörten andere Flüchtlingsgruppen in Nordindien und nun trafen fast täglich neue Grupplein von Tibetern in Dharamsala ein mit der Bitte, Kinder aufzunehmen. Als ich im Oktober 1961 dort eintraf begrüssten mich gegen 400 kleine tibetische Kinder dieser Kolonie. Sie hatten zu meinem Empfang ihre schönsten Sachen angezogen, aber dabei waren sie doch sehr bescheiden und armselig gekleidet. Viele gingen barfuss. Aber über diesem ärmlichen Aufzuge strahlten die herrlichsten dunkeln Kuaelauaen unter den dunkeln Haarbüscheln der frohgemuten Kinderschar hervor.

Von den Gesprächen, die ich später mit dem Dalai Lama führen durfte, kann ich vielleicht dem einen oder anderen von Euch um Weihnachten erzählen. Der geistige und weltliche Führer der Tibeter ist noch ein recht junger Mann. Er hat sich für das Schicksal seiner Tibeterkinder, die im Pestalozzidorf leben, interessiert, und er hat mir für diese Kinder und für die erwachsenen Tibeter, die bei uns eben, eine Botschaft mitgegeben, die ich auf einem kleinen japanischen Tonbandgerät festgehalten habe. Aus dieser Botschaft will ich euch einen Abschnitt mitteilen:

> «Nun seid ihr in der schönen Schweiz. Aber denkt doch immer daran, wie und weshalb es dazu gekommen ist, dass ihr nun dort seid. Unser Tibet ist ein Land mit einer eigenen reichen Kultur und Religion. Aber eine Zeit ist hereingebrochen, in der unsere Religion und Tradition nahe daran sind auszusterben. Die Verantwortung, unsere Religion und Tradition zu bewahren und zu beleben, liegt nun bei euch. Ich bin sicher, dass ihr euch fähig erweisen werdet, die Hoffnungen zu erfüllen, die ich und die älteren Tibeter in euch gesetzt haben. Ihr seid in der Schweiz. Ich bin in Dharamsala. Eine grosse Entfernung trennt uns. Aber unsere Trennung ist nur eine körperliche. Keine noch so grosse Distanz kann die Einigkeit unserer Herzen trennen. Wenn wir Glauben und Hingebung haben, sind wir immer einig. Ich fühle täglich, dass ich unter euch allen bin. Deshalb, seid glücklich!»

Bevor ich Mitte November des vergangenen Jahres meine gewohnte Arbeit in Trogen wiederum aufnahm, habe ich mich zusammen mit meiner Frau noch einige Zeit in Tunesien und in Italien aufgehalten. In Neapel und in Rom haben wir auch einige Ehemalige des Kinderdorfes getroffen, und von diesen Begegnungen will ich hier noch ganz kurz und zum Abschluss berichten: In Neapel haben wir einen bärtigen und doch noch sehr jungen italienischen Soldaten gesprochen, unseren Antonio Galise. In einer kleinen napolitanischen Trattoria sassen wir zu viert an einem Tischlein. Der Vierte im Bunde war Herr Schoder, der wiederum an der Schweizerschule in Neapel tätig ist, und der mir für alle, die ihn hier in Trogen kennen gelernt haben, Grüsse mitgegeben hat. Und nun erzählte Antonio von seinem Soldatenleben. Er verstand dies so gut, dass ich ihn darum bat, für die «Freundschaft» einen kurzen Artikel zu schreiben. Er versprach dies (wie so viele unter Euch!) und er hielt dieses Versprechen (wie so wenige unter Euch):

Als ich die Schweiz definitiv verliess, um nach Italien zurückzufahren, spürte ich gleichzeitig Freude und Leid: Freude, die man fühlt, wenn man nach so langer Zeit, die man fern der Heimat verbrachte, nach Hause zurückkehrt, und Leid, das man empfindet, wenn man von einem lieben Ort weggeht, in dem man mehr als 13 Jahre lebte.

Nachdem ich die Lehrabschlussprüfung als Radiomonteur bestanden hatte, gelang es mir, bei der Firma Philips AG in Zürich für ein Jahr eine Stelle zu erhalten, die mich vollauf befriedigte. Die mir übertragene Arbeit war sehr interessant und gab mir die Möglichkeit, in der Ausführung verschiedenster Reparaturen immer mehr Sicherherheit zu gewinnen. Es tat mir leid, die Stelle bei dieser Firma aufzugeben, aber ich musste es tun, denn auf mich wartete, wie auf jeden jungen Mann, die Militärdienstpflicht.

Ungefähr einen Monat nach meiner Ankunft in Italien rückte ich in Sardinien ein. Unter der glühenden Sonne von Cagliari blieb ich zwei Monate; dann wurde ich, zu meiner grossen Freude, nach Neapel versetzt, um einen Spezialkurs bei den Uebermittlungstruppen zu absolvieren. Nun befinde ich mich seit 6 Monaten hier; diese Zeit ist mir sehr schnell vorbeigegangen, denn Neapel und seine Umgebung waren mir unbekannt, und so hatte ich Interesse, in meiner Freizeit Pompei, Capri, Ischia, Sorrento und das Bekannteste von Neapel, den Vesuv zu besichtigen.

Jetzt denke ich schon mit Freude an den Tag meiner neuen Versetzung, die nächstens stattfinden soll. Wer weiss, wohin ich kommen werde! Wird es eine schöne oder unangenehme Ueberraschung sein? Das ist für den Moment nicht wichtig; das was zählt, ist, dass ich öfters meinen Aufenthaltsort wechseln kann. Auf diese Weise werde ich Gelegenheit haben, meine Heimat besser kennenzulernen.

In Rom trafen wir mit Marisa Capozzi und mit Alberto Palotti zusammen. Alberto trug auch die italienischen Soldatenuniform. Er durfte als Fahrer eines Obersten in der schönen italienische Landschaft herumfahren. Der Dienst erlaubt es ihm aber, dass er auch regelmässig nach Velletri hinaus fahren konnte, wo sein älterer Bruder ein kürzlich erst gegründetes Glasergeschäft betreibt, das die drei wackeren Brüder, nämlich dazu noch Alberto und Sandro, so bald wie möglich zu einem grösseren Baugeschäft ausgestalten möchten. Ich habe mich sehr darüber gefreut, sehen zu können, wie gut diese drei Brüder zusammenhalten und wie fleissig und sparsam sie auf ihr berufliches Ziel hin arbeiten und haushalten.

Marisa haben wir zwischen zwei Flügen an einem Abend gesehen. Einige von Euch werden ja wissen, dass unsere Marisa seit einiger Zeit als Air-Hostess bei der italienischen Luftfahrtgesellschaft ALITALIA beschäftigt ist. Ihre Sprachkenntnisse kann sie jetzt gut gebrauchen. An jenem Tage war sie eben von Kairo über Athen nach Rom geflogen. Auch London, Zürich, Mailand, Madrid, Frankfurt, Düsseldorf und Paris stehen regelmässig auf ihrem Einsatzprogramm. Gelegentlich geht es nach Nordafrika, ab und zu in den Nahen Osten nach Beirut, Damaskus oder Bagdad. Marisa hat sachlich und mit einer wohltuenden Bescheidenheit von ihrer Aufgabe als Hostesse gesprochen. Über ihren beruflichen Erfolg haben wir uns deshalb ganz besonders gefreut, weil wir wohl wissen, mit wieviel Anstrengung, Treue und Hingabe er verdient worden war.

Ich gestehe es gerne, dass mir diese Begegnung mit einigen italienischen Ehemaligen wieder viel Mut und Zuversicht gegeben haben, nach den Urlaubsmonaten, die ich im Fernen Osten verbringen durfte, wiederum an die Arbeit im Kinderdorf Pestalozzi zurückzukehren. Es ist auch gar nicht so, wie einige liebe Bekannte vermutet haben, dass mir dieses Kinderdorf nach dem Ausflug in die „weite Welt" zu eng vorkommen würde. Der Aufenthalt in einigen östlichen Ländern der Armut und des Elendes haben mir im Gegenteil erneut mit aller Deutlichkeit vor Augen geführt, wie wichtig gerade die Aufgaben wären, die sich das Kinderdorf Pestalozzi gestellt hat:

> Den Notleidenden und Verlassenen helfen und dies nicht mit Geld und guten Worten, sondern ganz schlicht und einfach mit einer persönlichen Tat,
>
> für den Frieden in dieser Welt arbeiten, nicht mit utopischen Vorstellungen und Mitteln, sondern in der Erkenntnis, dass der echte Friedenswille nur im Herzen des einzelnen Menschen keimen kann, und dass wohl die kindliche Seele für eine solche Saat am empfänglichsten ist.

Dass wir bei diesem Bemühen immer wieder auf unsere Ehemaligen schauen, werdet ihr sicher nun verstehen. So sind wir täglich mit unseren Gedanken und Hoffnungen bei Euch.

Im Namen der Trogener Gemeinschaft entbiete ich Euch meine herzlichsten Grüsse und Wünsche!

Euer Arthur Bill,

— Die Seite der Ehemaligen —

Liebe Ehemalige,

So will ich mein Versprechen einlösen und Euch auch in dieser Nummer der „Freundschaft" eine kleine Geschichte aus dem Fernen Osten erzählen:

„Wollen sie nicht das Lepradorf in Pusan besuchen?" so fragte mich vor ungefähr einem Jahr ein Mitglied unserer Schweizerdelegation in Korea, das kürzlich der ganz im Süden liegenden grossen Hafenstadt Pusan einen Besuch gemacht hatte. „Doch", sagte ich, „bevor ich in die Schweiz zurückkehre, will ich diese Leprasiedlung auf jeden Fall aufsuchen." Wenige Wochen danach, es war Mitte August 1961, sass ich in der Eisenbahn, die mich in siebenstündiger Fahrt von Seoul über Taejon und Taegu nach der südkoreanischen Hafenstadt Pusan führte. Als die Diesellokomotive langsam durch die äusseren Hüttenbezirke der Stadt Taegu einfuhr, war es bereits seit mehr als zwei Stunden Nacht. In den meisten der armseligen Hütten und Häuschen und der kleinen Kistenbrettern gezimmerten Früchteverkaufsstände brannte noch ein Oel— oder ein Petroleumlicht. Es hatte zu regnen aufgehört, und jetzt stieg eine heissfeuchte Luft den Bahnsteig hinan, durchsetzt von Schwaden eines süsslich widrigen Geruches, der den mattschimmernden Winkelgässchen und den winzigen Haushöfen eigen ist. An meinem Wagenfenster glitten ungezählte enge koreanische Stübchen, speckig glänzende Riemen schmaler, geländerloser Holzterrassen vorüber. Und die Stübchen und die Holzpritschen unter den Ziegel- Blech-und Reisstrohdächern boten immer wieder dasselbe unvergessliche Bild: Menschen, Mütter, Kinder, Säuglinge! Winzige Bühnen menschlicher Schicksale wurden da für einen kurzen Augenblick einer Vorbeifahrt aus der Anonymität einer Stadt herausgehoben, um gleich darauf wiederum in Dunkelheit zu entgleiten! Als ich gegen Mitternacht meine Unterkunft in einem grossen amerikanischen Militärlager aufsuchte, blieb ich noch lange wach, dachte an die Bilder dieser Fahrt in den Süden, dachte an den bevorstehenden Besuch im nahen Lepradorfe, den ich in der Frühe des kommenden Tages ausführen wollte. Dabei wanderten meine Gedanken auch zurück in die Heimat, in das Kinderdorf Pestalozzi, wo wir vor meiner Abreise mit den Schülern der Sozialkundeklas se von den Krankheitsgebieten der Erde gesprochen und versucht hatten, uns in die Lage der Malaria—und der Leprakranken zu versetzen.

Anderntags sass ich mit zwei schweizerischen Spitalschwestern des Benetictine Sister's Charity Hospitals von Pusan in einem amerikanischen Militärfahrzeug, das uns in das Lepradorf führen sollte. Die Schwestern zeigten dem Fahrer den Weg, der uns während einer knappen Fahrstunde aus der Millionenstadt Pusan hinaus- und schliesslich einen schmalen und von schweren Monsunregen völlig ausgewaschenen Bergweg hinanführte. Zweimal musste der Fahrer anhalten, um Geröll wegzuräumen oder einen Brettersteg zu legen. Der schmale Passübergang, den wir schliesslich erreichten, war mit einer schweren Kette gesperrt. Wir mussten uns bei den zwei Wächtern ausweisen. Es waren die ersten Leprakranken, die hier ihre eigene Siedlung vor dem Zutritt Unbefugter zu schützen hatten und die vor allem dafür sorgen mussten, dass kein Leprakranker die zugewiesene Zone rund um das Lepradorf verliess. Wir durften weiterfahren, hinunter in das von 1700 Kranken bewohnte Dorf. Diese Siedlung des Elendes und der Krankheit hat eine einzigartige Lage: Direkt am Meer, zwischen Hügeln gelegen, sind ihm fünf Inseln vorgelagert, denen es den einen seiner zwei Namen verdankt: „Fünfinseldorf". Dieses Dorf besteht aus lauter Bretter- und Lehmhütten, die die Kranken selber errichtet haben. Während die leichter Erkrankten noch mit ihren Familien zusammen in kleineren Behausungen leben, sind die Schwerkranken in zwei langezogenen Baraken auf einer der Anhöhen untergebracht. Je 70 Männer und 70 Frauen und Mädchen wohnen dort zusammen. Ihnen haben wir einige Körbe mit frischen Früchten gebracht, seltene und deshalb hochgeschätzte Gaben. Die Schwerkranken versuchen, ihre Dankbarkeit zu bekunden. Aber es ist schwer, in diesen Gesichtern, in diesen Augen zu lesen: Die Krankheit hat das Antlitz dieser bedauernswerten Menschen in vielen Fällen zu einer teuflischen Maske verwandelt. Entstellte Augen starren aus kahlen, wackeligen Köpfen. Die Nase fehlt, der Mund ist leblos. Die Glieder sind verkrüppelt, oft fehlen Finger und Zehen. Aus der Hütte der Schwerkranken tritt noch eine jüngere Kranke. Auf ihrem Rücken trägt sie ihr dreijähriges Töchterchen, ein lebhaftes, reizendes Kind. Wir fragen diese Mutter, ob sie das Kind weggeben würde, wenn man in einem Heim ein Plätzchen finden könnte. Die Frau zögerte etwas mit der Antwort, biss sich auf die Unterlippe und sagte dann mit Bestimmtheit: Ja, ich würde die Kleine hergeben, wenn sie dadurch gesund bleiben könnte.

Und damit komme ich zu einem sehr traurigen Teil meines kleinen Berichtes: In dem «Fünfinseldorf» der Aussätzigen leben unter den 1700 Kranken auch 300 Kinder. Sie sind zum Teil mit ihren Kranken Eltern in das Dorf gezogen, weil für sie sonst nirgends ein Platz zu finden war, zum anderen Teile aber sind sie hier im Lepradorf selbst geboren worden. Die zuständigen koreanischen Behörden sind heute sicher aufrichtig bemüht, für die noch gesunden Kinder einen Platz in einem Heim zu finden.

Aber diese Plätze gibt es nicht oder selten. In den letzten Jahren, das Lepradorf besteht seit dem dem Jahre 1945, sind erst 70 Kinder aus dieser Siedlung der Kranken herausgeholt worden. Viele Heimleiter wollen diese Kinder auch desshalb nicht, weil sie eine Verseuchung ihres Heimes befürchten. Die Inkubationszeit kann bei dieser Erkrankung bis zu 20 Jahren betragen. Und nun ist es also eine Tatsache, dass in dem Lepradorf gesunde Kinder leben, die nun allmählich und mit grösster Wahrscheinlichkeit krank werden und einem jahrelangen Siechtum entgegen gehen müssen.

Unten am Meere traf ich ein halbes Dutzend Kinder in einem auf das Trockene gezogenen Boot. Sie spielten. Ein kleiner Junge war der Rudergänger, drei Buben und ein Mädchen lagen in den Riemen und vorne am Bug hielt ein Mädchen Ausschau. Ausschau nach was? Wann müssen diese bedauernswerten Kinder erfahren, dass ihre Lebensfahrt, solange sie in ihrer Siedlung bleiben müssen, nur eine trostlose Fahrt in Krankheit, Elend und Leid sein kann? Für welches dieser sechs fröhlich spielenden Kinder hat die Fahrt in das Siechtum bereits begonnen?

Die meisten der 300 zur Zeit in der Siedlung lebende Kinder können nur sehr einseitige Lebenserfahrungen sammeln. Fast alle sind dazu verurteilt, diesen Ort nie mehr zu verlassen, nie gesunde Menschen zu sprechen und mit ihnen zu leben. Kaum eines von ihnen hat je eine Eisenbahn, ein Pferd oder ein schönes Schaufenster gesehen.

Eines erfahren diese Kinder: Die vorbehaltlose Hilfsbereitschaft der Glieder dieser Gemeischaft der Kranken. Diese Kranken haben ihrer Stadt noch einen zweiten Namen gegeben. Er tönt chinesisch und heisst: SANG AE WOON. SANG bedeutet "gegenseitig". AE heisst "Liebe" und WOON bedeutet "Gemeinschaft": Gemeinschaft der gegenseitigen Liebe.

Sang Ae Woon ist eines der 20 Lepradörfer Südkoreas. Dieses Land zählt heute noch gegen 200 000 Leprakranke. Die Kranken müssen sich meist selbst helfen. Leprakranke Pflegerinnen und Leichterkrankte gehen von Hütte zu Hütte, um die Verbände zu wechseln. Es fehlt meist noch an ausgebildeten Aerzten, an Medikamenten und Pflegeeinrichtungen.

Soweit meine traurige Geschichte von den Leprakranken Südkoreas. Diese Geschichte hat aber noch ein kleines und frohes Kapitelchen, das ich erst nach meiner Rückkehr in das Pestalozzidorf erlebte. Dort hatten nämlich die grösseren Kinder für die Leprakranken gearbeitet. Aus dem Erlös dieser Freizeitarbeiten war von ihnen ein Betrag von Fr. 400.- zusammengetragen worden. Und in den vergangenen Wochen haben wir hier im Kinderdorf unter den Mitarbeitern und durch Veranstaltungen weiter gesammelt, so dass jetzt, wenn Ihr diese Zeilen lest, ein fast zehnfach so hoher Betrag unterwegs ist, um den kranken Kindern des "Fünfinseldorfes" bei Pusan Hilfe zu bringen. Die vier schweizerischen Spitalschwestern von Pusan werden darüber wachen, dass das Geld ausschliesslich den 300 Kindern des Lepradorfes zu gute kommt.

Und nun, meine lieben Ehemaligen, wenn Ihr wieder mal missmutig, niedergeschlagen und unzufrieden seid, — und wem von uns geschieht dies nicht ab und zu, — dann möchte ich Euch doch einladen, die kleine Geschichte des "Fünfinseldorfes" und seiner Kinder wiederum zu lesen. Ich bin sicher, dass die meisten Ursachen eines persönlichen Kummers sehr bald verfliegen werden, und ich hoffe im Stillen, dass ein Kummer ganz anderer Art zurückbleibt: Die Sorge und die Scham nämlich, dass unsere Hilfe nie so gross sein kann, wie die Not, die uns in der Welt begegnet.

Mit herzlichen Grüssen und Wünschen   Euer Arthur Bill.

Liebe Ehemalige! Leider muß ich meinem Bericht eine Nachricht beifügen, die uns soeben erreicht und schmerzlich betroffen hat:

Letzten Freitag, den 6. Juli 1962 ist ein italienisches DC-8 Verkehrsflugzeug um 18 Uhr 43, von Bangkok kommend, im Anflug auf den Flughafen Santa Cruz/Bombay bei ungünstigen Witterungsverhältnissen an einer Hügelkuppe zerschellt. 94 Menschen, Passagiere und Besatzungsmitglieder, fanden dabei den Tod. Unter diesen Toten befindet sich unsere Ehemalige,

Marisa Capozza
Airhostess der ALITALIA

über deren Beruf ich in der letzten Nummer der «Freundschaft» kurz berichtet hatte. Zusammen mit der Kunde von dem schrecklichen Flugunglück sind die fernöstlichen Kartengrüße Marisas hier in Trogen eingetroffen. Letzte Grüße, letzte Zeichen ihrer Verbundenheit mit dem Kinderdorf, in dem sie sieben Jahre ihrer Kindheit verbracht hatte!

In einer abendlichen Feierstunde haben wir unserer lieben Marisa gedacht und am Morgen des folgenden Tages ist im Andachtsraum des Kinderdorfes eine Totenmesse für sie gelesen worden.

Liebe Ehemalige, wir wissen uns einig mit Euch in der Trauer um unsere Marisa, die ihr junges Leben im Alter von 24 Jahren auf der Absturzstelle in einem indischen Dschungelbergwald hat lassen müssen und wir bitten Euch alle, ihr ein liebendes und treues Andenken zu bewahren.   A. B.

— Die Seite der Ehemaligen —

Liebe Ehemalige,

In dieser 50. Nummer der "Freundschaft", unserer Jubiläumsnummer, will ich Euch wiederum aus jener "anderen Welt" erzählen, die ich während des letzten Jahres kennen lernen konnte. Die Geschichte vom Bettlerbubendorf hat sich in der südkoreanischen Hafenstadt Pusan zugetragen, also in jenem Teile Ostasiens, der in den Weltkarten der UNO und der FAO zu den Hungerzonen dieser Erde gezählt wird. In jenen Zonen nämlich, sie erstrecken sich von Ostasien (ohne Japan) über Südostasien, Teile des Nahen Ostens über weite Gebiete Zentral- und Nordafrikas hinüber nach Mittelamerika, in jenen Zonen entfällt auf den einzelnen Bewohner nur eine tägliche Kalorienmenge von weniger als 2000 Kalorien (gegenüber z.B. etwa 3600 in Europa). Hinter diesen Feststellungen und Zahlen steht eine harte Wirklichkeit. Während Ihr, ausreichend ernährt und in einem geheizten Raume diese Zeilen lest, hungern und frieren Tausende in der koreanischen Stadt, von der diese Geschichte erzählt. Viele unter den ganz Kleinen und den Kränklichen werden diesen Winter nicht überleben. Vierhundert Buben aber haben gute Aussichten am Leben zu bleiben. Sie wohnen im Hafengebiet der Zweimillionenstadt Pusan in der Bettlerbubenstadt HAP SIM WOON.

Diese Bubenstadt hat eine sehr seltsame, fast unglaubliche Entstehungsgeschichte: Vor fünf Jahren erwarteten die Stadtbehörden von Pusan hohen ausländischen Besuch, der sich in der Stadt umsehen wollte. Die Stadtväter ordneten eine Reinigung und Säuberung der Strassen ihrer Stadt an. Zu dieser Säuberung sollte aber auch gehören, dass die Polizei eine Razzia auf die heim- und elternlosen Knaben zu machen hatte, von denen die Strassen und Schlupfwinkel der Stadt wimmelten. Obschon viele Knaben den Griffen der Häscher entschlüpfen und sich verstecken konnten, gelang es der Polizei, einige Hundert dieser Knaben aufzugreifen. Sie wurden kurzerhand auf Lastwagen verladen, einige Stunden weit in das Innere des Landes geführt und dort abgesetzt. Der hohe Gast hat eine relativ saubere Stadt zu sehen bekommen und die entführten Knaben sind erst nach Wochen abgemagert und zerlumpt zurückgekehrt. Nicht alle haben allerdings ihr Pusan wiedergesehen. Diese Prozedur der Strassenreinigung wurde später wiederholt. Als vor vier Jahren von der Polizei wiederum verlangt wurde, die „überzähligen" Knaben hinwegzuführen, erklärte einer der Polizisten, er könne diesen Befehl nicht mehr ausführen. Er hat in der Folge die Lastwagen, die bereits mit 200 Knaben beladen waren, in das Hafengebiet der Stadt geführt. Der wackere Polizeimann wandte sich dort an die amerikanischen Kommandostellen und erbat von ihnen einige ausgediente Militärbaracken. Der brave Mann bekam seine Baracken geliefert und die 200 Buben bauten auf einem kleinen Grundstück des Hafengeländes ihre Bettlerbubenstadt selber auf.

Drei Jahre später, am 12. August letzten Jahres, besuchte ich diese Stadt. Sie liegt in einem Teil des Hafengebietes, das keinen besonders guten Ruf und Namen hat. Aber über dem Eingang zu dieser Barackensiedlung, den man über ein hölzernes Kanalbrücklein erreicht, ist dafür ein Name zu lesen, den man sich schöner und besser gar nicht vorstellen könnte. HAP SIM WOON heisst nämlich in deutscher Sprache: Haus der vereinigten Herzen. Den Polizisten, der zum Gründer einer Bubenstadt geworden war, konnte ich sprechen. Er ist inzwischen durch seine vorgesetzte Behörde vom Polizeidienst befreit worden, so dass er sich zusammen mit vier freiwilligen Helfern ganz der Leitung seiner Gründung widmen kann. Zu meiner Verwunderung traf ich aber in dieser Siedlung nicht nur 200 Buben, sondern deren 400 an. Die neue Militärregierung, die einige Wochen zuvor in Südkorea die Macht übernommen hatte, liess nämlich kurz vor meinem Besuch in Pusan die Strassen dieser Stadt wiederum nach heimlosen Knaben absuchen. Bei dieser Aktion wurden weitere 200 Buben gesammelt, die nun dem Polizisten ebenfalls zur Betreuung übergeben wurden. Obschon die 400 Knaben eigentlich fast alle im schulpflichtigen Alter sind, kann ihnen kaum ein regelmässiger Schulunterricht erteilt werden. Gelegentlich werden die jüngeren Buben während der Universitätsferien durch freiwillig arbeitende Studenten unterrichtet. Als ich einige der Baracken besuchte, fand ich in drei kleinen Räumen je 40 Buben am Boden sitzend vor. Einige der grössern Jungens erteilten so etwas wie Schreibunterricht an einer schäbigen Schiefertafel. Ein kärgliches Licht drang durch die wenigen viereckigen und glaslosen Löcher, die «Fenster», in den Raum. Ein grosser Teil der Buben war auswärts zur «Arbeit». Für diese Arbeit sind sie in 6 Abteilungen eingeteilt: Die sechs- bis zwölfjährigen Knaben erhalten frühmorgens und abends eine Unterrichtsstunde. Tagsüber sammeln sie in der Stadt Flaschen und Abfälle, die später verwertet werden. Einige Buben dieser Gruppe dürfen in einem Werkschuppen arbeiten. Die Zwölf-Sechzehnjährigen arbeiten in der Stadt als Strassen-Schuhputzer. Sonntags gehen sie zu den Benediktinerschwestern des nahen Charity-Hospitales in die Christenlehre. Eine kleine dritte Gruppe darf eine auswärtige Schule besuchen, weil sich für diese wenigen Buben ein Pate gefunden hat, der bereit ist, das Schulgeld zu bezahlen. Die vierte Abteilung sammelt Brennholz für die Kochstelle und für den Winter. Sie ist auch verantwortlich für die Ordnung in der Bubenstadt. Die fünfte und die sechste Gruppe umfasst gebrechliche Knaben, denen gar keine oder nur leichte Arbeiten zugemutet werden dürfen. Die Gruppen, die mit ihrer auswärts geleisteten Arbeit etwas Geld verdienen können, geben dieses Geld für ihren und für den Unterhalt ihrer Kameraden ab. Es werden daraus vor allem Kleider und Schulmaterialien gekauft.

Die vier erwachsenen Helfer des Polizisten schlafen nachts nicht in der Bubenstadt. Sie kehren zu ihren in der Nähe wohnenden Familien zurück. Dagegen ziehen über Nacht etwa sechs sogenannte Aufseher in die Barackensiedlung. Diese haben die Aufgabe, die kleineren Knaben der Siedlung vor allerlei Nachtgesindel schützen zu helfen. Dies gelingt ihnen nicht immer, ja, es soll sogar vorgekommen sein, dass ungetreue Aufseher geschenkte Kleider und Wolldecken entwendet und verkauft haben. Die Küche der Bubenstadt HAP SIM WOON ist im Freien installiert. Auf dieser offenen Kochstelle wird immer dasselbe Menu gekocht: Gerstensuppe und Gerstenbrei. Die Stadtbehörden von Pusan unterstützen nämlich die Bubenstadt seit einiger Zeit dadurch, dass jeder Knabe pro Tag drei Handvoll Gerste zugeteilt erhält. Gerste, nicht etwa Reis, der wäre für 400 hungrige Bubenmäuler fast unerschwinglich, trotz der Tatsache, dass in Südkorea sehr viel Reis produziert wird.

Zur Zeit meines Besuches in der Bettlerbubenstadt waren drei neue Baracken im Bau. Die Buben erstellten diese Baracken selbst. In eine dieser neuen Baracken sollen auch die Kranken kommen, die ich vor einem Jahr noch in einem offenen und völlig ungeschützten Holzverschlag auf einer blossen Holzpritsche vor einer grossen Wasserlache liegend vorgefunden habe. Zwanzig Paar fiebrige Bubenaugen haben mir damals geduldig und ergeben nachgeschaut, als ich mich von diesem Bilde der Hilflosigkeit und der bitteren Armut abwandte.

Liebe Ehemalige, ich hoffe, dass Ihr mir nicht böse seid, weil ich Euch in diesem Brief wiederum von einer Stätte der Armut und der Not berichtet habe. Es gibt halt in der Welt noch so unsäglich viel Not und Elend. Wir wissen meist zu wenig davon. Oder wenn wir davon erfahren, finden sich immer einige unter uns, die es verstehen, ihr Gewissen mit der Ueberlegung zu trösten: Ach, das ist ja so weit weg von uns! Peter Härlin allerdings, ein vor zwei Jahren verstorbener Schriftsteller und Kenner des Fernen Ostens, kennt keine beruhigenden Ueberlegungen. In seinem letzten Werk „Unterwegs in Fernost" schreibt er in den zwei Schluss-Sätzen «Nie war zur Hilfe bessere Gelegenheit als in unserer Epoche, in der sich diese Erde erstmals als eine Welt darstellt und das Elend ferner Anderer nur dem entgehen kann, der vor ihm hartherzig und absichtlich die Augen verschliesst. Mit der Wohlfahrt der Elenden, nicht mit der letzten Vervollkommnung unserer eigenen, können, sollen wir uns die Kathedralen der Zukunft errichten.»

Ich hoffe im Stillen, dass in einer der nächsten Nummern der „Freundschaft" über solche Hilfeleistungen berichtet werden kann. Für heute möchte ich mich zum Schlusse damit begnügen, Euch Grüsse auszurichten von Rolando Casini. Dieser Ehemalige wirkt seit einigen Monaten als junger Bankangestellter im Kongo, in einem Gebiete also, in dem zur Zeit ebenfalls grosse Aufbau- und Entwicklungsanstrengungen unternommen werden. Wie wäre es, wenn jene, die Rolando noch gekannt haben, ihm jetzt, d. h. in den nächsten zwei Tagen, einen Kartengruss schicken würden. Seine Adresse lautet: R. C. Société Congolaise de Banque, B. P, 2022, Elisabethville / Katanga.

Und nun empfangt meine herzlichsten Grüsse und Wünsche zu Weihnachten und zu einem Neuen Jahr, das uns im Frieden weiter wirken und bauen lassen möchte.

Euer Arthur Bill.

Mon métier

Village d'enfants Pestalozzi, le 28 aout 1962

Un métier que j'aime.
Un jour, le 13 juillet 1957, de beau temps, j'ai quitté le Village Pestalozzi rentrer apres mes vacances, le 15 novembre dans une école de berger. Apres 3 mois d'école et 10 mois de stage chez Monsieur Arbin, éleveur de moutons à Uttenhoffen, puis 10 mois de stage final, je suis retourné à l'école Menilla-Horgne (Meuse) pour passer mon examen de berger. Je suis sorti avec succès et j'ai reçu mon diplôme de berger. Sur 15 élèves je suis sorti le 5ième.

Mon métier!!! Il faut avoir beaucoup de patience, être sérieux et avoir un coeur qui aime les bêtes. Après mon examen final je suis retourné chez mon patron. Depuis 5 ans je suis chez le même patron. Chers amis, je veux vous décrire mon travaille. Le 8 avril je parti avec le troupeau en Transumance dans le département de la Meuse près de Verdun. Nous avons embarqué nos moutons en gare de Merzvillor, dans des wagons, puis je suis parti avec mon patron en voiture dans la Meuse pour débarquer ses moutons. Alors je suis parti avec le troupeau sur la pâture d'été pèrs d'un petite village. J'ai installé mon parc et j'ai fait mon lit dans ma roulette de berger.

„Freundschaft" Nr. 50!

Vier Mal im Jahr schicken wir unsere Kinderdorfzeitung „Die Freundschaft" weit hinaus in alle Welt. Es beginnt damit, dass wir, die Grösseren des Dorfes und die Erwachsenen, zu einer Redaktionssitzung zusammenkommen. Wir schlagen Themen für die einzelnen Aufsätze vor und diskutieren darüber. Sind die Themen festgelegt, besprechen wir noch die Ausgestaltung der Nummer. Nach etwa zwei Wochen sind die einzelnen Beiträge beisammen und die Schüler der Sekundarschule beginnen mit dem Setzen der Übersetzungen und der andern deutschsprachigen Berichte. Das dauert etwa eine Woche. Während dieser drei Wochen hat auch unsere Zeichenlehrerin, Frau Schneider, viel zu tun. Die von Kindern gemachten Entwürfe für die Bilder müssen gesichtet werden, um dann als Holzschnitt angefertigt zu werden. Sobald der Satz druckfertig ist, kommt er in die Druckerei nach Trogen. Das Papier für unsere Zeitung ist gespendet worden und bei jeder Ausgabe werden ca. 12 000 Exemplare gedruckt. Von diesen gehen fast 6 000 an die Paten des Dorfes, 2 000 an Abonnenten, 1 000 an Freunde in aller Welt und der Rest verteilt sich auf ehemalige Kinder und Mitarbeiter des Dorfes. Selbstverständlich erhält auch jeder Dorfbewohner ein Exemplar.

So wird es auch mit dieser Nummer, der fünfzigsten sein, und wir hoffen, daß Sie bei Ihnen genau so gut ankommen wird wie die 49 vor ihr. Gleichzeitig wollen wir allen Dank sagen, die es uns ermöglichen, unsere Kinderdorfzeitung erscheinen lassen zu können.

Rosmarie, 13 Jahre,
Österreichisches Haus zur Kindersymphonie.

Fräulein Dr. Elisabeth Rotten hat dieser 50. Nummer ein Geleitwort geschrieben:

Freundschaft

Sind es wirklich fünfzig Male,
Dass die "FREUNDSCHAFT" zu uns eilt,
Des Erlebens volle Schale
Mit des Dorfes Freunden teilt?

Euren Alltag, Eure Feste
Schildert Ihr in Wort und Bild,
Und wir fühlen uns als Gäste,
Denen Eure Freundschaft gilt.

Bleib' das Band, das euch verbindet,
Sich von Herz zu Herzen regt
Und durch Spiel und Arbeit windet —
Fest geschlungen, treu gepflegt —

Euch ein stiller Wegbegleiter
In der Freundschaft sich'rer Hut.
Immer mutig, immer heiter!
Und das Leben bleib' euch gut.

Ein warmer Dank und Glückwunsch
von Eurer Tante Elisabeth

REDAKTIONSKOMITEE: Peter Powling, 14 J. England; Florence Wetter, 15 J. Frankreich; Günter, 14 J. Deutschland; Tarmo M. 15 J. Finnland; Wolfgang Tengler, 14 J. Oesterreich; Elisabeth, 14 J. Frankreich; Susi Kollhopp, 16 J. Schweiz; Evlambia Chnitidu, 16 J. Griechenland; Graziella Tulatta, 13 J. Italien; Brian Mitchel, 13 J. England; Ambretta Bertolazzi, 13 J. Italien; Peter Endredi, 11 J. Ungarn; Fredy Neuhaus, 16 J. Schweiz; Stellios Stouraitis, 15 J. Griechenland; --- und der Rat der Hausväter.

Diese Zeitung erscheint vier Mal im Jahr. Sie wird von den Kindern des Pestalozzidorfes von Hand gesetzt und mit Holzschnitten illustriert. Die »Freundschaft« kann abonniert werden: Das Jahresabonnement kostet Fr. 2.50 (Ausland Fr. 3.—). Bestellungen sind zu richten an den Verlag der „Freundschaft" Kinderdorf Pestalozzi Trogen

Abonnementsbeiträge auf P.C. VIII/8180 Kinderdorf Pestalozzi, Dorfverwaltung, Trogen

[Tibetan script text]

Diese tibetische Schrift ist uns von der Schriftgiesserei Stempel AG in Frankfurt geschenkt worden.

YAMBHU LAGANG

Links vom Eingang zum Haus „Grund" ist ein Plan vom Kinderdorf Pestalozzi angebracht. Haus No. 15 „Yambhu Lagang" steht deutlich darauf. Sicher erinnern sich alle Mitarbeiter des Kinderdorfes wie dieses Haus entstanden ist, aber denjenigen Freunden, die nicht von Anfang an mit uns in Kontakt waren, möchte ich kurz berichten, wie dieses Projekt verwirklicht wurde. Es war im Frühling 1959. Nach der Revolution sind viele Tibeter vor den kommunistischen Chinesen nach Indien geflohen. Unter den Flüchtlingen befanden sich viele Kinder, die unter der mangelnden Betreuung und dem heissen, feuchten Klima litten. Durch die Initiative zweier Schweizer-Industrieller und mit der freundlichen Bereitschaft der Stiftung Kinderdorf Pestalozzi, wurde auf Anfrage des Dalai Lama hin ein Haus für 20 tibetische Flüchtlingskinder und 5 Erwachsene errichtet, und ich bin zum Hausvater bestimmt worden.

Wir kamen in drei Gruppen in die Schweiz. Ich kam zuerst mit meiner Frau und meiner kleinen Tochter mit einem Swissairflugzeug in Kloten an und half beim Planen unseres Hauses. Im Oktober kamen dann unsere Kinder. Um uns an das Schweizer-Bergklima zu gewöhnen, verbrachten wir alle zusammen zwei Monate auf der Hohfluh (Hasliberg). Inzwischen wurde an unserem Haus weitergebaut. Im November bezogen wir unser neues Heim im Kinderdorf Pestalozzi in Trogen, obwohl dieses noch nicht ganz fertiggestellt war. Am Anfang war für uns alles neu und fremd, aber wir haben uns ohne Schwierigkeiten eingelebt.

Mehr als zwei Jahre sind seither vergangen, und unsere Kinder haben inzwischen gute Fortschritte gemacht in der Schule. Das Sprachhindernis ist kleiner geworden. Wir sind glücklich hier und hoffen, dass sich der restliche Aufenthalt in gleicher Weise vollziehen wird. Natürlich werden wir immer versuchen, jedes Jahr bessere Resultate zu erzielen.

Tethong Rakra,
Hausvater und Lehrer des Hauses
„Jambhu Lagang"

PINOCCHIO

Pinocchio è il burattino di legno protagonista del celebre racconto per ragazzi di Carlo Lorenzini, "Le avventure di Pinocchio, storia di un burattino", che fu dapprima pubblicato in puntate su un giornale e poi nel 1883 in volume.
Il libro per le sue doti di spontaneità e di fantasia è rimasto un classico della letteratura per l'infanzia. Il racconto inoltre non è appesantito da noiose prediche moraleggianti, che sono così invise ai ragazzi. Per questi motivi: Pinocchio è uno dei libri più letti dai ragazzi: per loro Pinocchio è diventato un amico; per gli adulti invece un dolce ricordo e una nostalgia. Era quindi naturale che, quando si trattò di scegliere un nome per la casa dove già si trovavano 16 fra ragazzi e ragazze italiani, si pensasse al famoso burattino.
Il primo gruppo di ragazzi italiani era arrivato il 7 marzo 1948 ed essi erano stati alloggiati nella attuale casa: -Pinocchio- che era costruita con le offerte dei comuni vicino al lago di Zurigo. L'anno successivo e precisamente il 24 settembre 1949 vi fu l'inaugurazione della casa e la scelta del nome.
Così il nome „Pinocchio" per quei ragazzi non voleva solo ricordare il simpatico burattino di legno, ma anche la nuova casa gentile e buona che li ospitava.

Casa Pinocchio

Unser Haus trägt den Namen „Pinocchio". Pinocchio ist der hölzerne Hampelmann, der Held der berühmten Kindererzählung von Carlo Lorenzini (Collodi). Die Abenteuer von Pinocchio, Geschichte eines Hampelmanns, ist zuerst in einer Zeitung in einzelnen Artikeln veröffentlicht worden. Später — im Jahre 1883 — erschien Pinocchio in Buchform. Er ist zu einem bedeutenden Werk der Kinderliteratur geworden. Die Erzählung ist nicht durch langweilige Moralpredigten ausgeschmückt und gehört zu den meistgelesenen Kinderbüchern. Für die Kinder ist Pinocchio ein Freund geworden, für die Erwachsenen ist er eine schöne Erinnerung an ihre Jugendzeit.
Es war natürlich, dass man an den berühmten Hampelmann dachte, als es sich darum handelte, einen Namen für unser Haus zu wählen, wo bereits 16 italienische Knaben und Mädchen wohnten. Diese erste Gruppe italienischer Kinder ist am 7. März 1948 ins Pestalozzidorf gekommen, wo sie in das neu gebaute Haus einziehen durften, das mit Spenden der Zürichsee-Gemeinden gebaut werden konnte.
Im nächsten Jahr, am 24. September 1949, fand die Einweihung und die Taufe des Hauses statt. Der Name "Pinocchio" sollte jene Kinder nicht nur an den sympathischen Hampelmann erinnern, sondern auch an das neue und gute Haus, das sie beherbergen sollte.

Schüler des Hauses «Pinocchio»

— Die Seite der Ehemaligen —

EINE VERSPÄTETE WEIHNACHTSGESCHICHTE.

Liebe Ehemalige,

Weihnachten ist längst vorüber, aber die Erinnerung an eine schöne Geschichte, die sich an Weihnachten 1962 im Kinderdorf zugetragen hat, ist in allen, die sie miterlebt haben, noch so wach, wie wenn sie sich gestern ereignet hätte. Ich möchte sie Euch, liebe Ehemalige, erzählen:

Am Abend des vierten Adventssonntages musizierten wir mit unseren Kindern im Nagelhaus. Im roten Polstersessel mit der hohen Rücklehne sass ein Gast: Willy. In den schweren Arbeiterhänden des alten Mannes glimmte ein Stumpen. Willy zog selten daran. Er hatte heute abend so viel zu bestaunen: Auf dem kleinen Tisch lag ein Adventskranz mit vier roten brennenden Kerzen, von denen die letzte, die vierte eben angezündet worden war. Willys Augen wanderten von den Kerzen zu den farbigen weihnachtlichen Scherenschnitten an den Fenstern, zu den singenden und musizierenden Kindern unserer Familie. Als die Kinder später zu Bett gingen, fragte die Jüngste: „Warum het dä Ma so glueget? Tuet dä deheim nid Advent fiere?"

Gewiss hat Willy in seinem langen Leben selten Gelegenheit gehabt, Advent und Weihnachten im Familienkreis feiern zu können. Bruchstücke seines Lebensschicksals haben wir, meine Frau und ich im abendlichen Gespräch mit Willy erfahren: Als Jüngster einer armen und kinderreichen Arbeiterfamilie im Seeland geboren, musste er seine Familie früh verlassen. Er kam zu einem Bauern und später auf Bauplätze. Dreissig Jahre lang hat er als Bauarbeiter bei Wind und Regen, an kalten und heissen Tagen gearbeitet. Er gründete keine Familie. Er war ja der Jüngste, der kleine Willy. Und später, als die älteren seiner Geschwister bereits gestorben waren, musste er mit dem Verdienst aus seiner Arbeit für seine zwei älteren Schwestern sorgen helfen.

Willy bewohnt heute mit diesen beiden Schwestern eine kleine Miethauswohnung in einer Stadt im Seeland. Er erzählte uns nun am Adventsabend, wie gerne er einmal ein Ferienkind eingeladen hätte. Die Schwestern erlaubten es ihm nicht. Und nun sei er vor zwei Jahren auf den Gedanken gekommen, den Kindern des Pestalozzidorfes eine Weihnachtsfreude zu machen. Er bestellte bei einem Bäcker 200 Bernerlebkuchen. Willy wartete auf die Lieferung. Sie erfolgte nicht. Kurz vor Weihnachten 1961 erkundigte er sich. Nun stellte es sich heraus, dass der vorsichtige Bäckermeister sich nach den Verdienst- und Zahlungsmöglichkeiten Willys erkundigt hatte. Das Ergebnis dieser Nachfrage liess den Bäckermeister zum Schlusse kommen, die Bestellung nicht auszuführen. Nun war es aber für den tiefenttäuschten Willy zu spät, für Weihnachten 1961 noch etwas zu unternehmen. Er plante nunmehr für Weihnachten 1962. Und er ging diesmal mit Umsicht und Ueberlegung ans Werk: In einer anderen Bäckerei bestellte er rechtzeitig seine 250 „Bärenmutzen". Man sagte ihm, das Stück koste aber Fr. 1.-. Willy zeigte keine Ueberraschung, dafür drei Hunderternoten, die er sich im vergangenen Jahr erspart hatte. Der Bäcker war beruhigt, und Willy packte Mitte Dezember 1962 seine 250 Lebkuchen sorgfältig in zwei Holzkistchen und in eine grosse Kartonschachtel ein, spedierte die Sendung nach Trogen und reiste ihr selbst auf Umwegen nach. Auf Umwegen deshalb, weil Willy bei dieser Gelegenheit auch noch einen alten Onkel im Toggenburgischen besuchen wollte. Er fand den Greis nach einem mehrstündigen Fussmarsch durch mehr als knietiefen Schnee in seinem abgelegenen Hüttlein, schaufelte ihm einen Fussweg zum nächsten Gehöft und setzte seine Reise nach Trogen fort, wo er eben am vierten Advent anlangte.

Willy ging an diesem Abend früh schlafen. Im Köfferchen, das er auf unser Gastzimmer nahm, hatte er aber nichts anderes mitgebracht als etwas Zwischenverpflegung, einen Hammer, ein paar Nägel und eine grosse Zange.

Am 24. Dezember 1962 erlebte Willy seinen grossen Tag, die Erfüllung des seit Monaten und Jahren gehegten Wunsches: Kurz vor Mittag stand er auf dem Dorfplatz des Pestalozzidorfes. Die Kisten hatte er mit seiner Zange geöffnet, die Schachtel lag bereit. Und nun erschienen die Kinder über zweihundert! Jedem überreichte Willy jetzt einen „Bärenmutz", einen Berner-Lebkuchen; jedem drückte er nachher die Hand, und für jedes Kind hatte er das gleiche zufriedene Lächeln bereit, auch für das Letzte. Als er eben einem Tibeterbuben einen Lebkuchen überreicht hatte, wollte ich ihn darauf aufmerksam machen: „Das war ein Tibeter", sagte ich ihm. Er aber meinte: „Oh, das macht nichts!" Als Kisten und Schachtel leer waren und die Kinder mit dem Gebäck ihren Häusern zustrebten, schaute ich mir unseren Willy an: Ich glaube kaum, dass jemals ein glücklicherer Mensch auf unserem Dorfplatz gestanden hat.

Erst beim Mittagessen merkte Willy, dass seine breiten Arbeiterhände vor Kälte ganz steif geworden waren. Unsere Krankenschwester massierte sie ihm. Willy wurde ganz verlegen. So etwas war ihm wohl in seinem Leben noch nie widerfahren. Nach dem Essen aber hielt es unseren Gast nicht mehr länger im Dorf. Er ordnete seine Kisten und machte sie für den Rücktransport bereit. Ich wollte wissen, warum er denn diese zwei dünnwandigen Behälter wiederum mitnehmen wolle. Willy erklärte mir, dass er aus diesen Kisten Brennholz machen werde. „Wissen Sie", sagte er, „in unserer Wohnung steht ein kleiner Holzofen. Es gehört zu meiner Aufgabe, diesen Ofen jeden Tag zu bedienen, so dass meine Schwestern nicht frieren müssen." Ich verabschiedete mich von Willy und wollte wissen, ob er sich denn in St. Gallen etwas auskenne. Und nun erfuhr ich zum Schlusse noch etwas ganz Schönes: „Ja", sagte er, „ich kenne mich schon aus. Ich war zweimal an der Olma. Vor unserem Mietshaus steht ein kleines Zwetschgenbäumlein. Es ist krank. Aber es hat bis jetzt jeden Winter überstanden. Ich pflege es. Meine Schwestern sagen: Lass es doch kaputt gehen, es gehört ja nicht dir, und die andern Bäumchen sind auch kaputt gegangen. Aber ich will es am Leben erhalten. Und an der Olma wollte ich herausfinden, ob man Mittel kaufen kann, um kranke Zwetschgenbäumchen zu pflegen."

So, liebe Ehemalige, das ist die Weihnachtsgeschichte, die uns der alte Willy nicht erzählt, sondern vorgelebt hat.

Ihr könnt Euch ja denken, dass ich den lebkuchenverteilenden Willy auch fotografiert habe. Wenn Ihr das nächste Mal in Trogen seid, werde ich Euch, wenn Ihr wollt, sein Bild zeigen.

Es grüsst Euch herzlich Euer Arthur Bill.

Erlebnisse mit Zsozso

Nemrég egy uj testvèr-pàr jött a magyarhàzba. Egy hàrom éves kislàny a négyéves bàtyjàval. A kislànyt Zsozsónak hivják. Nagyon èdes kis csöppsèg, ezért, ahogy ide jött mindjárt a szivembe zàrtam. Az elején nagyon nehezen indult meg közöttünk a baràtsàg, mert egy akaratos, kis vadoc volt. Ha az ölembe akartam venni, vagy jàtszani akartam vele, elkezdett sikoltozni és a földhöz verte magàt. Nekem az a tervem, hogy ovonö leszek, és elhatàroztam, hogy megprobàlom a kislànyt magamhoz édesgetni. Elöször egy pàr jàtékkal próbàlkoztam, kedvesen szoltam hozzà, de nem eröszakoskodtam vele, pedig sokszor nagy türelemre volt szükség. Késöbb aztàn màr képes könyveket mutogattam neki, amit nagy érdeklödéssel és nagyra nyitott szemekkel nézett. A mi kis zsozsónk màr nem volt olyan vad, de beszélgetni még mindig nem akart. Egyszer sètàlni vittem és a sèta közben làtottakról mesélgettem neki. Màr akkor ö is meg-meg szólalt és kérdezgetett egyet-màst. A kivàncsisàga mind agyobb lett, és mind jobban-jobban nyitotta meg kis szivecskéjét velem szemben. Most, ha sètàlni viszem, én màr alig kell beszéljek, mert annyit csacsog, hogy csak gyözzem hallgatni. Igaz, hogy felét sem értem meg amit mond, de ha olyankor csak bologatok, az neki màr elég. Mikor iskolàba megyek és benézek az ovòda ablakàn, màr nyujtja felém a kís kezecskéit mosolyog ràm az ö aranyos mosolyàval. Azelsö csatàt megnyertem aminek nagyon örülök.

Vajda Màrta 12 éves.

Vor kurzem kamen zwei Geschwister in unser Haus: ein dreijähriges Mädchen mit ihrem vierjährigen Bruder. Das Mädchen heisst Zsozso. Sie ist ein sehr reizendes Kind, und von Anfang an habe ich sie in mein Herz geschlossen. Unsere Freundschaft begann ganz langsam, weil Zsozso wild und querköpfig war. Wenn ich sie auf meine Knie nehmen oder mit ihr spielen wollte, begann sie immer zu schreien, und sie warf sich auf den Boden. Mein Wunsch ist, Kindergärtnerin zu werden und deshalb nahm ich mir vor, Zsozso zu „zähmen". Am Anfang versuchte ich es mit ein paar Spielzeugen. Ich sprach freundlich mit ihr, und ich zwang sie nie, etwas zu tun; aber oft war viel Geduld nötig. Später zeigte ich ihr Bilderbücher, welche sie mit grossen Augen und mit grossem Interesse betrachtete. Unsere kleine Zsozso war nicht mehr so wild, aber sprechen wollte sie immer noch nicht viel.

Einmal ging ich mit Zsozso spazieren und erklärte ihr, was wir sahen. Da begann sie hie und da etwas zu fragen. Ihre Neugier wurde immer grösser über die Dinge, die uns umgeben, und langsam wurde sie auch zutraulicher. Jetzt, wenn ich sie spazieren führe brauche ich selten etwas zu sagen, denn sie erzählt mir alles, was sie beeindruckt. Zwar verstehe ich oft nicht, was sie sagen will, aber mit einem Kopfnicken ist sie zufrieden und schwatzt fröhlich weiter. Wenn ich in die Schule gehe und im Vorbeigehen in den Kindergarten schaue, streckt sie sofort ihre Hände nach mir und lächelt mir zu. Die erste Schlacht habe ich gewonnen, worüber ich mich sehr freue.

Marti Vajda, 12 Jahre,
Ungarnhaus „Kukorciza Jancsi"

བོད་ཁང་གཉིས་པ།

༄༅། །གངས་ཅན་མར་གྱུར་འབགད་རྡོ་ཧ་ཚང་
ཆེན་པོ་ཡིག །ང་ཚོ་བོད་པའི་བུ་དང་བུ་མོ་ཁག་གཉིས་
མ་གྲོགས་བྱེད་འགྲོ་རེད། ཁོ་རྣམས་བཞུགས་ས་
ནི་ཨེ་ཅེའི་ཁང་པ་བཞེས་ཤེན་འཚོན་ཟེར་བ་དེ་རེད།
དེ་སྐབས་སུ་དེར་སློབ་ཕྲུག་མེད་པར་བསྡད་ང་ཚོའི་
སློབ་གྲ་རྗེས་མ་ཚོགས་གནང་འགྱི་རེད། ཁང་པར་
བཟར་དུ་གཙོ་བཅོས་གནང་ནས་ཡར་རྒྱས་ཞེ་དྲག་དང་
གནང་སོང༌། ང་རང་ཚོའི་ཕྱོགས་ནས་ཀྱང་ཕྱག་རོགས་
གང་ཐུབ་ཐུབ་ཞུས་པ་ཡིག །གདོད་པ་འཕྲི་ཡག་གི་ཨ་
ཙེར་ཡན་ཆད་ནས་གསར་པ་བཟག་གནང་སོང༌། ཁང་
པའི་མཐའ་སྐོར་ལ་ཡང་མེ་ཏོག་བཙུགས་སློབ་སྟོན་གནང་
དཀའ་ཁང་པ་དེ་བོད་བསྐྱགས་གནང་ཚར་བ་སོང་ཙང་།
སློབ་གྲ་རྗེས་གཉིས་པ་འབྱོར་མཁན་ཚོས་མཐོང་བའི་
སྐབས་ལ་དགའ་པོ་ཞེ་དྲག་ཡོང་འགྱི་རེད། གོང་གསལ་
ཡ་ཚོ་ནས་བགང་རྡིན་ཆེ་ལུ་གི་ཡིག །ང་ཚོ་བོད་རིགས་
སློབ་ཕྲུག་འབྱོར་ཉེར་བསྡད། ཉིན་གཞོན་ཚང་མ་ཁོ་
ཚོ་སློག་ཡུན་ཚོགས་རྣ་བུའི་དང་ད་གནས་ཡོད། །

རྣམ་སྐྱིད་ཕུན་ཚོགས་སྐྱེལ་དཀར།
རང་ལོ་ ༡༣ ༡༩༦༣ སྤྱི་ཟླ་ ༡༡ ཚེས་བཟང་པོས།

Wir bereiten das Haus vor

Wir Kinder von Yambhu Lagang sind sehr glücklich, weil unsere zweite Gruppe von Tibeter-Kindern sehr bald in ihr neues Heim in der Schweiz kommen wird. Ihre Wohnung wird das alte englische Haus „Stepping Stones". Dafür sind wir alle sehr dankbar.

Von den Sommerferien waren zwei englische Häuser, aber dann haben viele englische Kinder die Schulzeit abgeschlossen, und einige sind in England geblieben. Der Rest der „Stepping Stones" Kinder, wurde im andern englischen Haus untergebracht. Das Dorf hat das leere Haus sehr schön renoviert und wir haben dabei auch geholfen. Zum Beispiel haben wir geputzt und die Schränke vorbereitet. Genau gesagt haben wir von den Handtüchern bis zum Garten alles in Ordnung gebracht. Die ankommenden Kinder werden sicher froh sein, wenn sie ein ordentliches Haus sehen werden. Wir freuen uns sehr auf die Ankunft unserer Landsleute.

Wir warten jeden Tag auf Nachrichten aus Indien, wann die zweite Gruppe von dem Flughafen in New Delhi in Richtung Schweiz starten wird. Hoffentlich so bald wie möglich!

Dolkar 13 Jahre alt

Die Namen der neuankommenden Tibeterkinder für das „Stepping Stones"

Pema Chosang, Tsering Dhawa Konpo, Tsoina Kesang Lhanzom, Ngana Tsering Lhanzom, Galtse Bhomo Nechung, Galtse Dhuna Tsuthup, Dhaygay Teshi Lhakee, Dhaygay Tsering Choden.

Sonam Tsethen, Tsering Dorji, Jigme Wongchu, Thu Tsorup Kunchok, Mota Sonam Thopgyal, Lhasawa Bhoqachung, Tethong Phuntsok Namgyal, Tethong Khunga Nagmyal, Chhantring Losang Gyatso.

Kippel im Lötschental

Kippel, ein abgelegenes, kleines Bergbauerndorf, liegt an der Lonza. Es zählt nur 402 Einwohner. Die Häuser sind aus Holz gebaut unb klein. Wir stehen in einer schmalen Strasse vor diesen dicht aneinandergebauten Häusern. Gerne möchten wir eines davon näher betrachten. Schmale Treppen führen zur Haustüre, über welcher ein frommer Spruch in einen dunklen Holzbalken eingeschnitzt ist. Es ist ein ziemlich niedriges Haus mit einem Schindeldach, worauf noch Steinplatten liegen, die das Dach vor Wind und Schnee schützen. Die Häuser wurden von den Bauern selber gebaut, wobei keine Nägel verwendet wurden. Die Balken wurden "gewättet" oder durch Holzzapfen verbunden.

Wir klopfen an und fragen, ob wir uns das Haus auch von innen ansehen dürfen. Die Hausfrau lässt uns in ihre niedrige Stube eintreten. Das Zimmer ist sehr dunkel und riecht nach Holz. In einer Ecke steht der hier so typische Giltsteinofen, der im Winter mit Holz geheizt wird. An einem Balken an der Decke ist die Geschichte der Familie eingeschnitzt. An den Wänden hängen Heiligenbilder; die Lötschentaler sind sehr religiös. In der kleinen Küche sehen wir einen Holzherd und daneben einen elektrischen Herd. Da die Wände der Küche ganz russig sind, kann dieser noch nicht lange hier stehen. Auch fliessendes Wasser ist vorhanden.

Wie wir hinausgehen, verabschiedet sich die Frau im Lötschentalerdialekt, den wir nicht verstehen. Er tönt für uns, wie ungarisch oder tibetisch. Von Prior Siegen, einem erwürdigen, alten Herrn, den wir anschliessend besuchen, erfahren wir, dass der Lötschentalerdialekt ein Althochdeutsch ist, das sich in diesem abgeschlossenen Tal recht gut erhalten hat.

Prior Siegen erzählt uns noch weitere Einzelheiten über das Lötschental und über Kippel: Der Name des Tales und seines Flusses stammen wahrscheinlich vom keltischen Wort Loudio— Blei her. Lötschental heisst also Bleital und Lonza Bleifluss. Es gibt auch über Goppenstein eine halbverfallene Bleimine, deren Blei Spuren von Silber enthält.

Die meisten Häuser von Kippel sind zwischen dem 16. und dem 18. Jahrhundert gebaut worden; es ist aber auch noch ein Teil eines Hauses aus dem Jahr 1244 erhalten. Wir finden auch über 500 Jahre alte Familiennamen wie Rieder, Rittler, Jaggy, Bellwald, Rubin und Murmann.

Die moderne Zeit macht sich auch hier bemerkbar. Die jungen Leute werden nicht mehr Bergbauern; sie gehen besseren Verdienstmöglichkeiten in der Industrie des Wallis nach. Die Maskenschnitzerei, ursprünglich ein religiöser Brauch aus alten, heidnischen Zeiten, ist zur Heimindustrie geworden. Der Tourismus wird als Erwerbszweig immer wichtiger.

Hoffen wir dass das Lötschental bei dieser Entwicklung, von der es sich nicht abwenden kann, seine Schönheit und seine Eigenart nicht verliert.

Vom 25. Mai bis am 1. Juni 1963 durfte der Realzug unserer Oberstufe eine Arbeitswoche im Ferienheim der Gemeinde Kriens verbringen, das sich in Kippel im Lötschental befindet. Hier sind einige Eindrücke wiedergegeben.

Sternsingen

Das Sternsingen ist in Österreich ein alter Brauch. Am 6. Jänner gehen die heiligen drei Könige von Haus zu Haus, singen Lieder und sagen Sprüche auf. Dafür erhalten sie dann meist von der Hausfrau kleine Geschenke in Form von Süssigkeiten, Zuckerln und Bäckereien.

Auch wir im Österreicherhaus pflegen diesen Brauch schon lange. Immer gibt es Aufregung, wenn die Könige ausgewählt werden. Da heuer fast nur kleine Kinder im Hause sind, hatten wir drei kleine Könige. Die Gewänder mussten allerdings ein wenig geändert werden, denn bis jetzt waren immer die grösseren Kinder Könige gewesen.

Fredi war König Kaspar. Er hatte ein weisses Hemd, graue Sonntagshosen und schwarze Stiefel an. Um den Bauch trug er eine reichverzierte Schärpe. Auf der einen Seite baumelten zwei bunte Quasten herab. Über dem Hemd trug er noch ein schwarzes Gilet. Seinen Kopf bedeckte ein Turban, auf dem noch ein roter Fez thronte. Hände und Gesicht waren mit Russ geschwärzt.

Walter durfte König Melchior sein. Ihm brauchten wir das Gesicht nicht zu schminken, er hat von Natur aus eine dunkle Haut. Auch er hatte ein wunderbares Kostüm an. Der blaue Turban passte ausgezeichnet zu seinem braunen Burnus.

Rudi verkörperte Balthasar. Er hatte ein blaues Gewand mit einer roten Schleppe und einer gelben Schärpe. Seinen Kopf zierte eine „goldene" Krone.

Petzi, unser Kleinster, durfte der Sternträger sein und sah in seinem Ministrantenkleid allerliebst aus.

Hinter diesen vier Würdenträgern formierten sich die restlichen Hausbewohner zu einem Zug und nachdem wir zur Generalprobe bei unserem Haus unser Programm abgewickelt hatten, begaben wir uns auf den Dorfrundgang. Wir besuchten alle Kinderhäuser, die Büros, die Gemeinschaftsküche und die Wäscherei. Franzi schrieb an die Türstöcke 19-K-M-B-64. Unsere Lieder und Verse gefielen allen recht gut. Nach altem Brauch hatten wir auch eine Tasche mitgenommen, in die wir die Bäckereien und Süssigkeiten, die wir erwarteten, legen wollten. In manchen Häusern war unser Brauch schon bekannt, und alsbald wurde uns die Tasche zu klein. Nächstes Jahr werden hoffentlich alle wissen, warum wir eine Tasche zum Sternsingen mitnehmen. Bei der gemeinsamen Dreikönigsfeier am Abend führten wir unser Stückchen in der Canada-Hall noch einmal auf und wir freuten uns sehr, dass es allen gut gefallen hat.

Thomas, 11 Jahre „Kindersymphonie"

Leggenda Abruzzese

Un giorno Re Erode mandò degli sgherri in cerca di Gesù bambino perché lo voleva fare uccidere. Quando Maria di Nazareth lo seppe scappò verso il mare la fu imbarcò e dopo un lungo viaggio approdò sulle coste di Abruzzo. Sbarcata, non sapeva dove rifugiarsi. Camminava per campi e per strade e nessuno l'accoglieva. Un brutto giorno, mentre si trovava in un praticello col suo bambino, vide da lontano dei soldatacci che si avvicinavano minacciosi e gridando: "E lei è lei".

La Madonna non sapeva dove rifugiarsi: nel praticello non c'era che una vecchia pianta di ulivo al quale si rivolse implorando perché fosse aiutata. Subito l'ulivo si aprì, inarcò i rami come fosse una capanna, accolse Maria e Gesù bambino e si richiuse.

Intanto i soldatacci arrivarono tutti contenti per la preda sicura, ma non trovarono più nulla soltanto il vecchio ulivo silenzioso. Gli sgherri di Erode si diressero allora verso un'altura all'orizzonte e proseguirono il loro inseguimento.

In seguito l'ulivo si riaprí ed uscirono Maria e Gesù sani e salví. Maria ringraziò la generosa pianta e predisse che il suo frutto sarebbe stato benedetto. Infatti oggi l'olivo è simbolo di pace; l'olio è simbolo di estrema unzione per i moribondi, é delicato condimento sulle mense. I rami e le foglie dell'olivo sono divenuti simboli di pace fra gli uomini in seguito all'apporto della colomba di Noè.

Riassunto fatto dall'alunna
Marcella, anni 12, „Pinocchio"

Legende aus den Abruzzen

Eines Tages befahl König Herodes seinen Häschern, das Jesuskind zu suchen, weil er es wegschaffen wollte.

Als Maria dies erfuhr, eilte sie zum Meer, liess sich dort einschiffen und nach einer langen Reise erreichte sie die Küste am Fusse der Abruzzen. Nun wusste sie nicht wohin sich wenden. Sie zog durch die Felder und Strassen und niemand lud sie zu sich ein. An einem hässlichen Tag, während sie sich mit ihrem Kind auf einer kleinen Wiese befand, sah sie von weitem Soldaten, die sich drohend und schreiend näherten: "Sie ist es, sie ist es!" Die Mutter Gottes wusste nicht, wohin sie flüchten sollte, auf der kleinen Wiese gab es nur einen alten Olivenbaum. An diesen wandte sie sich flehend und bat um Hilfe. Sofort öffnete sich der Baum, formte die Aeste wie eine Hütte, umfing Maria und das Jesuskind und schloss sich wieder. Unterdessen kamen die böswilligen Soldaten an, ganz zufrieden ob der sicheren Beute, aber nichts war zu finden ausser einem alten, stummen Olivenbaum. Die Häscher von Herodes wandten sich nun in eine andere Himmelsrichtung und suchten weiter.

Da öffnete sich der Olivenbaum wieder und Maria und Jesus kamen zum Vorschein, gesund und glücklich. Maria dankte dem grosszügigen Baum und versprach, dass seine Früchte geheiligt sein werden. Deshalb ist heute die Olive ein Friedenssymbol: das Oel ist Symbol der letzten Oelung der Sterbenden, es ist auch ein feiner Zusatz für die Speisen und die Zweige und Blätter sind zu Friedenssymbolen zwischen den Menschen geworden. Schon die Taube Noahs hat einen Oelbaumzweig getragen.

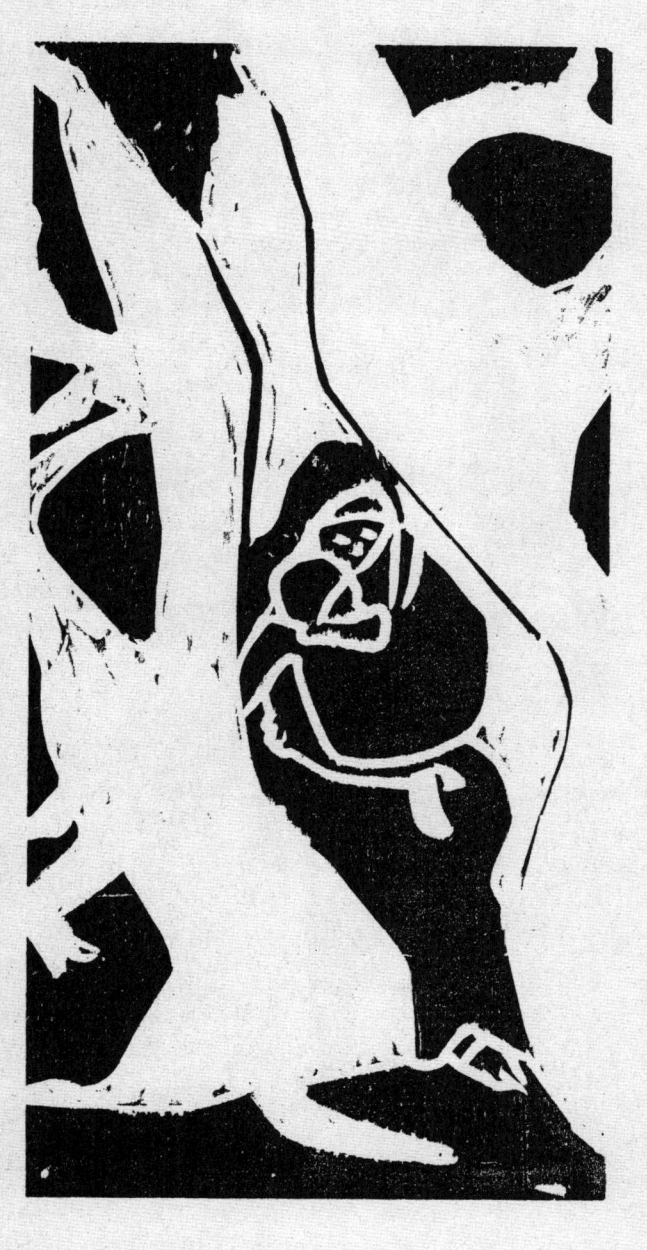

Das Feuer ist ausgegangen

"Warum ist es denn im Haus so kalt geworden?", denke ich mir und taste nach der Heizung. Richtig, das Feuer ist ausgegangen und die Heizung ist kalt. Ich laufe zu Vati und frage ihn:" Vati, darf ich einheizen?" "Wenn du kannst, ja. Vergiss nicht, den Ofen auszuräumen und schau, dass du deine Finger nicht verbrennst," antwortet Papa. Ich laufe schnurstracks in den Keller. Der Aschenkübel steht schon geöffnet neben dem Ofen. Ich mache das Ofentürchen auf. Kommt aus dem Ofen aber viel Asche! Die Schlacke muss ich mit der Schlackenzange aus dem Ofen angeln. Nach einer Weile bin ich mit dem Ausräumen fertig. Der Ofen ist leer, aber wie sehe ich aus! Bis zu den Ellenbogen schmutzig! Im Gesicht habe ich auch ein paar Verzierungen. Ich fahre mit dem Waschlappen einmal über das Gesicht, dann laufe ich zu Vati um Zündhölzer. Vati gibt mir eine ganze Schachtel Streichhölzer, aber er schärft mir ein, recht sparsam umzugehen.

Ich bedanke mich und gehe zu meiner Arbeitsstätte zurück, angle aus der Papierkiste einen Karton und mehrere Zeitschriften. Die Zeitschriften schiebe ich in den Ofen, den Karton zünde ich an und stecke ihn dann ebenfalls zu den Heften. Es dauert nicht lange, dann steht der Papierstoss in Flammen. Ich laufe in den Schuppen und hole Hölzer die ich einzeln in den Ofen werfe. Nachdem alle mitgebrachten Hölzer im Ofen sind, nehme ich den Schürhaken und rüttle den Ofen durch. Die herabgefallene Asche lasse ich liegen, aber die herausgefallene Asche kehre ich auf eine Mistschaufel und leere sie in den Aschenkübel. Jetzt schaue ich wieder in den Ofen. Das Feuer prasselt und knistert. Ich glaube, jetzt kann ich Kohlen in den Ofen geben. Mit der Kohlenschaufel schaufle ich Kohlen in den Ofen. Allmählich beginnt das Ofenthermometer zu steigen und ich schliesse das untere Ofentürchen. Die Werkzeuge bringe ich wieder an ihren Platz. Von Zeit zu Zeit lege ich Koks nach und schaue, ob das Feuer gut brennt. Im Hause aber wird es traulich warm.

Trixi, 11 Jahre
"Kindersymphonie"

Jako, notre perroquet

Depuis quelque temps, la maison possède un nouveau pensionnaire: un perroquet Jako qui égaie" les Cigales". Quand on l'a recu il y a quelques mois, il était trés craintif. Gare à son bec dur et puissant! Personne n'osait mettre le petit doigt entre les barreaux.
Aujourd'hui il est devenu trés familier. Jako, comme on l'appelle, apprit très rapidement à chanter, à dire quelques mots. Il ne s'ennuie jamais. De temps en temps il ouvre la porte de sa cage, l'escalade et regarde par la fenêtre. Galant jeune homme, il n'oublie pas de rendre visite aux demoiselles perruches, ses voisines. Trouve-t-il le buffet ouvert, il y enfonce curieusement la tête.
Jako n'aime pas être négligé. Oublie-t-on de le saluer le matin, un „hou-ou Jako" nous appelle près de la cage, ou il nous accueille de son regard le plus doux. Aussi est-il notre grand ami à nous tous. „Bravo Jako" conclue-t-il lui-même.

Jean-Paul Kowalczyk
Les Cigales

Jako, unser Papagei

Seit einiger Zeit besitzt das Haus einen neuen Bewohner: einen Papagei, der die „Cigales" erfreut. Als wir ihn vor einigen Monaten bekommen haben, war er sehr ängstlich. Wehe dem, der seinen kleinen Finger zwischen die Stäbe des Käfigs steckte! Jetzt ist er sehr zutraulich geworden. Jako, wie wir ihn nennen, hat sehr schnell pfeifen, singen und sprechen gelernt. Er langweilt sich nie. Von Zeit zu Zeit öffnet er seine Türe, klettert auf den Käfig und schaut aus dem Fenster. Als galanter Jüngling vergisst er nicht, seine Nachbarinnen, die Wellensittiche zu begrüssen. Findet er den Schrank offen, steckt er neugierig seinen Kopf hinein. Jako will nicht vernachlässigt sein. Vergessen wir am Morgen, ihn zu begrüssen, ruft uns ein „Hu-u Jako" an seinen Käfig. Er erwartet uns mit seinem herzlichsten Blick. Jako ist für jeden von uns ein grosser Freund. „Bravo Jako" - so schliesst er selbst diesen Text.

Le médecin des Noirs.

Dimanche le 5 septembre 1965 a été enterré à Lambaréné, près de son hôpital. le bon et grand docteur Albert Schweitzer.

Né en Alsace en 1875, il y fit des études pour devenir pasteur, puis il se fit médecin car il voulait aider et soulager ceux qui souffrent. Il partit donc en 1913 pour l'Afrique, à Lambaréné pour venir en aide aux Noirs. Un vieux poulailler abandonné fut son premier hôpital. Là il soigna et opéra les premiers malades. Beaucoup d'autres voulurent être guéris. Avec quelques aides seulement il défricha des coins de la forêt, planta des arbres et des légumes pour éviter la famine. Il construisit son hôpital et agrandit le village. Lorsque la cloche sonnait pour la prière, le docteur devenait le pasteur de ses malades. Il leur apprit à prier, à s'aimer et à pardonner.

Il éleva et soigna avec beaucoup d'affection les animaux que les indigènes lui avaient offerts en reconnaissance. Il aimait et respectait tout ce qui l'entourait.

Dans sa chambre la lumière brûlait encore tard dans la nuit: il était toujours actif. Point de repos pendant ses congés en Europe. Il donna de brillants concerts d'orgue, tint des conférences et publia des livres. L'argent reçu servit à sauver beaucoup d'autres malades.

Par son dévouement et sa grande bonté le docteur gagna le coeur et la confiance des Noirs qui accoururent vers lui des régions les plus éloignées à travers la forêt vierge.

« Nous vivons pour supprimer la souffrance » disait-il.

Ein grosser Mann

Am Sonntag, den 5. September, wurde der gute und grosse Doktor Albert Schweitzer auf dem Friedhof seines Spitales in Lambarene begraben. Er wurde 1875 im Elsass geboren, studierte, wurde zuerst Pfarrer, dann Arzt, denn er wollte sein Leben den Kranken und Leidenden widmen. 1913 fuhr er nach Afrika, nach Lambarene, um den Schwarzen zu helfen.

Ein unbenützter Hühnerstall ist sein erstes Spital. Dort pflegt und operiert er seine ersten Kranken, denen so viele andere nachfolgen. Mit Hilfe der Schwarzen rodet er Teile des Urwaldes, pflanzt Gemüse und Bäume, denn die Hungersnot droht. Er baut ein Spital und vergrössert das Dorf.

Wenn die Glocke zum Gebet läutet, wird der Doktor Pfarrer. Er lehrt seine Kranken beten, lieben und verzeihen. Mit ebenso viel Liebe besorgt er die Tiere, die ihm die Eingeborenen aus Dankbarkeit schenken: Pelikan Papagei und Antilope. Er ist ihr grosser Freund. Dr. Schweitzer begegnet allem Leben mit Ehrfurcht und Liebe. Bis spät in die Nacht brennt das Licht über seinem Arbeitstisch.

Während seiner Ferien in Europa kennt er keine Ruhe. Er gibt grossartige Orgelkonzerte, hält Vorträge, gibt Bücher heraus. Froh kehrt er zurück. Mit dem verdienten Geld wird er viele Kranke retten können.

Vergessen auch wir dem Spruch seines Lebens nicht: „Wir leben, um das Leid zu lindern".

» LESCIGALES »

Herbstferien im Wägital

Wir freuten uns riesig, als wir vernahmen, dass wir in den Herbstferien ein Wanderlager im Wägital machen würden und dort in einer schöner Skihütte wohnen könnten. Das Wägital war für uns sowieso ein Ereignis, weil dort ein Dorf unter dem künstlichen See liegt. Noch grösser wurde unsere Freude, als Vati uns eines Tages sein langes, rotes Bergseil zeigte und sagte, das sei dann zum Abseilen. Wir prahlten schon vorher und jeder wollte ber Mutigste sein.

An einem Mittwoch fuhren wir endlich los. Als wir in Innerthal ankamen, konnten wir nur noch „Ah" und „Oh" sagen. Alles war so schön. Der See lag da und liess unter sich das geheimnisvolle Dorf vermuten. Ringsum ragten Bergspitzen gegen den Himmel, und der Herbstwald war voller Farben. Doch nun ging's zur Skihütte. Wir erkundeten unsere Schlafplätze. Kurt schlief rechts und Beat und Roger, meine Brüder, links von mir.

Schon am nächsten Tag durften wir abseilen. Doch zuerst mussten wir lernen, wie man am Seil geht und sich sichert. Man muss gut aufeinander aufpassen. Unser Ziel war der Rossalpelispitz (2075 m). Der Weg war sehr steil, und wir musten eine Geröllhalde und Felsen durchqueren. An schwierigen Stellen gingen wir am Seil. Oben hatten wir eine prima Aussicht. Wir sahen Vrenelis-Gärtli, den Glärnisch und den Tödi

Auf dem Rückweg fanden wir eine günstige Stelle zum Abseilen. Vati lehrte uns, wie man mit Repschnur und Karabinerhaken ein Brustgeschirr macht und wie man sich richtig anseilt. Wir sahen aus wie die Himalajaexpedition. Wir mussten das doppelte Seil zwischen den Beinen durchnehmen und dann von hinten über die Schulter werfen. Mit der einen Hand fasste man nun vorne, mit der andern hinten und dann musste man fest zurückliegen und immer etwas Seil nachgeben. Vati zeigte es uns vor. Dann ging ich als Erster. Es war nur eine leicht geneigte Wand und es ging gut. Bis am Abend trainierten wir an dieser Stelle.

Schon am andern Tag übten wir an einer senkrechten Felswand. Jetzt war das Sichern sehr wichtig. Zum Schluss suchten wir einen überhängenden Felsen. Hier war es schwierig, aber schön! Man musste sich fest gegen den Felsen stemmen und nach unten gleiten lassen. Mit den Beinen musste man sich immer etwas vom Fels abstossen, damit man schön gleiten konnte. Als ich frei im Seil hing, hatte ich ein ganz kribbliges Gefühl in der Magengegend. Es war aber wunderbar. Unten erblickte ich den See. Ringsherum sah ich die Bergspitzen und den farbigen Herbstwald. Dann liess ich mich hinuntergleiten und hatte wieder festen Boden unter den Füssen.

Alle kamen gut unten an. Sogar unsere dänische Gehilfin machte es ganz grossartig. Nur einmal fiel ein Stein auf Vatis Kopf. Es hat ihm aber nichts gemacht denn er hat eben einen Bernerschädel.

Text von René, 12 Jahre, — redigiert von Käthi
Schweizerhaus »Heimetli«

Land der Klöster und Mönche

In Tibet gab es zahlreiche Klöster, wie hier in Europa. Die meisten Mönche wurden von den Eltern ins Kloster geschickt, aber die Söhne mussten nicht unbedingt Mönch werden. Wenn eine Familie zum Beispiel drei oder vier Söhne hat, wurde einer ins Kloster geschickt. Die Zahl der Bevölkerung ist 8 Millionen. Davon sind mehr als 50'000 Mönche.

Wir erzählen etwas über die Klöster: Wenn wir die Kinder ins Kloster bringen, muss der Tag ein bestimmtes Datum haben. Im Kloster werden die Kinder zu zwei Lehrern gebracht. Ein Lehrer ist für das gewöhnliche Lernen und der andere für den Charakter. Wenn das Kind zum Beispiel etwas Schlechtes tut, so wird der Erzieher vom Direktor bestraft.

Das Essen der Kinder wird vom Lehrer besorgt. In einigen grösseren Klöstern sind über 8'000 Mönche. Die sind meistens einen weiten Weg nach Lahsa gekommen. Sie sind alle über 20 Jahre alt. Alles was der Schüler verdient, gibt er seinem Lehrer. Die Schüler tun dies aus eigenem Willen, es wird nicht von ihm verlangt. Die Pflicht des Schülers ist es auch, das Haus zu putzen, zu kochen und natürlich die Aufgaben zu machen. Die Pflicht des Lehrers ist es, zu lehren, zu erziehen und alles für die Schüler zu besorgen.

In einem Schlafsaal haben zehn bis hundert Mönche Platz. Ein Lehrer darf aber nur fünf bis zehn Schüler im Tag unterrichten. Die Schüler haben einzeln Unterricht mit ihm. Wenn ein Schüler fleissig arbeitet und alles auswendig gelernt hat, kann er früher aus der Stunde gehen. Die Faulen aber müssen neben der Hausarbeit noch Klosterarbeit machen.

Wenn die Schüler nicht Philosophie, Mathematik, Logik und Astrologie können, dann lernen sie Köche, Schneider, Maler oder können etwas anderes werden.

Im Kloster müssen die Schüler nicht nur lesen und schreiben, sie müssen auch diskutieren. Dreimal pro Tag diskutieren sie mit den Lehrern. Sie diskutieren z.B. über die religiöse Sprache. Diese Sprache ist gar nicht so leicht. —Das Diskutieren im Kloster ist nicht so, wie wir hier diskutieren. Dort sitzen alle in einem grossen Kreis. Je älter der Lehrer ist, desto höher ist sein Sitzplatz. Jeden Tag wissen die verschiedenen Klassen, über was diskutiert wird. Zwei Klassen diskutieren gegeneinander. Von jeder Klasse tritt ein Schüler in den Kreis und stellt eine Frage z.B.: "Was ist das, wenn abends die Lotosblume so ängstlich zittert?„ Der andere darf dreimal versuchen, die richtige Antwort zu finden. Darum muss er sehr gut überlegen, bevor er etwas Dummes sagt. Manchmal kann sogar der Lehrer auf die Frage eines Schülers nicht antworten. In Indien diskutieren jetzt unsere Kinder auch. Natürlich die Mädchen gegen die Knaben! Es soll vorkommen, dass die Knaben den Mädchen die Antworten schuldig bleiben!

Diesmal haben wir Euch etwas von den tibetischen Klöstern erzählt und wir hoffen, dass Ihr Euch eine Vorstellung machen könnt.

           Tsella, 12 Jahre,
           Yambhu Lahgang

Titelbild: entworfen von Ruth, 15 Jahre und geschnitten von Apostolos, 15 Jahre.

REDAKTIONSKOMITEE: Eva Katona (Präsidentin), 16 Jahre, Ungarn; Jeannie 12 J, England; Bertrand 12 J. Frankreich; Käthi, 17 J. Schweiz; Apostolis, 15 J. Griechenland; Bettina 14 J, Deutschland; Ruth, 14 J. Österreich; Antero 14 J. Finnland; Kalsang 15 J. Tibet; Linda, 14 J. Italien. Beppino, 15 J. Italien ---- und der Rat der Hausväter.

Diese Zeitung erscheint drei bis vier Mal im Jahr. Sie wird von den Kindern des Pestalozzidorfes von Hand gesetzt und mit Holzschnitten illustriert. Die »Freundschaft« kann abonniert werden: Das Jahresabonnement kostet Fr. 2.50 (Ausland Fr. 3.—). Bestellungen sind zu richten an den Verlag der »Freundschaft«: Kinderdorf Pestalozzi 9043 Trogen.
Abonnementsbeiträge auf P.C. 80—8180 Kinderdorf Pestalozzi, Dorfverwaltung, 9043 Trogen.

Im Kinderdorf Pestalozzi finden
**gebrauchte und noch gut
erhaltene Schlitten und Skis**
dankbare Abnehmer.
Auf unserem Hügel können wir
von Januar bis Ende März
dem Wintersport frönen.

Das Kinderdorf Pestalozzi wünscht seinen Paten und Freunden frohe Weihnachten und ein gutes neues Jahr!

Le Village Pestalozzi souhaite à ses parrains et amis un joyeux Noel, une bonne et heureuse année!

Il villaggio Pestalozzi augura ai suoi padrini e amici buon natale e felice anno nuovo!

Erinnerungen eines Redakteurs

Die Zahl 60 ist im Leben der Menschen jeweils mit besonderen Gedanken verbunden. Da unsere Kinderdorfzeitung dieses Jubiläum erreicht hat, erscheint es sinngemäß, einen Rückblick in die Anfänge und Entwicklung der "Freundschaft" zu werfen, denn gewiß ist manchem Leser der Ursprung unserer Zeitung unbekannt.

Im Jahre 1950 erreichten uns als Geschenk schwere Pakete, in denen säuberlich verpackt, glänzende Bleibuchstaben enthalten waren. Zu dem Zeitpunkt hatte niemand eine Ahnung, was nun damit anzufangen. Es trafen die Dorfältesten zusammen und kamen nach vielen Diskussionen zum Entschluß, daß eine Kinderzeitung eine großartige Idee wäre, in welcher jedes Haus auf seine eigene Art und Weise den Paten und Freunden des Pestalozzidorfes aus dem Leben im Dorfe oder im Hause berichten kann. Den Kindern war eine solche Möglichkeit bisher nicht gegeben, und der Vorschlag wurde von allen freudevoll empfangen. Natürlich sollte unsere Zeitung auch einen Namen haben, und es ergab sich fast von selbst, daß wir sie "Freundschaft" nannten, den Gedanken, den alle Nationen auf dem Trogener Hügel miteinander pflegen und auf diese Weise hinaustragen wollen in die Welt.

Damit war der Grundstein für unsere Zeitung gelegt und es lag nun an uns, diesen Gedanken zu realisieren. Jedes Haus wählte daraufhin einen "Redakteur", um als Gesandter zusammen mit dem Hausvater an den Redaktionssitzungen die Interessen und Ideen seines Hauses zu vertreten. An diesen Sitzungen wurde jeweils das Thema für die Nummer festgelegt, denn es sollte jede Ausgabe ihren eigenen Charakter haben. Jedem Haus wurde freigestellt, wie es das Thema bearbeitet und der Redakteur mußte an der folgenden Sitzung das Manuskript vorweisen, damit die Einteilung des Platzes vorgenommen werden konnte. Jedes Haus gestaltete seine Seite mit dem Originaltext und einem Linolschnitt. War der Text nicht auf deutsch, so mußte eine Übersetzung vorliegen, welche dann zusammen mit dem Leitartikel und etwaigen Mitteilungen auf den restlichen Seiten erschien.

Es war uns allen bewußt, daß es ein gewagtes Unternehmen war, denn wir hatten keine Erfahrung auf dem Gebiete der Druckkunst und auch nur ganz primitives Material, wie zum Beispiel Holzformen, in welche wir die Buchstaben einzeln hineinsetzten und Zeile um Zeile vervollständigten. Wir merkten bald, daß wir nicht genug Bleilettern hatten, um alle Artikel selber zu setzen und mußten die Druckerei Meili in Trogen um Hilfe bitten. Als wir alle Texte gesetzt hatten, wurden die Linolschnitte gemacht, und bald waren unsere Meisterwerke fertig. Stolz trugen wir die schweren Seiten zur Druckerei Meili, wo die erste Auflage der Zeitung entstehen sollte. Herr Meili schlug die Hände über dem Kopfe zusammen, als er mit dem Finger dem Buchstabenrand entlang fuhr. Es fühlte sich an, als hätten Mäuse eine labende Mahlzeit gehabt. So mußte er mit viel Mühe die Zeilen ausgleichen, denn in diesem Zustand konnte nicht gedruckt werden, da die Farbwalze die lockeren Zeilen gleich hinausziehen würde. Auch erhielten wir einen Probeabzug, welcher zur Korrektur diente.

Ein paar Tage später ging ich beladen mit Umschlägen, angefüllt durch Buchstaben wieder zur Druckerei und lieferte alles ab. Bald war alles zum Druck bereit und die "Freundschaft" erlebte ihre erste Auflage von einigen hundert Exemplaren. (Etwa 2 Jahre später erlebte die Nummer 1 eine zweite Auflage, da die Nachfrage so gross war. Bis auf den griechischen Artikel, welcher nun in Griechisch gesetzt wurde, war die Zeitung identisch.) Es war ein großes Erlebnis, als wir die ersten Exemplare in den Händen hielten.

Durch Erfahrung und Übung bereichert, merkten wir bald, daß alles etwas mehr zentralisiert werden mußte. Vom Moment an, wo in der Werkstatt des „Butendiek" eine Drucknische eingebaut wurde, hatten Herr Rulf, unser früherer Hausvater und ich unsere Hände voll zu tun. Wir waren mehr in der Werkstatt zu finden, als woanders und oftmals so vertieft in unsere Arbeit, sodaß wir zum Leidwesen unserer Hausmutter manches Mal den Gongschlag zum Essen überhörten und die Suppe aufgewärmt werden mußte. Wohl besaß jedes Haus einen eigenen Setzkasten mit einer Schriftart, womit der Artikel in der Nationalsprache gesetzt wurde. Da wir aber inzwischen mehrere Schriftarten besäßen, fanden diese bei uns Unterkunft. Jedes Haus lieferte seinen fertigen Satz bei uns ab, und mit der Handpresse machten wir einen Probeabzug. In unserer Werkstatt wurde mit Hilfe der anderen Häuser die Übersetzung angefertigt, was für jene gleichzeitig eine gute Deutschübung war. Hier nahmen wir Korrekturen vor, prüften jede Zeile auf Festigkeit und wenn alles in Ordnung war, verschnürten wir den Satz und richteten die Seiten so her, daß Herr Meili nichts mehr damit zu tun hatte. Bis wir den Arbeitsprozess soweit hatten, verging viel Zeit und manche Zeitung fand in der Zwischenzeit ihren Weg in die Hände der Leser. Aber mit jedem Male ging alles besser und bald fühlten wir, daß es eine richtige Kinderzeitung war, denn wir waren imstande, alles selber zu machen. Wir ersparten uns dadurch viel Zeit und manchen Weg von Haus zu Haus und zur Druckerei Meili. Mancher Leser wird fragen, warum wir die Zeitung nicht selber drucken. Wohl haben wir eine mechanische Presse für eine Seite und ausreichend für eine geringe Anzahl Exemplare. Für eine Zeitung von 16 Seiten reicht so etwas jedoch nicht aus.

Der größte Fortschritt der "Freundschaft" fand wohl in den ersten Jahren statt, aber selbst nachher waren stets Verbesserungen festzustellen. Ich denke dabei besonders an die Verdrängung des Linolschnittes durch den Holzschnitt, welcher von größerem künstlerischen Wert ist und auch den Druck der 13000 Exemplare besser durchsteht.

Da ich im Jahre 1954 das Pestalozzidorf verließ, erlebte ich nur die ersten vier Jahre als aktiver Redakteur und bin mir der Mühe und Geduld bewußt, welche in jeder Zeitung stecken. Wenn ich heute eine "Freundschaft" erhalte, dann denke ich zurück und erlebe in Gedanken den ganzen Arbeitsgang von vorne mit. Ich freue mich jedesmal zu sehen, daß die "Freundschaft" sich weiterentwickelt und den Gedanken der Völkerverständigung der Welt verkündet, denn es gibt wohl kaum eine Zeitung, welche in acht verschiedenen Sprachen gesetzt wird.

Mit diesen Worten möchte ich zum Jubiläum der „Freundschaft" allen Redakteuren und deren Helfer für die großartige Arbeit meinen herzlichsten Glückwunsch aussprechen, verbunden mit den besten Wünschen auf viel Erfolg für die Zukunft. Ich bin überzeugt, daß Ihr, liebe Leser, Euch meinen Gedanken anschließt.

Volker von Ahn, Ehemaliger aus dem deutschen Hause "Butendiek"

Vor 20 Jahren

Vor bald 20 Jahren, am Weihnachtstag 1946, kamen wir 16 Polenkinder nach langer beschwerlicher Reise aus dem von den Deutschen zerstörten aufständischen Warschau in die Schweiz.

Auf dem Bahnhof in Buchs sahen wir plötzich Soldaten in Feldgrau. Es entstand eine grosse Aufregung. Sind wir den Deutschen ausgeliefert? Nein, es sind Schweizersoldaten; die werden uns nichts tun. Erleichterung und zugleich Verwunderung. Wie kann es sein, dass Soldaten in der uns so gehassten Farbe keine Deutschen sind! Das stellte unsere kindliche Logik auf eine harte Probe, und es gab noch vieles andere, das wir erst nach längerer Zeit im Kinderdorf langsam los wurden.

Für uns war die erste Begegnung mit dem Dorf ein wahres Wunder; denn wer hat das schon gehört, dass man im Hause in Finken herumlaufen muss und die Zähne mit einer Paste putzt, die nach unserem Geschmack viel besser zum Essen geeignet war. Schon nach dem ersten Abendessen packten wir die Hälfte vom Tisch in die Hosentaschen und versteckten es in den Betten unter den Matratzen. Wer weiss, was bis Morgen geschehen kann. Allein schlafen und ein eigenes Bett haben ist jetzt für die Kinder eine Selbstverständlichkeit. Aber damals hatten viele Angst bekommen, allein zu schlafen. Bis jetzt hatten doch alle zusammen geschlafen. Der Krieg lehrt merkwürdige Dinge.

Die erste Bekanntschaft mit unseren Nachbarn, den Franzosenkindern, war nicht gerade glücklich. Ein Franzosenknabe kam winkend auf uns zugelaufen und rief: «Glopi! Glopi!» Was soll das heissen - meint er wirklich, dass wir «dumm» seien! Wenn man das Wort nämlich etwas anders ausspricht, heisst das auf polnisch «dumm». Wir wollten ihn verprügeln. Da stellte sich heraus, dass er uns einladen wollte, mit ihm gemeinsam Globi-Bücher anzuschauen. Vielleicht hat dieses und andere Missverständnisse dazu geführt, dass man im Dorf eine gemeinsame Sprache haben sollte. Esperanto! Doch schon nach einigen Wochen war es klar- diese Sprache war unbrauchbar. Wie sollten sich die Kinder mit der Umwelt verständigen? Da kam nur Deutsch in Frage. Da haben wir rebelliert. Das war gegen unsere Vorstellung. Langsam aber haben wir uns erholt und verloren das Misstrauen gegenüber der Umwelt. In heimischer Atmosphäre konnten wir unsere Kriegserlebnisse allmählich abschütteln, aber es hat viel Zeit gebraucht, bis wir normale Spiele gespielt haben.

Die Welt war damals in zwei Lager geteilt — in Sieger und Besiegte. Die Kinder aber, die ins Kinderdorf gekommen waren, von wo sie auch kamen, waren nur Leidende. Ich denke da an die Ankunft der Hamburgerkinder.

Als später alle Kinder des Dorfes gemeinsam Lieder sangen, spielten und feierten, war das der beste Beweis für die Richtigkeit der grossen Idee, die am Anfang des Pestalozzidorfes gestanden hat:

— Hilfe dem notleidenden Kind.

— Das Kinderdorf, ein Ort des Begegnens, des Zusammenarbeitens des Verstehens über die Schranken der Nation, Konfession und Sprache hinweg.

Tadeusz Sas,
Schweizerhaus „Heimetli"

Tadeusz Sas gehört zu den Polenkindern, die 1949 wieder nach Polen zurückkehren mussten. Dort studierte er später Architektur. 1960/61 war Tadeusz zu einem Studienaufenthalt in der Schweiz und half im Kinderdorf beim Bau des Oberstufenschulhauses. Als Architekt ist er nun erneut in der Schweiz, und ins "Heimetli", das früher Polenhaus war, kommt er regelmässig auf Besuch. (Red.)

Meine Erinnerungen an Tibet

Ich wohnte in einem Dorf, das Pahri hiess. Von da aus habe ich einmal eine Reise gemacht durch die Berge. Das war meine erste Reise, der erste Ritt an der Seite meines Vaters zu den grossen Bergen der Umgebung. Da blieben wir eine ganze Woche lang und schlugen unser Zelt auf. Immer wieder ritten wir auf die Berge. Morgens bin ich immer zu den Bauern gegangen, die nicht weit von uns lagerten und kaufte Milch und Butter. Wir brachten immer nach dem Frühstück die Pferde auf die Weide, wo wir bis mittags blieben. Dann gingen wir zu unserem Zelt zurück und assen unser Mittagessen und sahen uns die Umgebung gut an.

Wie wir nach Hause kamen, erwartete uns schon Mutter mit unserem Abendbrot. Wir assen und bald schliefen wir vor Müdigkeit ein. Am anderen Tag mussten wir schon mit Backen und Kochen anfangen, denn in einer Woche war unser Neujahrsfest. Bis die Neujahrskuchen fertig wurden, hatten wir einige Tage gehabt und mit Freude sahen wir, welch grosse Menge fertig war. Wir bereiteten alles vor in Haus und Hof, denn alles sollte in bester Ordnung sein. Und es war es auch.

Am Neujahrs-Vorabend konnte ich fast nicht einschlafen, so freute ich mich auf den anderen Festtag und fragte mich, wie es wohl sein wird. Der Tag zog herauf und wir überreichten uns gegenseitig die Geschenke. Wir hatten ein grosses Fest, denn wir hatten viele Gäste. Alle assen mit grossem Appetit unsere Neujahrskuchen.

Tengyal
Tibetisches Haus

아리랑 우리 겨레의 노래

아리랑 아리랑 아라리오
아리랑 고개로 넘어간다
나를 버리고 가시는 님은
십리도 못가서 발병 난다

아리랑 아리랑 아라리오
아리랑 고개로 넘어간다
청천하늘엔 잔별도 많고
우리네 가슴엔 시름도 많다

아리랑은 우리 민족의 노래다. 오랫동안 우리 겨레의 가슴속에 살아온 우리의 노래다. 심지어 외국사람들도 잘 아는 한국의 노래다. 어딘지 모르게 향수에 젖은 가락에 맞추어 노래부르려면, 저도 모르게 지난날의 회상에 눈물짓기 일수다. 한 마디로 즐겁고 흥겹기만한 노래는 아니다. 강대국 사이에 끼어 살던 피압박민족의 슬은 사연인지도 모른다.

그러면 이제 새로운 세계를 향하여 활짝 열린 창가에서, 다시 이 노래를 부르려는 우리의 심사는 무엇일까? 그저 지난날의 추억을 되씹어 주어진 숙명에 체념하려는 속셈인가?

그렇지는 않다. 지난 날의 운명의 굴레를 벗어 버리고 새 역사를 향하여 내 달으려는 우리의 결의는 굳다. 새로운 행진가를 부를 만도 하다.

그러나 우리의 노래를 그리 쉽게 내동댕이 칠 수는 없다. 다만 새로운 입으로, 새로운 마음으로, 새로운 얼로 우리의 노래를 다시 살리자는 것이다. 우리의 과거가 하나의 산 과거(즉, 현재)로서 우리 마음속에 깃들어 있지 않은 한, 우리의 참다운 미래도 없을 것이기 때문이다.

한국의 집 „아리랑"

Arirang unser Volkslied

Arirang, arirang arario!
Langsam steigen wir den Ariranghügel hinauf.
Mein Freund, der mich ohne Grund verlässt,
kann hoffentlich nicht mehr als eine Meile gehen,
ohne dass ihn die Füsse schmerzen!
Arirang, arirang arario!
Langsam steigen wir den Ariranghügel hinauf.
In unseren Herzen haben wir soviel Kummer
wie Sternchen am Abendhimmel stehen.
Arirang, arirang arario!

Arirang ist unser Volkslied, das von alters her überliefert worden ist. Es ist ein Lied, das nicht nur jeder Koreaner jeden Alters, sondern auch mancher Ausländer in Ostasien gern singt. Wenn wir die melancholische Melodie des Liedes singen hören, kommen uns oft die Tränen in die Augen in Erinnerung an vergangene traurige Zeiten.

Arirang ist kein frohes und heiteres Lied, sondern ein Aufruf des gedrückten Volkes, das zwischen mächtigen Staaten für seine Unabhängigkeit gekämpft hat. In Erinnerung an unser vergangenes, schweres Schicksal wollen wir den Beschluss fassen, tapfer auf unser Ziel zuzuschreiten. Darum möchten wir Koreaner statt des Arirang-Lieds eigentlich ein neues Lied singen, aber wir wollen unser altes Volkslied nicht gedankenlos wegwerfen. Lasst uns daher das alte Lied singen, aber nicht in Resignation, sondern mit dem neuen Mut, dem neuen Geist und der neuen Seele! Wenn unsere Vergangenheit uns nicht als lebendige Erinnerung am Herzen liegen würde, dann gäbe es keine schöne Zukunft.

„Arirang" Koreanerhaus.

Tunesier im Kinderdorf

Seit drei Monaten sind wir nun hier im Kinderdorf Pestalozzi. Wir haben hier Freude, Brüderlichkeit und richtige Freundschaft gefunden. Nie sieht man einen von uns allein spielen, denn wir haben schon Kameraden von anderen Nationen kennengelernt.

Wir haben auch Begeisterung und Aktivität angetroffen und eine Schulung, die uns zu einer besseren Zukunft verhilft, so Gott will. Wir lernen in drei verschiedenen Sprachen: Arabisch, Französisch und Deutsch. Das bedeutet für uns eine grosse Anstrengung während vieler Jahre. So leben wir hier in Freude, Arbeit und Spiel bis zum Tag, an dem wir nach Tunesien zurückkehren, um für das Wohl unserer Familie und unserer lieben Heimat zu arbeiten.

Nourredine, 12 Jahre,
Tunesierhaus

أنا ورفاقي

لنا الآن ثلاثة أشهر بهاته القرية المحبوبة منذ قدومنا إليها. لقد وجدنا بها الفرح والأخوة والصداقة الخالصة فكنت لاترى احدا منّا يلعب بمفرده بل مع أصدقاء من جنسيات مختلفة كالفرنسيين والفلنديين والايطاليين واليونانيين وغيرهم.

ووجدنا بها ملاهي عديدة ومتنوعة لم نعرفها من قبل ومناظر خلابة لم نعهدها ونشاطا وأعمالا وتعليما حيا ومفيدا يضمن لنا مستقبلا زاهرا ان شاء الله.

نزاول دروسنا بثلاثة لغات (العربية والالمانية والفرنسية) وهذا يتطلب منا يبذل مجهودات كبيرة وسعيا حثيثا.

وهكذا سنقضي سنوات عديدة بهذه القرية بين عمل ولهو وجدّ وهزل الى ان نرجع الى تونس رجالا صالحين فنعمل لاسعاد اهلنا ووطننا المحبوب فنرجو الله المعونة والتوفيق.

نور الدين الكسراوي سنة ١٠
من قرية اطفال بورقيبة بصفاقس

Der Winter in Korea

Unser Land, das in Fernostasien liegt, gehört zu einem kontinentalen Sommerregenland.

Im Winter herrscht der trockene und kalte Nordwestwind. Wir haben im Winter ein kälteres Klima als hier in der Schweiz. Aber unser Klima erhält im Winter sein besonderes Gepräge durch „Samhansaon", das bedeutet den Wechsel der drei kalten und vier warmen Tage. Diese Wettererscheinung, die sich im Kreise den ganzen Winter hindurchbewegt, kommt vom Nordwestwind her

Hier möchte ich meinen Freunden im Kinderdorf erzählen, wie wir den Winter in Korea verbringen. Der grösste Teil der koreanischen Bevölkerung lebt auf dem Lande und ist in der Landwirtschaft beschäftigt. Die Bauern, die wie unsere Ahnen in mit Stroh bedeckten Lehmhütten wohnen, säen auf den Feldern im Frühfrühling, pflanzen das Getreide mit aller Kraft unter der heissen Sonne und führen mit ihren Wagen die Ernte nach Hause. Danach beginnt der Winter. Die Leute in den Städten leben im Winter auch ohne grossen Wechsel weiter, aber der echte Winter kommt in die Bauernhöfe, denn der Winter ist die Ruhezeit der Bauern wie der Pflanzen. Ohne Bett wohnen wir auf dem Boden, der durch Presskohle, Stroh oder Holz geheizt wird.

Wir sitzen um das Feuerbecken auf dem warmen Boden, backen Kastanien und Bataten (Knollen der Knollenwinde, eine Art Kartoffel) darauf und lauschen den Märchen des grauen Grossvaters, der eine lange Bambuspfeife im Mund hält.

Wenn wir viel Schnee haben, errichten wir grosse Schneemänner hier und da auf dem Hof. Auf der Eisfläche schlagen wir einen Kreisel oder laufen Schlittschuh. Und auf dem leeren Feld sieht man viele bunte und weisse Papierdrachen hoch in der Luft fliegen, manchmal hört man die Stimmen der Kinder: „Wer ist am höchsten?"

Aber nach den Sitten und Gebräuchen müssen wir am Abend des Silvesters diese Papierdrachen fliegen lassen, das bedeutet: Geh mir weg mit allem, was in diesem Jahr schlimm war! Unter dem heiteren Rauschen des geschmolzenen Schnees in dem Rinnsal neben dem Bauernhof wird der neue Frühling wieder hervorkommen.

Chong Chul Kim, 14 Jahre
Koreanerhaus Arirang

Weihnachten und die Schalmeibläser

Schon während des ganzen Jahres warten die Hirten vom Mittel-Appennin erwartungsvoll auf den letzten Monat des Jahres. In der Zwischenzeit verbringen sie die langen Tage auf den Weiden, indem sie die Schalmeien blasen. Aber sobald der Winter einzieht, führen sie die Schafe ins Tal hinunter und machen sich auf den Weg in die verschiedenen Städte und Dörfer Italiens.

Sie bekleiden sich mit den typischen Trachten: lange, schwarze Kapuzen, die an einer dreieckförmigen Pellerine hängen, eine Joppe aus Schaffell über den Kleidern aus schwarzer Wolle, weite Hosen, die nur bis unter die Knie gehen und die von weissen Kniestrümpfen, welche bis zur Wade reichen, festgehalten werden.

Und da blasen sie dann in die Schalmeien und weihnachtliche Lieder ertönen. Sie bringen damit eine sehnsüchtige Stimmung in die Strassen der Städte und Dörfer von ganz Italien, vom warmen Süden bis in den kalten Norden.

Es sind die Schalmeibläser, die die erste Weihnachtsbotschaft bringen; die ersten, die die Kinder, welche ihnen überall nachfolgen, fröhlich machen.

Und wenn es dann Mitternacht ist, wenn die Glocken die Geburt ankündigen, wenn die bunten, farbigen Lichter der Häuser sich auf dem weissen Schnee spiegeln, dann grüssen die Schalmeibläser den Herrn mit dem schönsten Lied:
„Stille Nacht – heilige Nacht"

Cuore und Pinocchio

Per tutto l'anno i pastori dell'Appennino Centrale aspettano con ansia l'ultimo mese dell'anno. Ed intanto trascorrono le loro lunghe giornate sui pascoli allietandole con il dolce suono delle loro cornamuse. Ma quando giunge l'inverno, lasciano le pecore al piano e tutti si avviano verso le varie città e paesi d'Italia indossando i loro caratteristici costumi: lunghi e neri cappucci attaccati a una mantelletta triangolare buttata sulle spalle, giubbotto di pelle di pecora sopra vestiti di lana nera, con ampi pantaloni che si fermano sotto il ginocchio tenuti stretti da lunghi calzettoni di lana bianca con stringhe che legano le gambe dal polpaccio in giú.

Ed eccoli questi zampognari soffiare nelle loro cornamuse per far uscire soavi note di nenie natalizie, con le quali creano tutta una particolare e nostalgica atmosfera per le vie delle città, dei paesi di tutta l'Italia, dall'estremo e caldo sud al freddo nord.

Sono questi zampognari i primi messaggeri del Natale, i primi che rallegrano i bambini che li seguono di via in via soffermandosi davanti a negozi, a bar, sotto le finestre delle case, chiedendo qualche moneta che rallegri il Natale anche a loro.

Ed a mazzanotte, quando le campane annunciano la nascita, quando il bianco della neve riflette le luci gialle e rosse che si accendono nelle case, nei casolari, anche essi salutano gioiosi il Redentore con la canzone piú bella:
„Stille Nacht – heilige Nacht".

Case „Cuore e Pinocchio"

Morgenfeier im Kinderdorf

Ich erzähle Euch, wie eigentlich die Morgenfeier im Kinderdorf vor sich geht. Jeden Montag um Viertel vor acht Uhr kommen alle Kinderdorfbewohner in die Canada-Hall. Ein Haus wird etwas vorführen, und jedes Haus kommt in der Reihe nach dran. Am Montag, den 6. Februar, sind wir drangekommen. Wir haben uns besonders gefreut, dass es diesmal mit unserem Neujahr zusammenfiel. Nun werde ich Euch erzählen, was wir vorgeführt haben. Wir haben drei Klavier- und zwei Violinstücke gespielt. Zuletzt haben wir zwei Tänze vorgeführt. Einer ist von Osttibet, der andere ist ein Bauerntanz. Dieser wird jedes Jahr, nachdem die Bauern den Weizen abgeerntet haben, in einer Zeremonie getanzt. Dabei wird auch ziemlich viel tibetisches Bier getrunken. Der Tanz zeigt die verschiedenen Bewegungen, die beim Abernten wichtig sind. Ich hoffe, dass allen Zuschauern unsere Morgenfeier gefallen hat. Jeden Montag freuen wir uns auf die Morgenfeier. Obwohl wir die Kinder aus den verschiedenen Ländern gut kennen, lernen wir sie an der Morgenfeier immer besser kennen. Und zwar durch ihre Lieder, Tänze und durch andere interessante Gebräuche.

Lahkang Norbu Tenzin, 13 Jahre
"Yambhu Lagang"

ΤΙΝΑ 'ΝΑΙ ΤΟ ΠΑΙΔΙΚΟ ΧΩΡΙΟ ΠΕΣΤΑΛΟΤΣΙ;

Αὐτό θ' ἀναρωτηθήκαμε σίγουρα ὅλοι πρίν ἔρθουμε ἐδῶ. Ἔτσι καί ἐγώ ἀναρωτήθηκα, ὅταν ἡ κ. Μπέκερτ, ἡ ὁποία εἶχε ἔρθει νά μᾶς ἐπισκεφθῆ στό «Ἀμαλιεῖον», μοῦ μίλησε γι' αὐτό. Δέν μπόρεσα νά τήν ρωτήσω πολλά, γιατί τήν ἄλλη μέρα ἔφυγε.

Πέρασαν μερικοί μῆνες ἀπό τότε. Μ'ά μέρα μοῦ εἶπαν ὅτι θά πήγαινα κι ἐγώ σ' αὐτό τό «Παιδικό χωριό». Χάρηκα πάρα πολύ, γιατί θά μποροῦσα νά ζῶ μαζί μέ τόν ἀδερφό μου, ὁ ὁποῖος ἦταν κιόλας ἐκεῖ.

Ἀπό τήν μέρα κείνη σχηματίστηκε στήν φαντασία μου ἕνα δικό μου «Παιδικό χωριό», δηλ.: Ἕνα μεγάλο ἄσπρο κτίριο περιτριγυρισμένο ἀπό ἕνα πυκνό δάσος. Αὐτό τό κτίριο θ' ἀγκάλιαζε πολλά παιδιά μαζί. Πάνω ἀπό τήν ἐξώπορτα θά κρεμόταν μιά πινακίδα μέ τήν ἐπιγραφή «Πεσταλότσι». Τά παιδιά ἐκεῖ μέσα θά ζοῦσαν εἰρηνικά!...

Ἡ φαντασία μου ὅμως μέ ξεγέλασε, γιατί ἐκεῖνο πού ἀντίκρισα ὅταν πρωτοῆρθα, ἦταν πολύ διαφορετικό.

Τό χωριό δέν ἦταν μόνο ἕνα κτίριο, ἀλλά πολλά —πολλά σπίτια μαζί καί ὅλα ἀπό ξύλο. Κι ἀκόμη δέν ἦταν περιτριγυρισμένο ἀπό ἕνα πυκνό δάσος, ἀλλά ἀπό καταπράσινες ἐκτάσεις, στίς ὁποῖες ἔπαιζαν ξένοιαστα τά παιδιά. Τό μόνο πού εἶχα μαντέψει σωστά, ἦταν ὅτι τά παιδιά ζοῦσαν ἀληθινά εἰρηνικά!...

Κι ἔζησα αὐτή τήν ζωή ἕξι ὁλόκληρα χρόνια. Τή γλυκειά ζωή, τήν ἀνέμελη, τή γαλήνια, μέ τίς χαρές, ἀλλά καί μέ τίς ἀπογοητεύσεις της. Ἔζησα ἕξι χρόνια μέσα στό Πνεῦμα, τοῦ μεγάλου Πατέρα τῶν παιδιῶν, τοῦ Πεσταλότσι, ἐνῶ ἕνα ἄλλο ὄνομα: Βάλτερ Ρόμπερτ Κόρτι, τριγύριζε πάντα στ' αὐτιά μου. Τό ὄνομα τοῦ ἀνθρώπου μέ τήν μεγάλη καρδιά πού συνέλαβε τό σχέδιο, νά χτιστῆ τό χωριό μας.

Ἔτσι ὅταν σέ λίγο θά ἀποχωριστῶ ἀπό τό ἀγαπημένο μου χωριό δέν θ' ἀφήσω τίποτα πίσω μου. Ὅλα θά τά πάρω μαζί μου: Πρόσωπα καί γεγονότα πού μ' ἔχουν συνδέσει τόσα χρόνια μαζί του, θά τά κουβαλήσω μέσα μου. Θά κτίσω ἕνα μεγάλο κτίριο στό χῶρο τῆς καρδιᾶς μου καί θά τά περιφρουρήσω μέ ἕνα πυκνό—πυκνό δάσος, πού κανένας δέν θά μπορῆ νά τό περάση. Ἔτσι φυλαγμένες οἱ ἀναμνήσεις μου, θά μείνουν πάντα δικές μου.

Μαρία Σακκέτου
16 ἐτῶν, «Κυψέλη»

WAS IST EIGENTLICH DAS KINDERDORF PESTALOZZI?

Das haben wir uns sicher alle gefragt, bevor wir hierher kamen. So habe ich mich auch gefragt, als Frau Begert, die uns im Waisenhaus besuchen kam, mir davon erzählte. Ich konnte sie nicht viel darüber fragen, denn am nächsten Tag fuhr sie weg.

Es vergingen einige Monate. Eines Tages sagte man mir, dass ich auch in dieses "Kinderdorf Pestalozzi" gehen dürfte. Ich freute mich sehr, denn so konnte ich zusammen mit meinem Bruder leben, der schon dort war. Von diesem Tag an bildete sich in meiner Phantasie ein eigenes "Kinderdorf", d. h : ein grosses weisses Gebäude, umgeben von einem dunklen Wald, sollte als Unterkunft vieler Kinder dienen. Ueber der Haustür würde ein Schild hängen mit der Ueberschrift "Pestalozzi". Die Kinder würden friedlich zusammenleben.

Meine Phantasie hatte mich aber betrogen, denn das, was ich sah, als ich ankam, war etwas ganz anderes.

Das Dorf war nicht ein einziges Gebäude, sondern eine Menge Häuser aus Holz. Und es war nicht von einem dunklen Wald umgeben, sondern von grossen grünen Wiesen, worauf die Kinder sorgenlos spielten. Das einzige, was ich richtig erraten hatte, war, dass die Kinder wirklich friedlich zusammen lebten!

Und ich lebte dieses Leben sechs ganze Jahre lang. Ein herrliches Leben, heiter, mit vielen Freuden, aber auch mit Enttäuschungen. Ich lebte sechs Jahre im Geist des Kinderfreundes Pestalozzi, während ein anderer Name in meinen Ohren tönte: Dr. Walter Robert Corti. Der Name des Menschen, der das grosse Herz und die Idee, unser Dorf zu gründen, hatte.

Und wenn ich bald mein liebes Dorf verlassen muss, werde ich nichts hinterlassen. Alles werde ich mitnehmen: Gesichter und Erlebnisse, die mich mit diesem Dorf verbinden, werde ich mit mir tragen. Ich werde ein grosses Gebäude in meinem Herzen dafür bauen, und ich werde es mit einem dunklen Wald umzingeln, so dass niemand eindringen kann. So geschützt, werden meine Erinnerungen für immer mein bleiben.

Maria Sakketu,
16 Jahre „Kypseli"

Zehn Wochen als Helferin in der tibetischen Kinderstation Dharamsala in Nordindien

Der nachfolgende Artikel stammt von Frau Margrit Gyr, Dorfleitungssekretärin, die nach 9 Jahren Mitarbeit im Kinderdorf Pestalozzi Gelegenheit erhielt, die Wahlheimat der tibetischen Flüchtlingsgruppe, nämlich Nordindien, kennenzulernen, und zwar nicht als Touristin, sondern als Helferin für die kranken Kinder in der "Nursery for Tibetan Refugee Children".

Als vor bald acht Jahren - im Oktober 1960 - die ersten 20 Tibeterkinder aus der "Nursery for Tibetan Refugee Children" in Dharamsala im Kinderdorf Pestalozzi eintrafen habe ich mir nicht träumen lassen, dass ich eines Tages dieses Dharamsala und seine tibetischen Flüchtlingskinder selber aufsuchen werde. Als "Mola" (Grossmutter) unserer inzwischen auf 41 Kinder angewachsenen Tibetergruppe interessierte ich mich schon immer für das Schicksal der Kinder in Dharamsala, und als mir das Kinderdorf Pestalozzi im Jahr 1967 einen dreimonatigen Urlaub gewährte, durfte ich einen lange gehegten Wunsch in die Wirklichkeit umsetzen und am 5. Oktober 1967 nach Indien fliegen. Ich möchte auch an dieser Stelle der Stiftung Kinderdorf Pestalozzi nochmals von ganzem Herzen danken für die einzigartige Möglichkeit, die sie mir durch diesen dreimonatigen Urlaub geboten hat.

Heute, nachdem ich schon wieder 6 Monate nach Trogen zurückgekehrt bin, ist es mir, als hätte ich alles nur geträumt: den Flug nach New Delhi, die 12stündige Bahnfahrt nach Pathankot, die lange Fahrt mit dem Jeep nach dem herrlich gelegenen Dharamsala (1800 m), die 10 Wochen in der "Nursery", die Tage im Süden in den tibetischen Siedlungen Bylakuppee und Mundgood etc.

Zwölf Wochen scheinen eine kurze Zeit, und doch, was durfte ich nicht alles miterleben und lernen bei den vielen hundert schwarzäugigen, fröhlichen Tibeterkindern, die von Mrs. Pema Gyalpo, der jüngsten Schwester des Dalai Lama, betreut werden. Welch grosse und schwere Aufgabe, für so viele Kinder jeden Alters die Verantwortung zu tragen, sie unter schwierigsten Umständen zu ernähren und zu versuchen, ihnen eine Erziehung zu vermitteln. Die Kinder sind erstaunlich diszipliniert und folgsam und dies obwohl sie in sehr grossen - zu grossen - Gruppen auf engstem Raum zusammen leben müssen. Mit ihrem offenen Wesen, ihrer guten Auffassungsgabe und einer grossen Hilfsbereitschaft gewinnen sie sofort die Herzen aller, die mit ihnen zu tun haben. Wie möchte man es diesen Kindern gönnen, dass sie in kleineren Gruppen aufwachsen dürften und dass sie nicht in derart überfüllten Schlafräumen wohnen müssten.

Mrs. Pema beschäftigt sich seit langer Zeit mit diesem Problem und hat begonnen, Gruppen von ca. 25 Kindern mit einem tibetischen Hauselternpaar in einem Kinderhaus als Familie unterzubringen. Ich war sehr glücklich, während meines Aufenthaltes ein solches Haus und seine Kinder besuchen und dabei feststellen zu dürfen, dass in Dharamsala versucht wird, in kleinem Massstabe zu verwirklichen, was das Kinderdorf Pestalozzi in Trogen seit 22 Jahren macht, nämlich: das Kind in einer familienähnlichen Umgebung aufwachsen zu lassen. Ich möchte der "Nursery" von ganzem Herzen wünschen, dass noch viele solche Kinderhäuser erstehen können. Dadurch würden auch einige Schlafsäle frei, die wiederum für Schulräume benützt werden könnten, an denen es sehr mangelt.

Der Zufall, oder sagen wir lieber das Schicksal, wollte es, dass ich während meines Aufenthaltes in dem vom Schweizerischen Roten Kreuz geführten "Spital" (Dispensary) mithelfen durfte. Damit ging ein jahrzehntelanger Wunsch von mir in Erfüllung. Dieses "Spital", wie viele andere Gebäude in Dharamsala gestiftet durch die Schweizer Tibethilfe, ist ein richtiger Segen für die kranken Kinder und für die vielen Aussenpatienten, die sich jeden Nachmittag einstellen. Ich bewundere die aufopfernde Tätigkeit der Schweizer Ärztin und Krankenschwester und möchte mit der "Nursery" hoffen, dass die ärztliche Betreuung durch das Schweizerische Rote Kreuz auch in Zukunft weitergeführt werden kann, bis die Tibeter aus den eigenen Reihen **ausgebildete** Kräfte einsetzen können. Sie werden viele Kräfte benötigen und zwar auf jedem Gebiet, vor allem jedoch Schwestern, Schwesternhilfen, Lehrer, Kindergärtnerinnen sowie heilpädagogisch geschulte Leute für die behinderten Kinder.

Die 10 Wochen bei den kranken Kindern bleiben mir unvergesslich wie noch vieles andere, das man miterlebt hat und einen nicht mehr loslässt. Man möchte noch viel mehr helfen, man möchte z. B. wünschen, dass jedes Kind täglich Milch trinken dürfte, dass alle sich jeden Tag satt essen könnten, dass die Kinder in der kalten Jahreszeit genügend warme Kleider und Schuhe hätten . . . . mit anderen Worten, dass alle diese Kinder ein normales Leben führen dürften. Glücklicherweise erhält die "Nursery" durch grosszügige Institutionen immer wieder Spenden; es ist zu hoffen, dass diese Spenden weitergehen werden zum Wohle der zukünftigen, tibetischen Generation.

Ich habe mich in Dharamsala von der ersten Stunde an zu Hause gefühlt und der Abschied ist mir sehr, sehr schwer gefallen. Ein Teil meines Herzens ist in der "Nursery" geblieben, und ich hoffe sehr, eines Tages für längere Zeit zurückkehren zu können. Es ist mir ein Bedürfnis, allen meinen tiefempfundenen Dank auszusprechen für die überaus herzliche Aufnahme und Gastfreundschaft, die mir in Dharamsala zuteil geworden ist. Auf Wiedersehn und "Tashi delek". Mola

Kinderdorf-Politik

Wie überall gibt es bei uns Probleme. Wie die Erwachsenen wollten auch wir darüber sprechen So entstand der Rat der jungen Dorfbürger. Der Dorfrat, in welchem nur Erwachsene drinsitzen, bespricht die Probleme mit uns. Das geschieht folgendermassen: In der Kinderbibliothek „Elisabeth Rotten" kommen wir zusammen. Die Sitzung wird eröffnet, indem der Rat der jungen Dorfbürger, der die ganze Kindergemeinschaft vertritt, seine Probleme dem Dorfrat vorlegt. Die Probleme werden besprochen, so wie wir und so wie sie die Erwachsenen sehen. Z. B. das Problem der Freiheit. Nach langer Diskussion glauben wir etwas erreicht zu haben. Die Sorgen der Erwachsenen versuchen wir genau so zu verstehen, wie wir glauben, dass es die Erwachsenen bei uns tun werden. Wir hoffen, dass man unsere Meinung ernst nehmen und akzeptieren wird.

Andrea (Deutschland), Ferenc (Ungarn,

A gyermekfalu politikàja

Itt, minàllunk is vannak külömbözö problémàk, és ugyanugy mint a felnöttek mi is felakarjuk azokat tàrni, és megbeszélni. Ebböl a célból megalakitottuk a falu fiatal polgàrainak a tanàcsàt. A faluban van még egy ugynevezetett falutanàcs amelynek tagjai felnöttek. Idönként, egy közös gyülést tartunk ahol aztàn problémàinkat a falutanàcs elé terjeszetjük, és ott, ha valamit sérelmesnek tartunk megpróbáljuk azokat közösen orvosólni. A fiatalok tanàcsànak tagjai, az összes gyermeket képviseli. Egyik komoly problémànk volt a szabadsàg kérdése ami a megbeszélések utàn rendezödött. De ugyanakkor a felnöttek is, elöadjàk követelésüket velünk szemben amit ugyancsak közös megbeszéléssel probàlunk rendezni.

Andrea (Nèmetorszàg), Ferenc (Magyarország)

Holzschnitt Andrea, Fengal

Wir suchen einige alte, aber noch gebrauchsfähige

SCHREIBMASCHINEN

für einen Kurs mit unseren Schülern. Wir würden uns sehr freuen.

Holzschnitt Cristiano, Ferenc

Begebenheiten und Schicksale. Erinnerungen des Dorfleiters

Das erste Fondue

Einer der beiden italienischen Hausväter des Kinderdorfes stammte aus Rom. Dort hatte er als Ingenieur an einer Berufsschule unterrichtet. Wie einige andere der im Kinderdorf arbeitenden Hausväter hatte auch er den Krieg an verschiedenen Fronten mitgemacht. Eines Tages entschloss ich mich, das knappe Dutzend dieser Hausväter zu jener schweizerischen Käsespeise in unser Haus einzuladen, die als Fondue bekannt ist. Den meisten dieser Männer, sie stammten ja alle aus anderen Ländern, war diese Speise unbekannt. Sie griffen aber erstaunlich wacker zu und hatten sehr rasch erkannt, dass der geschmolzene Käse an den Brotbrocken dann am besten mundete, wenn kühler Walliser Weisswein dazu getrunken wurde. Der englische Hausvater wurde dabei besonders munter und gesprächig. Weisswein war für ihn offensichtlich eine Rarität, die er bisher in England drüben kaum hatte geniessen können. Mit dem Weinkonsum stieg auch der allgemeine Lautstärkepegel der immer lebhafter geführten Gespräche. Ich bemerkte, dass diese Hausväter nun auch Themen besprachen, die sonst im Kinderdorf sozusagen tabu waren. Sie begannen über ihre Kriegserlebnisse zu berichten, Erlebnisse die ja nur ganz wenige Jahre zurücklagen und die offenbar bei den meisten dieser Männer bei weitem noch nicht ausreichend verarbeitet waren.

Die Szene, die sich nun ereignete, wird keiner jener abendlichen Fondueguäste vergessen haben. Plötzlich erhoben sich nämlich der italienische und der englische Hausvater von ihren Plätzen. Sie umarmten sich stürmisch und riefen in einem italienisch-englischen Sprachengemisch: «Siamo tutti fratelli, we are all brothers, amigo, amigo!» Tatsächlich, die beiden hatten Tränen in den Augen und sie schienen sich deswegen nicht zu schämen. Was war geschehen? Im freundschaftlichen Gespräch, das sie an diesem Abend miteinander geführt hatten, machten sie plötzlich eine verblüffende Feststellung: Beide kämpften während des Zweiten Weltkrieges in Nordafrika, der Italiener in der von Rommel befehligten Armee, der Engländer unter Auchinleck. Zur gleichen Zeit, es war im Juni 1942, mussten sie einander in den schweren Schlachten von Bir Hacheim südlich von Tobruk gegenüber gestanden haben, als sich bekämpfende Feinde. Sechs Jahre später sassen sie einander gegenüber als Freunde, als Kollegen, als Mitarbeiter im Kinderdorf Pestalozzi. In jenen Tagen der erbitterten Schlacht um Bir Hacheim, die auf beiden Seiten viele Opfer kostete, gelobte sich jeder der beiden: Wenn ich all das heil überlebe, will ich später beruflich eine Aufgabe suchen, die dem Frieden in dieser Welt dient. Beide haben überlebt. Ihren Vorsatz haben sie durchgeführt. Er hat sie beide ungefähr zur selben Zeit in das Kinderdorf Pestalozzi geführt.

Als die fröhliche und recht ausgelassene Hausväter-Runde erfasste, was ihren italienischen und englischen Kollegen zu jener stürmischen Umarmung geführt hatte, wurde es stiller im Kreis. Jeder hing seinen Gedanken nach, fragte sich, warum er heute hier auf dem Hügel über Trogen tätig war. Äusserlich vielleicht etwas schwankend, aber innerlich in ihrem Vorhaben gefestigt, traten sie gegen Mitternacht ihren Weg nach Hause an, zu ihrer grossen Kinderdorf-Familie.

Lob auf zwei Zürcher Lehrerinnen

Im Schnellzug Zürich-Mailand sass eine Zürcher Lehrerin. Sie freute sich auf die Ferien, die sie in Italien verbringen wollte. Im Zugsabteil hatte sie es sich bequem gemacht. Zufrieden blätterte sie in den Zeitschriften, die sie sich für die Reise besorgt hatte. Sie war nicht allein in ihrem Abteil. Kurz vor Zugsabfahrt setzte sich ein etwa elfjähriger Knabe ihr gegenüber in das Zugsabteil. Eine Frau, offensichtlich seine Mutter, hatte ihn an den Zug gebracht. Vom Bahnsteig aus hatte sie ihm noch in einem recht scharfen Befehlston zugerufen: «Reise gut, und lass ihn grüssen. Musst halt sehen, ob er Dich aufnimmt!» Die Abschiedszene war kurz und alles andere als herzlich. Ernesto, so hiess der verschüchtert wirkende Knabe, setzte sich in seine Bankecke und vergrub seinen Kopf unter einem Mäntelchen, das er aufgehängt hatte. Die Lehrerin half ihm, sein kleines Reiseköfferchen in das Gepäcknetz hinauf zu befördern.

Als der Zug schliesslich durch den langen Gotthardtunnel fuhr, glaubte die Lehrerin ein leises Schluchzen unter dem Mäntelchen ihres kleinen Reisegefährten zu vernehmen. Nun wurde es wieder hell draussen. Der Zug brauste im Tessin die Südrampe der Gotthardlinie hinunter.

Ernesto betrachtete die ihm völlig fremde Landschaft zwar mit Interesse, aber offensichtlich mit zunehmendem Kummer. Es dauerte nicht lange, bis er in herzzerreissendes Schluchzen ausbrach. Die erschrockene Zürcher Lehrerin versuchte, ihn zu beruhigen. Sie bemühte sich, herauszubringen, welcher Kummer denn ihren Reisebegleiter so zum Weinen brachte. Ernesto wollte auf ihre Fragen vorerst keine nähere Auskunft erteilen. Sie erklärte ihm dann, wer sie sei und warum sie mit diesem Zug in den Süden fahre. Ernesto beruhigte sich langsam und begann stockend von seinen Sorgen zu erzählen. So erfuhr die Lehrerin, dass Ernesto im Zürcher Niederdorf aufgewachsen war. Seine Mutter habe sich tagsüber aber kaum um ihren Sohn gekümmert. Sie schlief meistens bis weit in den Tag hinein. Gegen Abend sei sie ihren nächtlichen Geschäften im Niederdorf nachgegangen und meist erst gegen Morgen wieder heimgekehrt. Der Vater, ein Italiener, an den sich Ernesto nicht mehr recht erinnern könne, sei schon vor Jahren ausgezogen und lebe jetzt in Mailand. Der Mutter sei der heranwachsende Ernesto mit seinen Fragen zunehmend lästig geworden. Schon oft habe sie ihm gedroht, ihn jetzt bald nach Mailand zum Vater zu «spedieren». Diesen Morgen habe sie ihre Drohung nun wahr gemacht. Ernesto begann erneut bitterlich zu weinen. Die Lehrerin wollte wissen, ob er sich denn nicht freue, seinen Vater wieder zu sehen und bei ihm bleiben zu dürfen. Ernesto erklärte ihr nochmals, dass er diesen Mann überhaupt nicht kenne. Was er zudem von seiner Mutter über ihn gehört habe, mache ihm richtig Angst. Er sei auch gar nicht sicher, ob er diesen Vater in Mailand finden könne. Ernesto kramte ein zerknittertes Zettelchen aus seiner Hosentasche. Darauf war in schlecht leserlicher Bleistiftschrift eine Mailänder Adresse ohne Hausnummer zu lesen.

Als die Lehrerin in weiteren Befragungen und Gesprächen herausgefunden hatte, dass Ernesto um gar keinen Preis zu dem ihm unbekannten Manne in Mailand reisen, aber auch nicht zu seiner offenbar recht rabiaten Mutter nach Zürich zurückfahren wollte, fragte sie ihn schliesslich, was er denn im Sinne hätte. «Ich weiss es doch nicht», schluchzte er und verkroch sich wieder unter sein Mäntelchen.

Die Lehrerin stellte fest, dass der Zug bald einmal in Bellinzona anhalten würde. Angesichts der unerwarteten Lage, die sie im südwärts fahrenden Zug angetroffen hatte, entschloss sie sich kurzerhand, ihre Ferienreise zu unterbrechen und zu verschieben, um sich ihres unglücklichen Reisegefährten anzunehmen. Sie erklärte Ernesto ihre Absicht. Dieser trocknete seine Tränen mit einem grossen Taschentuch und schlüpfte behende in sein Mäntelchen. Das Reisegepäck wurde aus den Netzen zu Boden befördert, und als der Zug in Bellinzona hielt, stiegen die beiden aus, um auf einen nach Zürich fahrenden Zug zu warten.

Der Schluss des Reiseabenteuers der beiden ist rasch erzählt. Die hilfsbereite Zürcher Lehrerin wandte sich mit Ernesto an die stadtzürcherische Fürsorgebehörde. Diese klärte den Fall ab und kam zum Schluss, Ernesto könne vielleicht in einem der italienischen Häuser des Kinderdorfes Aufnahme finden. Das geschah denn auch umgehend.

Ernesto fasste im Italienerhaus «Cuore» bald wieder Herz und Mut. Er kam seinen Aufgaben in Schule und Haus mit grosser Gewissenhaftigkeit nach. Er pflegte auch liebevoll die Tauben des Dorftaubenschlages. Seine Zuchterfolge registrierte er in den Ordnern seines kleinen Büros, das er im Taubenschlag in einer staubfrei abgedichteten Ecke eingerichtet hatte. Büroarbeit liebe er, sagte er oft. Deshalb wolle er «Bürokrat» werden. Er, der einmal so rat- und hilflos in einem Zug nach Süden gefahren war, ist auf seiner späteren Lebensfahrt ein tüchtiger Kaufmann geworden, der jetzt sein eigenes Beratungsbüro sowohl für «Tauben», wie auch für «Falken» führt.

Von Zürcher Lehrerinnen bewahrte er immer eine sehr hohe Meinung. Trotzdem heiratete er später eine Luzernerin. Ihr schwerbehindertes Kind betreute er bis zu dessen frühem Tode liebevoll mit.

Das ist die Geschichte der einen Zürcher Lehrerin, an deren Name ich mich leider nicht mehr erinnern kann. Sie gehört zu der grossen Armee der «unbekannten Helferinnen und Helfer».

Die nächste Geschichte handelt ebenfalls von einer Primarlehrerin aus Zürich, die etwa zur selben Zeit gelebt hat. Ihr Name ist aber nicht nur in der Schweiz, sondern auch im Ausland, vor allem in Italien, bekannt geworden. Sie heisst Margerita Zöbeli.

Ich erzähle hier von ihr, weil auch ihr die Eisenbahnstrecke Zürich-Mailand bestens vertraut war. Sie fuhr aber nicht wie ihre Kollegin gelegentlich nach Süden in die Ferien. Sie war wohl mehrere hundert Male auf dieser Strecke unterwegs zu einer ganz besonderen Arbeit und Aufgabe. Und diese Aufgabe führte sie immer wieder über Mailand hinaus nach Rimini. Nach dem Krieg reiste sie im Dezember 1945 in die schwer zerstörte Stadt, um dort im Auftrag des Schweizerischen Arbeiterhilfswerkes vorerst Lebensmittel und Kleider, dann aber auch Werkzeuge für den Wiederaufbau zu verteilen. Die junge Zürcher Lehrerin erkannte dabei rasch, dass die Menschen dieser Stadt nach dem Krieg und nach 20 Jahren Diktatur vom Wunsch beseelt waren, nicht nur ihre Häuser wieder aufzubauen, sondern auch die demokratische Ordnung wieder herzustellen.

Margerita Zöbeli wollte hierzu ihren ganz persönlichen Beitrag leisten. Sie eröffnete zunächst in dem von ihr in Rimini geleiteten italienisch-schweizerischen Bildungszentrum am 1. Mai 1946, also drei Tage nach der Grundsteinlegung für das Pestalozzidorf in Trogen, einen Kindergarten für 150 Knaben und Mädchen, ihren Giardino D'Infanzia Italo-Svizzero. Sie leitete ihn bis 1978 und entwickelte ihn zu einem auch international bekannten pädagogischen Zentrum. Ferner rief sie in Rimini ein Waisenhaus und später eine nach modernsten Prinzipien arbeitende Primarschule ins Leben. Margerita Zöbeli war die Seele des Ganzen. Sie besass die seltene Gabe, zu ihren Vorhaben nicht nur die grossen Ideen zu vermitteln, sondern auch bei der baulichen Verwirklichung konkret Hand anzulegen. So traf ich sie mehr als einmal nach einer ihrer regelmässigen Werbe- und Einkaufsrunden in Zürich an, wie sie mit vollgepackten Handtaschen in Zürich auf den Zug nach Mailand wartete. Ich durfte einmal einen Blick in eine der tiefen Taschen werfen: Türschlösser, Beschläge aller Art, Scharniere, Schrauben und Nägel fanden sich in den schweren Taschen. Diesen materiellen Zubringerdienst nahm Margerita in grosser Selbstverständlichkeit und Bescheidenheit viele Jahre hindurch auf sich. Denn als Schul-, Wohn- und Aufenthaltsräume dienten vorerst 13 Schweizer Militärbaracken, die die unermüdliche Margerita «organisiert» hatte. Sie stehen heute noch und wirken neben den später dazu gekommenen nüchternen Neubauten geradezu idyllisch.

Das Pestalozzidorf hat früh erkannt, was sich da in Rimini tat. Wir haben eng mit Margerita Zöbeli zusammengearbeitet, haben Erfahrungs- und Kinderaustausch betrieben und gemeinsame Bildungskurse durchgeführt. Denn Margerita vertrat in ihrem Zentrum Anliegen, die auch uns in Trogen teuer waren: Sie setzte sich z.B. gegen die Ausgrenzung der Schwächeren und für ihre volle Akzeptanz ein.

Das schönste Zeugnis hat ihr wohl der neunjährige Roberto ausgestellt. In einem Brief an das Centro schrieb er: «Caro Villaggio, hier hat es für jeden einen Platz. Hier sind wir alle gleich, alle Geschwister. Die Lehrerinnen haben uns gelehrt, mit dem Herzen zu lieben. Mit dem Herzen zu lieben und nicht mit Worten. Wir machen hier wunderschöne Sachen. Und obwohl es so aussieht als würden wir spielen, machen wir alles mit einem klaren Ziel.»

Margerita Zöbeli ist nicht von einer Schweizer Universität, sondern von der Universität von Bologna als Ehrendoktor ausgezeichnet worden.

Christian Schmidt und seine Kinder

Christian Schmidt war einer der ersten Erzieher und Hausväter des Elsässerhauses im Kinderdorf Pestalozzi. Als ehemaliger Kriegsteilnehmer war er von dem Erlebten geprägt. Er hatte sich dem Gedanken der Erziehung zur Völkerverständigung verschrieben, und als überaus fantasievoller Pädagoge wusste er die ihm im Kinderdorf gebotenen Gelegenheiten zu nutzen.

Unter seinen Schülern, die er in der elsässischen Schule seines Hauses zu unterrichten hatte, befanden sich eines Tages vier Schulanfänger. Schmidt fasste sie zu einer Spielgruppe zusammen. Er erfand Spiele, bei denen grosse Buchstaben zu zeichnen oder verschiedenfarbige Hölzchen zu ordnen und zu zählen waren. Immer neue Spiele erfand er, und immer lustigere. Die Kinder merkten gar nicht, dass sie dabei im Rechnen und Lesen schon ganz schöne Fortschritte gemacht hatten. Sie bemerkten natürlich auch, dass die grösseren Schüler der Hausklasse Schmidt nicht spielten wie sie, sondern Rechen- und Lesebücher vor sich hatten. Eigentlich waren sie ein wenig enttäuscht, dass sie, die Kleinen, immer noch spielten, obschon ihnen ihre Spiele zugegebenermassen jeden Tag grossen Spass bereiteten. Aber, glaubten sie, Schule kann doch nicht einfach Spass sein. Und so fragten sie eines Tages ihren Lehrer und Hausvater: «Papa, wann beginnen wir jetzt mit der Schule?»

An einem sonnigen Sommernachmittag vergnügte sich eine grosse Schar Kinder verschiedener Nationen auf dem Spielfeld des Pestalozzidorfes. Sie jagten zusammen in einem frei improvisierten Spiel dem Ball nach, den Charles, ein Franzosenknabe, auf den Platz gebracht hatte.

Plötzlich trieb einer der Mitspieler, es war der kräftige und gewandte Österreicher Erwin, den Ball an den Rand des Spielfeldes. Dort packte er ihn und eilte unter dem Triumphgeschrei einiger seiner Hausgenossen dem schützenden Österreicherhaus zu. Charles, damals noch im Heul-Alter, rannte heim zu Hausvater Schmidt und klagte dort bitterlich:

«Sie haben uns den Ball gestohlen!»
«Wer denn», wollte Schmidt wissen.
«Les autres chiens», die Österreicher, war die Antwort.
«Sicher nicht alle Österreicher, die es im Kinderdorf und weltweit gibt?»
«Nein, es war der Erwin!»
«Also, siehst Du, der Erwin und nicht die Österreicher!»

Jeden Montag um Viertel vor Acht versammelte sich die ganze Kinderdorfgemeinde in der Canada-Hall, dem grossen Gemeinschaftssaal, um zusammen in einer kurzen Feier-Halbstunde die Arbeitswoche zu beginnen. Im Wechsel trugen dabei die zwölf im Dorfe vertretenen Nationen ein von ihnen frei gestaltetes Programm mit Darbietungen vor. Einigen gelang es dabei, die Anliegen der internationalen Dorfgemeinschaft bildhaft und einleuchtend darzustellen.

So liess eines Montagmorgens Christian Schmidt seine 18 Elsässerkinder vor der damals über 300 Köpfe zählenden Dorfgemeinschaft zu einem Reigentanz besonderer Art antreten. Dazu hatten seine Kinder sich die nationalen Kleider ihrer Kameradinnen und Kameraden der im Dorfe vertretenen Länder ausgeliehen. Sie wollten den Tanz der Nationen darstellen. Um die betreffenden Nationen zu erkennen, trug jedes Kind einen Stock mit einer kleinen Nationalflagge mit sich. Beim gemeinsamen Ringeltanz, zu dem sie nun ansetzten, stolperten sie immer wieder über die Stöcke ihrer Flägglein, die sie beim Tanz nicht aus der Hand geben wollten. Die Tanzenden hielten inne. Werfen wir die Flaggen fort, damit sie uns beim Tanz nicht mehr stören, meinte eine temperamentvolle Elsässerin. «Nein, das wollen wir nicht. Aber wir könnten sie in der Mitte unseres Kreises zu einer bunten Fahnenburg zusammenstellen», schlug ein besonnener, älterer Schüler vor. So wurde es getan. Der Tanz ging weiter. Und siehe da: Im immer rascher sich drehenden Reigen konnten die Kinder nun festen Griff zueinander fassen, die Flaggenstöcke störten nicht mehr, und doch konnten alle ihre nationalen Farben in der Mitte im Auge behalten.

Papa Schmidt hatte guten Grund, mit seiner grossen Familie zufrieden zu sein. Seine 18 Elsässerkinder bereiteten ihm viel Freude und wenig Kummer. Aber eines Spätsommertages erlebte er es doch, dass er sich beinahe hatte schämen müssen, beinahe!

Und das kam so: In den fünf langen Sommerferienwochen wurden viele Pestalozzidorfkinder, soweit sich dies machen liess, in Familien ihres Heimatlandes plaziert. Einige konnten die Ferien auf diese Weise bei Verwandten, andere bei befreundeten Familien verbringen und so den Kontakt zu ihrem Land vertiefen. Dies war auch bei den Elsässerkindern so. Am Ende der letzten Ferienwoche stand Christian Schmidt auf einem Bahnsteig des Bahnhofs von Strassburg. Dort sollten sich am vereinbarten Tag gegen Mittag die 18 Kinder treffen, die in Strassburg und in den umliegenden Dörfern ihre Ferien verbracht hatten. Christian Schmidt hatte es so eingerichtet, dass die Kinder gruppenweise innerhalb einer Stunde mit verschiedenen Regionalbahnen in Strassburg eintreffen sollten.

Papa Schmidt war einmal mehr zufrieden, sehr zufrieden, denn das «Einsammeln» der Kinder schien wie im Jahr zuvor auch jetzt auf das Beste zu klappen. Eben waren vier Kinder aus einem Regionalzüglein gestiegen. Sie hatten ihren Hausvater sofort erkannt und mit begeisterten Rufen «Bonjour Papa!» stürmisch begrüsst. Eine zweite Gruppe von fünf Buben und Mädchen war eingetroffen. Als wiederum der Ruf «Bonjour Papa» ertönte, schauten sich einige der auf dem Bahnsteig wartenden Gäste interessiert um. Dieses Interesse steigerte sich, als eine weitere Fünfergruppe mit demselben Begrüssungszeremoniell eintraf. Als eine Viertelstunde später sogar ein vierte und letzte Kindergruppe mit einem grossen kraushaarigen Afrikanerbuben eintraf und auch diese Kinder aus vollen Kräften «Bonjour Papa» riefen, platzten die Reisenden auf jenem Bahnsteig fast vor Verwunderung und Neugierde.

Für Christian Schmidt war nun der Augenblick gekommen, sich mit seiner 18-köpfigen Kinderschar schleunigst auf einen benachbarten Bahnsteig abzusetzen, wo der Schnellzug in Richtung Schweiz wartete. Den verblüfften Mitreisenden auf dem Sammelbahnsteig rief er im Vorbeigehen noch bedeutungsvoll zu: «Sachen gibt es halt auf dieser Erde!»

Madame Morel und das Recht auf Liebe

Madame Morel und ihr Mann betreuten zu jener Zeit als Hauseltern das Kinderhaus «Les Cigognes», eines der beiden französischen Häuser dieses Dorfes. Sechzehn Waisen und aus sozialen Gründen aufgenommene Kinder waren ihnen anvertraut worden. Sie waren aber auch Eltern von sechs eigenen Kindern. Zwei von ihnen waren bereits ausgeflogen. Die vier jüngsten aber zählten ebenfalls noch zu der grossen Morelschen Familie. Madame Morel, von Erscheinung und Ausstrahlung her eine sehr mütterliche und fürsorgliche Frau, bemühte sich unentwegt um das Wohl ihrer Kinderschar, der eigenen wie auch der «anderen». Besorgt um ihre Kräftereserven fragte ich sie eines Tages: «Und, Madame Morel, wie geht es ihnen?» «Oh, Monsieur Bill» antwortete sie, «meine Hausmutteraufgabe ist noch viel, viel anspruchsvoller, als ich mir dies habe vorstellen können.» Dann gab sie, sozusagen als Illustration ihrer Erfahrung, ein Gespräch wieder, das sie am Tage zuvor mit Catherine, ihrem eigenen jüngsten Kind, geführt hatte. Catherine habe sie nämlich abends, nachdem sie den mütterlichen Gutenachtkuss erhalten hatte, gefragt: «Mama, liebst du die andern ebenso wie uns, deine eigenen Kinder?» Frau Morel war durch diese unerwartete Frage einen Augenblick verwirrt. Sie suchte nach einer ehrlichen Antwort. Ihrem Töchterchen erklärte sie schliesslich, dass sie sich zwar jeden Tag und in jeder Lage darum bemühe, ebenso lieb zu den «andern» zu sein wie zu den eigenen Kindern. Aber da bestünden eben doch noch Unterschiede. So gelinge es ihr deshalb auch beim besten Willen in Tat und Wahrheit nicht immer, die «andern» so zu lieben wie die eigenen Kinder. Daraufhin habe ihre Catherine sie mit grossen und fast ein wenig vorwurfsvollen Augen angeschaut und ihr eine Antwort gegeben, die sie ebenso geschmerzt wie auch gefreut habe, und die sie ihr Leben lang nicht vergessen werde. «Mama», habe Catherine gesagt, «du sollst sie aber lieben, wie uns.» Nicht wahr, eine fast unglaubliche, aber doch wahre Geschichte, die sich nur aus der Tatsache erklären lässt, dass Catherine und ihre leiblichen Geschwister keinen Augenblick fürchten mussten, bei ihrer Mutter der «andern» wegen in ihrem «Recht auf Liebe» zu kurz zu kommen.

Der Traum des kleinen Giorgos

Im Sommer 1951 hatte ich ihn zum ersten Mal gesehen. Es war in Athen:
Giorgos war mit einer Gruppe griechischer Kinder aus einem Waisenhaus im südgriechischen Kalamata in die grosse Stadt gebracht worden, wo entschieden werden sollte, ob er mit anderen kleinen Landsleuten im Kinderdorf Pestalozzi Aufnahme finden könne. Er war mir sofort aufgefallen als einer der kleinsten und lebhaftesten, obschon sich diese Waisenhauskinder sonst alle sehr ähnlich waren. In ihren khakifarbenen, verwaschenen Uniformen standen sie mit den kurzgeschnittenen Haaren verlegen und doch neugierig vor uns. Giorgos war keine Sekunde ohne Bewegung: Seine braunen Augen wanderten ständig von einer Person zur anderen; dabei bewegte er sich unablässig wiegend vom einen auf das andere Bein. Seine Hände steckten tief in den Taschen der Hose, die er so in die Breite zog, um dadurch noch kleiner, gedrungener und rundlicher zu erscheinen, als er eigentlich war. Jetzt begann er, sich langsam um sich selbst zu drehen. Er kam sich offenbar in diesem Amtsraum des Sozialministeriums sehr verloren vor. Verlegen nestelte er mit der einen Hand am unteren Saum seiner kurzen Hose, um dann plötzlich, wie wenn er sich zu vergewissern hätte, mit der anderen Hand an die prall gefüllte Brusttasche seines Hemdes zu fahren. Ich wandte mich an einen Übersetzer, um zu erfahren, was der Knabe in dieser Tasche mit sich trage. Bereitwillig erklärte er, dass er dort sandige Erde aus dem Hof seines Waisenhauses mitgebracht habe. Es sei doch eine lange Reise von Kalamata bis nach Athen, und er habe befürchtet, in der grossen Stadt Heimweh nach dem zwar baumlosen, aber doch vertrauten Hofe zu bekommen. Dass er Heimweh nach diesem Waisenhaus bekommen könnte, war eigentlich recht erstaunlich: Es lebten dort je 100 Knaben und 100 Mädchen, getrennt durch eine grosse Mauer. Auf jeder Seite der Mauer wirkten 2 bis 3 Erzieher, respektive Erzieherinnen. Schlafen mussten die Kinder in einem einzigen grossen Saal, Knaben und Mädchen natürlich getrennt, in vier Reihen von Betten.
Die Treue zu seinem Waisenhaushof beeindruckte mich. Diesen Giorgos werden wir auswählen, dachte ich mir. Wir studierten die Akten des Knaben: Giorgos war im Mai des Jahres 1943 in Korinth geboren worden. Sein Vater war Schreiner und Schafhirte gewesen. Als Giorgos ein Jahr alt war, wurde der Vater in den griechischen Partisanenkämpfen erschossen und seine Schafe weggeführt. Bald darauf starb auch die Mutter aus Gram. Die Familie hatte vier Kinder. Die älteren Geschwister von Giorgos, zwei Schwestern und ein Bruder, wurden von mittellosen, aber hilfsbereiten Verwandten aufgenommen. Über Giorgos war in den Akten noch zu lesen, dass er körperlich etwa zwei Jahre zurückgeblieben sei.

Als er einige Wochen später mit einer Schar neuer Griechenkinder im Pestalozzidorf eintraf, fragte ich ihn wieder nach der Erde aus dem Waisenhof. Giorgos trug sie immer noch auf sich, und so hatte sie die noch viel längere Reise nach Trogen mitgemacht.

Bevor es auf diese Flugreise in die Schweiz ging, wurden die Kinder nach Athen geführt. In einem Schulhaus mussten sie warten. In dieser Zeit sollten sie von einem Arzt untersucht werden. Zu diesem Zweck wurden sie in einem Autobus befördert. Giorgos traute dieser Sache nicht recht. Bei einer günstigen Gelegenheit flüchtete er aus dem Bus, um sich in den Gassen der Stadt Athen zu verstecken. Als die Betreuer nach Ankunft des Busses beim Arzt feststellten, dass Giorgos verschwunden war, wurde er in der Stadt gesucht und zufällig und glücklicherweise durch die alarmierte Polizei auch gefunden. Giorgos sagt heute, dass dies wirklich ein grosser Glücksfall gewesen sei, dass man ihn damals gefunden habe. Er habe eben in seinem ganzen Leben immer wieder Glück gehabt.

Es ging recht lange, bis sich der Kleine in unserem Kinderdorf heimisch zu fühlen begann. Aber eines Tages sah ich ihn vor seinem griechischen Haus «Kypseli» (Bienenhaus) eine Hütte aus Steinen und Holz bauen. Nun wusste ich, dass er sich in seiner neuen Heimat auch innerlich anzusiedeln begann.

Er berichtete später in Schulaufsätzen über seine Erlebnisse der ersten in Griechenland verbrachten Kinderjahre: Immer habe er eine grosse Lust verspürt, in die Weinberge des Onkels zu schleichen, um Trauben zu stehlen. Als er einmal deswegen von seinem Onkel verprügelt worden sei, sei er von zuhause weggelaufen, drei Tage später von einem Polizisten aufgegriffen und seinem erzürnten Onkel wieder zugeführt worden. Später sei er erneut, diesmal in Begleitung eines älteren Bruders, Trauben stehlen gegangen. Wieder sei die Polizei erschienen und habe ihn ins Gefängnis und von dort ins Waisenhaus gebracht. Dann sei er auf «Befehl der Königin» ins Kinderdorf geschickt worden. Es könne doch nicht anders sein, als dass bei dieser wundersamen Reise in die Schweiz die griechische Königin ihre Hand im Spiel gehabt haben müsse.

Monate verstrichen. Die griechischen Sozialakten schienen recht zu behalten: «Körperlich und wohl auch geistig zwei Jahre zurückgeblieben.» Als er zehn Jahre zählte, mass er keine 120 cm.

Ein Jahr nach seiner Ankunft im Dorf waren es immerhin bereits 10 cm mehr! Giorgos war Schüler der sechsten Volksschulklasse, allerdings kein besonders eifriger. Er war kürzlich Pfadfinder geworden: «Jetzt bin ich Pfadfinder, ich werde nie mehr stehlen oder lügen!» Diese und andere Erinnerungen des kleinen Burschen sind von seiner Umgebung jeweils mit jener wohlwollenden Nachsicht entgegengenommen worden, die er zu verdienen schien. Dazu kam noch, dass sich auch in den Gebärden des Knaben, ohne dass er viel dazu beitragen musste, etwas Clownhaftes äusserte. So hatten wir denn keine Ahnung davon, was sich hinter dem Bild des nicht ganz ernst zu nehmenden Bürschleins versteckte. Wir konnten nicht wissen, wie das Geschehen der damaligen Zeit des Kalten Krieges auf Giorgos eingewirkt hatte, bis er einmal, in den Novembertagen des Jahres 1956, in einem Schulaufsatz einen Traum beschrieb. Als wir die wenigen Zeilen gelesen hatten, wussten wir, dass jene Aktennotiz über den geistig Zurückgebliebenen nicht mehr stimmen konnte:

Giorgos hatte damals geschrieben:

«Einmal konnte ich nicht schlafen, weil ich an den dritten Weltkrieg und an die Atombombe dachte. Später aber schlief ich ein und da sah ich hoch oben am Himmel einen geraden Streifen, auf dem mit farbigen Buchstaben, die in der Dunkelheit leuchteten, geschrieben war, dass um Mitternacht der dritte Weltkrieg mit den Atombomben beginnen werde.

Alle Menschen und ich selber warteten auf den Tod.

Zwei Minuten vor Mitternacht stiegen ein Amerikaner und ein Russe in den Himmel empor. Sie hielten in ihren Händen die Atombomben. Um Mitternacht sah ich einen Glanz und glaubte, die Atombomben seien explodiert. Das war es aber nicht. Dieses Leuchten kam, weil Gott erschien und die beiden, die die Bomben hatten, an den Händen packte, damit sie sie nicht herunterwerfen konnten. In diesem Augenblick fingen die Glocken aller Kirchen der Welt zu läuten an, und ich erwachte von ihrem Klingen.»

Wer könnte schlichter und eindrücklicher schildern, was wir Menschen in jenen Jahren zu befürchten und zu erhoffen hatten. Von mentalem Rückstand konnte da sicher keine Rede mehr sein. Bei vielen seiner Kameradinnen und Kameraden galt er aber immer noch als der nicht ganz ernst zu nehmende Kleine. Giorgakis nannte man ihn deshalb auch, nicht etwa Giorgos. Dies schmerzte ihn oft, ohne dass er sich deswegen beklagte. So wartete ich auf eine Gelegenheit, seinem Ansehen in seinem Freundeskreis etwas nachzuhelfen. Bald darauf bot sich dazu eine unerwartete Chance.

Es war Anfangs Februar, jene Zeit also, in der wir unser Wintersportfest des Kinderdorfes durchzuführen pflegten. Die Kinder waren um diese Zeit bereits ausreichend im Skifahren trainiert. Die Unfallgefahr bei Wettkämpfen war nicht mehr gross. Neben den üblichen Disziplinen des Skilaufens war jeweils auch, als besonders attraktiver Anlass, ein Sprunglauf vor allem für die Grösseren vorgesehen. Dazu hatten die Knaben am Nordhang des Hügels, auf dem das Kinderdorf errichtet worden war, eine grössere Sprungschanze erbaut. Sie befand sich ganz in der Nähe jenes Hauses, in dem ich mit meiner Familie wohnte.

Deshalb entdeckte ich zufällig am späteren Nachmittag vor den grossen Wettkämpfen – es begann schon zu dämmern – unseren Giorgos, wie er sich oberhalb der Schanze zum Sprung bereit stellte. Er stiess mit seinen Stöcken ab, liess sie fallen und fuhr die Anlaufspur hinunter dem Schanzentisch entgegen. Ich erschrak ganz ordentlich, denn diese Schanze war nun wirklich nicht für einen so kleinen Burschen bestimmt. In flotter Fahrt stiess er vom Schanzentisch ab. Als Draufgänger nahm er in seinem Flug eine viel zu grosse Vorlage ein. Er flog wie ein grosser Frosch fast waagrecht durch die Luft und landete unten prompt auf dem Bauch, im letzten Moment seine Beine mit den Skiern seitlich weit von sich spreizend. Schlimmes befürchtend, rannte ich im Schnee den Hang hinunter, um nachzusehen, ob sich Giorgos verletzt habe. Als ich bei ihm ankam, hatte er sich schon wieder halbwegs erhoben. Es fehlte ihm nichts. Ich machte ihn auf die Gefährlichkeit seines Tuns aufmerksam und riet ihm dringend, dieses halsbrecherische Training sofort abzubrechen und den Grösseren zu überlassen. Mit aufgerissenen und enttäuschten Augen bat er mich daraufhin inständig, ihm doch noch eine Chance zu geben und ihn weiter üben zu lassen. Er erklärte mir, dass er nämlich morgen unbedingt mit den Grossen auf dieser Schanze springen möchte, um denen zu zeigen, dass er auch jemand sei, wenn auch zwei Köpfe kleiner als sie. Unter meiner Aufsicht und Anleitung stand Giorgos erstaunlicherweise mit rasch zunehmender Sicherheit noch ein paar ganz passable Sprünge durch. Ich war in der Tat sehr überrascht, dass er dabei nur einmal stürzte. Er nutzte diese für ihn sichtbar gewordene Gelegenheit und nahm mir das Versprechen ab, ihn am folgenden Tag nicht von diesem Springen auszuschliessen. Mir war inzwischen klar geworden, um was es Giorgos dabei im Grunde genommen ging.

Am nächsten Morgen konnte das zweitägige Skifest bei strahlender Sonne und besten Schneeverhältnissen beginnen. Alle Kinder, über 200, nahmen aktiv daran teil, und gegen hundert Erwachsene des Dorfes verfolgten die Wettkämpfe dieser Winterolympiade der Kinder. Nach den Abfahrtsdisziplinen, dem Slalom und dem Langlauf, folgte nun am Nachmittag des ersten Tages die für Giorgos so wichtige Disziplin: Der Sprunglauf.

Die grossen Buben hatten die Anlaufspur und den Schanzentisch noch etwas ausgebessert. Dann stellten sie sich oben bereit. Giorgos gesellte sich mutig, aber etwas unsicheren Blickes zu ihnen und bekundete damit, dass er auch springen werde. Sie wollten ihn beiseite schieben mit dem warnenden Hinweis, er werde sich bei seinem Sprung ja den Hals brechen. Es war indes dafür gesorgt worden, dass Giorgios zu seinem Sprung kam. Er stellte sich ebenfalls oben bereit. Die zahlreichen Zuschauer, grosse und kleine, verfolgten das Geschehen mit äusserster Spannung. Auch ich, mitten in der dichten Traube der Zuschauer stehend und bangend, fragte mich, ob wir, Giorgos und ich, uns mit dieser Sache vielleicht nicht doch auf einen allzu gefährlichen Ast hinaus gewagt hatten. Nun geschah es: Nach den Sprüngen der Grossen stand Giorgos oben bereit. Seine zu einer kleinen dunklen Kugel geschrumpfte Gestalt sauste auf den Schanzentisch zu, streckte sich abstossend, die Arme hoch in der Luft, und segelte stolz über den steilen Hang hinaus dem Auslauf zu. Und, oh Wunder: Giorgos stand diesen Sprung mit einer recht respektablen Weite. Als er seinen Lauf unten mit einer gekonnten scharfen Schlusskurve beendete, brauste ihm ein mächtiger, lange nicht enden wollender Applaus entgegen. Auch einen zweiten Sprung überstand er sturzfrei! Nun war es klar: Fortan war Giorgos im Dorf ein «gemachter Mann» und unter den «Grossen» ein vollwertig gewordener Kamerad.

Der innere Auftrieb von Giorgos hielt an. Er absolvierte in Baden eine Giesser-Lehre und wurde darauf von seiner Lehrfirma angestellt. Dann wollte er als guter Grieche den Militärdienst in seinem Heimatland ableisten. Ganze 27 Monate lang sorgte er als Funker und Telegrafist für gute griechische Verbindungen. Als ihm, dem völlig Alleinstehenden, das Taschengeld auszugehen drohte, hat ihm seine Firma Fr. 300.– in den Militärdienst geschickt und ihm mitgeteilt, dass er nach seinem Dienst bei ihnen weiterarbeiten könne. Giorgos wurde als zielstrebiger, zuverlässiger und stiller Arbeiter sehr geschätzt. Seit 13 Jahren ist er nun, nach einem Berufswechsel, als Chemieangestellter in einer weltweit bekannten Schaffhauser Firma tätig.

In der Schweiz lernte Giorgios eine junge Österreicherin kennen. Die beiden feierten im Andachtsraum des Kinderdorfes ihre Hochzeit. Ein griechisch orthodoxer Priester in farbenprächtigem Ornat segnete die beiden. Griechische Kinder des Dorfes liessen über sie Reiskörner der Fruchtbarkeit regnen. Unter den Teilnehmern dieser Hochzeitsfeier befand sich auch Nikiforos Vrettakos, einer der grossen Dichter Griechenlands. Er war damals dem Obristenregime Griechenlands ausgewichen und hatte als Gast im Kinderdorf Pestalozzi Aufnahme gefunden.

Giorgos Frau war einen guten Kopf grösser als er. Dies war ihm sehr recht. Ihre Kinder sollten dereinst nicht zu leiden haben, bloss weil sie nicht dem landesüblichen Längenmass entsprachen. Die Hoffnungen Giorgos sind in Erfüllung gegangen.
Kürzlich habe ich ihn anlässlich eines Telefongespräches gefragt, ob er eigentlich sein Säcklein mit dem Sand aus dem Korinther Waisenhaushof immer noch besitze. «Nein», sagte er, «das habe ich im Kinderdorf verloren. Dafür habe ich dort anderes gefunden, das ich nie verlieren werde. Wissen Sie: Ich habe überhaupt immer Glück gehabt in meinem Leben.»

Ist hier das Pestalozzidorf?

Als Leopold Lindtberg in den späteren Fünfzigerjahren mit der Praesens Film AG im Pestalozzidorf den Film «Unser Dorf» drehte, schloss er ihn ab mit der folgenden winterlichen Szene: In einer Totalaufnahme sah man den verschneiten Dorfplatz des Kinderdorfes. Vom Bildrand her löste sich die Gestalt eines kleinen Knaben, der sich mit seinem Koffer der Mitte des menschenleeren Platzes näherte. Dort stellte er den Koffer ab, schaute sich um und fragte laut rufend: «Ist hier das Pestalozzidorf?» Es war dies für den Kinobesucher, der in diesem Film während mehr als einer Stunde die Leiden und Freuden der damaligen Kinderdorfgemeinschaft miterlebt hatte, ein sehr bewegender Schluss. Der kleine, etwas linkisch-drollig wirkende Knabe, der diese Schlussrolle spielen durfte, war niemand anderer als unser Giorgos.

Etwa zwei Jahre nach dieser durch Giorgos gespielten Filmszene fand in dem am Dorfplatz gelegenen Gemeinschaftshaus eine abendliche Sitzung des Dorfrates statt. Draussen hatte es, eine Laune des Aprilwetters, zu schneien begonnen. Langsam bedeckte sich der auf über 900 Metern Höhe gelegene Dorfplatz mit einer weissen Schneedecke. Gegen neun Uhr abends, unsere Sitzung war noch lange nicht beendet, wurde ich durch eine Sekretärin, die den abendlichen Telefondienst versehen hatte, aus dem Sitzungszimmer herausgebeten. Ziemlich aufgeregt berichtete sie: Durch das Fenster der kleinen Telefonzentrale hätte sie beobachtet, wie ein etwa zwölfjähriges Mädchen mit einem Koffer zu Fuss und offensichtlich recht müde im Kinderdorf angekommen sei. Als das Mädchen mitten auf dem Dorfplatz seinen Koffer abgestellt habe, habe sie ihr Fenster geöffnet, um sich nach dem Begehren des Kindes zu erkundigen. Da habe sie den fragenden Ruf des Mädchens vernommen: «Ist hier das Pestalozzidorf?» Daraufhin sei sie zu jenem Mädchen auf den Dorfplatz geeilt, um ihm zu sagen, es solle hier einen Augenblick warten. Man werde sich gleich seiner annehmen. Nun sei sie eben hier, um zu erfahren, was jetzt geschehen soll.

Da wir unsere Arbeiten an der Sitzung beenden mussten, bat ich die Sekretärin, das Mädchen mit seinem Koffer in unser Haus zu meiner Frau zu führen. Sie solle das frierende Kind ein wärmendes Bad nehmen lassen, ihm zu Essen geben und es in unserem Gästezimmer schlafen lassen. Wir würden dann am nächsten Tag weitersehen.

Nach der Sitzung nach Hause zurückgekehrt, berichtete mir meine Frau, das Mädchen sei sehr durchfroren gewesen, habe aber nach dem Bad tüchtig gegessen. Nun schlafe es. Es hatte ihr in hochdeutscher Sprache eine sonderbare Geschichte von einer Zigeunerin erzählt, mit der es in Süddeutschland herumgezogen sei. Wie das Mädchen dann in die

Schweiz und nach Trogen gekommen sei, habe sie nicht recht herausbekommen. Das Mädchen sei offenbar auch viel zu müde gewesen, um ausführlicher berichten zu können. In seinem Koffer hatte es im übrigen neben dem Nachthemd und einer Zahnbürste einen grossen Teddybär, eine Hundeleine und einen Hausschlüssel gehabt.

Am anderen Morgen sprach ich mit dem Mädchen. Es hatte lange geschlafen und dann ausgiebig gefrühstückt. Wiederum in hochdeutscher, aber doch deutlich dialektgefärbter Sprache erzählte es von jener Zigeunerin, mit der es mehrere Jahre in Deutschland und zuletzt im Süden des Landes herumgezogen sei. Die Schule habe es nur sehr unregelmässig besuchen können, nur dann, wenn die Zigeunerin für längere Zeit Arbeit gefunden habe. Sie sei eine zwar unstet herumziehende, aber im Grunde genommen gütige Frau gewesen. Deshalb habe sie sich offenbar auch Sorgen um die Zukunft ihres Pflegekindes gemacht. Vor wenigen Tagen seien sie zusammen in Konstanz am Bodensee angelangt. Da habe ihr die Frau erklärt, wie es am besten in die Schweiz komme und wie es dann nach St. Gallen und nach Trogen reisen könne. Dort sei nämlich ein Pestalozzidorf für elternlose Kinder. Dorthin solle es gehen und fragen, ob man es aufnehmen und besser ausbilden könne, als dies einer armen Zigeunerin möglich sei. Die Trennung von der Frau, mit der es mehrere Jahre unterwegs gewesen war, sei ihm schwer gefallen, aber schliesslich habe es den Schritt über die Grenze doch gewagt. Das Mädchen berichtete recht farbig über diesen Grenzübergang, den es im Kielwasser einer grossen Familie habe hinter sich bringen können. Aber als ich mich dann nach Einzelheiten und nach der genauen Reisestrecke erkundigte, verwickelte sich das Mädchen bald in einige Widersprüche. Mir tauchten erste Zweifel über die Richtigkeit der romantischen Zigeunerodyssee auf, die uns da geschildert worden war. Unter anderem zweifelte ich auch an dem Namen, den uns das Mädchen als seinen eigenen angegeben hatte.

Nachmittags setzte ich mich telefonisch mit der Polizei in Verbindung, um abzuklären, ob irgendwo ein Mädchen dieses Alters vermisst werde. Erstaunlich rasch wurde ich fündig. In einer Zürcher Vorortsgemeinde wurde seit gestern ein Mädchen namens Erika vermisst. Die Beschreibung des Aussehens und der Kleider, die das vermisste Kind trug, stimmte mit dem bei uns gestrandeten Mädchen überein. Mit dem richtigen Namen der Ausreisserin wurde auch die Adresse seiner Eltern bekannt. Über das zuständige Sozialamt in Zürich ersuchte ich um weitere Abklärung und um nähere Angaben. In der Zwischenzeit würde ich abklären, ob unser Mädchen wirklich Erika sei. Es gab dies weinend und unverzüglich zu, als ich es bei unserer nächsten Besprechung mit Erika ansprach. Nun waren die Schleusen geöffnet, nicht nur für Erikas Tränen, sondern auch für ein bewegendes Geständnis, das es nun plötzlich in waschechtem Zürichdeutsch ablegen konnte.

Erikas Vater hatte sich von seiner tagsüber arbeitenden Mutter getrennt. Etwas später sei ein neuer, jüngerer Mann aufgetaucht, der Erikas Mutter sehr liebte, den Erika aber nicht riechen konnte, wie sie sagte. Es kam immer häufiger zu Streit, nicht nur mit dem neuen Mann, sondern auch mit der Mutter. Da beide arbeiteten, waren meist nur der Hund und ihr Teddybär zu Hause, wenn Erika, die immer einen Hausschlüssel auf sich trug, aus der Schule nach Hause kam. Erika gefiel es nicht mehr daheim. Sie glaubte, dass niemand mehr sie gerne habe. Am liebsten wäre sie davon gelaufen. Aber wohin sollte sie denn gehen? Antwort auf diese Frage gab ihr zufälligerweise ein Film, den sie mit ihrer Mutter sehen durfte. Ihre Mutter hatte oft ein schlechtes Gewissen ihrer Tochter Erika gegenüber und versuchte dieses zu beruhigen mit einer gelegentlichen Einladung zu einem Kinobesuch. Dort wurde der Film «Unser Dorf» von Leopold Lindtberg gezeigt. Aha, dachte Erika, da gibt es also ein Dorf, in dem verlassene und unglückliche Kinder Aufnahme finden. Am Schluss dieses Filmes wurde sogar noch gezeigt, wie man da aufgenommen werden konnte. Du kommst mit einem Koffer auf dem Platz dieses Dorfes an, folgerte sie. Dann rufst du: «Ist hier das Pestalozzidorf?» Und das habe sie eben ausprobiert und es habe ja geklappt, wenigstens fast. Sie sei mit der Bahn von Zürich nach St. Gallen und dann nach Trogen gefahren. Das Fahrgeld habe sie in Mutters Geldbeutel gefunden. Die Sache mit der in Süddeutschland umherziehenden Zigeunerin sei eine Erfindung von ihr.

Inzwischen hatte das Zürcher Sozialamt mit Erikas Mutter Verbindung aufgenommen. Im wesentlichen hat die mit den Abklärungen betraute Fürsorgerin die Angaben Erikas bestätigt. In Zürich sei man bereit, sich Erikas Familie beratend und helfend anzunehmen, so dass Erika, wenn diese dazu bereit sei, bald einmal wenigstens versuchsweise zu ihrer Mutter zurückkehren könne. Es dauerte noch einige Zeit, bis sich Erika beruhigt und bereit erklärt hatte, es noch einmal zu Hause zu probieren, wenn sie dann nicht, wie bisher, so oft allein gelassen werde. So dachten wir schon, die Odyssee Erikas würde zu einem raschen und guten Ende führen. Erika hat es aber verstanden, dem letzten Akt dieses Stückes als weitere Anleihe aus dem Lindtberg-Film schliesslich noch eine dramatische Wende zu geben.

Als Erikas Mutter einige Tage später nach Trogen reiste, um ihr ins Pestalozzidorf geflüchtetes Kind wieder in ihre Obhut zu nehmen, wollte Erika sich unbedingt draussen in der Frühlingssonne noch etwas tummeln. Sie wolle sich auch von einem Mädchen verabschieden, das sie inzwischen kennen gelernt hatte. Mit Erikas Mutter tranken wir inzwischen eine Tasse Tee. Ich nutzte die Gelegenheit, um ihr so gut dies möglich war noch etwas ins Gewissen zu reden. Sie möchte doch alles unternehmen, um ihrem Kind mehr Zeit und Aufmerksamkeit zu schenken. Die Frau war eigentlich recht einsichtig. Das Vorgefallene schien ihr die Augen geöffnet zu haben. Sie glaubte auch, dass ihr Freund bei einem Neubeginn verständnisvoll mithelfen werde. Im übrigen wusste sie, dass das Sozialamt ein wachsames und wohlwollendes Auge offen halten werde.

Als wir Erika nach einer guten Stunde herbeiholen wollten, war sie verschwunden, unauffindbar. Alles Rufen half nichts. Wir starteten eine grössere Suchaktion im und rund um das Kinderdorf herum. Endlich fanden wir das Mädchen, das sich in einer Baugrube des Dorfes versteckt gehalten hatte. Weinend gestand es seiner Mutter, es fürchte sich eben immer noch mit ihr nach Zürich zurückzukehren. Die Mutter musste noch einige weitere Tassen Tee trinken, bis sich in dieser fast ausweglos erscheinenden Lage doch eine Lösung zeigte. Erika wollte den Namen der Fürsorgerin des Amtes in Zürich kennen und sie wollte wissen, ob sie in den bevorstehenden Sommerferien einige Wochen als Feriengast bei uns im Kinderdorf verbringen dürfe. Dies wurde ihr zugesichert. Als die Mutter schliesslich noch erwähnte, der Hund zu Hause würde sich sicher auch über Erikas Heimkehr freuen, öffnete Erika das bereits gepackte Köfferchen, zog das Hundehalsband hervor und beschnupperte es. Daraufhin trocknete sie ihre Tränen, stand auf und sagte. So gehn wir also!

Erika hat ihre Sommerferientage bei uns verbracht, und wir merkten bald einmal, dass alle an diesem Familiendrama Beteiligten etwas gelernt hatten und sich nun zusammen auf guten Wegen befanden.

Der Tod in Distomo

Es waren fast ausschliesslich Kriegswaisen des Zweiten Weltkrieges, die das Kinderdorf Pestalozzi in den ersten Jahren bevölkerten. Unter ihnen befand sich auch der Grieche Argyris Sfountouris. Als Neunjähriger war er im Jahre 1949 dort aufgenommen worden.

Was er am 10. Juni des Kriegsjahres 1944 in Griechenland als Vierjähriger in seinem Dorfe Distomo erleben musste, hat ihn für sein ganzes Leben geprägt. Als Fünfzigjähriger hat er jenes furchtbare Geschehen niedergeschrieben. Hier sein erschütternder Bericht:

«Es war ein Samstag. Die Mutter war schon im Morgengrauen weggegangen. Sie fuhr mit den Nachbarn im Pferdewagen nach Levadia, um für das Geschäft der Familie einzukaufen. Sie hatte meinen noch schlafenden Schwestern und mir eilig einen Kuss gegeben. Sie konnte nicht ahnen, dass es der allerletzte Abschiedskuss sein würde. Denn es war der 10. Juni 1944. Niemand in meinem Dorf Distomo wird diesen Tag je vergessen, obwohl sich alle nichts sehnlicher wünschen, als ihr Gedächtnis von dieser unheilbaren Wunde befreien zu können.

Auch die Juni-Sonne ahnte nichts, sie liess noch alles hell erstrahlen. Das reife Korn, das gerade geerntet wurde, die dicken, blendend weissen Hausmauern und den Platz davor. Dort spielten wir Kinder in einer trotz Krieg und fremder Besatzung für uns noch heilen Welt, als wir die deutschen Lastwagen voll mit bewaffneten Soldaten eintreffen sahen. Erst zwei, dann zehn, dann mehr und noch mehr... Der Vater muss den Laden schliessen, obwohl es erst zehn Uhr morgens ist. Alle müssen die Strassen und die Plätze räumen und sich in die Häuser zurückziehen. Ähnliches war schon wiederholt geschehen. Viele bewirten die Soldaten an der Türschwelle oder bringen den Wachtposten Speis und Trank.

Dann treffen grauenhafte Nachrichten ein: Unterwegs zum Dorf haben die deutschen Soldaten Bauern bei der Arbeit in den Feldern erschossen. Andere wurden gefangen genommen. Vorne an die Lastwagen festgebunden, dienen sie jetzt als Kugelfang bei einem Partisanenangriff. Eine panische Angst ergiesst sich durch die engen Gassen und überflutet das ganze Dorf. Ein schauerliches Bangen schleicht sich in alle Seelen ein. Vielen Bewohnern gelingt noch die Flucht. Sie verstecken sich in Grotten in den Steilhängen hoch über dem Dorf oder in den Ölhainen auf dem Weg hinunter zum Meer. Dann ist das Dorf umstellt, überall stehen Wachtposten.

In den Strassen sehen wir nur noch Soldaten. Das Dorf ist jetzt besetzt. Hermetisch abgeriegelt. Wir alle sind Geiseln. Feindliche Soldaten gehen in den Häusern ein und aus, suchen offenbar nach bewaffneten Partisanen, holen sich aber alles, was sie haben wollen. Lebensmittel und Wein, handgewebte Decken und wertvollen Hausrat. Die Lastwagen füllen sich mit Raubgut.

Stunden vergehen. Eine düstere Stille umhüllt das Dorf. Was uns bevorsteht, verbirgt ein gespenstischer Nebel, den auch das blendend grelle Sonnenlicht nicht zerstreuen kann. Wir blicken durch die Fensterscheiben auf die breite Strasse vor dem Schulhaus, hinter welchem sich unser Haus befindet. Ein Hin und Her von Soldaten und Wagen und Motorrädern. Was werden dort unten meine weit geöffneten Kinderaugen bald sehen? Was wird mein kleines Hirn denken, das nicht einmal ahnt, was Todesangst ist? Was sagt jetzt gerade unser Vater zu uns, dessen Schutz uns selbstverständlich und unverlierbar scheint? Und wo bleibt die Mutter? ... Warum ist die Mutter noch nicht zurück? ...

Von weitem dröhnen Gewehrsalven. Wieder. Immer wieder. Lange. Sehr lange. Dann wird es wieder still. Es ist schon vier, fünf Uhr nachmittags. Das Sonnenlicht wird milder. Die Soldaten unten werden plötzlich wild. Ein Motorrad hält brüsk vor dem Schulhaus an. Befehle werden hastig weiter gegeben. Immer mehr Soldaten versammeln sich dort. Ein riesiges Maschinengewehr wird gegenüber der Schulhausfront aufgestellt. Feuerblitze treten plötzlich aus dem Rohr, ganz rasch hintereinander, und dröhnend schlagen die Geschosse auf die Schulhausmauer ein, die uns den Blick auf die zwölf mitgeführten Geiseln verdeckt, die dort aufgestellt und niedergemäht werden.

Dann rennen die Soldaten in alle Richtungen auseinander, schiessen auf alle Menschen, die sie antreffen, treten in die Häuser ein, ermorden Frauen, Greise, Kinder, Männer, Säuglinge ... Alles Lebendige ... Sie haben es eilig, kennzeichnen die Häuser, damit sich kein Zweiter bemüht ... Diese Tatsache ermöglicht denjenigen Soldaten, die noch Menschen sind, Menschen zu bleiben. Sie kennzeichnen die Häuser ohne zu morden ... Aber es überleben nicht genug, um 218 Tote zu beweinen, Gräber zu schaufeln ...
Jetzt kommen sie zu uns. Stiefelnägel schlagen hart auf die Steinfliesen unten im Hof. Sie steigen nicht herauf. Unser Vater geht hinunter, um sie abzufangen. Noch hallen seine Schritte von den Stufen der grossen Steintreppe in die Erinnerung zurück und unterstreichen seine letzten Worte. Wir müssen stillhalten, versteckt bleiben ... Hilft es, den Atem anzuhalten vor dem deutschen Tod? ... Der Vater hatte sich nicht verabschiedet, um uns nicht zu ängstigen, obwohl er wusste, dass er uns ein zweites Mal das Leben schenkte, als er in den Tod hinabstieg ... Rauch steigt durch die Ritze des Bretterbodens in die Stube hoch. Das Haus brennt, die grossen Ölfässer im Warenlager unten ... Wir stürzen hinaus, rennen hinunter, suchen den Vater. Noch kann er das Feuer löschen ... Er ist nicht im Hof, nicht im Garten, antwortet nicht auf unser Rufen ... Wir gehen zum Hoftor. Öffnen es. Riesige Lastwagen stehen in wenigen Metern Abstand auf der Strasse. Voll mit Soldaten, andere springen rasch drauf ... Ein Soldat bemerkt uns, winkt uns zurück, wirft einige Kieselsteinchen in unsere Richtung ...

Später, nachdem keine Schüsse mehr zu hören sind, und der Motorenlärm der wegfahrenden Lastwagen verklingt, erinnert uns das lodernde Knistern an das brennende Haus ... Wir wollen zu den Grosseltern. An der Ecke des Platzes, direkt vor dem Brunnen, liegt unser Vater. Ich will mich auf ihn stürzen, aber die Schwestern halten mich zurück. Wissen sie schon, dass er tot ist? Wann haben sie begriffen, dass diese roten Löcher in den Schläfen unheilbar sind? ...

Am nächsten Tag wird ein pferdeloser Wagen mit den Leichen unserer Mutter und des Nachbarehepaares ins Dorf gezogen. Sie waren auf der Rückfahrt von der Stadt wenige Kilometer vor dem Dorf dem abrückenden Militärkonvoi begegnet ...

Diese Bilder, wie Brandmale tief in mein Gedächtnis eingeprägt, habe ich in Worte zu fassen versucht. Es sind unauslöschliche Erinnerungsbrocken. Sie haben Bilder von früheren, glückseligen Kindheitsjahren fast völlig verdrängt; und ihre Düsternis hat immer wieder das Licht späterer, schöner Erinnerungen getrübt ... Am quälendsten ist das Unbegreifen ... Das immerwährende, vergebliche Suchen nach irgend einem Sinn, und sei es bloss auf der andern Seite ... Wie können Menschen so etwas tun und damit weiterleben ... Wie können Menschen so etwas einfach geschehen lassen ... Auch diese Frage wühlt tief im Gedächtnis. Damals noch unartikuliert, hat sie sich fürs ganze Leben an die Kinderseele festgekrallt ... Haben die Mächtigen dieser Welt in den letzten fünf Jahrzehnten irgend etwas dazu beigetragen, um solche Gräueltaten für die Zukunft zu verhindern? ... Die Menschengemeinschaft kann uns Opfern vergessen helfen, wenn sie ihr Gedächtnis für solche Erinnerungen öffnet und eine Welt aufbaut, in welcher solche Gräueltaten nicht mehr möglich, nicht mehr denkbar sein können ...

Möge Gott ihnen allen verzeihen können.»

Argyris Sfountouris lebte von 1949 bis 1959 mit einer seiner Schwestern im Kinderdorf Pestalozzi in Trogen. Er erwies sich rasch als aufgeweckter, sehr guter Schüler. Als Sekundarschüler schrieb er im Rahmen einer Arbeit in der Sozialkunde auch an Albert Einstein und zeigte uns freudig die Anwort, die er von ihm erhalten hatte. Nach der Matura an der Kantonsschule, dem Gymnasium von Trogen, studierte er an der ETH in Zürich und schloss als diplomierter Physiker ab. Von 1962 bis 1980 unterrichtete er als Gymnasialprofessor an verschiedenen Zürcher Kantonsschulen Physik, Astronomie und Mathematik. Er übersetzte aber auch griechische Lyrik und publizierte eigene Werke. Seit 1980 setzte er sich ausserdem in der dritten Welt im Rahmen der Entwicklungszusammenarbeit und als Freiwilliger des Schweizerischen Katastrophenhilfekorps ein.

Argyris Sfountouris lebt und wirkt heute in Griechenland mit regelmässigen längeren Aufenthalten in der Schweiz.

50 Jahre nach dem Massaker von Distomo organisierte Argyris Sfountouris 1994 eine international und von deutschen Wissenschaftlern und Historikern besuchte TAGUNG FÜR DEN FRIEDEN. Er zeigte dort auch eine Ausstellung mit ergreifenden Bildern aus jenen Schreckenstagen. Die Tagung stand unter den Themen GEDENKEN, TRAUER, HOFFNUNG. Seine einleitende Ansprache schloss er mit versöhnlichen Worten der Hoffnung:

«In Distomo hat am 10. Juni 1944 ein abscheuliches Massaker stattgefunden. Wäre alles nach Plan gelaufen, so hätte keine Seele diesen apokalyptischen Abend überlebt, ausser jenen, die das Dorf rechtzeitig verlassen konnten und in die Berghöhlen flüchteten. Aber es gab Überlebende damals in Distomo, weil es unter den Deutschen Menschen gab, die den Befehl der inneren Stimme höher stellten als den von Mördern ausgestellten Befehl zum Morden. Es sind mehrere Fälle bekannt, wo deutsche Soldaten bewusst Menschen vor dem Tod retteten und vor ihren mordenden Kameraden versteckten, wohl im Bewusstsein der Gefahr für das eigene Leben, wenn ihre Taten entdeckt und sie vor Kriegsgericht gestellt würden. Es ist kaum zu glauben, dass es im fünften Kriegsjahr noch junge deutsche Soldaten gab, die nach zwölfjährigem Drill zum Übermenschentum noch zu solchen menschlichen Handlungsweisen fähig geblieben waren. Aber ich stünde jetzt nicht hier vor Ihnen, wenn nicht auch dies eine geschichtliche Tatsache wäre.

Unsere Hoffnung besteht darin, dass es sehr viele solche Menschen gibt, und dass es uns gelingen kann, noch mehr Menschen dazu zu befähigen, rassistischer Propaganda zu widerstehen. Als erstes sollten wir uns bewusst werden, dass es Rassismus nicht nur bei den anderen gibt. Wir hoffen, hier an dieser TAGUNG FÜR DEN FRIEDEN einiges darüber zu hören, wie man solche Propaganda erkennt und ihr widerstehen lernt.

Wir hoffen aber auch, dass die Referate und Diskussionen uns näher bringen, auch wenn es unsere Pflicht ist, auch das Trennende zur Sprache zu bringen. Die Annäherung soll nicht auf Missverständnissen basieren, die durch das Verschweigen unserer Erfahrungen und unserer Gefühle entstehen, sondern durch die offene Aussprache, durch das Ausdiskutieren von Missverständnissen und durch das Akzeptieren von Meinungsverschiedenheiten.

Gerade das, was uns seit fünfzig Jahren trennt, ist unser gemeinsames Schicksal – und gleichzeitig eine Herausforderung an uns alle: Für die einen das tägliche Erschrecken darüber, ohne persönliches Verschulden unentrinnbar zu der Gruppe der Opfer zu gehören – für die anderen das ebenso grosse Erschrecken darüber, ohne persönliches Verschulden täglich mit den Tätern identifiziert zu werden. Auch darüber müssen wir sprechen.

Lasst uns nun mit der Arbeit beginnen, in der Hoffnung, wie Ingeborg Bachmann schrieb, dass ‹die Wahrheit den Menschen zumutbar sei›».

Wer diesen Bericht gelesen hat, wer mitbekommen hat, dass der Tod in Distomo in deutscher Sprache befehlend und fluchend aufgetreten ist und gemordet hat, den würde es nicht wundern, wenn Argyris Sfountouris diese Sprache sein Leben lang gehasst und geächtet hätte. Das Gegenteil ist der Fall. Er ist erstaunlicherweise als ein in deutscher und griechischer Sprache schreibender Schriftsteller selbst ein Meister der deutschen Sprache, und als Hochbegabter auch ein Physiker, ein Astronom und überdies ein Solidarität praktizierender, engagierter Katastrophen- und Entwicklungshelfer geworden.

Die Christen und die Heiden

Auf die bevorstehende Ankunft der Tibeterkinder hatte sich das Kinderdorf in mancherlei Hinsicht gründlich vorbereitet. In der Sozialkunde, die jede Woche von den rund 60 Oberstufenschülern besucht wurde, hatte man eifrig darüber diskutiert, wo denn diese Tibeter auch herkämen, warum sie Tibet verlassen hätten und nun aus Indien zu uns kommen sollten. Die Schüler wollten wissen, welche Sprache sie sprechen, und sie fragten nach der Religion der Tibeter. Als sie erfuhren, dass die Neuen Buddhisten seien, wollte es Sarah, das vierzehnjährige Finnenmädchen ganz genau wissen. Sie stellte mit einem kritischen Ton in ihrer Stimme fest: «Wenn das keine Christen sind, dann sind es also Heiden, und wenn es Heiden sind, müssen wir sie sofort bekehren, das ist doch unsere Aufgabe als Christen, nicht wahr?» Nun war ich als Dorfleiter, der diesen Sozialkundeunterricht erteilte, gefordert. Ich fragte die Klasse vorerst, ob sie damit rechne, dass die Tibeter, einmal bei uns angekommen, auch sofort mit der Bekehrung von uns Christen zum Buddhismus beginnen würden. Das nun glaubte eigentlich niemand so recht. Und die meisten fanden auch, so etwas sollte besser nicht geschehen. Als sie von mir hörten, mit solchen Bekehrungsabsichten sei bei den Tibetern mit Sicherheit nicht zu rechnen, war die Klasse, und war auch Sarah beruhigt. Das Interesse an diesen Tibetern als unseren künftigen Mitbewohnern des Dorfes war aber mächtig entfacht worden, und für Gesprächsstoff an den verschiedenen nationalen Esstischen des Dorfes war für eine gute Weile gesorgt.

Im Oktober des Jahres 1960 brachte die Swissair endlich die 20 Tibeterkinder und zusätzliche tibetische Betreuer nach Kloten. Nach einem zweimonatigen Akklimatisationsaufenthalt in einem Ferienheim der Oltener Freundesgruppe konnte die grosse Tibeterfamilie Mitte Dezember in ihr inzwischen fertig erstelltes Haus einziehen. Sie gaben ihm den Namen «Yambhu Lagang», Stätte der Weisheit.

Dass die Tibeter ihre ersten Monate im Kinderdorf zur Winterzeit erleben konnten, war für die früheren Bewohner des Schneelandes Tibet ein Glücksfall. Sie freundeten sich in ihrer liebenswürdigen und bescheidenen Art überraschend schnell mit den übrigen Kindern des Dorfes beim Spielen im Schnee und auf gerne ausgeliehenen Schlitten an. Natürlich mussten anfangs auch einige Sprachbarrieren überwunden werden. Doch die Kinder überwanden sie oft spielend. So erklärte uns eines Tages unsere Jüngste, die damals knapp sechsjährige Regula, sie müsse jetzt dringend zu ihrer neuen Tibeterfreundin. Etwas überrascht bemerkte ich, dass sie mit dieser neuen Freundin ja gar nicht sprechen könne. «Doch, doch», behauptete Regula, «wenn ich zu ihr komme, dann sage ich salü und dann sagt sie auch salü.» So einfach kann die Verständigung unter Kindern beginnen.

Einige Wochen später, die Aufnahme tibetischer Kinder im Pestalozzidorf war inzwischen allgemein bekannt geworden, wurde der Dorfleitung ein grosses Bücherpaket zugestellt. Darin befanden sich 20 Neue Testamente in tibetischer Sprache und ein anonymer Brief, in dem zu lesen war: «Für die Tibeter im Kinderdorf Pestalozzi».

Paket und Brief brachte ich in die nächste Sozialkundestunde. Den Brief las ich vor, und die 20 Neuen Testamente lagen auf dem Tisch vor der Klasse. Was nun? Das war hier die Frage, mit der sich die Schüler der Klasse nun engagiert beschäftigten. Vor etwa einem halben Jahr, noch vor der Ankunft der Tibeter, war dies ja bereits ein lebhaft diskutiertes Klassenthema gewesen. Verteilen oder nicht? Bekehren oder nicht? Zu meiner Überraschung und, zugegeben, auch zu meiner stillen Freude, hatte die grosse Mehrzahl der Schüler Hemmungen, diese Neuen Testamente einfach an die Tibeter abzugeben. Auch Sarah, die inzwischen ihre tibetischen Kameradinnen und Kameraden ebenfalls näher kennen und schätzen gelernt hatte, setzte sich nicht mehr für direkte Bekehrungsversuche ein. Die sich breit machende Ratlosigkeit wusste ich dann noch zu steigern. Ich entfaltete nochmals den Brief und las: «Für die Tibeter im Kinderdorf Pestalozzi». «Kann man eine solch klare Zweckbestimmung einfach ignorieren?», wollte ich wissen.

In der verlegenen Stille meldete sich nun Sarah, die Finnin: «Ich habe einen Vorschlag. Wir haben uns ja auch interessiert für die Religion der Tibeter, und wir haben inzwischen auch schon einiges über ihren Buddhismus erfahren. Eines Tages werden die Tibeter feststellen, dass wir nicht Buddhisten, sondern Christen sind. Bis es soweit ist, schliessen wir die Neuen Testamente in tibetischer Sprache in einem Schrank ein. Und wenn die Tibeter dann wissen möchten, was es mit dem Christentum auf sich habe, können wir ihnen die Bücher geben.» Und Sarah fügte noch einen wichtigen Nachsatz bei. Sie sagte nämlich: «Zur Information, und nicht zur Bekehrung.» Die Klasse stimmte zu, Sarah erhielt für ihren weisen Vorschlag sogar einen lange anhaltenden Beifall.

Gedicht des koreanischen Knaben
Kunhyung Lee

Als Kunhyung den ersten Frühling im Kinderdorf erlebte, schrieb er ein Gedicht, das hier in deutscher Übersetzung wiedergegeben ist:

ALS DER LÖWENZAHN BLÜHTE,
WAR ICH FROH UND EINSAM

Ich lag auf der Wiese
und ich sah das ferne Firmament
und ich roch den Löwenzahn.

Als der Frühlingswind wehte,
Fiel ein Lichtstahl auf mein Antlitz.

Als meine Gedanken mit dem Löwenzahn
sehnsüchtig in meine Heimat wanderten,
fiel im Stillen eine Träne auf die Knospe des Löwenzahns.

Der Löwenzahn wimmerte auch, als ob
er an seine Heimat dachte.
Es war ganz ruhig um mich.

Aber die Blüten des Löwenzahns
welkten dahin.

Was der Löwenzahn in meinem
Herzen zurückliess,
das ist nur Einsamkeit.

Auf die Wiese wandere ich, um
meine Heimat zu suchen.

Das Wehn der Luft hat
sich schon gelegt
wie meine Freude.

Der Löwenzahn mit seinem weissen Schopf
flog mit dem Wind, als ob er Scham fühlte.

Die Wiesenvögel, die traurig riefen,
flogen schon, wohin?

Auf dieser weiten Wiese stehen
ich und die Einsamkeit allein
in der Abenddämmerung.

Oh fliege, Einsamkeit, wie die Vögel!

*Wie es zum aethiopischen Haus «Lalibela» im Kinderdorf Pestalozzi
gekommen ist*

Der Gedanke, im Kinderdorf Pestalozzi ein Haus für aethiopische Kinder zu eröffnen, reifte zu Beginn des Jahres 1973. Wir bemühten uns damals, trotz gut besetztem Dorf in unserer Aufnahmepraxis eine hohe Flexibilität zu wahren, um auf echte Notsituationen helfend antworten zu können. So hatten im vorausgegangenen Jahr 1972 bereits 61 Kinder Aufnahme gefunden, darunter, langfristig, 21 Kinder aus dem vom Kriege heimgesuchten Vietnam. Und zu diesen 61 Neueintritten kam auch noch vorübergehend, eine Flüchtlingsgruppe aus Uganda. Wir blieben aber offen für noch weitere Aufnahmemöglichkeiten.

So war uns nicht verborgen geblieben, dass neben den Sahelländern auch Äthiopien, das klassische Land der sieben Plagen, wieder einmal von einer Hungersnot heimgesucht worden war, die sich von Monat zu Monat verschlimmerte. Über diese Situation und besonders über die Lage der notleidenden Kinder dieses Landes erhielten wir regelmässig Kunde aus erster Hand, nämlich von meinem Freund und früheren Fliegerkameraden Dr. Heinz Langenbacher, der als Schweizer Botschafter in Äthiopien wirkte. Ihm und seinen ausgezeichneten Kontakten mit den Sozialinstanzen dieses Landes war es zu verdanken, dass wir allfällige Hilfeleistungsmöglichkeiten des Kinderdorfes mit den Bedürfnissen dieses Katastrophenlandes vergleichen und nach allen wesentlichen Gesichtspunkten überprüfen konnten.

Ich war damals, nämlich seit September 1972 bis September 1973 bereits in einer Halbzeitverpflichtung als neu gewählter Delegierter des Bundesrates für Katastrophenhilfe im Ausland in meinem neuen Berner Amt teilengagiert, was erlaubte, die Suche nach einem Nachfolger in Trogen und seine Einführung mit der erforderlichen Sorgfalt zu verwirklichen. Auch in Bern machten wir uns Gedanken, wie wir das neu zu schmiedende operationelle Instrument der Katastrophenhilfe in der zweiten Hälfte des Jahres 1974 in einem ersten praktischen Einsatz helfend erproben könnten. Als wir dort zum Schlusse kamen, diese Erprobung nicht nur in einer grossen Aktion in den Sahelländern, sondern auch in einer kleineren in Äthiopien durchzuführen, nutzte ich die Gelegenheit einer Rekognoszierung in Äthiopien auch dazu, um unseren Plan eines Äthiopierhauses mit den aethiopischen Behörden, nämlich dem zuständigen Sozialministerium und der Haile-Selassie-I.-Fondation zur Abschlussreife zu bringen. Zu diesem Zwecke hatte sich Dr. Paul Stadlin, der damalige Präsident der Stiftungskommission des Pestalozzidorfes, dazu entschlossen, sich an diesem Teil der Äthiopien-Mission zu beteiligen.

In Äthiopien herrschte damals ein absolut patriarchalisches Fürsorgesystem. Es wurde denn auch im Lande mit Recht kritisiert, und die Bereitschaft, es zu modernisieren, war vor dem Hintergrund beginnender Unruhen im Lande nicht nur bei den Ministerien und der erwähnten Stiftung, sondern auch beim Kaiser selbst vorhanden. Man wusste offenbar nur nicht, wie diese Sache anzupacken wäre. Dass ich hier nicht übertreibe, mögen die Berichte illustrieren, die mir über die kaiserlichen «Fahrten über Land» zu Ohren gekommen sind. Wenn der Kaiser mit Gefolge in die Provinzen fuhr, liess er sich seine Taschen mit Papiergeldscheinen füllen. Wenn er nun Bilder grosser Armut zu erkennen glaubte, liess er die Fahrt verlangsamen und streute, ohne anzuhalten, seinen Geldsegen unter das Volk. Es soll immer wieder vorgekommen sein, dass der Kaiser und sein Gefolge von solchen Ausfahrten einzelne verwaiste Kinder nach Addis Abbeba brachte, wo sie dann in zwei Waisenhäusern der Haile Selassie Stiftung untergebracht wurden. Als wir diese überfüllten Häuser zu sehen bekamen, wurde uns vieles klar.

Botschafter Heinz Langenbacher vermittelte uns vor unserer Rückreise in die Schweiz noch eine Audienz beim Kaiser. Sie ist uns unvergesslich geblieben.

Die kaiserlichen Gebäulichkeiten, sie fielen durch ihre Schlichtheit auf, lagen auf einem mit Eukalyptusbäumen bewachsenen Hügel der Stadt. Das Haus mit den kaiserlichen Gemächern wurde gleich beim Eingang nicht nur durch Palastsoldaten, sondern zudem durch einen grossen und furchteinflössenden Löwen bewacht, der allerdings an einer Kette lag. Die Besucher mussten in recht kritischer Nähe an diesem Löwen vorbeiziehen, wenn sie den Eingang zum kaiserlichen Vorzimmer erreichen wollten. In diesem Vorraum, von dessen überfüllter Einrichtung der Basler Langenbacher fand, es sehe aus wie Tante Schuggis Wohnstube, hatten wir etwa 20 Minuten zu warten, weil sich, wie uns ein Diener sagte, der in Pension gehende Direktor der Dschibuti-Bahn, ein gebürtiger Franzose, eben noch bei seiner kaiserlichen Majestät verabschiede. In dieser Wartezeit brachte uns Botschafter Langenbacher nochmals bei, wie sich das Zeremoniell eines solchen Besuches abzuspielen pflegte.

Nun wurden wir vorgelassen, d.h. von einem livrierten Protokollchef zum Arbeits- und Empfangszimmer des Kaisers geführt. Als wir eintraten und mit Respekt und Verbeugungen gleich in Türnähe stehen blieben, winkte uns der Kaiser, der hinter einem grossen Bürotisch auf der Fensterseite eines fast schmucklosen geräumigen Saales sass, mit Gesten und freundlichem Zuruf näher heran. Vier winzig kleine Pinscherhündchen bewegten sich leichtfüssig im Bereich des Kaisers, der sich in seiner fast zerbrechlich wirkenden grazilen Gestalt in seiner tadellos sitzenden Uniform erhob, uns die Hand zum Grusse bot, um sich dann wieder zu setzen. Wir blieben vor ihm stehen. Ich musterte unauffällig den Raum und entdeckte zu meiner Verwunderung eine längere Reihe von dicken Büro-Ordnern, die nicht etwa auf Gestellen, sondern ganz einfach am Boden hinter dem Kaiser, sozusagen in Griffnähe, Platz gefunden hatten.

Jetzt stellte der Kaiser Fragen nach dem Zweck unseres Besuches. Es zeigte sich, dass er bereits informiert war über den Plan eines aethiopischen Hauses im Kinderdorf Pestalozzi. Er bot uns mit seinen Fragen Gelegenheit, über dieses von Walter Robert Corti gegründete Dorf der Kinder in den Hügeln des Appenzellerlandes, seine Aufgaben und seine Arbeitsweise zu berichten. Er kannte die Schweiz u.a. von seinem Besuche her, den er in der Folge des Krieges der Italiener gegen sein Land im Mai des Jahres 1936 beim Völkerbund in Genf gemacht hatte. Dort hatte der Kaiser umsonst protestiert. Sein Land war am 9. Mai 1936 von Italien annektiert worden. Die Schweizer Zeitungen hatten damals ausführlich über diese Tragödie berichtet. Als Zwanzigjähriger hatte ich diese Ereignisse verfolgt. Der Kaiser mit seinen grossen dunklen Augen, meist in eine wallende Pellerine gekleidet, hatte mir damals unendlich leid getan. Erst während des zweiten Weltkrieges, als die Engländer die Italiener in Äthiopien geschlagen hatten, konnte Haile Selassie im Mai 1941 wiederum in sein Land zurückkehren.

Nun standen wir beide also vor diesem Mann, der auch nach seiner Rückkehr auf den Thron viel Schweres hatte erleben müssen, und der damals noch nicht ahnen konnte, welch grausames Schicksal ihm bereits in wenigen Monaten bevorstehen sollte.
Nach einer Viertelstunde, hatte uns Heinz Langenbacher gesagt, sollten wir Anstalten zum Aufbruch machen. Der Kaiser bemerkte dies, wollte aber das Gespräch noch nicht abbrechen. Er führte aus, dass er sich von dem Aufenthalt seiner Kinder im Pestalozzidorf viel verspreche. Er sagte, dass die Erfahrungen der aethiopischen Schüler und Erzieher im Kinderdorf Pestalozzi seinem Lande zugute kommen würden und meinte sogar, dass Äthiopien (das schon damals der Sitz der Organisation afrikanischer Staaten, OAU, war) etwas von diesen Erfahrungen auch an andere afrikanische Länder weitergeben werden könne. Er schloss mit ernsthaften Worten der Hoffnung, die er im Blick auf das Pestalozzidorf und die Schweiz hege: Sein Land werde mit Hilfe der Schweiz und nach dem Vorbild des Trogener Werkes sich darum bemühen, den verwaisten Kindern und Jugendlichen Äthiopiens eine den neuen Bedürfnissen des Landes entsprechende Erziehung und Schulung angedeihen zu lassen. Und er sprach über seine Vision, Äthiopien zu einer «Schweiz Afrikas» zu entwickeln.

Nun wurde es doch Zeit, uns zurückzuziehen. Botschafter Langenbacher und seine beiden Begleiter näherten sich, vorsichtig rückwärts schreitend der Ausgangstüre. Jetzt ja nicht stolpern, den Blick immer auf den Kaiser geheftet, im Bereich des Ausganges eine Abschiedsverbeugung, dann rechtsumkehrt und zur Tür hinaus. Wieder vorbei am leicht knurrenden alten Löwen. Ja, die Kette war recht schwer und solide ...

Bevor ich weiter berichte, noch kurz eine Referenz an die Hilfsbereitschaft von Botschafter Langenbacher. Sie bewährte sich nicht nur im Falle der Kinder Äthiopiens auf das Allerbeste. Dazu die folgende wahre Begebenheit:

Botschafter Langenbacher, als Diplomat immer bedacht auf die Pflege bester Beziehungen zu den Würdenträgern seines Residenzlandes, erfuhr durch Leute am Hof dass der alte Löwe ernsthaft erkrankt war. Meinem schon immer schnell denkenden Baslerfreund schoss ein Gedanke durch den Kopf: Wenn es gelingen sollte, diesen Löwen dank den Erzeugnissen der Basler Chemie retten zu helfen, wäre wohl in diplomatischer Beziehung mehr erreicht, als durch die Veranstaltung eines grossen Empfangs. Gedacht, getan …

Rasche Beratung durch Veterinärmediziner, ein Telegramm nach Basel, und die kostbaren Medikamente wurden eingeflogen, eingesetzt, und siehe da, der alte Löwe konnte, im Gegensatz zu seinem Herrn, wie sich leider bald erweisen sollte, gerettet werden.

Dass unser kinder- und tierliebender Botschafter die recht gesalzene Medikamentenrechnung aus seinem Basel schliesslich dann noch aus seinem eigenen «Sack» zu berappen hatte, weil «Bern» diesen Einsatz zwar als durchaus löblich, aber keineswegs als reglementskonform und deshalb als nicht vergütbar einstufte, tat seiner Liebe zur Heimat und zu seinem zur Zeit brodelnden Residenzland nicht den geringsten Abbruch.

Zum damals unruhigen Äthiopien: Darüber hatte mir Botschafter Langenbacher am 3. März 1974, also knappe vier Wochen vor dem Flug der aethiopischen Kinder und ihrer Hauseltern in die Schweiz folgendes berichtet:

«Die Welt bewegt sich bei uns. Doch nach Streiks, Strassenschlachten, Schiessereien, Verhaftungen der Regierung sowie Besetzung der Stadt durch die Armee, ist wieder einigermassen Ruhe bei uns eingekehrt. Die Armee hat ein Ausgehverbot erlassen: Kein Cocktail, kein Empfang, kein Dinner mehr! Man sitzt – enfin – wieder friedlich zuhause, liest, schreibt Briefe, genehmigt sich einen Whisky und geht früh zu Bett. Revolutionen haben doch was für sich! Doch sie zeigen auch die Relativität unseres Berufes. Nachdem wir endlich die ganze Regierung kannten, wurden die Minister vor den Kaiser gestellt und ihre «Sündenregister» verlesen. Wir werden wahrscheinlich eine bewegte Zeit vor uns haben, denn noch ist nicht alles «ausgestanden». Die Macht des Kaisers ist reduziert. Die Armee wird sich ihrer Machtfülle mehr und mehr bewusst. Professoren, Lehrer, Studenten und Arbeiter haben sich in einer neuen Solidarität zusammengefunden und halten alles unter Kontrolle. Wenn's nicht in der richtigen Richtung weitergeht, werden sie wahrscheinlich wieder auf die Strasse gehen. Uns ist nichts erspart geblieben. Kaum schien die Hungerlage des Landes einigermassen unter Kontrolle zu sein, hält uns jetzt die Revolte in Bewegung.» Und dann fährt Botschafter Langenbacher in seinem privaten Brief fort: «Mitten in der Krise, in den Strassen waren bereits Panzer aufgefahren, wurde ich zusammen mit den 16 Kindern, die ins Kinderdorf Pestalozzi nach Trogen reisen sollten, vom Kaiser auf seinen Wunsch hin empfangen. Er wollte diese Kinder persönlich verabschieden. Der Kaiser, liebenswürdig, lächelnd, die Ruhe selbst, mit den Kindern scherzend, während vor dem Palast die Armee die Kontrolle übernahm. Unwahrscheinlich, die Sicherheit dieses Mannes! Als ich ihn auf die dramatische Lage der Stunde ansprach, meinte der Negus: «Bleiben Sie ruhig noch einige Augenblicke hier. Diese Waisenkinder sind ebenso wichtig wie alles, was dort draussen vor dem Palast geschieht!» Und indem er auf die Kinder zeigte: «Hier liegt unsere Zukunft, Herr Botschafter!» Dann brach er Gebäck und reichte es den Kindern. Zum Schluss warfen sich alle Kinder zu Boden und küssten dem Kaiser zum Abschied die Füsse. Dies war meine letzte Begegnung mit Haile Selassie.»

Soweit der Brief Botschafter Langenbachers, ein Zeitdokument, geschrieben für seine damals in der Schweiz studierenden beiden Söhne und einen engsten Freundeskreis. Soweit auch mein Bericht zu der doch recht dramatischen Vorgeschichte des Hauses «Lalibela» im Kinderdorf Pestalozzi.

Wenig Wochen später war der Negus verhaftet und unter nie ganz geklärten Umständen ums Leben gebracht worden.

Äthiopien ist leider ein Land der sieben Plagen geblieben. Immer wieder, auch in diesen Tagen, wird es von Dürren, Hungersnöten und anderen Landesplagen heimgesucht. Unsere Presse berichtet davon, dass 6,7 Millionen Äthiopier (dies entspricht der Einwohnerzahl der Schweiz) vom Hunger bedroht seien. Tausende seien im Süden des Landes bereits verhungert. So ist es gewiss kein Zufall, dass dieses Land und seine so hart geprüfte Bevölkerung weiterhin auf die Hilfe auch unseres Landes und seiner Hilfswerke angewiesen geblieben ist. Im Spätherbst 1974, dem Aufnahmejahr der Äthiopierkinder, versahen wir mit dem neu aufgestellten Katastrophenhilfekorps die grosse Nomadensiedlung Gewani in der aethiopischen Danakil-Wüste mit einer Wasserversorgung und mit einem Dorfbrunnen, sanierten das Spital dieser Siedlung und errichteten elektrische Installationen und eine Fähre über den krokodilbelebten Avash-Fluss.

Sowohl zu des Kaisers Zeiten, wie auch heute noch können in Addis Abeba, aber auch in den Provinzen des Landes würdige Wanderpriester beobachtet werden. Die meisten tragen einen Wanderstab mit einem koptischen Silber- oder Messingkreuz mit sich. Gläubigen, denen sie begegnen, halten sie ihre Kreuze zum Kusse hin. Äthiopien ist eines der ältesten christlichen Länder. Der christliche Glaube war im Jahre 330, also bereits im vierten Jahrhundert, von Israel über Alexandria nach Äthiopien gelangt und dort durch König Ezana und sein Volk angenommen worden. Später, nämlich im 12. Jahrhundert, liess ein aethiopischer Herrscher namens Lalibela, heute als Heiliger verehrt, seine grossartigen Felsenkirchen bauen. Er ist der eigentliche Schutzpatron des Kinderhauses, das seinen Namen trägt.

Lichtzeichen

Wenn das Weihnachtslicht für die Trogener Dorfgemeinschaft nicht nur ein helles und kurz auflodernes Feuerchen des Friedens und des guten Willens ist, sollte sein Licht eigentlich das ganze Kinderdorfjahr hindurch immer wieder da und dort zu erkennen sein. Von solchen Lichtzeichen will ich noch erzählen. Sie sind fast wahllos herausgegriffen aus einer langen Reihe von Kinderdorfjahren.

Bruder Christian
In den ersten Kinderdorfjahren lebten im Hamburgerhaus drei Geschwister einer Hamburger Pastorenfamilie. Ihr Vater war als Feldprediger im Zweiten Weltkrieg an der russischen Front gefallen. Die Mutter starb an der Geburt des jüngsten Kindes. Die Grossmutter versuchte tapfer, die fünf Waisenkinder, darunter das Neugeborene, grosszuziehen. Ihre Kräfte hielten aber den Anforderungen nicht stand. Der grosse, damals etwa 11 Jahre alte Christian und das neugeborene Mädchen blieben bei der Grossmutter, während die drei mittleren Geschwister, ein Mädchen und zwei Knaben, im Hamburgerhaus des Kinderdorfes Aufnahme fanden. Einige Zeit nach der Ankunft der drei Kinder traf aus Hamburg die Nachricht ein, dass Bruder Christian sehr schwer an einer verschleppten Blinddarmentzündung erkrankt sei. Der Knabe musste lange in einem Hamburger Krankenhaus liegen. Er erholte sich nur langsam. Eines Tages suchten die drei in Trogen lebenden Geschwister ihren Hausvater auf und fragten ihn, ob es wohl möglich wäre, ihren erholungsbedürftigen Bruder Christian für einige Wochen zur Erholung in das Kinderdorf Pestalozzi einzuladen. Als sich der Hausvater erkundigte, ob wohl die Grossmutter die weite Bahnreise nach Trogen werde bezahlen können, erklärten die drei Kinder, sie hätten über diese Sache bereits früher nachgedacht. Seit längerer Zeit schon hatten sie von ihrem sehr bescheidenen Taschengeld keinen Rappen mehr ausgegeben. Sie hatten das Geld beiseite gelegt, um damit einen guten Teil des Fahrgeldes für Christian bezahlen zu können.
Christian verbrachte seine Erholungswochen im Kinderdorf. Es ist schwer zu sagen, wer glücklicher war, der Eingeladene oder seine jüngeren Geschwister, die diesen guten Gedanken praktisch haben verwirklichen helfen.

Die drei kleinen Pastorenkinder sind längst aus dem Kinderdorf ausgeflogen. Das Mädchen ist Apothekerin geworden und hat vor kurzem als Pastorentöchterchen einen Welschschweizer Ingenieur katholischen Glaubens geheiratet. Die beiden Buben sind beide

Techniker geworden, der ältere ist heute in Kalifornien tätig, der jüngere in einer Schweizer Firma. Christian aber, der Älteste, lebt nicht mehr. Als 22jähriger junger Pilot ist er in Amerika bei einem Flugzeugunglück ums Leben gekommen.

Das Sparguthaben

Wenn ein Kind seine Schuljahre und vielleicht auch die anschliessende Berufslehre abgeschlossen hat, kehrt es in der Regel in sein Heimatland zurück. Für mögliche schlimme Zeiten behalten wir im Kinderdorf ein mehr oder weniger grosses Sparguthaben des Betreffenden zurück, das ihm bei Bedarf zur Verfügung stehen soll. Jenen Ehemaligen, die von dieser Sparrücklage keinen Gebrauch machen müssen, stellen wir sie später zur freien Verfügung zu. Von einem Franzosenburschen, nennen wir ihn Pierre, hatten wir sehr lange nichts mehr gehört. Nach Jahren meldete er sich aus Zentralafrika, wo er als Kaufmann tätig ist. Nun schrieben wir ihm unter anderem, er hätte in Trogen noch eine ganz schöne Geldsumme liegen, eben sein bisher nicht beanspruchtes Sparguthaben. Ob wir es ihm nach Afrika überweisen sollten, oder ob er uns eine Bank in Frankreich angeben wolle.

Pierre schrieb, er wolle das Geld nicht, weder in Afrika noch in Frankreich. Er kenne sich bereits zu gut. Wahrscheinlich würde er mit dieser Geldsumme doch nichts Gescheites anfangen. So wünsche er, dass die betreffende Summe dem Kinderdorf zur Veerfügung stehen solle. Das Geld kam dann einem jungen Landsmann von Pierre zugute, einem Ehemaligen unseres Dorfes, der eine kleine Familie zu betreuen hat, und der in einer grossen Stadt Südfrankreichs vorübergehend arbeitslos geworden war.

Als Hauswirtschaftslehrerin in Lappland

Seija, ein blondhaariges, graziles Kriegswaisenkind aus Finnland, das sechs Jahre im Kinderdorf verbracht hatte, ist in der finnischen Frauen-Hauswirtschaftsschule von Oulu zur Hauswirtschaftslehrerin ausgebildet worden. Als der mehrjährige Lehrgang zu Ende war, konnten sich die jungen Lehrerinnen für die zur Zeit freien Stellen melden. Die meisten Kameradinnen Seijas waren darauf aus, wenn möglich eine Lehrstelle in Helsinki, in einer anderen grösseren Stadt oder doch in der Nähe einer solchen zu bekommen. Als Seija nach ihren Wünschen befragt wurde, erklärte sie zur Überraschung aller, man könne sie dorthin schicken, wo niemand hingehen möchte.

Der Wunsch Seijas ging in Erfüllung: Es wurde ihr eine Stelle an einer Schule in Ivab, im finnischen Lappland zugewiesen. Dort wirkte sie sechs Jahre. Dann schrieb sie ins Kinderdorf, sie hätte nun genug Geld gespart, um die Reise nach Trogen bezahlen zu können. Dort möchte sie nämlich, zusammen mit ihrer Kollegin, ebenfalls einer Haushaltlehrerin, ein halbes Jahr ohne Bezahlung in einem unserer Kinderhäuser als Helferin der Hausmutter arbeiten.

So kam Seija wieder in ihr Kinderdorf. Sie half im Finnenhaus, wo sie aufgewachsen war, und sie half im Haus der Schweizerkinder, wo gerade eine Aushilfe dringend nötig geworden war. Seija ist nach dieser Zeit wieder nach Ivab zurückgekehrt. Seit einem Jahr ist sie verheiratet. Ihrer nordfinnischen Wahlheimat ist sie treu geblieben. Sie lebt heute in der Polarkreisstadt Rovaniemi.

Der Vater

Entgegen der allgemeinen Regel wird unser griechisches Haus zur Zeit nicht von einem griechischen Hauselternpaar, sondern von einer sehr erfahrenen und lebensklugen griechischen Lehrerin, einer Witwe, geleitet. Im Haus der Griechen war nun seit einiger Zeit ein bedeutender griechischer Dichter zu Gast. Er lebte mit der grossen Hausgemeinschaft, wie in einer vielköpfigen Familie. Er schrieb an einem Buch, dichtete, und dazwischen nahm er sich auch immer wieder Zeit für die Kinder dieses Hauses. Selbst Familienvater, ja Grossvater, machte er den Kindern grossen Eindruck. Eines Tages überfiel einer der kleineren Griechenknaben die Hausmutter mit dem Vorschlag: «Weisst du, unser Dichter, er sollte eigentlich hier bei uns bleiben, als Hausvater, und für immer!» Anstatt nun dem Kleinen diese Sache vernünftigerweise auszureden, ging die Hausmutter auf die Idee ihres jungen Landsmannes ein: «Ja, Gregor, du hast ganz recht, unser Dichter ist ein Vater. Aber ein Dichter kann natürlich, wenn er ein rechter Dichter ist, nicht nur der Vater einer kleinen Griechenfamilie des Kinderdorfes sein. Nein, ein Dichter ist der Vater eines ganzen Volkes, eigentlich der Vater vieler Völker und vielleicht gar aller Menschen.» Gregor dachte gründlich nach und fragte dann, wohl im Hinblick auf die bewegte Geschichte des griechischen Volkes: «Unser griechischer Dichter wäre dann auch der Vater der Türken?» – «Ja, auch der Türken!», bestätigte die Hausmutter. «Sogar der Russen?», wollte Gregor wissen. «Sogar der Russen», sagte die Hausmutter.

Mola bei den kranken Tibetkindern

Als die Tibetkinder vor acht Jahren zu uns nach Trogen kamen, forderte der Dorfleiter seine erste Sekretärin, eine lebenserfahrene, mütterliche Frau auf, sich auch ausserdienstlich der Tibeter etwas anzunehmen. Daraus entspann sich eine sehr enge Beziehung dieser Frau zu den Tibetern. Sie nahm im Laufe der Jahre die Stelle und Aufgabe einer tibetischen Grossmutter, einer Mola, ein. Die Tibeter schenkten ihr auch die entsprechenden tibetischen Kleider, den langen Rock und die bunte, quergestreifte, handgewobene Schürze.

Als die europäische Mola der Tibeter nahezu zehn Jahre als Sekretärin hinter sich hatte, schlug ihr der Dorfleiter vor, einen längeren Urlaub zu nehmen. Die Sekretärin war einverstanden. Sie wollte ihn aber dort verbringen, wo die Hilfe einer Mola am dringendsten benötigt wurde. So arbeitete sie während fast drei Monaten als Hilfskrankenschwester auf der Krankenstation der grossen tibetischen Kinderstation am Sitz des Dalai Lama in Dharamsala in Nordindien. Von früh bis spät pflegte sie abgemagerte und schwerkranke Tibetkinder dieser Station, auf der gegen tausend Kinder in sehr dürftigen Verhältnissen leben.

Der weinende Mohammed
Der kleine Mohammed des Tunesierhauses weinte bitterlich. Die Hausmutter wollte ihn trösten. Sie wollte vor allem wissen, weshalb Mohammed denn so todunglücklich sei. «Du weisst doch», schluchzte Mohammed, «mein Freund Ali hat die Aufnahmeprüfung in die Sekundarschule des Kinderdorfes nicht bestanden!»

Die Hausmutter war tief gerührt von der Anteilnahme, die der kleine Mohammed am Ungeschick seines älteren Freundes genommen hatte. Sie streichelte sein tiefschwarzes Kraushaar, hob sein zuckendes Kinn mit der anderen Hand und meinte dann: «Es ist ja schön und lobenswert, dass du dir das Unglück deines Freundes so sehr zu Herzen nimmst, wie wenn es dir selber widerfahren wäre. Aber sieh, so schlimm ist die Sache nun doch wieder nicht. Später wird Ali nochmals eine Prüfung machen können, und vielleicht hat er dann Erfolg. Sei jetzt nicht mehr traurig, lieber, Mohammed!» Mohammed war aber nach wie vor untröstlich und liess sich in seinem Leid nicht so schnell aufrichten. Schliesslich sagte er: «Er hatte mir doch die Lokomotive seiner Eisenbahn versprochen, wenn er die Prüfung besteht, und nun ist alles nichts mit dieser schönen Lokomotive!»

Der Vorschlag des Elsässerhirten Eugène
Als Mola, die Sekretärin, nach Trogen zurückkehrte, erzählte sie den Mitarbeitern und Kindern, was sie gesehen und erlebt hatte. Viele dachten darüber nach. Einer aber, ein Ehemaliger des Kinderdorfes, der zur Zeit als ausgebildeter Schafhirte in der Kinderdorflandwirtschaft tätig war, Eugène, der Elsässer, suchte bald darauf den Dorfleiter auf, um einen Vorschlag zu unterbreiten, wie den hungernden Kindern in Indien geholfen werden sollte. Der Dorfleiter forderte Eugène auf, seinen Vorschlag der ganzen Dorfgemeinschaft an der nächsten Morgenfeier, mit der jeweils die Arbeitswoche des Kinderdorfes eröffnet wird, zu erläutern.

Eugène tat dies. Er schlug vor: «Wir haben im Kinderdorf doch immer genug zu essen. Im Vergleich zu den Kindern in den Hungergebieten der Welt haben wir sogar oft zu viel zu essen. Wie wäre es, wenn wir einmal pro Woche einen Suppentag einschalten würden? An diesem Tag sollte es am Mittag und Abend lediglich Suppe geben. Mit dem so ersparten Geld könnten wir manchem hungernden Kinde helfen. Was meint ihr dazu?»

Der Vorschlag Eugènes wurde unter den Kindern und Erwachsenen diskutiert und nach kurzer Zeit angenommen. Nach drei Monaten hatte die Dorfgemeinschaft auf diese Weise über Franken 5000.– erspart.

Eugène, und mit ihm alle Kinder und Mitarbeiter des Dorfes haben sich über dieses Ergebnis sehr gefreut. Einigen hungernden Kindern in Indien werden wir Linderung in ihrer Not bringen können. Eugène arbeitet heute auf der andern Seite der Erde. Wiederum als Schafhirt im Lande der grossen Schafherden, in Australien. Beim Abschied aus dem Kinderdorf sagte er dem Dorfleiter: «Und wissen Sie, wo ich nachher arbeiten und helfen will? Dort, wo wir noch viel zu wenig haben helfen können, in Indien!»

Eugène, als er noch im Kinderdorf zur Schule ging, hat nie besonders gute Noten heimgebracht. Der Übertritt in die Sekundarschule gelang ihm nicht. Und doch wissen wir heute alle, dass er einer der besten Schüler des Kinderdorfes geworden ist.

Die Gebete der Tibetkinder

Am 26. Dezember, also einen Tag nach Weihnachten, zündeten die Tibetkinder und ihre Erzieher ihre Kerzen im Haus der Andacht an. Sie versammelten sich zu einer wichtigen tibetisch-buddhistischen Feier. Sie erinnerten sich an diesem Tag an den Geburtstag eines grossen tibetischen Religionsstifters, Tsöngkappa, des Gründers der tibetischen sogenannten «Gelben Sekte». Während fast einer halben Stunde beteten und sangen die Tibeter. Sie sassen und knieten im Halbkreis, eine schwarzköpfige und dunkeläugige Gemeinde von über 50 Seelen. Nach den Sätzen der Vorsänger fiel jeweils der volle Chor aller Tibeter ein. Sie beteten und sangen auswendig ohne die geringste Unsicherheit. Die Gruppe der christlichen Europäer, die von den Tibetern zu ihrem Feiertag eingeladen war, staunte. Einige fragten nachher den tibetischen Hausvater Rakra, der vor Jahren in Lhasa als Abt eines tibetischen Klosters gewirkt hatte: «Herr Rakra, was haben Sie und Ihre Kinder denn die ganze Zeit hindurch gesungen und gebetet?» Lama Rakra erklärte, dass an diesem Tag die jahrhundertealten Gebete und Gesänge dargeboten würden, mit denen um den Frieden in der Welt gebetet wird. Wir wissen von unseren Tibetern, dass sie jeden Tag frühmorgens mit Gebeten beginnen. Ihre Gebete sind aber nicht, wie dies bei Christen doch recht häufig vorkommt, Wunschlisten des Beters für seinen eigenen Bedarf. Unsere Tibeter bitten eigentlich immer nur für andere, für ihre Angehörigen, für die Lieben in Tibet, von denen sie keine Nachricht mehr erhalten, für die Tibeter in Indien, für ihre Toten. Aber auch, und als wir das hörten, hielten wir beschämt inne, die jungen Tibeter des Kinderdorfes bitten auch jeden Tag für die toten Chinesen, die im Kampf um ihr eigenes tibetisches Land ihr Leben haben lassen müssen.

Leider haben einige vielversprechende junge Leute, die im Kinderdorf aufgewachsen waren, ihr Leben früh, viel zu früh, verloren:

Marisa Capozza, die italienische Flughostess

Am 9. Juli 1962 wurde es im Kinderdorf Pestalozzi zur traurigen Gewissheit, dass sich unter den 94 Opfern der Flugkatastrophe, die eine DC-8 der ALITALIA bei ihrem Anflug auf den Flugplatz von Santa Cruz bei Bombay ereilte, auch eine Ehemalige des Kinderdorfes, die 24jährige Italienerin Marisa Capozza befand. Sie gehörte der Besatzung des Flugzeuges als Airhostess an.

Marisa, ein Jahr vor Kriegsausbruch in Rom geboren, musste den kranken Vater früh verlieren. Den drei halbwaisen Geschwistern wurde zudem in einer Bombennacht die Mutter entrissen. Die drei Kleinen wurden in ein römisches Waisenhaus verbracht. Am Abend vor Weihnachten, im Jahre 1948, traf Marisa Capozza mit einer Gruppe von italienischen Waisenkindern im Kinderdorf Pestalozzi ein. Am Tag darauf feierte Marisa im Kinderhaus «Cuore», das ihr nunmehr für sieben Jahre ein sicheres und schützendes Zuhause bedeuten sollte, ihre erste Kinderdorfweihnacht. Marisa war eine gute, eigenwillige, zuverlässige Schülerin. Aus einfachen Verhältnissen stammend, konnte ihr Wesen vornehme römische Zurückhaltung ausstrahlen. Während ihrer kaufmännischen Ausbildung, die sie in der Schweiz absolvieren durfte, musste sie einer ernsthaften Krankheit wegen einen mehrmonatigen Unterbruch einschalten. In jenen Monaten wurde sie von schweren Zweifeln geplagt, Zweifel an sich selbst, an ihrer beruflichen Tüchtigkeit, ja, am Sinne menschlichen Mühens und Ringens. Dem geduldigen Zuspruch von Ärzten und Helfern und wohl auch dem gesunden Kern dieses im Grunde temperamentvollen südlichen Menschenkindes ist es zuzuschreiben, dass sich Marisa schliesslich erholte, dass sie das verschüttete Vertrauen zu sich selbst wieder gewinnen konnte und dass sie schliesslich eine sehr gute Berufsabschlussprüfung bestand. Jetzt war der Bann gebrochen! Dankbar kehrte Marisa für einige Wochen ins Kinderdorf zurück, um uns bei den vielfältigen Büroarbeiten behilflich zu sein. Dann aber führte sie ihr schwer zu bändigender Drang nach Freiheit und Weite hinaus in die Welt, vorerst nach England, wo sie ihre Sprachkenntnisse vervollständigte. Nach Italien zurückgekehrt, ging ihr sehnlichster Wunsch bald in Erfüllung: Mit ihrer gründlichen Ausbildung, ihren Sprachkenntnissen und ihrer gewinnenden Erscheinung fand sie bei der italienischen Fluggesellschaft ALITALIA Ausbildung und Anstellung als Airhostess. Ein Jahr lang durfte sie als tüchtige und nimmermüde Betreuerin der Flugreisenden ihrer Gesellschaft die europäischen und nahöstlichen Strecken befliegen. Während dieser Zeit hatte ich sie in Rom zwischen zwei Flügen gesprochen. An jenem Tage war sie eben von Kairo über Athen nach Rom geflogen. London, Zürich, Madrid, Frankfurt, Düsseldorf und Paris standen damals regelmässig auf ihrem Einsatzplan. Gelegentlich führten ihre Flüge sie nach Nordafrika. Von den Nahoststrecken, von den Landungen und Aufenthalten in Beirut, Damaskus und Bagdad sprach sie mit besonderer Begeisterung. Aus jedem ihrer Worte klang die Freude an ihrem Beruf, ihre Hingabe, ihre Treue. Der anstrengende Dienst, – Marisa absolvierte monatlich oft über 100 Flugstunden, – liess die junge Römerin menschlich reifen. Ihr äusserlich bescheidenes Auftreten stimmte überein mit einer wohltuenden Bescheidenheit und Schlichtheit, mit der sie über ihre Flüge und Eindrücke in fremden Ländern berichtete. Von einer grossen Hoffnung waren ihre Gedanken damals erfüllt: Wie gerne hätte sie die wirklich weite Welt, den Fernen Osten kennengelernt!

Ihre Hoffnungen sollten, früher als dies üblicherweise der Fall war, in Erfüllung gehen. Anfangs Juli 1962 durfte sie mit einer erprobten Fernostbesatzung zu einem Flug nach Thailand starten. Damit wollte die Fluggesellschaft die guten Dienste ihrer tüchtigen Hostess belohnen. Auf dem Rückflug, nämlich auf der Strecke Bangkok-Bombay, sollte der Tod diesem ersten Fernostflug unserer Marisa ein grausames Ende setzen: Marisa hatte von den meisten Zwischenstationen dieser Flugreise ihre uns lieb und vertraut gewordenen Kartengrüsse zur Post gegeben. Jetzt stand sie zusammen mit ihrer Kollegin hinten im Heck der grossen Maschine, die im Sinkflug Bombay zusteuerte. Ihre prüfenden Blicke überflogen die Passagiere, die sich bereits zur Landung angeschnallt hatten. Eben hatte der Flugzeugkommandant angekündigt, dass die Maschine in zehn Minuten in Santa Cruz landen werde. Die Passagiere spähten hinaus. Ein schwerer Monsunregen nahm jegliche Sicht. Böige Winde zerrten an den mächtigen Flügeln der Maschine und liessen die Triebwerkgondeln schaukeln. Die Flugungewohnten unter den Passagieren liessen sich gerne durch die Ruhe und Sicherheit vermittelnde Hilfsbereitschaft der beiden Hostessen von ihrer Spannung befreien. Da – sechs Minuten vor der geplanten Landung – zerschellte die mächtige Maschine, zerschellten 94 Menschen mit ihren Hoffnungen, Plänen und Sorgen an einer Hügelkuppe des indischen Dschungelwaldes östlich von Santa Cruz. In dem Feuerball der Absturzstelle hauchte auch Marisia Capozza ihr junges Leben aus. Dies geschah am Freitag, den 6. Juli um 18.43 Uhr.

Drei Tage darauf erreichte uns die Kunde von dem schrecklichen Flugunglück, zusammen mit Marisas fernöstlichen Kartengrüssen. Sie sind zu ihren letzten Grüssen, zu den letzten Zeichen ihrer Verbundenheit mit dem Kinderdorf geworden.
Am Abend jenes Tages versammelte sich im Gemeinschaftshaus des Kinderdorfes eine stille Trauergemeinde zum Gedenken an Marisa Capozza. Und am Morgen darauf wurde ihr im Andachtsraum des Dorfes eine Totenmesse gelesen. Ein strahlender Sommermorgen sah die grosse Schweizerfahne mit den zehn Flaggen der Kinderdorfnationen auf Halbmast stehen: Das Kinderdorf trauerte um Marisa Capozza.

Hektor, der griechische Mühlenbauer

Vierzehn von seinen fünfundzwanzig Jahren, die ihm zu leben vergönnt waren, hatte er der Gemeinschaft des Kinderdorfes Pestalozzi angehört. Sein Kreis der Freunde war gross, und viele liebten ihn sehr. Sie wussten, dass Hektor jetzt endlich, nach Jahren des Nacharbeitens, des Lernens und der beruflichen Ausbildung ein erstes hochgestecktes Ziel erreicht hatte: Nach mehr als siebenjähriger Ausbildungszeit hatte er im Frühsommer des Jahres 1969 die Prüfungen als Müllereifachmann mit Erfolg bestanden. Nun galt es noch den zurückgestellten Militärdienst in Griechenland nachzuholen und dann war die Bahn frei, um die so oft besprochenen weiteren Berufs- und Lebenspläne zu verwirklichen. So hoffte er, so dachten wir.

Die Nachricht, die uns vor einigen Tagen erreichte, wonach sich unter den 90 Todesopfern der Flugzeugkatastrophe, die sich am Montagabend des 8. Dezember 1969 um 21.30 Uhr bei dem attischen Dorfe Keratea 35 km südlich von Athen ereignet hatte, auch ein Soldat mit Namen Hektor Andriotakis befinde, traf uns alle auf das Tiefste. Dieser Hektor war wirklich unser Hektor. Ein junges Leben, eine grosse Hoffnung war ausgelöscht worden. Warum gerade er, Hektor, der Erhalter, wie sein Name auf Deutsch übersetzt wird?

Hektor war ein Kriegskind. Im Frühling 1944, nach einem besonders harten und entbehrungsreichen Winter, hatte ihn eine sehr junge griechische Mutter namens Maria geboren. Kurz darauf starb sein Vater als zwanzigjähriger Soldat im Krieg. Die Eltern dieses Soldaten nahmen den kleinen Hektor einige Zeit zu sich. Später gaben ihn diese Grosseltern, die Hektor als seine leiblichen Eltern betrachtete, weg, in ein grosses Knaben-Waisenhaus von Athen. Mit seiner wirklichen Mutter hatte Hektor ohne ihr Verschulden jeglichen Kontakt verloren. Kurz vor seinem elften Geburtstag traf der kleine Waisenhausbub mit einer grösseren Gruppe von Griechenkindern im Kinderdorf Pestalozzi ein. «Kypseli», zu deutsch Bienenhaus, hiess nunmehr sein neues Haus. Von Bienenfleiss steht allerdings in den Notizen und Zeugnissen seiner ersten Erzieher und Lehrer vorerst noch nichts zu lesen. Dagegen hiess es da etwa: «Zu seinen Arbeiten braucht er immer besonderen Ansporn und Antrieb, und auch dann arbeitet er sehr langsam. Aber mit unserem Säugling beschäftigt er sich sehr oft und gerne.» Oder: «Die griechische Grammatik liebt er gar nicht, aber er hat einen guten Charakter. Das zeigt sich sowohl bei uns, als auch bei den Kindern.» Bereits nach drei Jahren kann ihm aber sein Oberstufenlehrer das Zeugnis ausstellen, er komme möglicherweise später für eine anspruchsvollere Lehre in Frage, falls er sich noch etwas mehr Mühe gebe. Diese Mühe gab er sich. Sie zeigte ihre erste Frucht in einem erfolgreichen Lehrabschluss als Maschinenschlosser.

Als Hektor zwanzig Jahre alt war, erkannte er auf Grund des genauen Studiums seiner Stellungspapiere, dass seine vermeintliche Mutter seine Grossmutter war und dass seine eigentliche Mutter in Kreta leben musste. Diese Mutter Maria, sie war noch nicht vierzig Jahre alt, konnte ausfindig gemacht werden, und der durch diese neue Lage innerlich tief bewegte Hektor sorgte von diesem Zeitpunkt an mit grösster Anhänglichkeit und Liebe nicht nur für diese Mutter, sondern auch für seinen Stiefvater. Diesem einfachen, armen Handwerker ermöglichte er später eine Reise in die Schweiz und einen Besuch im Kinderdorf Pestalozzi. Auch für seine Schwester sorgte Hektor in schwierigen Lagen ihres Lebens wie ein Vater. Eines plagte und beschäftigte ihn in dieser Zelt oft: Seine Grossmutter wollte die Liebe zu Hektor nicht mit der Mutter Maria und deren Mann teilen. So klagte Hektor einmal: «Ach, warum können sie denn nicht verstehen, dass mein Herz gross genug ist für die Liebe zu ihnen allen!»

Anfangs zwanzig dann legte sich der junge griechische Maschinenschlosser mit Hilfe seiner Lehrfirma Bühler, Uzwil, ein berufliches Weiterbildungsprogramm zurecht, das ein Praktikum als Monteur von Müllereimaschinen, praktische Tätigkeit als Müller und schliesslich als Krönung den Besuch der Schweizerischen Müllereifachschule in St.Gallen vorsah. Dieses anspruchsvolle Programm verwirklichte Hektor erfolgreich und mit Ausdauer, grossem Fleiss, aber auch mit wachsendem Berufsstolz und Freude. In dieser Zeit war er häufiger und gerne gesehener Gast im Kinderdorf und schliesslich wieder für einige Zeit Bewohner des Jugendhauses «Odyssee». Bei der feierlichen Einweihung dieses Hauses war er der humorvolle und liebenswürdige Sprecher und Dirigent der Lehrlingsgruppe.

Er konnte sich aber auch mit Nachdruck und in bewegten Worten oder – wenn es sein musste – in längeren Briefen für eine Sache einsetzen, die ihm am Herzen lag. So musste er sich einmal wehren für eine Freundschaft zu einem Mädchen, dem er damals sehr verbunden war. Am Ende eines dreiseitigen Briefes war abschliessend zu lesen: «Ich liebe dieses Mädchen und ich kann es nicht leiden sehen. Ich möchte mit ihr Freude und Leid teilen. Es ist doch etwas sehr schönes, wenn zwei Menschen es fertig bringen, dass jeder den anderen versteht und mit ihm fühlen kann.»

Anfangs Juli des Jahres 1969 kehrte Hektor mit seinem Diplom in der Tasche nach Griechenland zurück. Seine Eltern hätten vor Freude und Stolz geweint, als er ihnen das wertvolle Dokument zeigte, schrieb er später aus dem Militärdienst. Er fuhr fort: «Ich werde für diese zwei Menschen hier sein bis zu meinem letzten Atemzug. Ich möchte ihnen alles geben, damit sie eine Prise von Glück zu sehen bekommen. Das ist mein Traum, diese Menschen glücklich zu sehen und das werde ich erreichen. Glauben Sie mir, Herr Bill, ich denke sehr oft an die Jahre zurück, an meine zweite Heimat. In diesem Pestalozzidorf bin ich ein

Mensch geworden, ein Mensch, der in dieser heutigen Welt zu leben weiss. Ich danke dem Herrgott für dieses Glück und Ihnen, Herr Bill, der Sie wie ein Vater zu mir waren. Sagen Sie allen Bekannten und Kindern an einer Morgenfeier, sagen Sie ihnen, es geht nichts über das Zusammenleben und Verständnis der Menschen auf der heutigen schwierigen Welt.» Die Abschnitte dieses Briefes wurden damals an einer Morgenfeier verlesen. Seine damaligen Worte wurden inzwischen zu einem Vermächtnis eines Toten.

Hektor hat wenige Tage vor seiner Urlaubsreise, dem Flug nach Kreta zu seiner geliebten Familie, die auf dem Rückflug zu seiner letzten Reise werden sollte, einen weiteren Brief an das Kinderdorf gesandt. Der grösste Teil des Briefes handelt von einem grossen Wunsch, den er erfüllt haben möchte. «Wir griechischen Ehemaligen in Athen möchten einen Klub gründen, den wir ‹Pestalozzi-Klub› benennen wollen. Wir möchten wenigstens einen Tag in der Woche zusammenkommen und unsere verschiedenen Probleme und Sorgen besprechen, uns gegenseitig helfen. Wäre das nicht wunderbar, Herr Bill? Wir möchten so zeigen, dass wir nicht undankbar sind, dass wir nicht dort oben waren, um etwas zu lernen und um jetzt, wo wir weg sind, all das, was wir aus dem Dorfe mitgenommen haben, zu vergessen. Nein, wir wollen die Ideen Pestalozzis weiterführen. Wir wollen wie Menschen leben, welche das Recht haben, auf dieser Erde zu leben.» Und mit der dringenden Bitte, ihm für diesen Klub doch ein Bild Heinrich Pestalozzis zu senden, schloss der Brief. Dies also war der letzte Wunsch Hektors. Wir konnten ihn erfüllen. Aber Hektor konnte sein Pestalozzibild nicht mehr in Empfang nehmen und im Klubraum anbringen. Mit vierundachzig anderen Passagieren sass er am 8. Dezember 1969 bei stürmischem Wetter in einem Flugzeug im Anflug auf Athen. Kurz vor der Katastrophe funkte der Pilot dieser Maschine eine verzweifelte Meldung: «Ich kann nichts sehen, ich weiss nicht, wo ich bin!» Wenige Sekunden nach dieser Funkmeldung fand Hektor mit den anderen Passagieren dieses Flugzeuges, den Tod. Hektor, der so zuversichtlich zu erkennen glaubte, wo er in seinem Leben stand, der darauf gebrannt hatte, seine weiteren Lebensziele zu verwirklichen.

Hannu, der finnische Waldbauernbub

Zu Beginn der Sommerferien versammelte sich die grosse Kinderdorffamilie in Schmerz und Trauer im Haus der Andacht, um Abschied zu nehmen von einem jungen finnischen Burschen ihrer Gemeinschaft. Im Haus der Andacht stand das erste Mal ein Sarg. Er barg den toten Hannu Kaasalainen. Am Vorabend einer Ferienfahrt mit einer Lehrlingsgruppe des Jugendhauses, auf die er sich unbändig gefreut hatte, trat er mit einem ihm viel zu wenig vertrauten Motorrad eine waghalsige Fahrt an, die für den Siebzehnjährigen zu seiner Todesfahrt wurde.

Hannu Kalevi Kaasalainen wurde am 27. Mai 1953 in der Stadt Jyväskylä geboren, die mitten im finnischen Seen- und Waldgebiet liegt. Er war der jüngste von drei Söhnen. Als die Mutter zwei Jahre nach seiner Geburt starb, wurden die drei Finnenbuben im Kinderheim von Häkkinen versorgt. Vom Vater, der ein bewegtes Leben führte, verlor sich zeitweise jegliche Spur. Als Hannu im Juli 1963 im Kinderdorf Pestalozzi Aufnahme fand, war er bereits 10 Jahre alt. Schon damals fiel er uns durch seinen kräftigen Wuchs und seinen struppigen Haarschopf auf. Später, mit 14 Jahren, war er in einer ungestümen Wachstumsphase. Er brauchte immer etwas Zeit um das Mass der Dinge zu finden. Und so sahen wir dem neuen Hauselternwechsel im Jahre 1968 mit einiger Sorge entgegen, umso mehr als wir wussten, dass Herr und Frau Mäkelä selbst noch sehr jung waren. Als ich Hannu kurz vor der Ankunft der neuen Hauseltern auf dem Sportplatz beiseite nahm, um ihn zu fragen, ob er wohl bereit wäre, den Neuen als grösster und kräftigster Knabe im Hause behilflich zu sein, hörte er mir aufmerksam zu, musterte mich mit seinen grossen blauen Augen, strich die struppigen Haare aus der verschwitzten Stirn und sagte dann: «Ich verspreche es Ihnen, ich werde nett sein mit den Neuen. Es ist ja manchmal nicht so leicht, wenn man noch jung ist.» In einer spontanen Geste drückte er meine Hand mit einem wahren Holzfällergriff. Unsere Hauseltern Mäkelä haben wiederholt bezeugt, dass Hannu sein damals gegebenes Versprechen gehalten hat.

In den letzten drei Jahren seines Lebens entwickelte sich unser junger Finne zu einer Gestalt, die dem Buche «Die sieben Brüder» des grossen finnischen Dichters und Erzählers Aleksis Kivi entsprungen sein könnte. In diesem Roman schilderte Aleksis Kivi, der selbst arm und verkannt in jungen Jahren sterben musste, das Schicksal eines verwahrlosten finnischen Bauernhofes namens Jukola und der sieben jungen Erben dieses Hofes, der mitten in der finnischen Waldwildnis stand. Jeder Finne kennt dieses Buch. Unser Hannu musste es mehrmals gelesen und ganz in sich aufgenommen haben. Was da von dem verschworenen

Haufen der sieben Brüder zu lesen war an schlecht und recht bestandenen halsbrecherischen Abenteuern, war ganz nach der Art und dem Wesen Hannus. Es schien, als ob Hannu die besonderen Eigenschaften der sieben Brüder alle in sich vereinigt hatte: Da gibt es Juhani, den hitzigen Anführer der Bruderschar, da ist der bärenstarke Tuomas, der kluge Aapo, Simeoni, in dessen Kopf allerlei sonderbare Gedanken spuken, da gibt es den stillen Lauri, den wackeren Timo und den pfiffigen Eero.

Als Neuntklässler, durfte Hannu seine Berufspraktikas wählen. Wir wunderten uns nicht, als er zu Förster Bruderer gehen wollte. Dieser lernte ihn als fleissigen und ausdauernden Helfer kennen und schätzen. Auch die letzte Woche seines Lebens verlebte Hannu bei Förster Bruderer im Walde.

Entsprechend seiner naturwissenschaftlichen und technischen Interessen und Neigungen hatte sich Hannu dazu entschlossen, den Beruf eines Laboranten zu erlernen. Dazu bot sich ihm eine Gelegenheit in der Lastwagenfabrik Saurer in Arbon, die er mit sichtlicher Freude und Begeisterung ergriff. Nach nur knapp vier Monaten fand die hoffnungsvoll begonnene berufliche Ausbildung ein abruptes Ende. In dieser kurzen Zeit hatte Hannu unten am Bodensee neue Freunde gefunden. Zusammen mit dem Meister Hannus nahmen sie an der Trauerfeier für ihren Kameraden teil. Sie wollten ihrem so plötzlich verstorbenen Freund etwas zuliebe tun. So überreichten sie seinem Hause Jukola, in dem er sieben Jahre gelebt hatte, einen Geldbetrag, den sie aus ihren bescheidenen Lehrlingslöhnen zusammengetragen hatten.

Seine besten Freunde hinterliess Hannu im Kinderdorf selbst. Viele unter ihnen hatten in ihm den tüchtigen Sportler, den verwegenen Skirennfahrer oder den ausdauernden Langläufer bewundert. Sie hatten seine Hilfsbereitschaft im Gruppenlanglauf oder bei anderen Gemeinschaftsunternehmen schätzen gelernt. Alle aber hatten seine körperliche Stärke und seinen brummigen Humor gekannt. Sein englischer Freund Colin bezeichnete ihn kürzlich liebevoll als «starker humorvoller Ochs, der aber auch etwas zwischen den Ohren hat.» Als ich noch zu Hannus Lebzeiten den Schülern der Sozialkundeklasse die Frage stellte, mit wem sie als Helfer eingesetzt werden möchten, wenn sich zum Beispiel auf der Strasse Bühler – Trogen ein sehr schwerer Verkehrsunfall ereignen sollte, wollten mehrere eine so schwere Aufgabe mit Hannu lösen. Sie kannten ihn und seine unerschrockene Hilfsbereitschaft. Er selbst, Hannu, wusste seine Schulkameradinnen und -kameraden sehr wohl zu schätzen und einzuschätzen: Über die griechische Panajota meinte er, mit ihr sei es angenehm Schulaufgaben zu machen. Sie sei sehr fleissig und höre erst auf, wenn das Problem gelöst sei. Mit Mehrez, dem Tunesier, sei es gut in Feld und Garten zu arbeiten, der habe eine Bauernbegabung. Mit der Tibeterin Yanchen wäre er eigentlich am liebsten deshalb wandern gegangen, weil sie so Freude am Spassmachen zeigen könne, und er selbst würde im

Unglücksfall am liebsten mit Lassaad aus dem Tunesierhaus zusammenarbeiten, weil er in solchen Fällen so ganz kaltblütig sei.

Als unser lieber finnischer Waldbauernbub Hannu zu Beginn der ersten Stunde des 18. Juli 1970 nach einer verwegenen Fahrt, in der uns noch einmal ein so vertrauter Wesenszug Hannus begegnet war, mit zerschmettertem Kopf auf dem Asphalt der Strasse Bühler – Trogen lag, hätten auch die Kaltblütigkeit Lassaads und die Hilfsbereitschaft seiner vielen Freunde nichts mehr ausrichten können. Hannu antwortete nicht mehr, auch nicht auf die verzweifelten Weckrufe seiner nächsten Hauskameraden Matti und Risto, die es einfach nicht fassen können, dass aus dem wilden Spiel einer sommerlichen Nacht plötzlich bitterer tödlicher Ernst geworden war. Ihr standfester Hannu war zu Tode gestürzt. Der eben noch so kraft und lebensvolle Freund lag hier vor ihnen in seinem jungen Blut, gefällt und zerschmettert wie eine Eiche im Sturm.

Roland Mostefay, ein junger Franzose, der nicht mehr weiterleben konnte

Unter den Frühvollendeten des Kinderdorfes nimmt der junge Franzose Roland Mostefai eine besondere Stellung ein.

Der Anfang seines jungen Berufslebens verlief vielversprechend. Bei der französischen Staatsbahn hatte er mit Erfolg die ersten Prüfungen bestanden. In Dijon wollte er sich mit einer Gruppe von Kollegen weiter auf die Aufgaben eines Eisenbahnbeamten vorbereiten. Im Januar 1961 wollte er nach erfolgreichem Abschluss seiner Berufslehre im Kreise seiner Kameraden seinen 20. Geburtstag feiern. Bald war Weihnachten. Die unternehmungslustige Runde der Freunde beschloss, bereits am 13. Dezember im Auto aufs Land zu fahren, um dort gemeinsam einen fröhlichen Abend zu erleben.

Bis zu diesem Zeitpunkt standen wir vom Kinderdorf aus mit Roland (wie mit den meisten Ehemaligen) in mehr oder weniger regelmässigem Briefkontakt. Es fiel uns damals nicht sofort auf, dass wir von Roland keine Karten oder Briefe mehr erhielten. Als wir dies endlich realisierten und ihm schrieben, erhielten wir keine Antwort mehr.

Was war an jenem Abend des 13. Dezember geschehen? Wir erfuhren es erst mehr als ein Jahr danach, als endlich ein maschinengeschriebener Brief von Roland bei uns eintraf. Roland schrieb in diesem Brief, dass er kurze Zeit nach Abschluss seiner Berufslehre am 13. Dezember 1960 einen schrecklichen Autounfall erlitten habe. Bei diesem Unfall sei er durch die Frontscheibe des Wagens geschleudert worden. Drei Monate sei er bewusstlos zwischen Leben und Tod geschwebt. Acht Monate habe er im Spital in Dijon verbracht. Die Folgen dieses Unfalles seien furchtbar: Roland schrieb: «Je ne peux ni marcher, ni manger seul, ni écrire à la main, ni travailler, mais le moral est bon.» Er konnte also weder gehen, noch alleine essen, noch von Hand schreiben, noch arbeiten, aber er war doch, wie er schrieb, guten Mutes. Es musste als Wunder bezeichnet werden, dass er damals mit dem Leben davon gekommen war. Das Leben aber, das er seither führen musste, war die entbehrungsreiche Existenz eines Schwerinvaliden.

Wir antworteten Roland sofort, besorgten ihm ein Flugticket und und luden ihn ein, im Kinderdorf einen längeren Erholungsurlaub zu machen. Er kam. Seine früheren Haus- und Schulkameraden und Kameradinnen empfingen und betreuten ihn liebevoll. Diese Einladungen wiederholten wir jedes Jahr. Er genoss sie als Lichtblicke in seinem trostlosen Invalidendasein, wie dies nur ein gut zwanzigjähriges Menschenkind geniessen kann.

Im Juni 1966 sandten wir Roland wiederum einen Brief in das Invaliden-Hospital in der Nähe von Paris, in dem er sich seit 4 Jahren befand. Der Brief enthielt die Einladung für seinen nächsten Trogener Aufenthalt. Wir konnten nicht ahnen, dass unser lieber Roland an eben diesem 11. Juni zu Grabe getragen wurde. Wenige Tage darauf aber erreichte uns die traurige Nachricht, dass Roland seinem Leben in einer Stunde der inneren Verzweiflung und Hoffnungslosigkeit am 3. Juni 1966 ein Ende gesetzt hatte. Unser Brief hatte ihn nicht mehr erreicht, er wurde uns ungeöffnet zurückgesandt mit dem so inhaltsschweren Vermerk «Décédé».

Anlässlich seines letzten Aufenthaltes in Trogen hatte mir Roland gestanden, dass er im ersten Jahr nach seinem Autounfall bereits zweimal erfolglos versucht hatte, freiwillig aus dem Leben zu scheiden. Als er dabei mein Erschrecken wahrnahm, erklärte er in seinem schönen, aber nur mit lallender Zunge vorgebrachten Französisch: «Oh nein, ich versuche es nicht mehr, wissen Sie: Gott hat meinen Tod dreimal nicht annehmen wollen. Nun weiss ich es: Ich habe das Leben anzunehmen! Und wenn es mir gelingt, dieses mühevolle Leben zu ertragen, kann ich vielleicht anderen Menschen, die weniger schwer zu tragen haben, Mut machen!» Das also war der eindeutige Wille unseres Verstorbenen. Sein Geist war wohl willig, aber sein allzusehr geschundener Körper, dieses junge Fleisch eines Fünfundzwanzigjährigen, erwies sich in einer dunklen Stunde der Verzweiflung als zu schwach.

Die näheren Umstande jener letzten Stunde haben sich im Nachhinein geklärt. Ein getreuer jugendlicher Freund hatte Roland an jenem Frühlingsabend zu einem Tanzanlass eingeladen. Er tat dies, um Roland, der sich im Invalidenheim und unter den meist betagten Insassen desselben oft verlassen vorkam, Abwechslung und eine besondere Freude zu bereiten. Roland hatte an jenem Abend die ganze Lebensfreude der jungen Tanzenden beobachten können. Ihre Lust und Freuden hatte er mit seinem Invalidendasein verglichen. Eine tiefe Traurigkeit und Verzweiflung musste ihn gequält haben. Als ihn sein Freund in das Invalidenheim zurückgebracht hatte, stürzte er sich dort vom obersten Stockwerk in die Tiefe und in den Tod.

Keiner, der Roland gekannt oder gesehen hatte, wird ihm einen Vorwurf machen können. Wir verbeugen uns im Gegenteil vor diesem mit so viel Tapferkeit während vollen fünf Jahren ertragenen Schicksal. Was für uns alle und für seine Kameraden unter den Ehemaligen aber zählen wird, ist nicht die schmerzliche Tatsache seines schliesslichen Verzweifelns, sondern der tapfere Geist des «Dennoch», des Durchhaltens, des Lebenswillens, wie er aus den Briefen Rolands heute noch zu uns spricht.

Reflexionen

Ansprache des Dorfleiters Arthur Bill
an der Zehnjahresfeier des Kinderdorfes Pestalozzi Trogen am 29./30. September 1956

Am Ende einer arbeitsreichen Woche versammelt manch ein Hauselternpaar unseres Kinderdorfes seine ihm anvertraute sechzehn- oder achtzehnköpfige Buben- und Mädchenschar in der Wohnstube ihres Hauses. Es mag Samstagabend oder Sonntagmorgen sein. In einer ruhigen Stunde will diese kleine Schicksalsgemeinschaft einer Kinderdorffamilie nochmals der sechs verflossenen Tage gedenken. Im Wirbel der Ereignisse sind die Stunden so schnell zerronnen! Es gilt nun, die Eindrücke zu ordnen, hier eines schönen Gelingens sich nochmals zu erfreuen, dort ein Versagen zu erkennen, oder vielleicht eines einzelnen Familiengliedes besonders zu gedenken, um sich daraufhin mutig und zuversichtlich zu rüsten für die kommende neue Woche. So ist die wöchentliche Rückschau der Hausfamilie ein ganz und gar auf die Zukunft gerichteter Akt der Rechenschaftsablage.

Das Kinderdorf ist im vergangenen Frühling zehn Jahre alt geworden. Geziemt es sich nicht, auch zu diesem Anlass eine Stunde, einen Tag der Besinnung einzuschalten, die grosse Kinderdorffamilie in der Wohnstube des Pestalozzidorfes, hier in unserer Canadahall zu versammeln, um gemeinsam Rückschau und Ausschau zu halten? Wenn die heutige Feier diesen Sinn erfüllt, wird sie ihr Licht auf den Weg in eine noch dunkel vor uns liegende Zukunft werfen! Niemand wird erwarten, dass die wenigen Minuten, die uns hier zur Verfügung stehen, zehn Jahre Kinderdorfgeschichte in ihrer ganzen Fülle wieder erstehen lassen können. Wir wollen uns deshalb in unserer Besinnung an einigen wenigen Grundfragen zu orientieren versuchen:

Zunächst die erste Frage:
WAS IST IN DEN JAHREN, AUF DIE WIR ZURÜCKBLICKEN, EIGENTLICH GESCHEHEN?

Einmal das, dass ein Gedanke Gestalt und Wirklichkeit wurde, dass das Kinderdorf von einer Idee zu einer Realität geworden ist. Es bleibt das grosse Verdienst Walter Robert Cortis, dass er vor nunmehr zwölf Jahren zur Feder gegriffen hat, um in einem klarsichtigen Aufruf die Schaffung jenes Dorfes der Kinder vorzuschlagen, dessen zehnjähriges Bestehen wir heute in Dankbarkeit feiern. Damit hat er dem bedeutungsvollen Pestalozziworte nachgelebt: «Ein eingestecktes Schwert ist besser als eingesteckte Scheltungen, aber das Bäumestecken ist noch besser als beides.»

Dass Walter Robert Corti das junge Bäumlein all' die Jahre hindurch mit nie ermüdender Sorge betreut, dass er uns Kinderdorfbewohnern jederzeit und gerade in schweren Zeiten, in Treue, Liebe und in väterlicher Freundschaft zur Seite gestanden hat, dafür wollen wir ihm heute von ganzem warmem Herzen Dank sagen!

127 Bürgerbriefe sind bis zu dieser Stunde durch das Kinderdorf an austretende Jünglinge und Töchter abgegeben worden. Heute wollen wir den ersten Ehrenbürgerbrief überreichen: Die Versammlung der jungen Dorfbürger und die Dorfversammlung der Erwachsenen haben einstimmig und mit Begeisterung beschlossen, Ihnen, Herr Corti, diese Urkunde zu schenken als ein bescheidenes Zeichen unserer grossen Verehrung und Liebe und unserer tief empfundenen Dankbarkeit.

Schreiten wir in der Beantwortung der ersten Frage weiter: Was ist geschehen? Wir stossen in der kurzen Geschichte des Kinderdorfes immer wieder auf eine sehr augenfällige Erscheinung: Dieses Dorf führt nicht nur seine Bewohner zueinander; es setzt immer wieder in ihrem Wesen gegensätzlich erscheinende Elemente in Bewegung in Richtung auf ein gemeinsames Ziel und Anliegen. Die einigende Kraft des Kinderdorfes ergreift alle seine Freunde! Dazu einige Hinweise: Es ist für den Aufbau des Dorfes entscheidend gewesen, dass sich zum Gründerkreis Cortis eine seit vielen Jahren in der schweizerischen Jugendfürsorge aufs beste bewährte Stiftung Pro Juventute gesellt und ihr Prestige und ihre Mittelbeschaffungsorganisation zum Wohle des jungen Werkes eingesetzt hat.

Es ist modernes Baubestreben und heimatverbundene Verpflichtung gewesen, die den Typ des Kinderhauses und die ganze Siedlung mitgeformt haben.

Die Beziehungen der seit zehn und mehr Jahren für und um das Kinderdorf tätigen drei Trägerkreise, wir sprechen hier vom Kreise der Gründer und Planer, von den in Behörden und Kommissionen des Kinderdorfes Verantwortlichen und schliesslich vom Kreise der Mitarbeiter dieses Dorfes, diese Beziehungen haben sich mehr und mehr gefestigt, was bei der Verschiedenartigkeit der ihnen zufallenden Aufgaben gar nicht so selbstverständlich ist. Wir heutigen Mitarbeiter des Dorfes dürfen dankbar erkennen, dass doch nach und nach und aus mancher Sorge heraus sich ein ermutigendes Vertrauensverhältnis herausgebildet hat, das die drei Trägerschaften zu der einen grossen Kinderdorffamilie verbindet.

18 Häuser zählt unser Dorf heute, erbaut unter Mitwirkung Hunderter von Freiwilligen aller Länder. 450 Kinder, zehn verschiedenen Nationen zugehörend, haben das Pestalozzidorf bis zur Stunde in einem mehrjährigen Aufenthalt erleben dürfen. Über tausend Kindern und Jugendlichen durfte es alljährlich während der langen Sommerferienwochen zur Erholung und geistigen Anregung dienen; denn diese jungen Menschen wurden hier nicht nur mit dem Dorfe, sondern ebenfalls mit seiner Idee bekannt. Seit einem Jahr besitzt das

Kinderdorf in seinem Coccinella-Hause ein Heim für Gastklassen aus der Schweiz und aus dem Auslande und damit ein neues dankbares Wirkungsfeld.

Seit zwei Jahren ist das Kinderdorf ständig mit ungefähr 200 Kindern, darunter Franzosen, Italiener, Österreicher, Finnen, Deutsche, Griechen, Engländer und Schweizer, besetzt. Wir zählen über 140 Ehemalige, die zum Teil noch in der Schweiz, meist aber bereits in ihren Ländern ihre Lehrzeit absolvieren oder bereits berufstätig sind.

Wenden wir uns einer weitern Frage zu:
INWIEFERN ERFÜLLT DAS KINDERDORF AUCH HEUTE NOCH SEINE BEIDEN HAUPTAUFGABEN?

Der eine Auftrag des Dorfes lautet:
«Das Kinderdorf will dem verlassenen und notleidenden Kinde eine Heimstätte bieten.»

Die ersten Kinder, die in den Jahren 1946 bis 1950 Aufnahme gefunden haben, waren durchwegs Kriegs- und in den meisten Fällen Vollwaisen. Diese Generation der Kriegswaisen entwächst unserem Dorfe mehr und mehr. Unter den während der letzten Jahre neu Aufgenommenen – und alle Länder die uns ihre Kriegswaisen anvertraut hatten, haben in der Folge weitere Kinder zur Aufnahme vorgeschlagen – finden wir heute auch die Sozialwaisen. Gegenwärtig leben bei uns 72 Vollwaisen, 78 Halbwaisen und 54 Sozialwaisen. Der Auftrag, unser Dorf dem bedürftigen und notleidenden Kinde offen zu halten, wird demnach ungeschmälert durchgeführt.

Der andere Auftrag des Kinderdorfes lautet:
«Das Kinderdorf will ein Ort sein des Begegnens, des Zusammenarbeitens und des Verstehens über die Schranken der Nation, Konfession und Sprache hinweg.»

Zum Studium der Auswirkung dieser Kinderdorfaufgabe ziehen wir Briefe der Ehemaligen bei, Briefe jener jungen Menschen, die während Jahren hier unter uns gelebt haben und die nun draussen in der oft rauhen Wirklichkeit ihrer Länder den Weg gehen und von ihren ersten Erfahrungen berichten: Wie weit werden es unsere Ehemaligen wagen, den allfälligen Vorurteilen ihrer Umgebung zu begegnen? Werden sie zu sprechen, aus ihren Erfahrungen zu berichten wagen? Einstein hat 1953 in seinem «Weltbild» geschrieben: «Wenige sind imstande von den Vorurteilen der Umgebung abweichende Meinungen gelassen auszusprechen; die meisten sind sogar unfähig, überhaupt zu solchen Meinungen zu gelangen.» Ein kürzlich in seine Heimat zurückgekehrtes Mädchen hat mir vor einigen Wochen besorgt geschrieben: Meine Arbeitskolleginnen sprechen sehr schlecht über die anderen Nationen. Sie belegte dann diese Mitteilung mit einer Reihe von Beispielen, wobei sie die völlig verzerrten Kriegsschuldvorstellungen ihrer Kolleginnen erwähnte. Sie schrieb von ihrem Anstemmen gegen diese Wand von Vorurteilen, um dann mit den verzweifelten Worten zu schliessen: Ich finde das so fürchterlich, weil ich weiss, dass das nicht stimmt! Es ist also nicht nur ein vages Fühlen, sondern Wissen, mit dem unsere Jungen gewappnet sind, ein Wissen, das durch eigenes Erleben hier in diesem Dorf der Kinder und der Nationen untermauert worden ist.

Aus vielen Ehemaligenbriefen, wir erhalten jährlich mehrere Hundert, ist eine ähnliche Haltung herauszulesen. Aus allen aber spricht die Treue zu ihrem Dorfe. Der Finne Keijo schrieb: «Und jetzt möchte ich erst danken für das Leben im Pestalozzidorf. Ich bleibe sicher immer doch mit dem Herzen ein Mitglied des Dorfes, obgleich zwischen uns Tausende von Kilometern stehen. Und es ist gar nicht unmöglich, dass ich eines schönen Sonntags dorthin komme, um euch zu besuchen. Glaubt mir nur! Vergessen wir all die kleinen Streite und solche Kleinigkeiten. Dort im Pestalozzidorf habe ich *meinen* Grundstein gelegt, den Lebensgrundstein».

Dieser Treue zum Kinderdorf und ihrer Verbundenheit untereinander wollen die Ehemaligen Ausdruck geben, wenn sie im Jubiläumsjahr 1956 den Bund der Ehemaligen gründen.

Eine dritte Frage wollen wir uns heute stellen:
WIE STEHT ES MIT DER VERPFLICHTUNG, DIE DER NAME HEINRICH PESTALOZZI UNS AUFERLEGT?

Es war nie die Meinung der Gründer, dass pestalozzianischer Geist im Kinderdorf durch eine Namengebung zu beheimaten ist. Es war aber immer ihre Hoffnung, dass seine Art des Wirkens uns leuchtendes Beispiel sein möge. Das Kinderdorf hat allerdings ganz bewusst einige Herzensanliegen des grossen Erziehers zu verwirklichen getrachtet:

Es ist der kleine Kreis der Familie, der hier in Trogen Bedeutung und Gewicht hat.

Es ist das Zusammenwirken von Kopf, Herz und Hand, das schon den verdienten Architekten des Kinderdorfes, Hans Fischli, zu der funktionell richtigen Komposition Schulraum, Wohnstube und Werkstatt unter dem einen Dach des Kinderhauses geführt hat und das uns Erziehern Leitmotiv geworden ist bei der Förderung des kindlich schöpferischen Tuns. Es sind die Schulen der Armen, die hier geführt werden, und es sind die Wohnstuben der Kinderhäuser als die Herzkammern des Dorfes anzusprechen.

Dass uns aber gerade Pestalozzi in vielem auch heute noch etwas zu sagen hat, bezeugt der verstorbene Heidelberger Philosoph und Pädagoge Ernst Hoffmann in seinem 1955 erschienenen Nachlass: «Warum sollen wir ihm (Pestalozzi) folgen: weil er mit dem, was er prophetisch lehrte, noch heute recht hat. Drei Sterne leuchten am Himmel seiner Pädagogik:

die sittliche Natur jedes Menschenkindes
die Heiligkeit der Wohnstube
und die Verantwortung des Staates für die Erziehung des Volkes.»

Greifen wir eine vierte und letzte Frage heraus:
HAT DAS KINDERDORF ENTTÄUSCHUNGEN UND IRRWEGE ERLEBT?

Gewiss! Dies ist vorerst auf den ausserordentlichen Umstand zurückzuführen, dass Erfahrungen mit einem derartigen Versuch, wie es das Kinderdorf darstellt, bisher überhaupt keine vorlagen. Schwierigkeiten waren unvermeidlich.

Insbesondere stiessen wir da und dort mit Vehemenz auf das Grundproblem aller Erziehung: Wie soll das Neue entstehen und durch uns ernsthaft gefördert werden können, wenn wir doch, viel mehr als wir es ahnen und einander zugestehen, im Alten geworden und beheimatet sind?

Wenn dieses Kinderdorf im Stande ist, einen Beitrag zur Lösung der Zeitprobleme zu leisten, dann muss hier der vielen Stillen in unserem Dorfe gedacht werden, all der Erwachsenen, der Hauseltern und Erzieher, die in täglichem Mühen sich selbst und ihre Zeit zu überwinden haben. Die Dienste derer, die eine ganze Reihe von ihren Lebensjahren dem Werke in seiner Abgeschiedenheit und doch aufreibenden Turbulenz widmen, sollen deshalb die verdiente Würdigung finden, weil es sich hier um die so schwer zu findenden und so leicht zu verlierenden Menschen handelt, die wir mit Recht als die Träger des Dorflebens bezeichnen. Die Erfahrung vieler Kinderdorfjahre macht sie bescheiden und aus diesem Erleben konnte ein Hausvater nach mehr als acht Jahren Mitarbeit schreiben: «Was internationales Verstehen und gegenseitige Erkenntnis anbetrifft, haben wir mit einander viel mehr gelernt, als dies aus einem Buche möglich gewesen wäre. Wir sind nicht mehr die, die wir waren. Reich an Erfahrungen kehren wir in unsere Heimat zurück.»

Einige aber mussten vorzeitig zurückkehren, sei es, weil sie der Aufgabe doch nicht gewachsen waren, sei es, dass äussere Umstände sie dazu zwangen. So haben auf Beschluss ihrer Regierungen im Jahre 1949 unsere ungarischen und unsere polnischen Kinder vorzeitig in ihre Heimat zurückkehren müssen. Dies war ein schwerer Schlag für unser Dorf. Nun war es offenbar, unsere Hoffnungen, dass hier auf dem Hügel von Trogen doch das Volk der Kinder vereint bleiben dürfte, hatten sich zerschlagen!

Oft haben wir uns gefragt, was sie wohl jetzt tun, unsere Kinder aus den Häusern Orleta, Marie-Curie-Sklodowska und Kukoricza-Jancsi? Ab und zu kamen spärliche Nachrichten, Kartengrüsse.

Diesen Frühling aber traf ein vierseitiger Brief aus Budapest ein. Josef Abrok, der damalige ungarische Hausvater hatte ihn geschrieben und ich kann nicht anders als Ihnen, liebe Gäste des heutigen Tages, aus diesem Briefe vorzulesen, weil er zeigt, wie eine Kinderdorffreundschaft Jahre und politische Stürme überdauern kann:

«Mit den 16 Pestalozzikindern haben wir immer noch Verbindung. Piroska hat schon verheiratet und hat schon Kind auch; Pista ist Techniker in einer Fabrik, Eszter, Lujza und Gyuszi studieren in einem Gymnasium und werden im Juni maturieren. Ilonka studiert Lehrerin in Budapest. Ihre Brüder Qecsi und Sepli leben noch im Erziehungsheim und die andern arbeiten alle schon an verschiedenen Orten. Wir werden diesen Sommer eine Zusammenkunft veranstalten. Die Kinder besuchen uns oft und wir sprechen viel über das Pestalozzidorf, schauen die Photoalben und die Bilder aus dem Kinderdorf an. Bald werden wir noch mehr schreiben!»

Und Pappa Abrok hat geschrieben, zu unserem Festtage. Er schliesst diesen Brief mit den Worten: «Jetzt sind wir glücklich und traurig auch gleichzeitig. Wir freuen uns über das zehnjährige Bestehen des Kinderdorfes Pestalozzi, aber sind wir auch traurig, dass wir können an der Gedenkfeier nur im Herzen mit euch feiern. Oh, wie gerne wir auch würden kommen, wenn es möglich wäre! Zur Feier des Dorfes wünschen wir aus ganzem Herzen alles gute, viel Kraft, Wille und Gesundheit, vielen Erfolg und Gottes Segen zur weiteren Arbeit – und grüssen wir herzlich alle Kleinen und Grossen im Kinderdorf. Im Herzen werden wir auch mitfeiern und in Gedanken da sein!

Ilona, Mikloska. Eva und Josef Abrok»

So durften wir erfahren, dass nicht alles verloren ist, was unserem menschlichen Planen zuwiderläuft und was wir oft zu voreilig als Scheitern und Versagen bezeichnen. Wenn uns in unserer Arbeit Leid und Kummer trifft, müssen wir uns daran erinnern, dass im Reifen das Leiden mit einbeschlossen ist. Richten wir nun zum Schluss den

Blick in die Zukunft

Der heutige festliche Tag und das ganze Jahr 1956 soll uns Anlass zur Besinnung sein auf die grossen kommenden Aufgaben. Vor welcher Situation stehen wir denn heute: Die moderne Welt ist zu einer äusseren Einheit geworden. Seit es Menschen gibt, hat diese Erfahrung vor unserer Generation noch nie jemand machen können. Der junge deutsche Dichter Holthusen, er hat unlängst unser Kinderdorf besucht, schreibt: «Alle wesentlichen Probleme sind Weltprobleme geworden, es gibt kein Ereignis von Gewicht, das uns nicht etwas anginge, auch wenn es zwanzigtausend Kilometer von uns entfernt stattfindet. Es gibt kein Ausserhalb mehr. Die Belagerung einer Festung im hinterindischen Dschungel wird als ein weltpolitisches Faktum erster Ordnung betrachtet und in Bonn, Paris, London, Moskau und Washington mit gespannter Aufmerksamkeit verfolgt.» Soweit Holthusen.

Um was geht es demnach: Der westlichen Kommunikationstechnik, die dazu geführt hat, dass Raum und Zeit als Schranken innerhalb der Weltgemeinschaft gefallen sind, muss die zuverlässige Erfahrung von Menschen an die Seite gestellt werden, die dieser für das menschliche Geschlecht völlig neuen Lage moralisch gewachsen ist.

Wo aber können die ersten Baugründe solcher Erfahrung besser ermessen und errichtet werden als in einem Dorfe, in dem die sonst durch Tausende von Kilometern Getrennten während Jahren als Nachbarn zusammenleben und sich kennen lernen können?

«Lasst Nationen wie Individuen nur einander kennen, und der gegenseitige Hass wird sich in gegenseitige Hilfeleistung verwandeln, und anstatt natürliche Feinde, wie benachbarte Länder zuweilen genannt sind, werden wir alle natürliche Freunde sein», so hat Goethe einmal geraten.

Und um abschliessend Holthusen nochmals zu zitieren: Im Hinblick auf das Ackerfeld unserer Zeit ruft er uns zu:
«Wieviel Kleinmut, Starrsinn, ungelüfteter Pessimismus herrscht doch auf fast allen Fronten, wieviel Bürokratismus und restaurative Provinzlerei: Aber in all dem verrät sich ein bewusster Hunger nach jungen und situationsgemässen politischen Ideen. Hier ist nun eine, die geeignet zu sein scheint, ein neues, zukünftiges Ethos der Vorantwortung zu erwecken. Welteinheit ist einmal ein Schicksal, das uns in der Schleuder hat, uns in kataraktischen Prozessen dahinträgt, so dass uns oft Hören und Sehen vergeht, das aber in uns auch ein freudiges Zutrauen erwecken kann auf die Zukunft des Menschen, denn alles kann noch aus ihm werden:

Nun walte Schicksal, niemand ist sein eigen.
Was sein soll, muss geschehen; so mag sich's zeigen!»

Uns aber, liebe Freunde des Kinderdorfes, sind die künftigen Aufgaben mit den brennenden Lettern unserer Zeit vorgezeichnet:

So wollen wir ins zweite Jahrzehnt schreiten:
In Mühe pflügen,
in Hoffnung säen
und am heutigen Tage auch darum bitten,
dass dereinst die Ernte reifen möge.

Pioniere und Bewahrer.
Aus der Ansprache von Walter Robert Corti an die Mitglieder des Stiftungsrates
anlässlich der Zehnjahresfeier des Kinderdorfes

Dem freundlichen Wunsch der Stiftungskommission an diesem Tage einer Rückschau auf die zehn vergangenen und einer Vorausschau auf die zehn kommenden Jahre zu ihnen zu sprechen, komme ich gerne nach. Die Rückschau fällt leichter, auf Liebes und Leides, auf Gelungenes und Misslungenes, – für die Vorausschau dagegen müsste man prophetische Gaben bemühen dürfen und wer möchte sich solcher rühmen? Dennoch, es lassen sich jedenfalls Sichten, Wünsche und Pläne formulieren und zur Diskussion stellen, das Wort löst sich dann vom Einzelnen los und wird zum Gemeingut des interessierten Kreises. Was an ihm trächtig ist, das mag von Neuem im Erdreich der Wirklichkeit Wurzeln schlagen. So war es mit jenem Aufruf vom August 1944, da sich unser Europa vom Verbrechen verdunkelte, so kann es heute und immer sein, wo sich Menschen um einen Weg bemühen, der uns aus selbstgewirkter Schuld und Verwirrung hinausführt. Denn die Not der Menschheit ist nach wie vor gross, der heisse Krieg zwar hat sich zu einem kalten verwandelt, aber unter täuschenden Beruhigungen warten die Dämonen auf ihre Stunde. Es ist ja so schwer, die Zeichen der Zeit zu deuten. Wohl schreitet der Aufbau von unten, die Demokratisierung in der ganzen Welt fort, aber die Macht, das Zerstörende mit gänzlich neuen und entsetzlichen Mitteln auszulösen, bleibt doch immer noch auf wenige Menschen beschränkt. Das «wishfull thinking» ist für viele die einzige Methode der Selbsttröstung geworden, andere suchen die Idylle, ermüden und ermatten vor den starken, harten Aufgaben der Epoche, sie verlieren auch den Überblick und die Überzeugung, dass sie noch sinnvoll mitarbeiten können, die gegenwärtige und die kommende Not zu wenden.

Aus dunkler Zeit ist unser Kinderdorf entstanden und hat sich ungebrochen in die Helle des Glaubens gestellt, dass wir Menschen aufgerufen sind, selber Hand anzulegen, uns wenigstens zu mühen, das Wesen der Epoche zu erfassen, die uns in ihr gestellte Aufgabe zu erkennen und wenigstens den Versuch nicht zu unterlassen, mit wie schwachen Kräften immer das Unsrige zu leisten. Alle Kinderdorfarbeit schaut auf das Ganze der Zeit. Wir halten am Bewährten fest und suchen es mit dem Neuen zu verbinden. Es wurde noch im Kriege gesagt, solch ein Versuch könne nur einer Sandburg am Meere gleichen, die von der nächsten Flutwelle gleichmütig überrannt werde, ein klagender Trümmerhaufen mehr, der allein das Versagen der «Idealisten» bezeugt. So aber ist es nicht gekommen.

Uns treibt kein Stolz, wenn wir sagen, dass die Skeptiker, die Pessimisten, die klugen Unheilsraben und viele Fachleute sich bis heute wenigstens mit ihren Prognosen geirrt haben. Wir denken dabei in erster Linie an alle jene, die mit ihren eigenen Plänen vor den gleichen Mächten in die Prüfung geraten, dass sie durchhalten, dass sie ihren Kampf nicht aufgeben, dass sie ihr Wagnis bestehen. Die Zeugnisse sind nicht zu übersehen, die es dankend aussprechen, dass dieses Kinderdorf nicht blosser Plan und blosse Hoffnung blieb, sondern dass es sich seinen Weg in die Wirklichkeit erkämpfte und damit auch in das Recht, mit den Kategorien der Wirklichkeit gemessen und beurteilt zu werden. Denn alles, was in der Zeit geschieht, nimmt Teil am Unzulänglichen, am Leiden, am Versagen, aber es trägt damit auch stets die heimliche Krone des wirklichen Versuches und der wirklichen Mühe, über die hinaus uns Menschen nichts mehr erreichbar ist. Das ist der Sinn von Kants Wort, dass es nichts gebe in der ganzen Welt, «was ohne Einschränkung für gut könnte gehalten werden, als allein ein guter Wille». Sein Wert ist unabhängig vom Erfolg, vom Resultat, die stehen dann noch unter ganz anderen Gesetzen, aber wo er fehlt, da kann der Mensch nichts Gutes mehr ausrichten.

Zur Rückschau soll hier nun nicht wiederum das alte Heldenlied ertönen, von jenem Kreis der frühen Freunde, der so viel des Wackeren geleistet und durchschritten hat. Nach zehn Jahren beginnt sich die würdige Patina der Geschichte ganz von selbst auf jedes Werk zu legen und das ist nur gut so. Ausserdem ist manches schon in literarische Form niedergelegt und es kommen jedes Jahr neue Schilderungen hinzu. Unsere Rückschau soll diesmal in einer typenpsychologischen Betrachtung geschehen, die für die Gegenwart und alle Zukunft vielleicht von hilfreicher Bedeutung sein mag. Die Charakterisierung der Menschen nach bestimmten Typen hat ja gewiss ihr Verfängliches; in Reinkultur findet man sie meist nur in den Büchern, aber sie helfen doch zur Selbst- und Fremddeutung. Die beiden Erscheinungsformen eines weltbejahenden Verhaltens, die wir heute kurz herausheben wollen, scheinen sich im Extrem auszuschliessen und ergänzen sich doch eigentümlich. Sie sind am Aufbau des Kinderdorfes massgebend beteiligt und mögen immer in ihm wirksam bleiben. Wir meinen die Pioniere und die Bewahrer.

Es würde sich wohl verlohnen, ihrem Verhältnis einmal ausführlicher und in die Tiefen der gesamten Menschheitsgeschichte nachzugehen. Pioniere sind Menschen, die neuen Ideen offen stehen, die sich tätig für sie einsetzen, als Wegbereiter, Pfadfinder, als Roder und Bahnbrecher. Sie lieben den Kampf und die Konkurrenz, sie hausen draussen an der Front, nicht in der behaglichen und bewährten Mitte. Das Fragwürdige lockt sie, das noch Problematische, das Junge auch, das sich erproben will, das sich unter Beweis zu stellen versucht; ein Experiment, so meinen sie, soll erst einmal zeigen, was es kann und man soll ihm auf alle

Fälle eine Chance geben. Sie mögen die Ängstlichen nicht, die Beschaulichen, die Skeptischen, sie misstrauen jedem Prestige, auch jedem Reglement, und sie schätzen künftige Erfahrungen ebenso hoch ein, wie die schon bestehenden.

Unter denen, die sich vom August 1944 vom Kinderdorfaufruf packen liessen, waren viele echte Pioniere. Sie kamen zu ihrer Stunde, manchmal unangemeldet, am späten Abend und klopften an die Türe. Sie stellten sich freiwillig zur Mitarbeit. Wenn Kafka sagt «dem Unwissenden scheint alles möglich», so traf das vielfach auf sie zu. Sie drängten zur Tat und wenn ihnen das Herz schwer wurde von all den tiefsinnigen Bedenken, dann begannen sie eher zu singen, als dass sie den Kopf hängen liessen. Die Neunmalklugen imponierten ihnen nicht. Sie waren fröhlich und gute Kameraden, gelegentlich mit einem wunderlichen weltanschaulichen Gepäck, aber voll guten Willens. Das Kinderdorf hat ihnen viel zu verdanken. Sie haben die Krisen überwunden und sich für die Sache verschworen, sie hassten das Wort Opfer, da sie doch aus innerster Willigkeit zur Arbeit bereit waren, sie haben manche Widerstände bezwungen, nicht zuletzt, weil sie immer wieder sich selber bezwingen mussten in manchen Prüfungen, die auch niemand je aufgezeichnet hat. Viele von ihnen sind seither wieder aus unserem Kreis ausgewandert und manche mit einem bittern Zuge um den Mund. Es seien unterdessen zu viele Bewahrer eingewandert, und sie sahen in ihnen die allzuschnellen Nutzniesser ihrer Pionierleistung. Nicht nur hatten sie doch den äusseren Boden gelegt, sie sind auch im bissigen Wind der Kritik gestanden und haben gegen ihn die schützenden Wände aufgerichtet – jetzt, wo es anfing gemütlich zu werden, erschien ein neuer Typus, der die erkämpften Früchte zu verzehren begann. Aber ihnen sei nun einmal der harte Strohsack lieber als das weiche Bett, das Lagerfeuer lieber als der elektrische Herd, das Wagnis teurer als das Feilschen um guten Lohn, um ständiges Lob, um eine laue Geborgenheit. Sie mögen das Behagen nicht und nicht die Lieder des Behagens. Und so sind ihrer manche zur Morgendämmerung aufgebrochen und haben sich wieder ein Wirkfeld gesucht, das ihnen besser entsprach.

Das lässt sich begreifen. Zwischen den Pionieren und den Bewahrern kann leicht eine Spannung aufspringen. Beide haben ihre besonderen Tugenden. Aber auch die spezifischen Untugenden fehlen nicht. Der Pionier vergisst, dass Spatengeklirr und Hammerschlag auch einmal ein Ende haben muss. Wenn die Kinder das Haus beziehen, das er für sie baute, brauchen sie ihren Schlaf und ihr geordnetes Essen und ihr geordnetes Schulleben. Da muss die Romantik des Freiwilligenlagers weichen. Der Bewahrer vergisst leicht, dass er seinen Arbeitsraum, seine Wirkwelt weitgehend dem Pionier verdankt. Er ist auch mehr als dieser verheiratet und von materiellen Überlegungen mehr verfolgt, als der jugendliche Freiwillige, der wie Anselm das meiste seines Besitzes stets bei sich trägt. Schön wäre es, der Pionier könnte sich selbst in einen Bewahrer verwandeln. Das kommt natürlich vor. Aber wo dies nicht geht, da fällt ihm die Ablösung manchmal schwer. Er glaubt sich verkannt, er leitet aus seiner Leistung ein Recht ab. Er schwärmt gern vom heroischen Zeitalter, er beginnt sich dabei zu wiederholen und wirkt bald als Langweiler. Er sieht nicht, was Emerson für diesen Fall sagt: «Every hero becomes a bore at last». Es wäre leicht, diese tragische Entwicklung an grossen weltgeschichtlichen Beispielen aufzuweisen. Gelegentlich setzt die innere Natur dem Pionier sogar unübersteigbare Schranken, dass er etwa sein eigenes Werk gar nicht selbst fortzuführen imstande ist.

Glücklicherweise gibt es aber auch ganz andere Fälle. Da findet sich der Pionier, der dem Bewahrer vorarbeitet, wie der Maurer beim Hausbau dem Zimmermann, wie dieser dem Tapezierer und Installateur. Und es gibt den Bewahrer, der sich dem freien Neuerergeist, dem unkonventionellen, zukunftsgläubigen Wesen des Pioniers offen hält. Sicher erscheinen beide in ausgeprägten Typen, aber ebenso finden sich beide auch in einem und demselben Menschen. Es gibt Mischformen, wie überall, und sie sind die Schlechtesten nicht, und sie wünschen wir dem Kinderdorfe in erster Linie, heute und immer: Die Pioniere, die zu bewahren verstehen, die Bewahrer, die den Pionier in ihrer Seele wach halten. Man hat gelegentlich an unserem Kinderdorf den revolutionären Zug vermisst, man wollte wissen, dass der Pioniergeist in ihm vom ängstlichen Bewahrertum erdrosselt werde. Es habe viel zu sehr mit ihm wesensfremden Prestige paktieren müssen, darin sei dann sein tapferes und schöpferisches Wollen zerbrochen worden. Wir glauben nicht, dass dies zutrifft. Aber man muss auch solchen Thesen gegenüber durchaus offen bleiben und ihnen in der Wahrheit begegnen. Unser Kinderdorf ist mehr der Evolution verschworen als der Revolution, es hält das Neue nicht allein deshalb für gut, bloss weil es neu und verwirft das Alte nicht, bloss weil es alt ist. Es prüft alles und versucht, das Beste zu behalten. Nie hat es behauptet, dass es die pädagogische Panazee fand, dass seine Lösung die einzige und die einzig richtige darstelle. Das Kinderdorf stellt sich in alte Ströme des Humanismus, es ist, um nur einen zu nennen, Pestalozzis mühender Anthropologie verbunden, es will in heutiger Leistung eine längst gegebene Aufgabe mit zu lösen versuchen. Indem es sich auf die Ganzheit des Menschen richtet, erschöpft es sich unter keinen Umständen nur in einem seiner Aspekte. Wir haben uns immer wieder bemüht, einseitige Deutungen zu zerstreuen. Dadurch, dass die erzieherische Arbeit dem bedürftigen Kinde gilt, wird unser Dorf noch nicht zu einem Fürsorgedorf. Allein auch umfasst es nicht das ganze Spektrum der Bedürftigkeit. Als die Vollwaisen des Weltkriegs in den Vordergrund rückten, ist damit eine Reihe anderer Kategorien der Bedürftigkeit ausgeschieden, so etwa die an Tuberkulose erkrankten Kinder, denen ein Dreimonateaufenthalt nicht genügen konnte, oder etwa die körperlich Kriegsinfirmen. Mehr und mehr schieden die psychopathisch stigmatisierten Kinder aus, die eine Spezialpflege erfordern, das alles zu Recht. Hier ist klare Arbeitsteilung notwendig, kein Werk soll sich mutwillig und fahrlässig übernehmen, auch wenn noch so viel zu tun ist. Nur in der Beschränkung kann Verlässliches geschehen, wenn auch das Herz nach einer Allaufgabe drängt.

Der Pioniere sich zu erinnern ist nur ein Zug der Gerechtigkeit und Dankbarkeit. In jedem Werkbau treten ihre Spannungen gegen die Bewahrer zutage, denen sie vorarbeiten und die sie oft ganz richtig und wohl gelegentlich auch verzeichnend sehen. Wichtig aber bleibt, dass sie beide verstanden werden, und oft genug hat allein schon eine solche psychologische Analyse die Befreiung aus mancherlei Verbitterung, aus dem Gefühl des Undankes bringen können.

Heute nach zehn Jahren hat sich der soziale Charakter unserer Kinder natürlicherweise geändert, aber nicht so stark, wie man wohl glauben möchte. Zehn Jahre nach dem Kriege betreuen wir immer noch 36 % Vollwaisen, während 38 % Halbwaisen darstellen, die also noch den einen Elternteil besitzen; den Rest bilden Sozialwaisen mit gelegentlich besonders erschütternder Anamnese. Es ist anzunehmen, dass dieses Bild in den kommenden Jahren im wesentlichen so bleibt. Von daher ist auch keine wesenhafte Umstellung unserer Arbeit notwendig.

Was hingegen überprüft werden mag, ist die Auswahl der Kinder nach der Seite der sog. Elite hin. Die Überlegungen wollen nicht verstummen, die unser Kinderdorf gerne nach der Richtung eines internationalen Landerziehungsheimes hin erblicken, wobei die Auswahl der Begabten gesteigert werden solle und sich dann auch in materieller Hinsicht Vereinfachungen einstellten, da allenfalls die Eltern den Schulaufenthalt zahlen würden. Ein solches übernationales Kinderlanderziehungsheim lässt sich durchaus denken, und wir würden uns nur freuen, wenn es in der Welt realisiert werden kann. Der holländische Pädagoge Kees Boeke hat schon vor Jahren Pläne in dieser Richtung vorgelegt, die höchster Beachtung wert sind und auch von uns aus gefördert werden sollten. Aber unser Trogener Dorf möchte weiterhin dem sozial bedürftigen, bildungsfähigen Kinde helfen, von dem doch nicht erwartet werden kann, dass es sich zum Salz der Erde heranbilde. Das uns vorschwebende Erziehungsziel der Völkerverständigung muss ja letztlich in allen Schulen, allen Familien und allen einzelnen Menschen durchbrechen, nicht allein nur in der sog. Elite, auf die geschichtlich gesehen auch kein besonderer Verlass ist. Wir haben an unserem Orte teil an dieser Mühe und diesem Glauben, auch wenn es wie das Tun des Sisyphos erscheinen mag. Wer sagt, die Macht zur Auslösung etwa des dritten Weltkrieges liege mehr denn je in ganz wenigen Händen, und es sei doch allein dies das Wichtigste und Dringlichste, zu verhüten, dass diese Wenigen das neue Unheil auslösen, der gebe doch auch eine Methode an, wie dies geschehen kann. Theorien sind vielleicht wunderbar, aber sie müssen sich doch immerhin auch verwirklichen lassen. Die hier im Kinderdorf eingesetzte Mühe glaubt an das Wachsen des demokratischen Verhaltens in der Welt und geht da wenigstens einen gangbaren Weg. Wenn sich genügend Menschen finden, welche eine freie Gesellschaft im Frieden bejahen, dann gewinnen auch sie letztlich Einfluss und Macht. Hier nützt keine Ungeduld, aber ganz sicher schon der kleinste Einsatz. Wir glauben, dass es sinnvoll und wahrlich nötig ist, das Leben in freier Selbstgestaltung, in sozialer Autonomie weltweit zu verbreiten, das demokratische Verhalten und das soziale Gewissen über die ganze Erde hinweg zu stärken.

Indem unser Dorf mit seinen Kindern einen echten Ausschnitt aus der wirklichen Welt bildet, ohne dass diese im Sinne einer Elite verbildet werden, leistet es auch eine echte Arbeit am inneren und äusseren Neuaufbau unserer Welt. Sie liegt im guten Willen, in der Bemühung auf eine Gemeinschaft aller Menschen zu, in der die Farben des Herkommens zwar bewahrt, in der Dämonie ihres Machtanspruches aber durchschaut werden. Max Hubers Satz: «Das Entscheidende im Leben des Menschen ist stets das Verhältnis zu seinen Mitmenschen». Was wir im Kinderdorfleben zu lehren, was wir in der Kinderdorflehre zu leben versuchen, das ist ein positives Verhältnis zum Mitmenschen, ein Verhältnis der Achtung, der Liebe, der Freundschaft. Ein Verhältnis des Glaubens, dass die Diskussion, das Gespräch, die Auseinandersetzung den Weg ins Freie verheisst. Wer den Mitmenschen liebt, tötet ihn nicht, wer ihn achtet, der verrät ihn nicht, der Freund sucht des Freundes Freiheit und nicht seine Versklavung. Aber ein Blick in die Zeit zeigt, wie tief erschreckend, wie erschütternd es ihr daran fehlt.

Gedanken des Dorfleiters zur aktuellen Lage,
vorgetragen an der Sitzung der Stiftungskommission vom 28.11.58 in Trogen

> Herr, die Not ist gross!
> Die ich rief, die Geister,
> werd' ich nun nicht los.

Welche Geister? Wer hat sie gerufen? Wer ist der Zauberlehrling und wer ist Meister? Weshalb ist die dem Kinderdorf gestellte Aufgabe, wenn sie in ihren Kernstücken erkannt wird, so schwer zu lösen, dass es allen an ihr Beteiligten oft genug ergeht, wie es dem Goetheschen Zauberlehrling ergangen ist?

Es ist im Grunde genommen der alte Zwiespalt zwischen Ziel und Weg, zwischen Wollen und Vollbringen, zwischen Gedanke und Tat: Der Gedanke, zündend erhellend, frei jeder Fessel; die Tat wohl dem Gedanken entsprungen, aber durch leidvolle Irrungen den mühseligen Weg der Zeit-, Erd- und Menschengebundenen Gegebenheiten ertastend.

Auf der einen Seite jene Sicht des Kinderdorfes als Dorf der Kinder aller Nationen, als freie Völker- und Schulgemeinde, nicht fern- oder «von aussen» gesteuert, frei von allen Bevormundungen, deren einzelne Glieder, selbst verlässliche Träger der Idee, massgeblich mitbeteiligt sind an den Verantwortungen und Entscheidungen ihrer Dorfgemeinde und auf der anderen Seite jenes Wirklichkeit gewordene Dorf im Gewand einer Stiftung mit Menschen aus Fleisch und Blut und ihren individuellen Leitbildern, mit seinem Alltag und seinen Alltagssorgen, mit der Last der vielgeteilten Verantwortungen nach innen und nach aussen, mit dem Wunsch nach Sicherungen und den damit verbundenen Tributen, mit seiner ganzen finanziellen Abhängigkeit und Unselbständigkeit und der Erscheinung, dass jedermann wirklich jeder Mensch, stamme er nun aus Schottland oder Südafrika, auch etwas zu diesem Dorf und seiner Entwicklung zu sagen haben kann.

Dürfen wir nun klagen und verzagen, wenn wir, seit Jahren hineingestellt in diese Spannung zwischen Idee und Wirklichkeit, heute immer noch nach brauchbaren und besseren Lösungen zu suchen haben und dass wir heute erneut die ganze Schwere dieses Unterfangens ermessen? Vor einem Jahr hat Eduard Spranger den Gratulanten zu seinem 75. Geburtstag die Bilanz dieses seines langen Lebens so umschrieben: «Mein Ergebnis ist: Gerade da, wo es schwer war, hat es sich gelohnt. Nur in den tragischen Stunden bin ich gewachsen. Nur wo die Liebe war, bin ich reich geworden.»

Verzweifeln wir also nicht und seien wir im Gegenteil dankbar für all das, was uns heute zu einer doch eher seltenen Zusammensetzung der Runde herbeigeführt hat. Beratungen sollen heute geführt werden: Neue Perspektiven sollten sich eröffnen. Unsere Dorfversammlung hat Ihnen dazu auch einen bescheidenen ersten Beitrag unterbreitet. Wenn ich aber an den Verlauf einiger Vorbesprechungen denke und wenn ich mich jetzt hier umschaue, komme ich vom Verdacht nicht los, dass die Ratlosigkeit unter uns vorerst doch recht verbreitet sein dürfte. Dazu kann uns gratuliert werden: Denn Spranger bezeichnet in Schlusskapitel seiner 1952 erschienen «pädagogischen Perspektiven» das Hindurchgehen durch die Ratlosigkeit für den Erzieher als das eigentliche Bad der Wiedergeburt. Er spricht vom produktiven Irrtum und von dessen entdeckerischer Wirkung. «Freilich nur dann», schreibt er, «wenn er sich von vornherein unter höheren und höchsten Bindungen weiss.» – «Die Bereitschaft», fährt er fort, «jedes voreilige pädagogische Dogma fortzuwerfen, wenn es der Geist der Wahrheit und der sittlichen Wachheit fordert, macht erst den Meister auf diesem schwierigsten aller Gebiete aus.» Dass er für die sich nun räuspernden alten und neuen Meister gleich noch eine Mahnung beifügt als Schluss-Satz seines Buches, muss eben um dieser Wahrheit willen gesagt sein. Er meint nämlich: «Wie steht es aber mit der Erlangung solchen Meistertums? – Und ihr sollt euch nicht lassen Meister nennen, denn einer ist euer Meister, Christus (Matth. 23. 10).»

Nachdem wir uns nun mit dieser einleitenden Epistel, für die ich bei Ihnen freundlich um Entschuldigung und Nachsicht bitte, so quasi gemeinsam auf die Lehrlings-, meinetwegen Zauberlehrlingsbank gesetzt haben, möchte ich gerne einer Aufforderung des Herrn Dr. Boerlin Folge leisten:

Unser Präsident hat um eine mündliche Kommentierung des Vorschlages der Dorfversammlung gebeten. Er würde es ganz besonders begrüssen, wenn jetzt schon Angaben über die Organisation der Dorfgemeinschaft selbst gemacht werden könnten, wenn man wüsste, wie die Meinungsbildung im Dorf erfolgt, wer das Dorf vertritt und wer verantwortlich ist.

Natürlich waren das auch in unseren Dorfbesprechungen Punkte, auf die wir immer wieder gestossen sind und anfangs schien es auch so, als ob man sich gleich an diese sehr attraktiven Organisationsfragen heran machen müsste; dann aber haben wir uns eines Besseren besonnen: Wir wollten keinen Aufteilungsplan des Bärenfelles aufstellen, bevor der Bär dem Kinderdorf zugesprochen war. Oder wie ein sarkastischer Diskussionsredner meinte (er zog ein Appenzellerkühlein zum Vergleich an den Haaren oder am Schwanz herbei): Wir sollten zuerst wissen, was man uns (der Dorfgemeinschaft) an Aufgaben zu fressen geben will, bevor wir uns über den Melkplan (das Verarbeiten von Anträgen und Beschlüssen) ereifern.

Ist einmal einer bestimmten Aufgaben- und Kompetenzenverteilung grundsätzlich zugestimmt, lässt sich sicher leichter die adäquate Form der Bewältigung dieser einzelnen Aufgaben und eine differenziertere Kompetenzausscheidung innerhalb der Dorforgane finden. Sicher sind hier sehr delikate und konsequenzgeladene Entscheidungen zu treffen, aber wir möchten doch darum bitten, dass allen an dieser Neuorientierung Beteiligten nicht nur der gute Wille, sondern auch der Sinn für Mass und Verantwortung nicht abgesprochen wird: Wagen Sie es, jetzt diesem Dorfe im Rahmen etwa unseres Vorschlages bestimmte Aufgaben- und Kompetenzgebiete zuzuweisen. Die so vor eine Aufgabe gestellte Gemeinschaft hat sich daraufhin zu fragen und zu prüfen, wie und durch wen sie gemeistert werden soll. Erst wenn ein Bauauftrag klar ist, kann die Zahl und Auswahl der Werkleute und die geeigneten Werkzeuge bestimmt werden. Wir stossen hier bereits auf eine interessante Frage: Was ist voranzusetzen? Das Ziel oder die Möglichkeiten? Die Sicht oder die Vorsicht? In der Lösung dieser scheinbaren Verfahrensfrage liegt bereits eine Grundentscheidung. Wollen Sie uns Aufgaben anvertrauen, an denen wir und damit unser Werk wachsen können oder sollen Werk und Aufgaben wohldosiert unseren bescheidenen Kräften angepasst bleiben?

Saint Exupéry lässt in der «Citadelle» den Vater zu dem jungen Wüstenfürsten sagen: «Zwinge Sie, zusammen einen Turm zu bauen, so wirst du sie in Brüder verwandeln. Willst du jedoch, dass sie sich hassen, so wirf ihnen Korn vor. Denn eine Kultur beruht auf dem, was von den Menschen gefordert wird, und nicht auf dem, was sie geliefert erhalten.» So sind wohl früher die grossen Dome entstanden, eigentlich in ihrer grossartigen Planung erschreckend schlecht auf die bescheidenen, technischen Mittel und die Kurzlebigkeit des damaligen Geschlechtes abgestimmt. Wann aber der Meister der Bauhütte die Vollendung des Domes nicht mehr erlebt, ist deshalb der Dom nicht kleiner gebaut worden. Die nächste Generation hat weiter gebaut!

Aber, werden Sie sagen, um auf unsere aktuellen Probleme zurück zu kommen, es liegen nun da bei diesem internationalen Baukonsortium der Kinderdorf-Gemeinde doch ganz besondere Verhältnisse vor. Da sind einige Unternehmer dabei, die wir einfach zu wenig kennen. Wie werden sich die Bauleute organisieren, wer hat die Bauleitung und Verantwortung? Was ich jetzt sage, sind persönliche Äusserungen:

Sie haben es hier im Kinderdorf mit einer Erwachsenen-Dorfgemeinschaft zu tun, die sich aus etwa 90 Mitarbeitern zusammensetzt, von denen etwa die Hälfte längere Zeit, d.h. 2 bis 12, durchschnittlich aber 4-5 Jahre hier bleiben. Zur Zeit leben 6 Menschen im Dorf, die seine Entwicklung über mehr als 10 Jahre haben verfolgen können. Die Dorfgemeinschaft selbst gliedert sich auf in die grosse Gruppe der 250 Kinder, wobei die älteren an gewissen

Dorfaufgaben bereits teilnehmen können, in die Dorfversammlung der Erwachsenen und ihre Unterausschüsse und in die von der Stiftung bestellte Dorfleitung und Verwaltung.

Vor der von Herrn Dr. Boerlin gestellten Frage nach der Organisation, Vertretung und Verantwortung im Dorfe selbst, wäre zu sagen, dass die Instanz, die eine Leitung und Verwaltung einsetzt, auch deren Aufgaben möglichst klar festzulegen und zu umreissen hat. Nun aber wie? Die Stiftungskommission sollte über diesen Punkt eine eigene Konzeption haben, sie kann sich zudem Vorschläge zu dieser Frage von den Betreffenden selbst unterbreiten lassen und sie sollte, obschon sie in dieser Angelegenheit beschliessende Instanz ist, auch die Dorfversammlung anhören. Diese Aufgabenfestlegung wäre durch Richtlinien über die zweckmässigste Arbeitsweise zu ergänzen: Für welche Gebiete sollen Dorfleitung und Verwaltung allein, gemeinsam oder mit andern die Verantwortung tragen. Es liegt auf der Hand, dass die obrigkeitliche Einsetzung einer Dorfleitung und Verwaltung dem Idealbild eines demokratischen Gemeindeaufbaues widerspricht. Muss dieser Widerspruch hingenommen werden, weil unsere Kinderdorfgemeinschaft in vielem doch nicht einer politischen Schweizergemeinde entspricht oder liegt in dieser Disposition «anlagemässig» ein Strukturfehler vor?

Wenn einmal diese Frage der Kompetenz-Delegation an Leitung und Verwaltung geklärt ist, glaube ich persönlich, dass es unserer Dorfgemeinschaft zuzutrauen wäre, an einem zweiten Entwurf zu arbeiten, der nun alle anderen dem Dorfe ganz oder teilweise überbundenen Organisations-, Kompetenzfragen- und Verantwortungsbereiche umschreiben würde. Ich glaube auch, dass gerade die gründliche Aussprache über diese Probleme im Rahmen der Dorfgemeinschaft manche Klärung und Bereinigung im Gefolge hätte, die dem Ganzen nur förderlich sein dürfte. «Zwinge sie, zusammen einen Turm zu bauen, so wirst du sie in Brüder verwandeln.» Nun wollen wir auch nicht den Fehler begehen und von einer bestimmten Verwaltungsform schon allein das Heil und die Lösung aller Probleme erwarten: Die sich selbst verantwortende Gemeinde, ist genau so viel oder so wenig wie ihre einzelnen Glieder. Der verstorbene Bundesrat Feldmann hat vor drei Jahren in Bern Dinge über unseren Staat gesagt, die weitgehend auch auf eine Kinderdorf-Gemeinschaft zutreffen dürften: «Die Schweizerische Demokratie erträgt keine Führer im allzu bekannten Sinn dieses Wortes; aber sie verlangt *Führung* durch die von der stimmberechtigten Bürgerschaft oder ihren Vertretern gewählten Behörden. Achtung vor dem Volk oder vor irgendwelchen Gruppen oder Grüppchen, die sich gelegentlich völlig zu unrecht als «das Volk» ausgeben, und wirklich demokratische Gesinnung besteht nicht darin, dass man aus lauter Furcht, irgendwo anzustossen, vor jedem Demagogen und Hetzer das Feld räumte. Soll ein freier Volksstaat richtig funktionieren, so müssen die Rollen nicht nur zweckmässig verteilt sein, sondern die verschiedenen Rollen müssen auch wirklich gespielt werden, sonst stösst dem demokratischen Staat so ziemlich das schlimmste zu, was ihm widerfahren kann: Er verliert die Fähigkeit, den Anforderungen der Zeit entsprechend zu handeln.»

Unser Vorschlag der Dorfversammlung enthält im Wesentlichen einen Vorschlag zur Rollen- und Aufgabenverteilung auf die 4 Organe der Stiftung (Stiftungsrat, Kommission, Sekretariat, Dorf). Was wir Ihnen damit unterbreiten, ist ein echtes Gemeinschaftswerk des Dorfes: So sähen *wir* die Sache, wie seht *ihr* sie?

Ich möchte nun noch versuchen, einige Gesichtspunkte herauszuarbeiten, die meines Erachtens ganz allgemein bei der Zuteilung von Kompetenzen und Verantwortungen an einen Einzelnen oder an eine Gruppe Berücksichtigung finden sollten:

1. Die Art der Kompetenz-Aufgliederung soll dem Sinn und Ziel des Werkes entsprechen, darf jedenfalls nicht im Widerspruch stehen mit seinen Grundanliegen.
2. Die Möglichkeit eines kontinuierlichen gründlichen Einblickes in die Problematik und Entwicklung des betreffenden Gebietes.
3. Das Vorliegen eigener Erfahrungen und direkt erworbener Kenntnisse in dem betreffenden Gebiet.
4. Der Überblick und die Vergleichsmöglichkeit.
5. Die zur Verfügung stehende Zeit.
6. Die Möglichkeit, die Konsequenzen seiner Entscheidungen und Mitberatungen selbst auf Jahre hinaus zu ertragen.
7. Die Abgestimmtheit von persönlicher Aufgabe und Verantwortung zu den eingeräumten Kompetenzen.

Einige dieser 7 Punkte wären noch kurz zu kommentieren:

Zum Punkt 2 und 3:

Einblick und Erfahrung: Ein Mitarbeiter hat in Schwarz-Weiss-Technik formuliert: «Die Stiftungskommission hat zwar die Kompetenz aber keinen Einblick, wir im Kinderdorf hätten den Einblick aber keine Kompetenz!» Wie steht es denn, etwas genauer und objektiver gesehen, ganz allgemein mit den Einblicks-, Erfahrungsmöglichkeiten und Intensitäten?

Es können 6 Intensitätsgrade unterschieden werden:

1. periodisch etwas über eine Sache hören
2. periodisch etwas von einer Sache sehen
3. periodisch an einer Sache teilnehmen (Teilerlebnis)
4. kontinuierlich etwas darüber hören
5. kontinuierlich etwas davon sehen
6. kontinuierlich daran teilnehmen und sie erleben

Jeder höhere Intensitätsgrad würde rein sachlich bei Vorhandensein der übrigen Voraussetzungen (Punkt 1–7) eine grössere Kompetenz und Verantwortungsbereitschaft bedeuten. Diese 6 Grade würden in ihrer Wirkung erhöht durch die Intensität des Erfahrungsaustausches: Auch hier liegen Stufungen vor:

– Erfahrung ohne Vergleichswerte
– Erfahrung mit geringen oder nur gelegentlich zur Verfügung stehenden Vergleichswerten
– Erfahrungen mit vielen und ständig zur Verfügung stehenden Vergleichswerten

Die Frage der für das Sammeln der Erfahrungen, das Studium der Probleme und den Erfahrungsaustausch zur Verfügung stehenden Zeit: Hier liegt wohl ein Grundübel unserer Tagesabläufe und Wochenprogramme. Viele von uns werden von Aufgabe zu Aufgabe getrieben, unbarmherzig in ein Non-stop-Arbeitsprogramm eingespannt. Die Uhr, der Fahrplan, der Kalender bekommen eine bald grössere Bedeutung als die Probleme, deren Behandlung sie uns einteilen helfen sollen. Wir haben alle die Weile verloren, die die guten Dinge so sehr benötigten. Jeder von uns hat sich dies sicher schon oft im Stillen eingestanden und hat die bittere Erkenntnis gesammelt: Wer ernsthaft glaubt bedeutende Aufgaben zwischen 2 Zügen gut gelöst zu haben, hat sich auf jedenfall getäuscht:

– Entweder war die Aufgabe unbedeutend,
– oder es erweist sich, dass die Lösung keine Lösung war.

Mir scheint, dass dieser Faktor Zeit auch bei dem Studium der Möglichkeiten von Aufgaben- und Kompetenzdelegationen gebührend beachtet werden muss.

Es wäre nicht uninteressant, einmal der Frage nachzugehen, für was wir denn heute noch Zeit finden und nehmen. Ist es nicht so, dass es immer dort noch möglich ist, wo wir mit dem ganzen Herzen an einer Sache hängen, wo sie ein Stück unseres Lebens geworden ist: Verliebte jeder Altersstufe finden Zeit füreinander. Ist es vielleicht doch so, dass die Liebe zu einem Werk ihre ganz realen und praktischen Auswirkungen hat und dass wir uns demnach auch bei der Frage nach einer besseren Ordnung der Dinge die Frage der «Liebesfähigkeit» zu stellen hätten?

«Ich begründe die Liebe zum Landgut», lässt St. Exupéry seinen Wüstenfürsten sprechen, «und schon ordnet sich alles in der Stufenleiter der Pächter, der Hirten und Schnitter, mit dem Hausvater an der Spitze. So ordnen sich auch die Steine rings um den Tempel, wenn du sie der Lobpreisung Gottes dienen lässt. Dann wird die Ordnung aus der Leidenschaft der Baumeister geboren werden. Strauchle also nicht in deiner Sprache! Wenn du das Leben einführst, begründest du die Ordnung, und wenn du die Ordnung einführst, führst du den Tod herbei. Ordnung um der Ordnung willen ist ein Zerrbild des Lebens.»

Liebe Freunde, ich möchte doch dem Einwand entgegentreten, dass die bisherigen Ausführungen zu wenig praktisch ein Bezug auf unser gemeinsames Vorhaben aufweisen, dass wir mit so schöngeistigen Betrachtungen nur wieder Zeit verlieren, die wir nützlicher mit konkreten Verfahrens- und Statutenbereinigungen füllen sollten. Dies kann ich schon deshalb nicht glauben, weil ich von der Weltbedeutung der Idee unseres kleinen Dorfes fest überzeugt bin und weil uns demnach Erfahrungen hellhöriger Dichter und Denker eben dieser Welt weiter und in Richtung auf diese Weltwirkung führen können. So kämen wir nämlich nicht nur zu einem neuen Reglement, sondern zu einer neuen Haltung einander und der Sache gegenüber. Praktisches Beispiel: Die Seiten 3 und 4 unseres Vorschlages drücken nur hilflos und vielleicht in einer schwer übersehbaren Zusammenstellung aus, was wir in Bezug auf Arbeitsteilung meinen. Ganz einfach gesagt hiesse es etwa so:

«Lasst uns tun, was wir selbst tun können; bietet im Zweifelsfall Bewährungs-Chancen, lasst uns in gemischten Gruppen arbeiten dort, wo auch die Verantwortungen geteilt sind und behaltet all das in Eurer Hand, was eigentliche und vornehmste Aufgabe einer nach aussen verantwortenden und nach innen helfenden und ermutigenden Instanz ist.» Die Versuchung wird immer bestehen, dass die mit Aufsichtsfunktionen betraute Instanz aus der oft als drückend empfundenen Verantwortung heraus in Leitungs-Funktionen hineingerät und damit, ohne dass dies rechtzeitig erkannt wird, Unsicherheit erweckt, Arbeitsfreude und Verantwortungsbereitschaft lähmt. Prof. Dr. Biäsch hat dies an der letztjährigen Heimleitertagung in Herisau so formuliert:

«Die Aufsichtskommissionen müssen ihre Aufgabe, nämlich sich vergewissern, ob richtig geleitet wird, erfüllen. Sie selber haben nicht zu leiten, aber die Heimeltern so gut wie möglich zu unterstützen.» Ich möchte mich über den Ihnen unterbreiteten Entwurf vorerst nicht weiter äussern, er ist ja nicht das Werk eines Einzelnen, sondern er spiegelt tatsächlich die Auffassung unserer Dorfgemeinschaft. Auch die am Schluss des Vorschlages erwähnten zwei Anliegen, die Mitttelbeschaffung und unser Verhältnis zum Gründer des Dorfes betreffend, werden sicher nach den Ausführungen, die ich Ihnen habe vortragen dürfen, im rechten Sinne verstanden.

Es ist uns klar, dass mit dem Vorschlag der Dorfgemeinschaft lediglich ein erstes Diskussionsfundament gelegt ist und dass auf diesem Fundament nun aufgebaut werden muss. Einige Kammern des neuen Hauses werden noch viel zu bedenken geben, wenn ich z.B. nur das Gebiet der Behandlung von Personalfragen erwähne. In solchen und ähnlichen Angelegenheiten wird es, nach meiner persönlichen Ansicht, ohne Zusammenarbeit in gemischten Gruppen (Dorfvertreter und Freunde von aussen) nicht gut gehen. Wir haben überhaupt vermehrt darauf zu achten, dass die ständige Tuchfühlung zwischen den drei Kinderdorf-Kreisen nicht verloren geht, vielleicht müsste gar angestrebt werden, dass die drei Kreise weiter ineinander greifen, ohne dass sie dabei ihre eigenständigen Aufgaben vernachlässigen.

Welche Kreise sind da gemeint? Es sind die drei Trägerkreise des Kinderdorfes:
I. Die Gruppe der Ideenträger und Gründer
II. Die Gruppe der Kompetenz- und Verantwortungsträger (Stiftung)
III. Die Gruppe der am Werk und im Dorfe direkt Tätigen (Kinderdorf)

Ohne Zweifel steht die zahlenmässig kräftigste Gruppe, die der Kinderdorf-Gemeinde zur Zeit in einem Stadium der Festigung. Diese grosse «WIR-Gruppe», wie der Soziologe Hofstätter sie nennen würde, unterhält Beziehungen zu den beiden «Fremdgruppen» I und II. In diesem Beziehungsfeld gibt es nun Reaktionen, die wir bei der Bildung unserer Arbeitsgruppen, bei allen praktischen Organisationsfragen schon berücksichtigen sollten, wenn wir nicht binnen kurzem wieder einen Rauhreif erleben wollen.

Hofstätter schreibt in seiner «Gruppendynamik» 1957: «dass Gruppen, indem sie sich selbst festigen, auch in Gegnerschaft zu anderen Gruppen geraten, ist die tiefe Tragik des menschlichen Gemeinschaftslebens, der gegenüber auch die christliche Weisung des ‹Liebe deinen Nächsten wie dich selbst› fast stets machtlos bleibt. Lautet ihre Übersetzung nicht eigentlich: ‹Fühle dich von den Angehörigen der *Fremdgruppe* nicht weiter entfernt als von denen deiner *WIR-Gruppe*›?»

Wie kann man der Gefahr einer im Gefolge einer Gruppen-Festigung erscheinenden Gegnerschaft zu Nachbargruppen begegnen: Sicher nur dadurch, dass diese Gruppen bewusst die Verbindungen untereinander pflegen, dass sie da und dort auch Verflechtung in Kauf nehmen. So könnten die Gruppen, wohl in sich gefestigt, aber einander nahe genug, damit nicht die Entfremdung sich einstellt, wie Zellen eines gleichen Leibes zu arbeiten beginnen. Pestalozzis Gedanke von der harmonischen Ausbildung und Zusammenarbeit von Kopf, Herz und Hand bekäme auch für unser gemeinsames Anliegen eine neue schöne Sinndeutung. Euer Kinderdorf aber, die Hand, würde sich wieder eins fühlen mit dem denkenden Kopf und dem sehenden Herzen.

Es kann im November Frühling werden!

Schau des Kinderdorfes.
Aufsatz von Walter Robert Corti in den «Blättern der Wohlfahrtspflege»
Nr. 1, 111. Jahrgang, Januar 1964

Niemand kann gegenwärtiges Geschehen allein aus ihm selbst deuten und erschöpfend verstehen, dafür bedarf es der Hilfe der Geschichte. Der Einzelne vermag dabei, wenn er nur will, für sich und sein eigenes Wirken stets viel aus ihr zu lernen. Denn der Mensch wird ja nun einmal in den Strom der Geschichte hineingeboren, all sein Tun geschieht in dieser Strömung, hat sie zu seiner Voraussetzung. Alles Neue baut auf Altem auf, oft genug bricht im vermeintlich Neuen schon längst Bestehendes, noch keimhaft Harrendes durch, das erst jetzt in neuen Trägern die Bedingungen seiner Entfaltung findet. Das nimmt dem echten Neuen seinen Rang nicht, im Gegenteil. Das echte Neue ist gerade vor der ungemeinen Fülle des schon geschichtlich Verwirklichten selten genug und erhält gerade dadurch seinen wahren Rang. Ihn als solchen zu erkennen, bleibt allerdings den Gegenwärtigen nur zu oft verborgen, sie haben auch hier das wägende Urteil der Geschichte abzuwarten und dies kann noch über ihren Gräbern ein Gericht sein. Manches erfüllt seinen Sinn nur zu seiner Zeit; was die Zeiten überdauert, gründet dann wohl auch in überzeitlichen Werten.

Und so steht das Kinderdorf im Strom der Geschichte, hat seine vielen Vorläufer in Theorie und Praxis, bringt in veränderter Situation altes Wollen und Wünschen in neue Gestalten. Vielleicht ist es nur ein neues Wort für eine alte Sache, vielleicht sind in ihm neue Werte und Sichten durchgebrochen. Es hat sich heute in mancherlei Formen bezeugt, in denen die gemeinsamen Nenner nicht leicht zu erkennen sind, es ist viel Gründeraktivität zu bemerken: Theoretiker sind eher selten. Man lässt sich anregen, man sucht die Erfahrungen zu vergleichen, vieles steht noch in Kampf und Anfechtung. Was hier wie überall nottut, ist über allem Willen zur Praxis der Geist wissenschaftlicher Redlichkeit, die Anerkennung der historischen, sachlichen und persönlichen Wahrheit. Nur in der Wahrheit haben die Werke ihren letzten Bestand.

Theoria heisst griechisch die Schau und so geht auch dem Kinderdorf stets eine Schau, ein Gedachtes, Geplantes, ein Gefüge von Werten, eine Idee voraus. Die unmittelbare Not der Nachkriegszeit hat ganz gewiss zu vielen Improvisationen der Hilfe Anlass gegeben, aber auch in diesen wirkte schon immer die ganze Fülle ethischer Haltungen und längst bekannter praktischer Möglichkeiten.

Anfang August 1944, noch während der blutigen Drangsale des Krieges, wurde dem Schweizer Volk ein Plan vorgelegt, den unschuldigsten Opfern der gequälten Völker, den Kindern, ein Dorf zu bauen (Schweiz. Monatsschrift «Du», August 1944). Hier sollte ihnen eine langfristige Erziehungshilfe zukommen, es war übernational und überkonfessionell gedacht. Selbstverständlich bliebe den Kindern etwa in den griechischen, finnischen oder englischen Häusern das angestammte Kulturgut, ihre Sprache und Religion erhalten. Aber im gemeinsamen Dorfleben würden sie sich über und durch alle Schranken der Klasse, Rasse, Nation, der Sprache, Religion und Konfession im Gemeinsamen kennen und verstehen lernen. Man müsste bewusst versuchen, eben dieses Gemeinsame zu erkennen, das ja unbestritten die Grundlage für den Aufbau einer Gesellschaft freier Menschen über die ganze Erde hin bildet. Das hier entscheidend mitformende Gedankengut entstammt einem älteren Plane zur Gründung einer Akademie, die sich die ethische Integration des gesamten Wissens zum Ziele setzt und die jetzt in der Schweiz auch ihrer Verwirklichung entgegengeht.

Anfänglich kamen eine ganze Anzahl verschiedener Dorftypen in die Plandiskussionen, ein Dorf allein nur für körperlich kriegsgeschädigte Kinder, eines für von der Tuberkulose Befallene, wofür die heilende Schweiz besonders günstige Voraussetzungen bot, endlich begann man den Dorfvorschlag ganz allgemein als Mittel zur Lösung sozialer Notstände der Nachkriegszeit zu erwägen. Die schliesslich 1946 verwirklichte Form für Kriegswaisen mehrerer Länder stellte sich bewusst als ein Modell für alle überhaupt nur möglichen fruchtbaren Abwandlungen vor. Das hat rasch über unsere Grenzen hinaus gewirkt. Selbst im eigenen Lande wurde damals ein nationales Kinderdorf zur Lösung der gerade bedrängenden Verdingkinderproblematik vorgeschlagen.

Das seit 1946 im Bau befindliche Kinderdorf Pestalozzi bei Trogen im Kanton Appenzell suchte und sucht sich stets mit allen helfenden Mächten der Vergangenheit und Gegenwart zu verbinden, um zu lernen und zu fördern, so gut es dies immer vermag. 1944 waren Name und Sache neu. Dem ersten Trägerkreis waren keine Institutionen bekannt, die Kinder mehrerer Länder langfristig in einem eigens für sie gebauten Dorfe zu einer übernationalen Erziehungsgemeinschaft zusammenfassten. Ebenso wenig waren uns nationale Gründungen bekannt, die sich Kinderdorf nannten. Das Wort selbst, heute ein weltgängiger Begriff, war in keinem Sprachlexikon vor 1944 aufzufinden. Dagegen erlebten wir es bald, dass wohl unabhängig von uns entstandene Siedlungen sich so benannten, ja dass frühere Werke, etwa die 1890 gegründeten children republic von William Reuben George nachträglich «Kinderdorf» benannt wurde. Besonders durch Adolphe Ferrière und Elisabeth Rotten kamen wir dann aber mit verwandten Werken in Geschichte und Gegenwart in Fühlung, die einen bis heute nicht bewältigten Reichtum an helfenden Anregungen brachten.

Der Impuls wirkte rasch in alle Welt hinaus: Noch bevor wir in der Schweiz selbst zum Zuge kamen, liess sich der französische Minister Yves Farge allein schon von den Plänen anregen. So kam es zum Kinderdorf in Mégève. Seit 1946 sind dann eine ganze Anzahl von Werken der Fürsorge und Erziehung von Trogen ausgegangen. Das erste Kinderdorf in Deutschland wurde 1947 bei Wahlwies im Kreise Stockach, das erste Kinderdorf in Österreich 1948 bei Rottenmann in der Steiermark gegründet. Die Pestalozzi-Bergbaujugenddörfer im Ruhrgebiet wurden von Trogen direkt angeregt, sie bilden ihrerseits wieder eine fruchtbare Abwandlung des Vorschlages, Dörfer zur Bewältigung sozialer und erzieherischer Not zu errichten. Eine Überschau des Impulses dieses Dorfvorschlages in alle Welt steht noch aus. Gewiss ist Friedrich Schneider nur zuzustimmen, wenn er auch die Europadörfer Père Pires den «jüngsten Spross der Kinderdorfbewegung» nennt («Europäische Erziehung», 1959, S. 209). Ebenso wurde 1948 unter dem Patronat der UNESCO in Trogen «die Fédération internationale des communautés d'enfants» (FICE) geschaffen. Das englische Pestalozzi Children's Village, Sedlescombe (Sussex), bildet das zweite, grundsätzlich der Völkerverständigung dienende, übernationale Werk nach dem Schweizer Versuch. Die Bemühungen, alle diese Gestaltungen zu vergleichen und miteinander ins Gespräch zu bringen, haben in den letzten Jahren durch die explosive Entfaltung der sog. SOS-Kinderdörfer eine bedauerliche Hemmung erfahren. Auch deren Gründer geht eindeutig von Trogen aus, hat sich aber durch eine befremdliche Betriebsamkeit und massive Selbst- und Werkreklame am weitesten von allen echten Quellen der Kinderdorfbewegung entfernt. Alle älteren und unabhängigen Werke sehen in seiner hemmungslosen Gründerhektik eine Gefährdung und Inflation des Kinderdorfgedankens überhaupt. Dennoch ist anzunehmen, dass auch hier die Bäume nicht in den Himmel wachsen und mit der Zeit ein gesunder Ausgleich erfolgt.

Wir haben Im Kinderdorf nie eine Panazee, ein Allerweltsheilmittel der Waisenfürsorge gesehen. Nach wie vor bleibt doch wohl die beste Art, Waisenkindern zu helfen, ihre Eingliederung in gesunde Familien und ihre dortige Adoption. Wo dies aber nicht möglich ist, bietet sich seit alther das Heim in seiner vielschichtigen Problematik an. Das gute Heim nun ist auf alle Fälle besser als eine gröblich zerfallende, verwahrloste, kranke Familie, auch wenn hier keine Entscheidung leichtfertig fallen darf. Letztlich erweist sich die dialektische Spannung zwischen Familie und Heim wohl als unbehebbar und immer sinnvoll. Denn die Familie bildet den primären «natürlichen» Sachverhalt, an ihr hat sich jede Zweithilfe zu orientieren. Danach kann das beste Heim doch nur das familienähnlichste sein.

Ein Waisenkinderdorf besteht nun offensichtlich aus einer Gruppe mehrerer Heime mit weiteren ein Dorf fundierenden Gebäuden, so dass dem Ganzen eine gewisse soziale Autarkie zukommt. Hier gibt der Vergleich mit dem alten, gewachsenen Kleindorf immer eine

Fülle begriffsklärender Anregungen. Nun kann das Kinderdorf seinen Sinn rein nur von der Fürsorge her erhalten oder es wird in seinem ganzen Aufbau durch eine erzieherische Absicht, eine führende pädagogische Idee bestimmt. Da aber stets bedürftige Kinder in Frage kommen, langfristige Fürsorge ohne Erziehung nicht denkbar ist, besitzen alle Kinderdörfer beide Pole, nur in verschieden prononcierter Art. Die Vorstellung, einige architektonisch ungeeignete Heime in unfreundlicher Gegend aufzuheben und sie in dörflicher Struktur neu aufzubauen, ist gewiss verlockend und aller Prüfung wert. Es gibt selbstverständlich immer noch Heime, die reformbedürftig sind, innen und aussen. Aber man lasse sich nur auch nicht durch die eigene Konzeption den Blick verwirren. Wir haben persönlich zu viele grossartig geführte Heime gesehen, als dass wir es wagen würden, ihnen leichtfertig etwa ein Kinderdorf als die bessere Lösung vorzustellen. Mit Bewunderung sind wir all jenen Heimen und ihren selbstlosen Leitern, Helferinnen und Helfern begegnet, die delinquente, infirme, debile Kinder betreuen. Was hier unentwegt an Hingebung, Liebe, Geduld, Treue und Mühe geschieht und dies oft mit kargen Mitteln, ohne das grosszügig unterhaltene Lob der Presse, ohne die Wirbel trügerischer Ehrungen, das lässt jeden verantwortungsvollen Träger des Kinderdorfgedankens bescheiden werden. Ein Kinderdorf, das nur sog. «leichte Fälle» aufnimmt, soll nie die Kameraden in der Caritas vergessen, die ihr Leben ohne grosses Aufheben an die schwereren Fälle verschenken. Selbstverständlich soll es das gute Heim nicht verdrängen. Denn an der äusseren Gestalt liegt der Segen letztlich überhaupt nicht. Die ärmlichste Hütte kann mehr liebenden Wohnstubengeist bergen als das blendendste Kinderdorf. Es ist immer die sehende Liebe, worauf es für das Kind ankommt. Aber dabei bleibt die Frage nach der äusseren Gestalt und der besten Umgebung für diese wirkende Liebe durchaus bestehen.

Die Architektur der Asyle, Institute und Heime bildet geistesgeschichtlich höchst bedeutsame und vernachlässigte Aspekte. Sie hängen keineswegs allein nur mit den Mitteln für den Bau und den Betrieb zusammen, sondern drücken oft genug auch eine bestimmte Sozialgesinnung aus. Das Kind im Schatten musste nur zu lange auch in einem Haus des Schattens leben. Der Weg vom stigmatisierenden Asyl, der Anstalt, dem Institut zum frohen sonnigen Heim ist ein mühsamer. Rein vom Baulichen her bietet nun das Kinderdorf als Erbe auch dieser Entwicklung ein denkbar freundliches Gesicht, wenn es nicht allzusehr durch Reklame, Gönnerdenkmäler, Besuchersensationen und ein aufdringliches Mittelbeschaffungszentrum in der Dorfmitte belastet wird. Aber selbstverständlich kann auch das moderne Heim alles nur denkbar Freundliche in seiner Gestaltung aufweisen. Im Kampf gegen das schlechte Heim steht das gute Heim mit dem gutgeführten Kinderdorf sicher auf der nämlichen Ebene. Man wird sie gegeneinander abwägen. Mit zum wichtigsten, was das Pestalozzidorf in Trogen an förderlichen Kräften auslösen durfte, gehört eben dies, dass die Anstalts- und

Heimproblematik in einen neuen Fluss der Besinnung, der vergleichenden Kritik geriet. Das kleine Heim hat seine Vorteile, das Kinderdorf hat seine Vorteile. Es geht so, es geht aber auch anders. Entscheidend in dieser gesunden Konkurrenz bleibt allein, dass sich beide Formen bemühen, die beste Form überhaupt zu finden. Unterschreiten Kinderdörfer, was an guten Heimen gut ist, dann gehören sie zum Rückschritt.

Waisenfürsorge und die Führung von Waisenhäusern bilden Elemente der christlichen Caritas. Es ist die Kirche, die führt, die Gemeinde, die hilft, oft sind es Nonnen, die mit den Kindern leben, beten und arbeiten. Zwar haben schon die Fugger in Augsburg 1521 ein soziales Siedlungswerk, eine ganze Wohnkolonie für die Armen errichtet; in der Waisenfürsorge wird Glaucha bei Halle, die revolutionäre Gründung Hermann August Franckes, seit 1695 ein weithin wirkendes Vorbild. Hier hat ein Einzelner aus der Kraft seines Glaubens ein grosses Werk gestaltet und es gegen alle Anfechtungen durchgetragen. Seine Schranke blieb der Pietismus, aber die Gestalt seines Wollens liess sich davon ablösen. Den eigentlichen Durchbruch zu den modernen Sichten brachte in der Weite der Aufklärung Johann Heinrich Pestalozzi. Seit seinem ergreifenden Versuch der Errichtung einer Armenschule im aargauischen Neuhof vom Januar 1775 wächst er mit begnadetem Herzen immer tiefer in die Welt des verlassenen Kindes ein, wovon als nächstes sein Stanserbrief Zeugnis ablegt. Ihm folgte Philipp Emanuel Fellenberg (1771–1844) in seiner bernischen Armenanstalt Hofwil vom Jahre 1801 und der 1826 eröffneten Maikirchkolonie, einem Werke, das sich schon auf dem Wege zum Kinderdorf befindet. Ohne Pestalozzi und wohl auch Fellenberg ist Johann Heinrich Wichern (1808–1881) kaum denkbar, der dann 1833 in Harmburg-Horn das Rauhe Haus gründet, 1834 darin als erstes die «Schweizerhütte», ein Erziehungsheim zur Rettung verwahrloster Kinder unter der leitenden Idee der Inneren Mission. Soweit wir sehen, brauchte er erstmals den Dorfbegriff, wenn er sein Kinderwerk ein «Rettungsdorf» nennt. Dann wäre Fröbel zu nennen. Die Fäden gehen ferner von Pestalozzi zu Christian Zeller im badischen Beuggen, zu Theodor Fliedner und Friedrich von Bodelschwingh; in England zu Dr. Thomas Barnardo, der seinerseits von einem «girls village home» spricht, zu den im romanischen Raume mehr beheimateten Werken der «children republics», der «Cité des orphelins» im Plane von A. Sluys, Devogel und Nicolas Smelten, der amerikanischen «Boys town» Father Flanagans und der unvergessenen Mühen Homer Lanes um sein «little commonwealth» für delinquente Jugendliche. Der Italiener Don Giovanni Bosco ist zu nennen, der Russe Anton Semionowisch Makarenko, die englischen und deutschen Begründer der Landerziehungsheime, der Odenwaldschule Paul Geheebs und anderer mehr – Männer im Dienste am bedürftigen Kind, Erzieher, die auch zu neuen Planungen in der Behausung für ihre Schützlinge vorstossen. Von ihnen allen ist zu lernen, in der Berührung mit ihnen werden unsere eigenen Erfahrungen und Gesichte deutlicher. Es finden sich bei ihnen die meisten der heutigen Probleme, etwa das der Koedukation, der echten und der künstlichen Familie, die Rolle des Vaters, der Mutter, die Gefahr der Stigmatisierung des Kindes durch seine Isolierung in der Anstalt, alle Fragen der Erziehung und Heilerziehung, die Aufnahme der wissenschaftlichen Ergebnisse der Forschung aller einschlägigen Gebiete, die Stellung zu den psychiatrischen und forensischen Erkenntnissen. Dann der mächtige Problemkreis des Verhältnisses von privater und öffentlicher lnitiative, die religiöse, die konfessionelle Problematik, die überall voranschreitende Säkularisation. Ferner die stets bedeutende Frage der Mittelbeschaffung für ihre Werke und ihr leidvoller Schatten, die mit ihrer Werbung leicht ins Unwahre geratende Propaganda; das echte Werkverständnis, die nachgehende Fürsorge für die Flüggegewordenen. Was für ein Reichtum! Da kämpfen die Revolutionäre mit den Reaktionären, die Pioniere mit den Bewahrern. Pestalozzi ringt sein Leben lang um die Klärung der Frage nach dem Wesen des Menschen. Viele sind christlich gebunden, andere wieder arbeiten im Geiste der Aufklärung und huldigen den Idealen moderner Formen des Humanismus. Wir alle kennen ihre Sorgen und Leiden in dieser oder jener Form auf den eigenen Wegen.

Die Kinderdorfbewegung ist überall im Geschichtlichen verwurzelt, sie zieht aus geschichtlichen Aufträgen Kraft, Glaube und Klarheit. Es sind nie die Lebenden allein, die ein Werk der Nächstenliebe der Erziehung bauen. Das Gespräch bleibt auch in der Geschichte zurück fruchtbar. Sie ist in der Gegenwart tätig und kann sich nicht genug mit den wissenschaftlichen Erfahrungen, den Sichten der modernen Pädagogik sättigen und auseinandersetzen. Alle blosse Eigenwilligkeit, alle betriebsame Hektik ist in ihr verfehlt, alle unwahre Propaganda wird sich in ihr früher oder später selber richten. Sie kann sich gar nicht genug mit den Behörden, den Ämtern, den längst bestehenden Institutionen, allen Erfahrenen im Staate auseinandersetzen, um mit ihnen die beste Form ihrer eigenen Vorschläge zu finden. Ein Kinderdorf ist ein unendlich kostbares Gut, das in erster Linie seine Träger schonen sollen. Der Impuls ist längst ins Bewusstsein der Verantwortlichen aller Länder gedrungen und es sind viele am Werke, die für ihre Völker und deren besondere Situation den Vorschlag prüfen. Irgend ein Einheltstypus kann nur falschem Ehrgeiz vorschweben, eine verbindliche Dogmatik ist das letzte, was am Ursprung stand. Gesunde Kinderdörfer wachsen allein nur aus den nationalen, regionalen Verhältnissen und können nur durch sie erhalten bleiben. Die Kinderdorfbewegung schaut in allen Schrecken und Sorgen der Zeit vertrauend in die Zukunft. Diese selbst ruht auf den Füssen der Kleinen, denen wir helfen müssen, bis sie sich selber helfen können. Kinderdörfer sind Sozialwerke mit grossen pädagogischen Möglichkeiten. So zerrissen die Menschheit heute erscheint, so zäh sind in allen Völkern Menschen am Werke, um die gemeinsamen Nenner unseres Daseins herauszuarbeiten und die junge Generation in ihnen zu bilden. Man wird es nicht verhindern können, wenn sich bestimmte Kinderdörfer vor diesem Gespräch abschliessen. Aber wir kommen nicht voran, wenn wir nur verlangen, dass der andere das seine aufgeben soll. Wir alle haben aufzugeben, Neues zu prüfen, Neues anzunehmen, im Lehren zu lernen, das Gelernte zu lehren. Die ganze Menschheit bildet eine Gemeinschaft der Suchenden, die Wahrheit selber wird im forscherischen Mühen. Die «Wahrheiten» vermögen die Wahrheit wohl zu bedrängen, zu verschatten, aber sie werden ihren Weg nicht verschütten. Nur die Wahrheit macht uns frei, nur in der Freiheit kann sich die Wahrheit darstellen. Das Ziel aller Erziehung bleibt der wahrhaftige, der freie Einzelne in einer gerechten Gesellschaft. Aller Mühen höchste Krone ist die Liebe. Und in diesem Wertgefüge sieht auch die Kinderdorfbewegung das Ziel deutlich vor Augen – die Bildung des menschlichen Menschen.

Elemente des Kinderdorfes.
Darstellung des Kinderdorfes in den «Blättern der Wohlfahrtspflege»
Nr. 1, 111. Jahrgang, Januar 1964

Die Auslandskommission der Stiftung Kinderdorf Pestalozzi hat im März 1963 im Kinderdorf Pestalozzi ein viertägiges Seminar durchgeführt, das einer Aussprache zur Grundlagenforschung im Zusammenhang mit dem Thema «Fremdplazierung von Kindern» gewidmet war. Bei dieser Gelegenheit sollten auch die «Elemente des Kinderdorfes» eine geeignete Darstellung finden.

Mit dieser Darstellung beauftragt, beschränkte ich mich darauf, mit Hilfe von Symbolen und Schaubildern lediglich die Vielfalt der Grundelemente, ihre Beziehungen untereinander aufzudecken und auch einige siedlungsgeschichtliche Erscheinungen zu analysieren. Die Deutung dieser Darstellungen hielt sich bewusst im Fragmentarischen. Der Zuhörer und Zuschauer sollte zu eigener Überlegung und Auslegung Anlass finden, und der Versuch einer Synthese sollte in einer gemeinsamen Aussprache gemacht werden.

Der allgemeine, nicht speziell auf das Kinderdorf Pestalozzi in Trogen bezogene Teil des Vortrages wurde in der Folge auch anlässlich der Salzburger Tagung gehalten. Da auch bei dieser Gelegenheit die beweglichen Bildelemente Verwendung fanden, ist der Auftrag gar nicht so einfach zu lösen, nachträglich einen geeigneten Text zum Druck zur Verfügung zu stellen. Ich habe mich deshalb dazu entschlossen, die während des Vortrages jeweils entwickelten und aufgebauten Bilder in dem nachfolgenden Text durch Zeichnungen zu ersetzen. Den Text selbst habe ich mit Absicht stichwortartig kurz gefasst. Er ist nicht eigentlich dazu gedacht, einfach durchgelesen zu werden, sondern er sollte vielmehr als Schlüssel für die jeweilige zeichnerische Darstellung dienen und so zur Betrachtung und zu ergänzenden Überlegungen und eigenen Schlussfolgerungen anregen.

DIE NATÜRLICHE FAMILIE

Mann — **Frau** — **Knabe** — **Mädchen**

Aufbau der Vollfamilie („Familie Schwarz"):
- Vater,
- Mutter,
- Geschwisterreihe,
- Großeltern,
- Erziehungsgefälle innerhalb der Geschwisterreihe,
- Generationenfolge,
- Die Blickrichtungen der einzelnen Glieder dieser Familie je nach Stellung innerhalb derselben.

Die Nachbarfamilien:
- Die Kontaktmöglichkeiten der Kinder Schwarz in den Gruppen der Nachbarschaft (Schule, Jugendgruppen usw., Bedeutung der Horizontale, des Vergleiches mit Gleichaltrigen).

Die Gemeinschaftszentren der Umgebung (Quartier, Dorf):
- Schule,
- Kirche,
- Werkstätten,
- Freizeit,
- Die „andern" Erzieher: Lehrer, Pfarrer, Handwerker, Werkstattleiter usw.

Die Lage des Wohnortes von Familie Schwarz:
- Stadtquartier oder Land,
- Die Begegnung mit der Natur.

Beispiel aus Ernst Wiecherts Lebenserinnerungen „Jahre und Zeiten": „Ich hatte das Glück, daß zu Beginn meines Lebens nur große Dinge um mich standen und daß sie große Schatten warfen. Nicht ein Hinterhaus, eine Mietwohnung, eine gepflasterte Erde. Sondern daß der Wald da war, ein großer Wald, große Wolken an einem großen Himmel, und es war etwas wie Unendliches darin. Ein Mensch, den ich im Walde traf, war eine große Stunde für mich. Er war immer einzeln, er gehörte zu keiner Gemeinschaft oder gar zu einer Masse. Alles war für sich allein da, wie es am Anfang immer gewesen war. Es hatte sich noch nicht wiederholt."

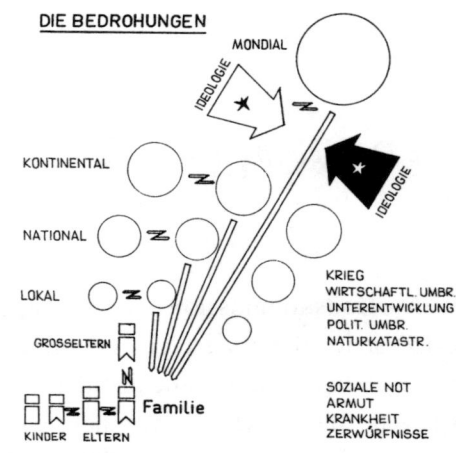

DIE BEDROHUNGEN

Nach Lebenskreisen:
- Bedrohungen innerhalb der eigenen Familie,
- aus dem lokalen Raum,
- nationale Bedrohungen,
- Bedrohungen, die ganze Kontinente umfassen,
- Weltbedrohungen.

In der heutigen Welt gibt es kein „Außerhalb" mehr!
- Bedeutung der Kommunikationsmittel,
- Der im Laufe der Entwicklung immer länger werdende Arm der Bedrohungen,
- Die Rolle der Ideologien.

Die Formen der Bedrohungen:
- Familienzerwürfnisse,
- Krankheit,
- Armut,
- Andere soziale Nöte,
- Naturkatastrophen,
- Politischer Umbruch,
- Wirtschaftlicher Umbruch,
- Unterentwicklung,
- Krieg.

Bedeutung der Pflegefamilie, des Kinderheimes, des Kinderdorfes für die Jugendlichen und die Kinder der bedrohten Familie.

FORM + ORT

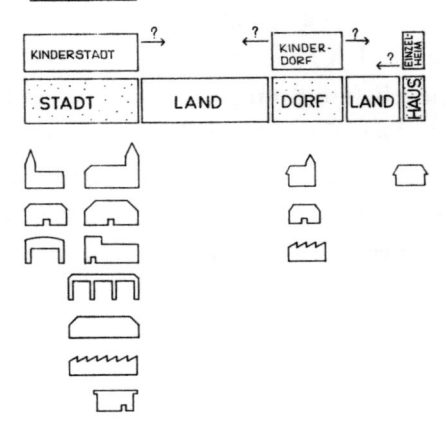

Charakteristiken der typischen Siedlungsformen Stadt, Dorf, Einzelhof:
- Siedlungsmerkmale von Stadt, Dorf und Einzelhof,
- Prägung des Menschen durch die Siedlungsform,
- Sonderstellung des Dorfes: nicht die Überfülle von Eindrücken der Stadt, keine extreme Isolierung von wichtigen Umwelteindrücken wie auf dem Einzelhof.

Analogie zu Kinderstadt, Kinderdorf, Einzelheim:
- Merkmale der Kinderstadt, des Kinderdorfes, des Einzelheimes. Stellung dieser drei Formen zu Stadt, Dorf und Land,
- Fragestellung nach dem „günstigsten" Standort.
  Zum Beispiel: Günstigster Standort einer Jugendsiedlung: An der Peripherie einer Stadt (Schulungsmöglichkeit und Berufsausbildung), aber doch in der Grünzone der Landschaft (Ruhe, Distanz zu negativem städtischem Einflußbereich).

Formen der Kinder- und Jugendsiedlungen

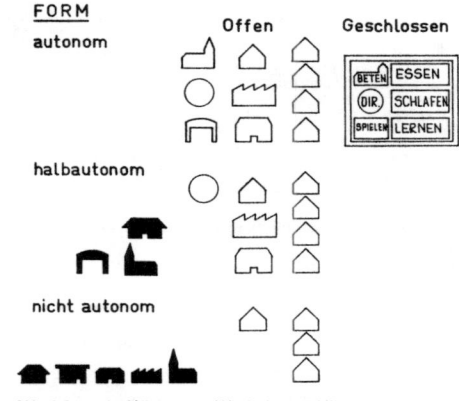

Autonom gegenüber der Umwelt:
- Die alten Formen: Geschlossene, oft mit Mauer umgebene Anstalt. Gebäude nach Hauptfunktionen mit großen Gemeinschaftssälen (essen, schlafen, lernen, spielen, beten).
- Übergang zur offenen, autonomen Siedlung durch Wegfall der Mauer; damit Erleichterung der Kontakte mit der Umwelt, ohne aber auf die Umwelt funktionell angewiesen zu sein.
- Neuere Formen der autonomen Siedlung: Für alle Hauptfunktionen stehen eigene Gebäude zur Verfügung in dorfähnlicher Gliederung. Alle Dorffunktionen werden „in eigener Regie" geführt. (Vorteile und Nachteile der rein autonomen Form.)

Halbautonom gegenüber der Umwelt:
- Einzelne Funktionen werden von Einrichtungen übernommen, die außerhalb der Jugendsiedlung liegen und nicht von ihr geführt und verwaltet werden: z. B. Kirche, Schule, Freizeitzentrum.

Nichtautonom gegenüber der Umwelt:
- mit Ausnahme der Schlafstätten werden praktisch alle andern Siedlungsfunktionen von Einrichtungen übernommen, die außerhalb der Siedlung liegen.

Beispiele zu den einzelnen Formen und Zwischenformen:
- Kinderdorf Pestalozzi (halbautonom),
- SOS-Kinderdörfer (nicht autonom),
- Pestalozzisiedlung Wahlwies (halbautonom),
- Copinville, Frankreich (halbautonom),
- Kindersiedlungen in Israel und Tunesien usw. (autonom).

Die Elemente des Hauses

Die Grundelemente des Familienhauses:
- Bett,
- Tisch (Schule),
- Herd.

Grundvoraussetzung für glückliche, kindliche Entwicklung unter dem Dach eines Hauses:
- Schutz,
- Geborgenheit.

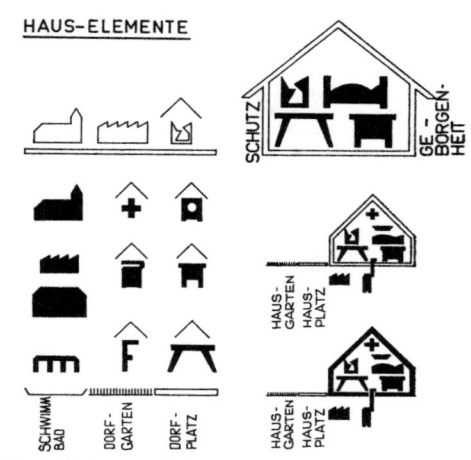

Vom Kinderhaus zum Kinderdorf oder die Ausgliederung der einzelnen Hausfunktionen zu selbständigen, zentralen Dorfeinrichtungen:
- Vom Tisch zum Schulhaus,
- Vom Tisch zum gemeinsamen Eßsaal,
- Vom Herd zur zentralen Dorfküche,
- Von der Hauswerkstatt zur Dorfwerkstatt,
- Von der Spielecke des Hauses zum Freizeitzentrum des Dorfes,
- Vom „stillen Kämmerlein" zur Kirche,
- Von der Hausapotheke zur dörflichen Sanitätshilfsstelle und Krankenstation,
- Von der Heizung des Hauses zur zentralen Heizanlage eines Dorfes,
- Vom Hausspielplatz zum Dorfspielplatz,
- Von der Hauswaschküche zur Dorfwäscherei,
- Vom Hausgarten zum Dorfgarten usw.
- Letzte Funktion, die im Haus verbleibt: Schlafen.
- Vor- und Nachteile einer solchen Entwicklung.
- Parallelen zum Wachstum jeder menschlichen Siedlung.

Sonderstellung der Schule:
- Da die Dorfwerkstätte und die Zentralküche sich wenig für Schulungszwecke eignen, führt die Schule eine Schulküche und eine Schulwerkstätte.
- Werkstätten und Schulen können im Falle des Kinderdorfes Pestalozzi an vier verschiedenen Orten auftreten: im Kinderhaus, in der Kinderdorfschule (und seiner Werkstatt), in der Dorfwerkstätte und in den außerhalb des Kinderdorfes liegenden Schulen und Werkstätten (Handwerkerpraktikum und Berufslehre.

Die Stellung des Spezialisten in einer Dorf- und Siedlungsgemeinschaft:
- Anforderungen an den Einzelnen,
- Anforderungen an die Gemeinschaft,
- Grenzen und Gefahren des häuslichen Funktionsausfalles im Hinblick auf die Erziehungsaufgabe.

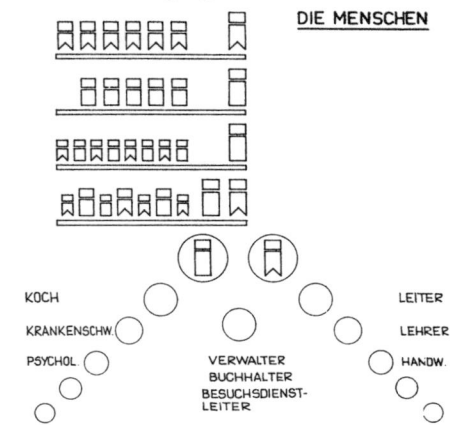

Typologie der Heime und Jugendsiedlungen nach den dort tätigen Menschen

Auf den Erzieher ausgerichtet:
– Viele traditionell geführte Heime,
– Boystown, tunesische Kinderdörfer, Ben Shemen usw., (sehr oft keine Koedukation).

Auf die Frau ausgerichtet:
– SOS-Kinderdörfer,
– Caritas-Kinderdorf St. Isidor usw.

Auf die Ordensschwester ausgerichtet:
– Kinderdörfli Rathausen,
– Kinderdörfli St. Iddaheim, Lütisburg,
– Südamerikanische Heime und Siedlungen usw. (meist keine Koedukation, oft einheitliche Altersstufen).

Auf das „Vater-Mutter"-Schema ausgerichtet:
– Trogen,
– Wahlwies,
– La Coûme, usw.

Der Ausfall von Vater- und Mutterfunktionen bei Heimen, die in größere, dörfliche Siedlungsformen wachsen:
– Mitarbeiter, die Vaterfunktionen ausüben:
  – Leiter,
  – Lehrer,
  – Handwerker,
  – Sekretärin usw.
– Mitarbeiter, die Mutterfunktionen übernehmen:
  – Koch,
  – Krankenschwester,
  – Psychologin,
  – Fürsorgerin,
  – Lehrerin,
  – Gehilfin,
  – Näherin,
  – Wäscherin.
– Mitarbeiter, die Vater- und Mutterfunktionen übernehmen:
  – Verwalter,
  – Buchhalter,
  – Besuchsdienstleiter.
– Nachteile und Vorteile dieser Ausgliederung von Funktionen. Anforderungen an den Einzelnen, an die Gemeinschaft. Frage nach dem richtigen Maß.

Zentrale Frage: Welche Leitbilder vermittelt die Erwachsenengruppe eines Heimes, eines Kinderdorfes, einer Jugendsiedlung durch ihre Zusammensetzung nach Alter, Geschlecht, Ledigen- oder Verheiratetenstandes?
Wieweit stimmen diese Leitbilder überein mit der Gesellschaft, in der das Kind später als Erwachsener lebt?

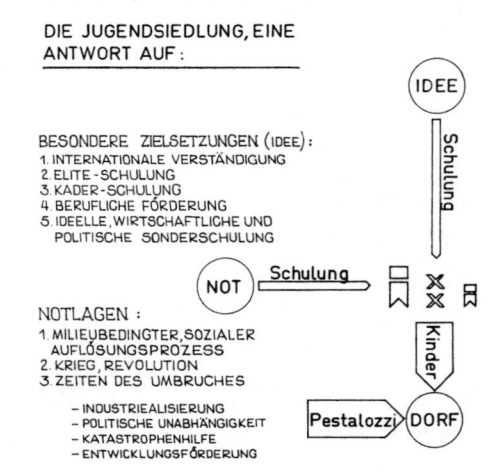

DIE JUGENDSIEDLUNG, EINE ANTWORT AUF:

BESONDERE ZIELSETZUNGEN (IDEE):
1. INTERNATIONALE VERSTÄNDIGUNG
2. ELITE-SCHULUNG
3. KADER-SCHULUNG
4. BERUFLICHE FÖRDERUNG
5. IDEELLE, WIRTSCHAFTLICHE UND POLITISCHE SONDERSCHULUNG

NOTLAGEN:
1. MILIEUBEDINGTER, SOZIALER AUFLÖSUNGSPROZESS
2. KRIEG, REVOLUTION
3. ZEITEN DES UMBRUCHES

– INDUSTRIALISIERUNG
– POLITISCHE UNABHÄNGIGKEIT
– KATASTROPHENHILFE
– ENTWICKLUNGSFÖRDERUNG

Bedeutung von Idee und Not für verbindende Faktoren zwischen Erzieher und Kind:
– Größe von Idee und Not,
– Nähe von Idee und Not,
– Bedeutung von Schulung und Aufklärung bei großer Distanz von Not und Idee oder
– Impulsausfall bei kleiner Not und geringem Ideegehalt.

Der Name des Kinderdorfes Pestalozzi:
– Geprägt von der Not her (Kinderdorf),
– Geprägt vom Ideegehalt her (Pestalozzidorf).

Doppelaufgabe:
– Kinderdorf Pestalozzi
  (Not)   (Idee)

*Die Eignung des Kinderdorfes zur Mitarbeit
auf dem Gebiete der Schulung und Ausbildung im Entwicklungshilfeprogramm*

Kinderdorf und Entwicklungshilfe

Die Frage, warum mich denn gerade das Kinderdorf Pestalozzi berufen fühlt, auf dem Gebiete der Entwicklungshilfe einen eigenen Beitrag zu leisten, ist verständlich. Sie soll in den nächsten Abschnitten teilweise beantwortet werden.

Entwicklungshilfe unter der bisherigen allgemeinen Kinderdorf-Zielsetzung:
Das Kinderdorf hat bereits bisher wertvolle Entwicklungshilfe geleistet und zwar in den unmittelbaren Nachkriegsjahren für alle europäischen Länder, die ihm damals Kinder anvertraut haben. Es betreibt auch heute noch Entwicklungshilfe und zwar mit den Kindern des europäischen Mittelmeerraumes und durch jene unter den Ehemaligen und früheren Mitarbeitern, die durch Firmen und Organisationen ihres Landes oder durch schweizerische Unternehmen in die Entwicklungsländer geschickt werden. Nicht zu Unrecht ist deshalb die Stiftung Kinderdorf Pestalozzi in der Botschaft des Bundesrates über die Zusammenarbeit der Schweiz mit den Entwicklungsländern vom 5. Mai 1961 bereits erwähnt mit dem anerkennenden Hinweis: «Die Stiftung des Kinderdorfes Pestalozzi in Trogen leistet ebenfalls einen wertvollen Beitrag internationaler Solidarität.»
  Die Erweiterung der Aufgabenstellung wird uns also nicht in jedem Falle und auf allen Gebieten auf Neuland führen. Die Weiterentwicklung wäre eine sinnfällige, harmonische.

Der Werkplatz Trogen – ein Idealplatz für die Vorbereitung auf Entwicklungshilfe:
Es darf die belegbare Behauptung aufgestellt werden, dass man sich an keinem Orte in Europa auf so direkte und natürliche Weise auf die Tätigkeit in einem Entwicklungslande vorbereiten kann wie im Kinderdorf Trogen, falls dieses Dorf eine genügend starke Vertretung von Kindern und Erziehern aus Entwicklungsländern aufweist. Diese Vorbereitung wird erleichtert durch:
- die internationale Atmosphäre,
- die Schulung zur Toleranz und zum Verstehen des Andersartigen,
- das Kennenlernen einiger Vertreter (Kinder und Erwachsene) der verschiedensten Länder und Kulturkreise,
- die Möglichkeit fremde Sprachen zu erlernen,

- die Möglichkeit, sich über die Bedürfnisse der betreffenden Entwicklungsländer direkt und im Detail selbst orientieren lassen zu können,
- die Leichtigkeit der Team-Bildung

In einzelnen Fällen hat es sich denn gezeigt, dass sich Ehemalige des Kinderdorfes bestens bewähren können, wenn sie von Firmen in Entwicklungsländer geschickt werden: So hat ein junger Grieche (G. Steriotis) im Sudan in einer grossen, sich im Aufbau befindlichen Weberei, die 4000 Menschen beschäftigen soll, Pionierarbeit geleistet. Er hat als Saalmeister den dort beschäftigten Eingeborenen Vertrauen entgegengebracht, sie zu entsprechenden Arbeiten herangezogen. Er wurde nach verhältnismässig kurzer Zeit zum Lehrlingsausbildner ernannt.

Ein Ehemaliger aus dem italienischen Hause «Cuore» arbeitet seit längerer Zeit mit gutem Erfolg als Bankbeamter in einer Zweigniederlassung eines Internationalen Bankinstitutes in Tanganyka. Er ist mit einer Französin verheiratet (R. Casini).

Ein Grieche (Dimitris) hat in seinem eigenen Lande als Orthopäde wertvolle Aufbauarbeit geleistet, ist in einem staatlichen Institut bald zum Abteilungsleiter aufgestiegen und wurde von Griechenland an internationale Orthopädenkongresse delegiert.

Ist es nicht auch praktische Entwicklungshilfe, wenn wir eine Ehemalige unter den Finnen (Seija) als Handarbeitslehrerin nicht in der Nähe ihrer Vaterstadt, sondern ganz hoch oben im Norden Lapplands finden, wo zur Zeit, da diese Zeilen geschrieben werden, die Sonne nie über dem Horizont erscheint? (Nach einigen Jahren Tätigkeit im hohen Norden hat Seija für ein halbes Jahr Urlaub genommen, um dem Kinderdorf ihre Hilfe anzubieten und mit einer Berufskollegin als weitere Helferin nach Trogen zu reisen. Sie ist jetzt bei uns und hilft im Finnenhaus. Wer weiss, was sich die kleinen Finnen dort denken, wenn Seija aus Lappland erzählt. Kein Wunder, wenn in 10 Jahren wieder ein Ehemaliger im hohen Norden, mit viel Sonne im Herzen im Land ohne Wintersonne anzutreffen wäre. Nordisch-Finnisches Modell natürlichster Entwicklungshilfe!)

Die Rolle der Jungen und der sehr Erfahrenen:
Zu Beginn der Entwicklungshilfe ist oft die Forderung vertreten worden, als Entwicklungs-Experten und -Helfer könnten nur beruflich und menschlich sehr erfahrene Leute in Frage kommen. Auf diese Gruppe von Helfern kann und darf man auch heute nicht verzichten. Dagegen hat es sich gezeigt, dass auch 20 bis 30 jährige Menschen bereits sehr wertvoll sein können. Der Angehörige des Entwicklungslandes empfindet dem Jungen, dem Anpassungsfähigen, dem noch nicht «Fertigen» gegenüber nicht diese deprimierenden und lähmenden Gefühle der Minderwertigkeit, wie diesen etwas sehr «tüchtigen» und in allen Situationen überlegenen Hauptexperten gegenüber.

Das Kinderdorf ist in der Lage für beide, Experten- und Helferkategorie, eine genügende Zahl von Anwärtern zu stellen, wenigstens für ein nicht weit gespanntes Tätigkeitsgebiet. Gespräche mit Mitarbeitern und mit Ehemaligen haben gezeigt, dass mit einer erfreulichen Einsatzbereitschaft zu rechnen ist.

Die Erfahrung der Rückkehrer:
In das Kinderdorf zurückkehrende Ehemalige oder Mitarbeiter würden hier das schönste Feld einer Auswertung ihrer Erfahrungen und einer Fortsetzung ihrer Entwicklungshilfetätigkeit finden. Mit jedem Jahr einer solchen Arbeit würde sich in Trogen der Erfahrungsschatz steigern, das Beziehungsnetz verdichten.

Die stimulierende Wirkung eines den echten Erfordernissen angepassten Hilfeplanes:
Einem aufmerksamen Beobachter des Kinderdorflebens kann nicht verborgen bleiben, dass sich mehr Mitarbeiterprobleme stellen, wenn die Zielsetzung nicht mehr in allen Teilen überzeugt, wenn sie eine gewisse Sattheit, eine Tendenz nach eigener Existenzsicherung hervorruft. Eine neue Aufgabenstellung kann sich auf die Einsatzbereitschaft der Mitarbeiter nur positiv auswirken. Der hier entwickelte Plan würde tüchtigen und bewährten Mitarbeitern auch den Weg ins Ausland, in ein Entwicklungsland eröffnen. Die rein beruflichen Chancen würden verbreitert. Die ganze Arbeit, auch die tägliche Kleinarbeit, würde von neuem Schwung beseelt werden. Jeder aus dem Ausland Zurückkehrende würde das Feuer der Begeisterung am Leben erhalten und neu entfachen helfen. Sicher würde in einem solchen Kinderdorf inskünftig wieder mehr darüber gesprochen, was wir für die Anderen tun können und weniger darüber, was die «reiche» Stiftung für uns Mitarbeiter tun kann.

Das Kinderdorf von jeher ein Ort der Schulung und der Ausbildung:
Wer den folgenden Passus im Artikel «Hilfe in Entwicklungsländern» aus dem Jahresbericht der Schweizerhilfe 1960 aufmerksam liest, wird feststellen, dass das Kinderdorf geradezu ideale Voraussetzungen besitzt, um auf dem Gebiete der Schulung und der Ausbildung seinen angemessenen Entwicklungsbeitrag zu leisten:

«Die Vorbedingungen aller Selbsthilfe, auf die die Entwicklungshilfe ja immer tendieren soll, ist deshalb in der Schulung und Ausbildung zu sehen. Und auch hier darf nicht oben angefangen werden, an der Spitze der Pyramide, wie so viele gutmeinende Baumeister der Entwicklungshilfe es gerne tun. Nicht die Turmstuben der Universitäten sind dringlich, sondern das breite Erdgeschoss der Sekundar- oder Oberschulen (etwa 5. bis 10. Schuljahr). Denn sie sind die Vorbedingungen für jedes höhere Handwerk und jede qualifizierte Landwirtschaft. Die Gymnasien mögen folgen. Das Wichtigste aber ist der breite schulische

Grundstock, wo möglichst viele Leute ins Rechnen eingeführt werden, in die Naturwissenschaften und in die Sprachen. Wir müssen diesen Völkern nicht Schienenwege legen wollen mit unserer Spurweite, sondern sie anlernen, selber ihre eigenen Strassen zu bauen.

Von Gotthelf stammt das schöne Wort: «Im Hause muss beginnen, was leuchten soll im Vaterland.» Es gilt auch für die Entwicklungsländer. Vielleicht sogar in der zugespitzten Form: «Im Schulhause muss beginnen, was diesen Ländern dienen soll.» Diese Hilfe, die der Westen leisten kann, braucht auch Geld, gewiss, sogar viel Geld. Vor allem aber braucht sie menschlichen Einsatz, Geduld und Liebe. Nur Maschinen kann man «entwickeln», Menschen müssen sich selber entwickeln. Nicht der Traktor ist das Wichtigste, sondern die Schulbank. Jener ist ein östliches, diese ein westliches Symbol.»

20 Jahre Kinderdorf Pestalozzi Trogen.
Rechenschaft und Bericht des Dorfleiters in der dem Kinderdorf gewidmeten
Sondernummer der Schweizerischen Lehrerzeitung (1966)

Am 17. Juni 1950 hat die Delegiertenversammlung des Lehrervereins beschlossen, auch in Zukunft dem Kinderdorf Hilfe und Unterstützung zuzusichern. Dieses Patronat des Schweizerischen Lehrervereins hat sich für das damals noch junge Dorf in der Folge in mancherlei Hinsicht fördernd und segensreich ausgewirkt. Es geziemt sich deshalb, dass das inzwischen 20 Jahre alt gewordene Dorf auch vor der schweizerischen Lehrerschaft Rechenschaft und Bericht ablegt.

I. Rückblick auf die Entwicklung des Kinderdorfes

Am 28. April 1946 ist der Grundstein für das Kinderdorf Pestalozzi in Trogen gelegt worden. Damit begann der Aufbau eines Werkes, das Walter Robert Corti im August des Kriegsjahres 1944 in seinem im In- und Ausland viel beachteten Artikel in der Zeitschrift «DU» vorgeschlagen hatte.

1. Der äussere Aufbau
In den Zahlen der nachfolgenden Übersicht spiegelt sich die bestandesmässige Entwicklung unseres Dorfes während der vergangenen Jahre.

Durchschnittliche Kinderzahlen 1946–1966:
Die optimistisch auf den «Sollbestand» von etwas über 200 Schützlingen zuwachsende Bestandeskurve weist an zwei Stellen kurze rückläufige Bewegungen auf. In der Zeitspanne 1952–1954 (A) wirkte sich die Tatsache aus, dass unsere Kinder des Zweiten Weltkrieges in diesen Jahren in grösseren Gruppen unser Dorf verliessen, nachdem sie hier eine mehrjährige Erziehung und Schulung erfahren hatten. Nach 1954 begann es sich zahlenmässig auszuwirken, dass die Länder uns nun vermehrt ihre Sozialwaisen anvertrauten. Nach 1960 (B) erkannten wir, dass einzelne Länder Mittel- und Nordeuropas, so z.B. Frankreich und England, zunehmend Mühe hatten, die ihnen in Trogen zur Verfügung stehenden zwei Häuser mit geeigneten Kindern zu besetzen. Jedenfalls wurde der Wunsch, weiterhin mit einer Kindergruppe im Pestalozzidorf vertreten zu sein, weniger von den Bedürfnissen der Fürsorge als vielmehr von der Bejahung der internationalen Aufgabe des Kinderdorfes her bestimmt. Aus dieser an sich erfreulichen Entwicklung – sie zeigt, dass ein Teil der vor-

dringlichen Nachkriegsaufgabe des Kinderdorfes zu einem gewissen Abschluss gekommen war – hat man in Trogen rechtzeitig die entsprechenden Konsequenzen gezogen: Nach der Schliessung eines der beiden englischen und eines der beiden französischen Kinderhäuser bot sich unserer Stiftung die Möglichkeit, Kindern und Jugendlichen aus aussereuropäischen Entwicklungsländern Aufnahme, Erziehung und Schulung zu bieten und damit einen bescheidenen Beitrag zu einer der dringendsten Aufgaben unserer Zeit zu leisten. Nach dieser 1965 erfolgten Anpassung an die Bedürfnisse der Gegenwart, über die im 8. Kapitel dieses Berichtes noch Näheres ausgeführt wird, begann die Kurve unserer Bestandeszahlen wieder anzusteigen. Dabei erachten wir es als richtig, wenn die Totalzahl der Pestalozzidorf-Kinder nicht wesentlich über die Zahl 200 hinaus ansteigt; denn zu dieser Zahl kommen immer noch etwa 40 meist ausländische Mitarbeiterkinder und eine Gruppe von 30–60 in der Schweiz und zum Teil im Kinderdorf selbst lebenden Ehemaligen, die sich noch in der beruflichen Ausbildung befinden. Sollte unsere Kindergemeinschaft sich zahlenmässig allzu stark entwickeln, würde eine Hauptaufgabe des Kinderdorfes, das Sichgegenseitigkennenlernen, nur erschwert. Ein weiteres Wachstum unseres Dorfes dürfte deshalb nicht in dieser Weise erfolgen, sondern eher dadurch, dass in andern Ländern Tochtersiedlungen in der Art des Pestalozzidorfes entstehen, wie dies z.B. in England erfolgt ist und wie dies möglicherweise in jenen Entwicklungsländern geschehen könnte, mit denen unsere Stiftung zusammenarbeitet.

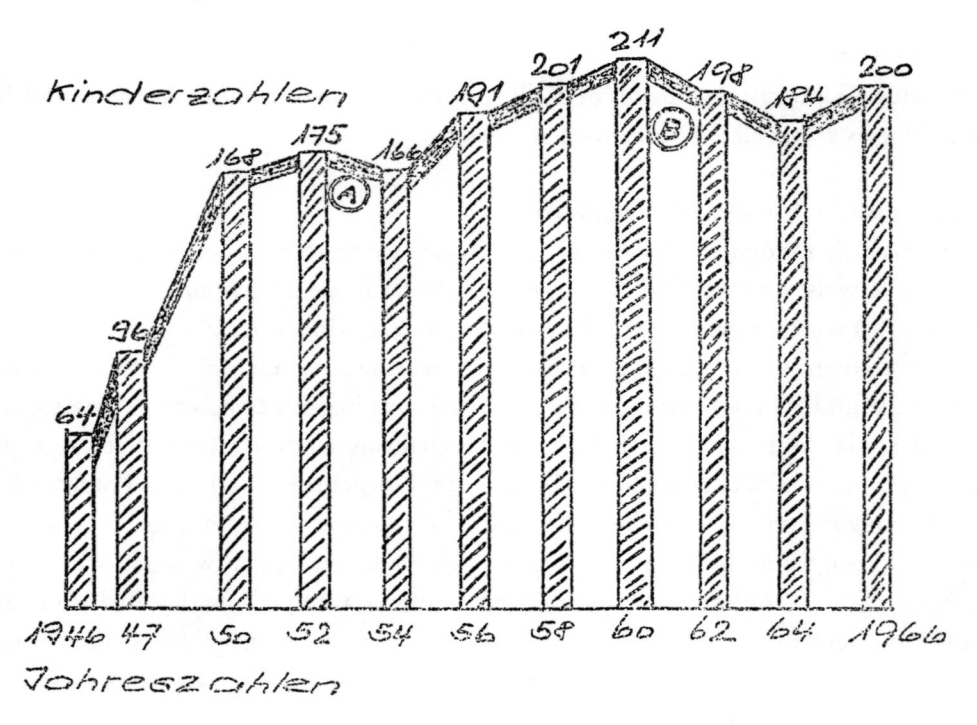

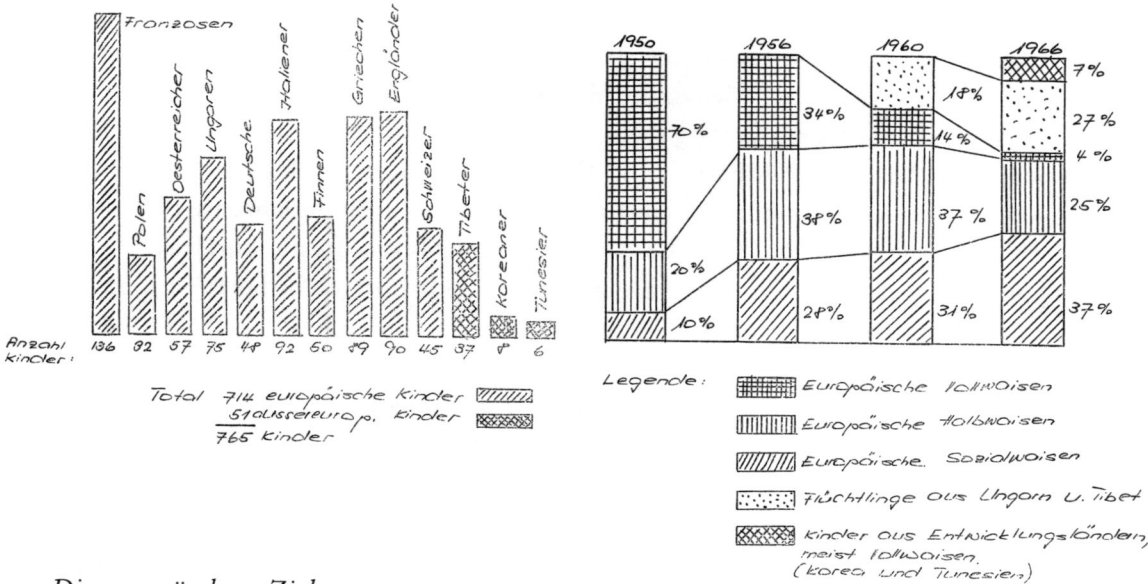

2. Die unveränderte Zielsetzung

Seinen beiden Grundzielen ist das Kinderdorf all die Jahre hindurch treu geblieben:

- Das Kinderdorf will dem verlassenen und notleidenden Kinde eine Heimstätte bieten, in der es in familienähnlicher Geborgenheit all das findet, was zu seiner harmonischen Entwicklung erforderlich ist.
- Das Kinderdorf will ein Dorf sein, in dem sich Kinder und Erzieher aus verschiedenen Ländern zu einer Nachbarschaft und zu gemeinsamem Tun finden können, das sie, über das Trennende der Sprache, des Glaubens und des Herkommens hinweg, das Gemeinsame, das Allgemeinmenschliche als tragendes Bauelement der kleinen Völkergemeinschaft erleben lässt. Unter dieser doppelten Zielsetzung haben bis heute, April 1966, insgesamt 765 Kinder das Pestalozzidorf in einem mehrjährigen Aufenthalt erlebt.

Siehe Darstellung oben links: Total der Kinderzahlen 1946–1966, nach nationalen Gruppen gegliedert.

3. Die soziale Herkunft und Situation der Kinder

Die soziale Herkunft unserer Dorfkinder hat begreiflicherweise im Laufe der Jahre einen Wandel erfahren. Darüber gibt die Darstellung oben rechts Auskunft.

4. Vom Weitertragen der Kinderdorfidee

Während der mehrwöchigen Sommerschulferien kann das Kinderdorf jeweils einen Teil seiner Häuser erholungsbedürftigen Ferienkindern aus der Schweiz und aus dem Ausland zur Verfügung stellen. Seit Bestehen unseres Dorfes haben auf diese Weise etwa 2500 Kinder und Jugendliche dieses Kinderdorf und seine Idee kennengelernt. Das Gedankengut und die

Erfahrungen des Kinderdorfes werden aber nicht nur durch die 765 Kinder, die hier aufgewachsen sind, und die 2500 Ferienkinder hinausgetragen. Ein Werk wie das Kinderdorf Pestalozzi benötigt zur Durchführung seiner vielseitigen und sehr anspruchsvollen Aufgaben eine stattliche Anzahl von Mitarbeitern. Wir sind dankbar, wenn Hauseltern, Lehrkräfte und Mitarbeiter der Verwaltung ihrem Kinderdorfauftrag mehrere Jahre treu bleiben; wir müssen aber auch in Kauf nehmen, dass Freiwillige und Hilfskräfte nur kurzfristig hier tätig sein können. So sind im Laufe der zwanzigjährigen Kinderdorfgeschichte rund 1000 Mitarbeiter nach Trogen gezogen.

Wir finden sie heute in verwandten Aufgaben, verteilt über fast die ganze Welt. Auch auf diesem Wege erschliesst sich ein Weitergeben an Erfahrungen und Er- kenntnissen. Wir legen deshalb grössten Wert darauf, nicht nur die Beziehungen mit unseren ehemaligen Schützlingen, sondern auch mit den ehemaligen Mitarbeitern zu pflegen. Die in der Schweiz oder in den benachbarten Ländern lebenden früheren Mitarbeiter geben sich denn auch regelmässig während einer Sommerferienwoche Stelldichein in unserem Dorf. Wenn dies im Jubiläumsjahr 1966 geschieht, werden die ehemaligen Mitarbeiter auf dem Trogener Hügel 150 erholungsbedürftige deutsch, französisch und italienisch sprechende Schweizerkinder und eine Gruppe Auslandschweizerkinder antreffen. Für 14 Ferientage werden diese Kinder Gäste unseres Dorfes sein. Sie sollen für ihren Aufenthalt nichts zu bezahlen haben. Mit dieser Ferienaktion möchten die Dorfgemeinschaft und die Stiftung Kinderdorf Pestalozzi dem Schweizervolk für die Treue und Hilfe danken, die das Pestalozzidorf während der ersten zwei Jahrzehnte seines Wirkens hat erfahren dürfen.

Es ist eine unbestrittene Tatsache, dass das Kinderdorf Pestalozzi seit seinem Bestehen im Sinne eines Modelles hat wirken dürfen. Es hat in vielen Teilen der Welt zu Gründungen ähnlicher Art angeregt, und es hat auch für den Bau und die Reorganisation vieler Waisenhäuser und Erziehungsheime des In- und Auslandes neue Gestaltungsimpulse vermittelt.

In Trogen ist im Jahre 1948 unter den Auspizien der UNESCO die FICE (Fédération internationale des communautés d'enfants) gegründet worden. Dieser nichtgouvernamentalen Organisation der UNESCO sind die FICE-Sektionen der folgenden Länder angeschlossen: Bundesrepublik Deutschland, Deutsche Demokratische Republik, Belgien, England, Frankreich, Indien, Israel, Italien, Jugoslawien, Luxembourg, Österreich, Polen, Schweden, Schweiz, Tschechoslowakei, Tunesien, Ungarn, Hongkong, USA. An den jährlich in einem der Mitgliedstaaten stattfindenden Studienwochen vollzieht sich ein wertvoller Erfahrungsaustausch.

5. Das Schicksal der austretenden Schützlinge des Kinderdorfes

Am Schluss dieses geschichtlichen Teiles wollen wir eine oft gestellte Frage, die Frage nach dem Schicksal unserer Ehemaligen, beantworten. Dabei wollen wir vorerst über das Wo ihres heutigen Wirkungsortes berichten:

Übersicht der heutigen Aufenthalts- und Wirkungsorte unserer Ehemaligen:
Die Darstellung macht ersichtlich, dass doch die meisten unserer Ehemaligen den inneren und äusseren Anschluss an ihr Heimatland und seine besonderen Verhältnisse wiedergefunden haben. Wenn einige unter ihnen, es sind dies nicht selten die Aktivsten, Berufsaufgaben in einem anderen Lande gefunden haben, ist dies verständlich und vor allem dann zu begrüssen, wenn unsere Ehemaligen damit eigentliche Entwicklungshilfe-Aufgaben verbinden können. Über die jeweils eingeschlagene Berufsrichtung orientiert die nachstehende Übersicht. Dabei ist zu erkennen, dass sich die Berufswünsche unserer Ehemaligen durchaus vergleichen lassen mit denen ihrer schweizerischen Kameraden. Sie betreffen in der Regel Berufsgebiete, die eine drei- bis fünfjährige Ausbildung verlangen. Diese Ausbildung absolvierte ziemlich genau die Hälfte der Austretenden in der Schweiz. Es sind dies neben den Schweizern und den ehemaligen Ungarnflüchtlingen vorwiegend die Jugendlichen der Mittelmeerländer. Die andere Hälfte der Ehemaligen kehrte für die berufliche Ausbildung in ihr Land, d.h. in diesem Falle in die mittel- und nordeuropäischen Gebiete mit den bereits gut entwickelten Berufsausbildungsmöglichkeiten zurück.

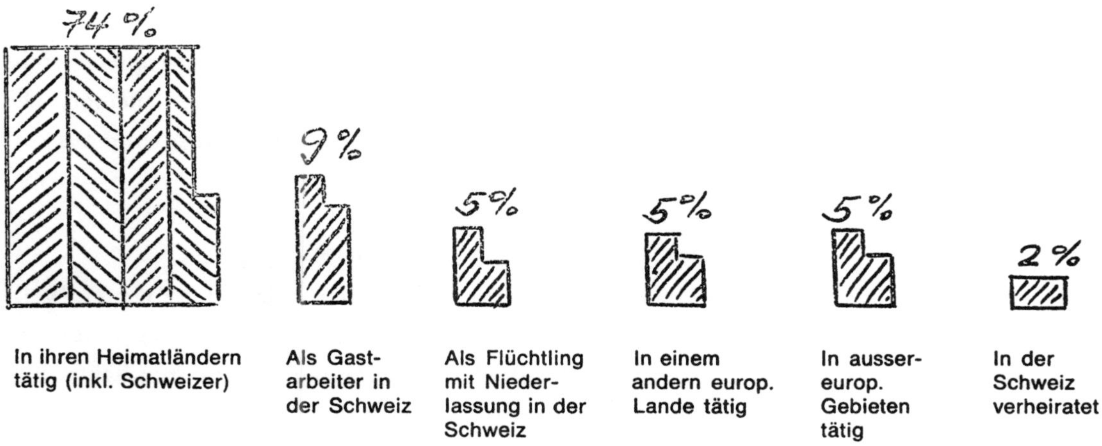

74%	9%	5%	5%	5%	2%
In ihren Heimatländern tätig (inkl. Schweizer)	Als Gastarbeiter in der Schweiz	Als Flüchtling mit Niederlassung in der Schweiz	In einem andern europ. Lande tätig	In aussereurop. Gebieten tätig	In der Schweiz verheiratet

Die berufliche Tätigkeit der männlichen Ehemaligen nach Berufsrichtung aufgeteilt:

Technisch	handwerklich	51,8 %
Technisch	naturwissenschaftlich	5,5 %
Gestaltend	handwerklich	5,4 %
Ernährung	Hauswirtschaft	10,8 %
Landwirtschaft	Forstwesen	1,3 %
Kundendienst	Büro	10,8 %
Kundendienst	Verwaltung	5,9 %
Verkehr	B'Militär	6,8 %
Sozial	Erziehung	2,7 %

Die berufliche Tätigkeit der weiblichen Ehemaligen nach Berufsrichtung aufgeteilt:

Technisch	handwerklich	0,8 %
Technisch	naturwissenschaftlich	2,5 %
Gestaltend	handwerklich	18,7 %
Ernährung	Haushalt	10,5 %
Kundendienst	Büro	49 %
Literatur	Geisteswissenschaften	1,6 %
Sozial	Erziehung / Pflege	21,9 %

II. Aus den pädagogischen Erfahrungen der ersten 20 Jahre

Eine wissenschaftliche Bearbeitung dieses sehr vielschichtigen und umfangreichen Erfahrungsgebietes muss einer späteren Abklärung und Darstellung vorbehalten bleiben. Die nachfolgenden Hinweise möchten sozusagen als ausführlichere Inhaltsangaben eines solchen Erfahrungsberichtes betrachtet werden:

1. Die Lebensbewährung der seelisch schwer geschädigten Kriegswaisen

Die Ehemaligen der allerersten Kinderdorfgeneration, die Kriegswaisen des Zweiten Weltkrieges, stehen heute im Alter zwischen 25 und 30 Jahren. Einige haben das 30. Altersjahr bereits überschritten. Alle stehen in ihrer beruflichen Bewährung, die meisten haben ihre Partnerwahl getroffen und sind inzwischen selbst Eltern geworden. Da wir mit unseren Ehemaligen in ständiger Verbindung geblieben sind, können wir uns heute bereits ein Bild davon machen, in welchem Masse es dieser ersten Gruppe der Kriegswaisen gelingt, ihre Lebensprobleme zu meistern. Wir haben diese Ergebnisse deshalb mit besonderem Interesse und auch mit einiger Sorge erwartet, weil uns in den ersten Kinderdorfjahren von vereinzelten Fachleuten der Psychiatrie und der Psychologie äusserst bedenkliche Prognosen gestellt worden sind. Man hat uns damals zu bedenken gegeben, dass frühkindliche Schädigungen während der Kriegsjahre möglicherweise irreparabel seien. Ein Kind, das die Schrecken der Bombennächte erlebt habe, ein Kind, das Augenzeuge des Todes seiner Eltern gewesen sei, wäre im Kern seines Wesens so tief getroffen, dass mit einer ernsthaften Dauerschädigung gerechnet werden müsse. Auch bei einer vorläufigen Beruhigung eines derart geschädigten Kindes werde die Wunde bereits in den Pubertätsjahren neu aufbrechen. Kinder mit derartigen Frühschädigungen hat es natürlich unter der ersten Generation sehr viele gegeben. Der damaligen Prognose – es gab selbstverständlich Fachleute, die in diesem Punkte viel zuversichtlicher waren – darf heute die folgende Erfahrung mit der Kriegswaisengeneration gegenübergestellt werden:

Es hat sich kein Suizidfall ereignet.

Wir wissen von einem einzigen Fall, bei dem eine Entwicklung zur Kriminalität und zeitweisen Haltlosigkeit verzeichnet werden muss.
Der Prozentsatz der «Sorgenkinder» ist bei der Kriegswaisengeneration nicht höher als bei den Kindern, die später aufgenommen wurden. Er kann mit etwa 5–8 Prozent angegeben werden, entspricht also durchaus den allgemeinen Werten, wenn er nicht gar darunter liegt.

Der überwiegende Teil der ehemaligen Kriegswaisenkinder zeigt sich den Lebensanforderungen gewachsen. Einige haben gar ausserordentliche Studien- und Berufserfolge aufzuweisen.
Es darf also, und dies wird jeden Berufserzieher freuen, festgestellt werden, dass die kindliche Seele, auch nach ernsthaften Frühschädigungen, eine ausserordentliche Regenerationsfähigkeit entwickelt, wenn ihr Gelegenheit geboten wird, sich in der Obhut von verständnis- und liebevollen Erziehern und in einer Atmosphäre echter Geborgenheit zu entfalten.

2. Kriegswaisen, Sozialwaisen und die Anforderungen an ihre Erzieher
Die Kriegswaisengeneration wurde später im Kinderdorf schrittweise abgelöst durch eine Generation von Kindern, die aus den verschiedensten sozialen Gründen ihr Elternhaus verlassen haben. Armut, Erziehungsuntauglichkeit der Eltern, Trunksucht, zerrüttete Familienverhältnisse, uneheliche Geburt stehen hier im Vordergrund. Es hat sich für die nähere Bezeichnung dieser Gruppe von Kindern allgemein der Begriff der «Sozialwaisen» eingebürgert.

Ein Vergleich unserer Erfahrungen mit der Erziehung von Kriegswaisen und derjenigen von sogenannten Sozialwaisen zeigt das folgende Ergebnis:

Bei aller Individualität jedes Einzelfalles tragen die meisten Kriegswaisen ein gemeinsames Schicksal. Es wurde ihnen in der Regel nicht aus schuldhaftem Verhalten ihrer Familienglieder zuteil. Bei aller Schwere ist solch ein gemeinsames Schicksal häufig leichter anzunehmen und zu tragen als dasjenige einer Sozialwaise. Dort ist das Los des Kindes oft verstrickt mit dem Verhalten und Versagen seiner Nächsten. Ein solches Schicksal ist meist recht schwer zu tragen, nicht zuletzt deshalb, weil es von dem betreffenden Kinde als persönliche Last betrachtet wird und weil der Einfluss der «versagenden» Eltern nicht ausgeschlossen werden kann und soll. Das tatsächlich verwaiste Kind bringt deshalb in vielen Fällen günstigere Voraussetzungen für eine Fremderziehung mit als das Kind, das wir als Sozialwaise bezeichnen.

Vom Erzieher her betrachtet, zeigt uns die Erfahrung, dass es deshalb «dankbarer» und in mancher Hinsicht einfacher ist, Kriegswaisen oder Vollwaisen, die aus anderen Gründen wirklich verwaist sind, zu erziehen als Sozialwaisen, weil das wirkliche Waisenkind sich leichter und vorbehaltloser dem sog. Fremderzieher zuwendet als die Sozialwaise, die ja noch einen mehr oder weniger aktiven Familienanhang besitzt. Unsere Hauseltern, wenn sie als Erzieher von Sozialwaisen tätig sind, haben sich deshalb auch sehr intensiv mit den Angehörigen dieser Kinder auseinanderzusetzen. Dass es ihnen oft schwerfallen kann, diese gelegentlich recht anspruchsvollen Angehörigen genauso anzunehmen wie ihr Kind, lässt sich leicht einsehen. Es ist dies aber deshalb nötig, weil diese Kinder früher oder später in den Kreis ihrer früheren Familie zurückkehren werden.

An die Hauseltern, Erzieher und Lehrer von Sozialwaisen werden demnach besonders hohe Anforderungen der Hingabe, der Selbstverleugnung und des Verständnisses für die kindliche Psyche gestellt.

3. Die Bedeutung der Kontinuität in der Erziehung

Der Umstand, dass einzelne Kinderhäuser sehr wenige Hauselternwechsel zu verzeichnen hatten, weil die betreffenden Erzieher ihrer Aufgabe während 8, 10 und mehr Jahren treu bleiben konnten, und die Tatsache, dass wir in anderen Kinderhäusern einen häufigen Erzieherwechsel in Kauf nehmen mussten, liess uns sehr eindrückliche Erfahrungen sammeln über die Bedeutung der Kontinuität in der Erziehung. Sie können etwa so umschrieben werden:

Die Chance, gute Erziehungsresultate erwarten zu dürfen, wächst mit jedem zusätzlichen Jahr, das ein qualifiziertes Hauselternpaar mit den ihm anvertrauten Kindern verbringt. Schwerwiegende Folgen können sich dann einstellen, wenn ein Erzieherpaar die Kinder in überschwänglicher Hingabe stark an sich bindet, um sie nach kurzer Zeit wiederum zu verlassen. Nichts kann den Glauben an die Erzieher, an die Erwachsenen und die innere Sicherheit des Kindes so sehr erschüttern wie ein solches, möglicherweise noch wiederholtes Erlebnis.

Wenn die Kräfte und Möglichkeiten aller Fremderzieher in der Praxis beschränkt bleiben müssen, ist es besser, ein vielleicht etwas schmäleres, aber kontinuierlich vorhandenes Beziehungsband zu unterhalten, als in breitester Hingabe nur zwei oder drei Jahre auszuhalten.

4. Probleme der Rückkehr unserer Jugendlichen in ihr Heimatland

Wenn auch drei Viertel unserer Ehemaligen die Rückkehr in ihr Heimatland realisiert haben, wollen wir nicht verschweigen, dass diese Rückkehr in vielen Fällen mit erheblichen Schwierigkeiten verbunden sein kann. Einige unserer Erfahrungen:

Je besser es unseren Erziehern gelingt, dem im Kinderdorf aufwachsenden jungen Menschen behilflich zu sein, ein Lebensziel ins Auge zu fassen, bei dem der Begriff des «Dienens» eine grössere Rolle spielt als derjenige des «Verdienens», um so reibungsloser wickelt sich der Reintegrationsprozess ab.

Kinder, die im frühen Alter von 4 bis 7 Jahren bereits zu uns kommen, leben sich zwar besser und natürlicher in die «Grossfamilie» ihres Hauses ein, haben aber in der Regel bei ihrer Rückkehr mit grösseren Schwierigkeiten zu rechnen als jene Kinder, die im fortgeschrittenen Alter aufgenommen werden. Die Gründe liegen auf der Hand.

Dort, wo die Umstände es erlauben, dass ein in sein Land zurückkehrendes Erzieherpaar seine Berater- und Betreueraufgabe an seinen inzwischen ebenfalls in ihr Land zurückgekehrten Schützlingen fortsetzen kann, liegen besonders glückliche Voraussetzungen für eine Wiedereingliederung und Anpassung vor.

Die Distanz des Heimatlandes spielt bei der Frage der Wiedereingliederung eine untergeordnete Rolle. Jedenfalls nimmt die Rückkehrbereitschaft nicht ab im umgekehrten Verhältnis zu der grösser werdenden Distanz. So bewahren z.B. die Finnen in der Regel eine lebhaftere Sehnsucht nach ihrem Lande als die Kinder aus unseren Nachbarländern. Von den 50 Finnenkindern ist denn auch ein einziges, ein Mädchen, durch Heirat in der Schweiz geblieben.

Ein eigentlicher Auftrag, das Bewusstsein, im Dienst einer Mission zu stehen, kann auch bereits bei Kindern das Problem der Wiedereingliederung lösen helfen: Unsere tibetischen Kinder und Erzieher zum Beispiel haben von ihrer höchsten Instanz, dem Dalai Lama, einen solchen Auftrag erhalten und von ihm selbst erläutert bekommen. Dieser Auftrag lautet: «Geht in die Schweiz, lernt in der westlichen Welt, was dort zu lernen ist, bleibt eurer Sprache, eurer Religion und euren Bräuchen treu und kehrt zurück nach Indien, um bei den grossen Aufbauarbeiten für unser Volk mitzuhelfen!» Es besteht nicht der geringste Zweifel darüber, dass unsere Tibeter diesen Auftrag sehr ernst nehmen und dass sie ihm aus einer echten Bereitschaft heraus nachleben wollen.

Wo kein solcher Auftrag vorliegt, und das ist bei der Mehrzahl unserer Kindergruppen der Fall, sind alle jene Massnahmen und Vorkehrungen sorgfältig zu beachten, die eine Rückkehr erleichtern können: Betreuung durch Erziehergruppen des eigenen Landes, intensive Pflege der Muttersprache, Fortführung eines zur Bürgerkunde erweiterten Heimatkundeunterrichtes auch im Oberstufen-Schulalter, Muttersprachpflege auch für die in der Schweiz in Ausbildung stehenden Lehrlinge und Studenten, Durchführung regelmässiger Heimatferienaufenthalte oder, wo dies nicht möglich ist, wie bei den Tibetern und den Koreanern, Kürzung der Gesamtaufenthaltsdauer, sorgfältige, an den Heimatverhältnissen orientierte Berufsberatung und Berufsschulung, Beachtnng eines bescheidenen Lebensstandards im Kinderdorf und während einer allenfalls in der Schweiz zu absolvierenden Berufsausbildung, Pflege der Heimatbeziehungen durch Korrespondenz und durch Kontakte mit Landsleuten, die sich in der Schweiz aufhalten, Bildung von Freundschaftskomitees, die in den Heimatländern den Rückkehrenden zur Seite stehen.

5. Die musische Erziehung
Sie nimmt im Kinderdorf von Anfang an bis heute eine Stellung von zentraler Bedeutung ein. Dies aus zwei Hauptgründen:

Eine vielseitige musische Erziehung bietet dem einzelnen Kinde eine Fülle von Ausdrucks- und Erlebnismöglichkeiten und damit auch eine gute Chance der Verarbeitung der möglicherweise belastenden Erfahrungen, die es beim Verlust der eigenen Familie hat machen müssen. Kinder, die in Fremdpflege aufwachsen, und auch die der echten Familienerziehung sehr nahe stehende Form der Kinderdorferziehung muss als Fremdpflege bezeichnet werden, zeigen oft ein sehr lebhaftes Bedürfnis nach musisch-schöpferischem Tätigsein. Diesem Bedürfnis muss der Erzieher stattgeben oder es, wenn nicht vorhanden, zu wecken versuchen, weil über das musische Erleben nicht nur kindliche Kräfte gefördert werden, sondern weil das so wichtige Gefühl der echten Geborgenheit und der Sicherheit sich am ehesten auf dem Boden glücklichen Erlebens bildet. So kann in der Tat recht verstandene musische Erziehung brauchbarer Ersatz bedeuten für manche Erlebnismöglichkeit der echten Familie mit ihren engen Eltern-Kind-Beziehungen.

Das zweite grosse Plus der musischen Erziehung liegt auf dem Felde der Gemeinschaftsbildung. Viele Teilgebiete der musischen Betätigung laden dazu ein, in grösseren Anstrengungen zusammengefasst zu werden. So kommen die Aufführungen zustande, bei denen in der Vorbereitung und in der Ausführung das Zeichnen, Malen, Dekorieren, Kostümmachen, Schreinern, Schauspielen, Rezitieren, Musizieren, Singen und Tanzen seinen wichtigen Platz und im Zusammenwirken seinen schönsten Sinn findet. Die Kinder, als die Handelnden, wachsen hier am leichtesten zu Spiel- und Arbeitsgemeinschaften zusammen, denen jedes mit seinen besonderen Kräften und Gaben dienen kann.

6. Fremdsprachunterricht im Kinderdorf
In seiner vielfältigen Zusammensetzung stellt das Kinderdorf ein wohl einzigdastehendes Übungsfeld für Fremdsprachen dar:

Für Deutsch, Französisch und Englisch stehen den Kindern ausgebildete Fachlehrkräfte zur Verfügung, die sich neuerdings der modernen Hilfen des Programmierten Unterrichts, nämlich eines kleinen Sprachlabors, bedienen können.

Unsere Schüler brauchen die Fremdsprachen nicht sozusagen «auf Vorrat» zu erlernen. Schon nach den ersten Lektionen können sie ihre noch so bescheidenen Sprachbrücken im Verkehr mit den Kindern dieses Landes erproben. Und von dieser Möglichkeit wird reichlich und auf natürlichste Weise Gebrauch gemacht.

Alle Kinder erlernen mindestens eine Fremdsprache gründlich. Viele von ihnen erarbeiten sich die guten Grundkenntnisse einer zweiten Fremdsprache, und einige wenige sprachbegabte Kinder wagen sich an eine dritte Fremdsprache heran.

Eine allgemein bekannte Tatsache hat sich auch im Kinderdorf bestätigt: Gute Kenntnisse in der Muttersprache erleichtern das Erlernen von Fremdsprachen. Demzufolge setzt der eigentliche Fremdsprachunterricht mit erhöhter Stundenzahl bei uns in der Regel erst nach dem 10. und 11. Altersjahr ein.

7. Fragen der religiösen Betreuung
Das Kinderdorf steht jedem religiösen Bekenntnis offen. Im Zusammenleben der verschiedenen Gruppen haben sich bestimmte Erfahrungen ergeben:

Es erleichtert das Leben innerhalb einer Familiengruppe, wenn sie nur aus Angehörigen derselben Religion besteht.

Jeder Mitarbeiter muss die Möglichkeit haben, sein religiöses Leben entsprechend seiner Überzeugung gestalten zu können. Jede militante Werbung auf religiösem Gebiet wird aber eine zersetzende Wirkung in der grösseren Gemeinschaft haben.

Auf keinem Gebiet muss man, was Gemeinschaftsveranstaltungen betrifft, so behutsam und rücksichtsvoll vorgehen wie auf dem religiösen Gebiet. Die Tatsache aber, dass wir im Jubiläumsjahr 1966 ein kleines Gotteshaus bauen werden, das allen im Kinderdorf vertretenen Konfessionen im Wechsel dienen wird, zeigt, dass religiöse Toleranz sich durchaus mit konfessioneller Überzeugung und Selbständigkeit verträgt.

8. Koedukation

Der Grundsatz der Koedukation hat sich bewährt. Er stellt aber nur ein Teilprinzip der allgemeinen Menschenbildung dar. Die Summe aller erzieherischen Bemühungen und Einwirkungen hilft die Entwicklung des jungen Menschen bestimmen. Koedukation ist keinesfalls ein Allheilmittel, sie schafft aber eine Atmosphäre, in der sich bestimmte Erziehungsprobleme besser lösen lassen. Sie stellt einen Teil der natürlichen Vorbereitung auf das Leben in der Erwachsenengemeinschaft dar.

Ziel der Koedukation kann nicht sein die Angleichung von Knaben und Mädchen in ihrem Wesen und in ihrer Art, sondern vielmehr die Anerkennung und Respektierung ihrer Verschiedenheiten und das Erkennen ihrer Ähnlichkeit, also des «allgemein Menschlichen».

Freundschaften zwischen den Geschlechtern kommen fast in jedem kindlichen Alter vor. Es ist aber eine allgemein gemachte Beobachtung im Kinderdorf, dass Bindungen zwischen Knaben und Mädchen desselben Hauses eher geschwisterlichen Charakter annehmen, während Freundschaften erotischen Charakters eher, man kann sagen fast in der Regel, zwischen Kindern verschiedener Häuser entstehen.

Die Aufklärung, niemals als einmalige Aktion, sondern als ständige erzieherische Hilfe und Bereitschaft verstanden, auf das Fragen und Suchen der Kinder mit Aufschluss und ehrlichen Antworten da zu sein, kann sich in der Atmosphäre der Gemeinschaftserziehung natürlicher ergeben. Die sexualpädagogischen Aufgaben können in der durch die Koedukation entschärften Atmosphäre leichter angepackt und gelöst werden. Am schönsten ist es jeweilen, wenn 16 Kinder eines Hauses die Geburt eines Kindes ihrer Hauseltern erwarten, erleben und sich nachher das ganze Interesse dem kleinen Wesen und seiner Welt zuwendet.

Schwierigkeiten durch Koedukation: Gewiss, wir erleben ab und zu Überraschungen, Schwierigkeiten. Sind wir aber berechtigt, ihnen dadurch auszuweichen, dass wir die Geschlechter, z.B. im Alter von 12–18 Jahren, trennen? Wir glauben es nicht und sind im Gegenteil dankbar für die Gelegenheit, ein zutage tretendes Problem mit dem Kinde oder Jugendlichen studieren und besprechen zu können. Eine Geschlechtertrennung würde den

Konflikt vielleicht nur verlagern oder auf einen späteren Zeitpunkt verschieben, bei dem dann nicht mit Sicherheit die pädagogische Hilfe zur Verfügung steht.

Nach unseren Erfahrungen hat die Erziehergruppe am ehesten Aussicht, auftretende Schwierigkeiten zu meistern, wenn sie sich stets um das aufrichtige Vertrauensverhältnis zwischen Kindern und Erwachsenen bemüht, wenn sie den Kindern im wahren Sinne des Wortes Beispiel ist und wenn sie es versteht, den Kindern Möglichkeiten der Sublimierung, der Umwandlung sexueller Strebungen und ihrer Ausrichtung auf ein höheres Ziel zu erschliessen. Es sei hier erwähnt die Aktivität an sich, die intensive Beschäftigung auf irgendeinem Interessengebiet, dann aber vor allem die Hinwendung zum künstlerischen Gestalten: Das Malen und Zeichnen, das Musizieren und Modellieren erfüllen in diesen Fällen besonders wertvolle Aufgaben.

Koinstruktion: Dem Grundsatz, dass nur die Koedukation als richtige Form der Erziehung zur Gemeinschaft anerkannt werden kann, steht die Forderung gegenüber, dass in Erziehung und Unterricht der Unterschied der Geschlechter nicht übersehen werden darf. Die Koedukation, auch wenn sie in unserem Dorf verwirklicht wird, muss in der Erziehungspraxis differenziert werden. Besonders aber im Unterricht (Haushaltlehre, Turnen) wird die Koinstruktion regelmässig durchbrochen. Während sich die Hauptfächer mit ihren allgemeinen Zielsetzungen an die Kinder beiderlei Geschlechtes wenden, richten sich einige bereits erwähnte Nebenfächergruppen im besonderen an die Knaben oder an die Mädchen. In solchen Fällen wird der Unterricht meist in getrennten Gruppen durchgeführt.

Unser Lehrkörper ist gemischt. Als Hauseltern wirken ausschliesslich Ehepaare.

Die Erzieher und Lehrkräfte: Sie sollten persönlich wenigstens so ausgeglichen sein, dass sie zu den Konfliktstoffen der Kinder nicht noch zu viel eigene hinzufügen. Ehepaare, die glücklich verheiratet sind, bieten am ehesten Gewähr dazu. Unter den Ledigen und unglücklich Verheirateten ist ein verhältnismässig hoher Prozentsatz von Menschen, die sich deshalb für die Arbeit im Kinderdorf zu interessieren scheinen, weil die Kinder zum Ausgleich seelischer Konflikte für sie nötig sind. Dass solche Mitarbeiter die Durchführung einer gemeinschaftlichen Erziehung der Geschlechter sehr ernsthaft gefährden können, liegt auf der Hand. Damit soll ja nicht gesagt sein, dass der alleinstehende Mensch nicht auch ein sehr wertvoller Erzieher sein kann.

Abschliessend darf nochmals festgehalten werden, dass die Koedukation als eines der Grunderziehungsprinzipien von Kindern und Erwachsenen unserer Dorfgemeinschaft sehr geschätzt wird. Wir möchten sie nicht mehr missen. Sie erleichtert und vereinfacht zwar unsere allgemeine Erziehungsaufgabe nicht, aber sie bringt Kinder und Erwachsene in natürliche Lebenssituationen, aus denen heraus auftretende Probleme und Konflikte besseren Lösungen entgegengeführt werden können.

9. Die Vorbereitung auf die Anforderungen des Berufslebens und der selbstverantwortenden Lebensgestaltung

Das Kinderdorf ist eine Erziehungsinstitution, die den grossen Vorteil besitzt, seine Schützlinge weit über die Schulzeit und über die Zeit der beruflichen Ausbildung hinaus in ihrer Entwicklung verfolgen zu können. Dabei haben wir erfahren müssen, dass der Vorbereitung der sogenannten «Lebensübergänge» allergrösste Bedeutung zukommt. Sie kann gar nicht sorgfältig und aufmerksam genug betrieben werden. Dazu eine Grunderfahrung und zwei vorbereitende Sondermassnahmen, die sich bewährt haben:

Ein Erzieher, dem ein schutz- und hilfebedürftiges, vielleicht auch seelisch geschädigtes Kind anvertraut wird, tut gut daran, wenn er sich bemüht, durch recht verstandene Liebe, d.h. hier durch echtes Interesse, durch ersichtliche Zuneigung, durch Anteilnahme und Fürsorge das Vertrauen des jungen Menschenkindes zu gewinnen. Dies setzt seitens des Erziehers im Anfang sehr viel Nachsicht voraus und die Bereitschaft, nicht in erster Dringlichkeit die sicher zutage tretenden «Fehler» des Kindes anzuvisieren, sondern nach den ohne Zweifel auch vorhandenen bescheidenen positiven Ansätzen Ausschau zu halten. Auf dieser Vertrauensbasis und liebevollen Haltung baut das ganze Erziehungswerk auf. Wenn aber das Kind in einer solchen Welt der erzieherischen Geborgenheit wieder zu Kräften und Zuversicht gekommen ist, stellt sich die für den endgültigen Erziehungserfolg möglicherweise entscheidende Frage: die Frage nämlich, ob es der Erzieher nunmehr wagt, das vielleicht mühsam gewonnene Vertrauen des Kindes dadurch auf Probe und möglicherweise in Frage zu stellen, indem er mehr und mehr Forderungen an das Kind stellt. Er ist befugt und verpflichtet, diese Forderungen zu stellen, sozusagen stellvertretend für die Gesellschaft, die dies später auch tun wird. Ein Erzieher, der im gütigen Gewährenlassen steckenbleibt, bereitet sein Kind ebensowenig auf die Lebensrealitäten vor wie derjenige, der deshalb nicht zum Ziele kommt, weil er sich nie ernsthaft um die Basis, die Vertrauensgrundlage, bemüht hat. In den letzten Jahren seines Kinderdorfaufenthaltes gewinnt deshalb die klare Forderung des Erziehers oder sein gelegentliches «Nein» zu einem Anspruch des Kindes eine besondere, ja entscheidende Bedeutung. Ohne diese grundlegende Erziehungsarbeit ist jede spezielle Lebens- und Berufsvorbereitung mit grösster Wahrscheinlichkeit zum Scheitern verurteilt. Umgekehrt haben wir erfahren, dass bestimmte Sondermassnahmen sehr wirksam sein können, wenn sie auf der oben geschilderten Grunderziehung aufbauen können. Zwei dieser vorbereitenden Massnahmen des Kinderdorfes sind nachfolgend erläutert:

Seit etwa 15 Jahren, also lange bevor die entsprechende Einrichtung als sog. «Schnupperlehre» verschiedenenorts bekannt wurde, führen wir im Kinderdorf im 8. und 9. Schuljahr für Knaben und teilweise auch für Mädchen ein Berufspraktikum durch. Es besteht darin, dass diese Schüler der Abschlussjahrgänge an 3 bis 5 Nachmittagen der Woche nicht den Unterricht in ihrem Oberstufenschulhaus, sondern in entsprechender Arbeitskleidung eine Werkstätte, ein Berufsatelier oder eine Fabrik in Trogen, Speicher oder in St. Gallen aufsuchen. Dort führt sie der Meister oder Vorarbeiter während eines Monates in die beruflichen Arbeiten eines Lehrlings, eines Arbeiters und des Meisters selbst ein. Diese Einführung ist mit intensivem praktischem Arbeitseinsatz verbunden. Ziel der Bemühungen ist die Vermittlung eines bestimmten Berufsbildes und gleichzeitig die Gewöhnung an den andersgearteten Arbeits- und Freizeitrhythmus des Berufslebens. Wird ein Schüler dabei überanstrengt, was recht selten geschieht, kann die Zahl der Praktikumsnachmittage reduziert werden, denn es ist klar, dass der Schüler vormittags seine Schule im Kinderdorf besucht und auch seinen Aufgabenverpflichtungen nachzukommen hat. Nach einem Monat erfolgt der Wechsel zu einem anderen Meister und Beruf. Während eines Winterhalbjahres lernt der Schüler auf diese Weise 5 bis 6 Berufe kennen, die er sich unter etwa 80 verschiedenen Möglichkeiten frei hat aussuchen können. Die schriftlichen Erfahrungsberichte der Schüler und der Meister sind für die Beurteilung der allgemeinen Berufslehrreife sehr aufschlussreich. Natürlich dienen sie auch der Berufsberatung, aber durchaus nicht in erster Linie. Wir sehen dieses Praktikum vielmehr als Teil der allgemeinen Lebensschulung, die auch für den künftigen Studenten, der später keinen handwerklichen Beruf ausüben wird, von Bedeutung ist. Bevor es «Ernst gilt», kann sich der Abschlussschüler innerlich auf den bevorstehenden beruflichen Ernstfall rüsten. Und nicht nur er tut dies. Auch seine jüngeren Kameraden im Hause tun dies, wenn er abends müde, aber voller neuer Eindrücke heimkommt und am Tische von seinen Erlebnissen erzählt. So strömt «echtes Leben» in ein Dorf, das ohnehin darauf achten muss, kein erzieherisches Inseldasein zu führen.

Unter den 20 richtigen Häusern unseres Dorfes ist eine von den Jugendlichen selbsterbaute Baracke zu entdecken. Sie weist keinerlei Komfort auf. In einer Ecke steht ein bescheidener Holzofen. Ein zweimal abgewinkeltes Ofenrohr führt ins Freie. Die Schüler und Schülerinnen des 9. Schuljahres leben jeweils in Dreiergruppen während 14 Tagen des Winterhalbjahres in dieser Baracke. In der ersten Woche ist ihnen noch gestattet, die Hauptmahlzeiten aus der Gemeinschaftsküche zu beziehen und das elektrische Licht zu benützen. In der 2. Woche kochen sie selbst, und als Licht stehen ihnen eine Petrollampe und Kerzenlichter zur Verfügung. Ihr Tages- und Arbeitsprogramm gestalten die drei Schüler selber. Wesentlich ist, dass ihre Leistungen in der Schule während dieser «Selbständigkeitsübung» nicht abfallen und dass sie den Kampf um eigene Ordnung und Sauberkeit und diejenige ihrer primitiven Hütte erfolgreich bestehen. Der Sinn der Übung, die sich bei den Schülern grosser Beliebtheit erfreut, ist klar: In Spiel- und Wettbewerbsform sollen den grösseren Kindern alle mit der Zeit so selbstverständlich gewordenen Dienstleistungen des Hauses und des Dorfes entzogen werden: Wichtiger und meist mit sportlichem Elan bewältigter Schritt zu grösserer Selbständigkeit.

Eine nicht unwillkommene Nebenerscheinung zeigt sich nach dem Verlassen der von den Kindern so benannten «Villa Fürchterlich» und der Rückkehr in das angestammte Kinderhaus: Die Einrichtungen dieses Hauses, die Zentralheizung, die nahen Toiletten, dass fliessende Wasser, die Leistungen der Hauseltern und der Gehilfinnen werden neu geschätzt und entsprechend gewürdigt.

10. Zusammenarbeit zwischen Erzieher und Psychologe
Von Anfang an stand den Erziehern des Kinderdorfes der Rat und die Erfahrung eines Fachpsychologen zur Verfügung, zuerst durch Konsultationsbesuche einer Psychologin, sehr bald aber durch eine der Dorfgemeinschaft angehörende Psychologin. Die folgenden Erfahrungen verdienen hier festgehalten zu werden:

Die ständige Mitarbeit eines Psychologen in einem Erziehungswerk, das über 200 Kinder aus zum Teil schwierigen Verhältnissen und aus den verschiedensten Ländern betreut, ist äusserst wertvoll, ja für eine ernsthafte erzieherische Aufbauarbeit unerlässlich.

Voraussetzung für eine erspriessliche Zusammenarbeit zwischen Erziehern und Psychologin sind ein gegenseitiges Vertrauensverhältnis und die Zuerkennung bestimmter Kompetenz- und Verantwortungsbereiche. Ihrem Wesen und Auftrag entsprechend, wird der Erzieher in der Regel dem Kinde, jedenfalls dem grösseren Kinde, meist in der Rolle des Fordernden begegnen, währenddem die Psychologin die Aufgabe der Einfühlung und des Verstehens, in einer bestimmten Therapiephase gar die Aufgabe des Gewährenlassens zu beachten hat.

Es zeigte sich in der Kinderdorfpraxis allerdings, dass Erzieher, die mit ihren Erziehungssorgen zu der Psychologin kamen, offen über ihre Schwierigkeiten sprechen und ihren Rat auch annehmen konnten, ohnehin in der Regel die aufgeschlosseneren, erfahreneren und meist auch erfolgreicheren Erzieher sind als jene Überängstlichen, die Hemmungen haben, über Schwierigkeiten in ihrer Erziehungsarbeit zu sprechen, weil sie um das Ansehen ihrer Erzieherpersönlichkeit fürchten.

Die ohnehin sehr delikate Aufgabe der Psychologin wird erleichtert, wenn sie nicht gleichzeitig der Erziehungsberatung und der Auswahl und Beurteilung des Erzieherstabes dienen muss. Gerade diese Doppelfunktion, so sehr sie sich aufdrängt, könnte den Aufbau des so unerlässlichen Vertrauensverhältnisses zu den Erziehern doch empfindlich stören.

11. Die erzieherischen Auswirkungen einer internationalen Dorfgemeiaschaft

Das Pestalozzidorf ist ausser dem im Aufbau befindlichen Schwesterdorf in Sedlescombe (England) das einzige internationale Kinderdorf. Ein Dorf, das 8 bis 12 Nationen in eine direkte Nachbarschaft bringt, muss seinen bestimmten Einfluss auf Kinder, Jugendliche und Erwachsene ausüben:

Die Kinder schliessen in der Regel ohne Bedenken ihre Spiel- und Arbeitskontakte untereinander. Das beginnt bereits auf der Stufe des Kindergartens. Eine soziometrische Abklärung hat ergeben, dass die Freundschaftskontakte mit Kindern anderer Häuser und Nationen mit zunehmendem Alter der Kinder wachsen, und zwar bis auf über 80 Prozent aller Freundschaften im Oberstufenalter.

Eine entsprechende, über mehrere Jahre verfolgte Studie hat ferner gezeigt, dass bei der Mehrzahl unserer Kinder im Laufe der Jahre die Bereitschaft und das Interesse an Kontakten mit Kameraden anderer Nationen zunimmt.

Die besondere Gliederung unserer Dorfgemeinschaft wirkt der Vorurteilsbildung bei Kindern in bezug auf Herkunft, Nation, Rasse und Religion in natürlicher Weise entgegen.

Die Erwachsenen unseres Dorfes sind in der Regel von ihrer vorkinderdorflichen Zeit her sehr oft mit wesentlich mehr Vorurteilen belastet als die von ihnen betreuten Kinder. Es ist deshalb von grosser Bedeutung, wie rasch und gut es ihnen gelingt, diese allenfalls vorhandenen Vorurteile wenigstens so abzubauen, dass das Zusammenwirken der Erwachsenengemeinschaft auch den Kindern als brauchbares Modell dienen kann. Denn diese Erfahrung muss unterstrichen werden: Auch hier zählt letztlich nur das Beispiel. Internationale Zusammenarbeit kann den Kindern nicht einfach doziert werden, sie muss, wenn auch nicht immer in allen Teilen mustergültig, so doch glaubhaft gelebt und in diesem Falle eben doch vorgelebt werden.

Die Glieder eines internationalen Erziehungsdorfes sind auf gegenseitiges Geben und Nehmen angewiesen. Je mehr eine Gruppe geben kann, um so leichter fällt ihr das Annehmen anderer Erfahrungen. In diesem Sinne darf unser Dorf als besonders reich gelten. Und entsprechend reich sind die Erfahrungs- und Erlebnismöglichkeiten für unsere Erwachsenen und für die Kinder. Aus dieser Vielfalt sei einiges herausgegriffen:

Finnland: Die Finnen brachten ihre Sauna nach Trogen. Finnische Saunatradition hat sich inzwischen bei allen Kinderdorfnationen eingebürgert.

Frankreich: Die Franzosen kamen vor 20 Jahren mit ihren Erfahrungen in der Schuldruckerei nach Trogen. Heute hat jedes Kinderhaus seine Haussetzerei, denn jede

Nation setzt vierteljährlich ihren Beitrag für die gemeinsame Kinderdorfzeitschrift «Freundschaft».

Griechenland: Mit ihren Tänzen und Liedern brachten die Griechen die Sonne und die herbe Schönheit ihres Landes auf den Appenzeller Hügel und dazu das Temperament eines alten, aber jung gebliebenen Kulturvolkes des Mittelmeerraumes.

Tibet: Die wohlerzogenen und liebenswürdigen Tibeterkinder brachten mit ihren Erwachsenen eine uns bisher unbekannte Lamakultur, über deren inneren Reichtum wir immer wieder staunen.

Aber auch die Italiener, die Österreicher, die Ungarn, die Deutschen, die Engländer, die Schweizer und neuerdings die Koreaner und die Tunesier leisten in ähnlicher Weise ihren Beitrag an die Dorfgemeinschaft, der sie angehören. Dass hier «Prägungen» im Sinne von Konrad Lorenz stattfinden, Prägungen, die zwischenmenschliche Kontakte auch unter ungewohnten Voraussetzungen erleichtern, ist in der Kinderdorfpraxis zu einer eindrücklichen Erfahrung geworden.

III. Das Kinderdorf vor neuen Aufgaben

Ein Wort von Albert Camus gilt für die Lage, in der sich das Kinderdorf heute, 20 Jahre nach seiner Gründung, befindet: «Ich habe das Licht, in dem ich geboren wurde, nicht verleugnen können, aber gleichzeitig wollte ich auch den Verpflichtungen unserer Zeit nicht aus dem Wege gehen.»

1. Der Stiftungsratsbeschluss vom 4. April 1964

Es ist verständlich, dass sich in den vergangenen zwanzig Jahren in Europa und in der weiteren Welt gegenüber der unmittelbaren Nachkriegszeit vieles geändert hat. Die Wunden, die der Zweite Weltkrieg in Europa geschlagen hatte, sind vernarbt. Die meisten Länder Mitteleuropas erfreuen sich einer gesunden Wirtschaftslage. Sie konnten ihre eigenen Sozialinstitutionen auf- und ausbauen. Dagegen stellen sich in den Ländern, die wir unter dem Begriff Entwicklungsländer zusammenfassen, soziale Probleme und Aufgaben von einem früher kaum erfassten Ausmass. Auf das Kinderdorf Pestalozzi kann diese Entwicklung nicht ohne Einfluss bleiben. Ländern des Mittelmeerraumes wird es zwar heute und morgen nicht schwerfallen, eine grössere Zahl notleidender Sozialwaisen für die Aufnahme in das Pestalozzidorf vorzuschlagen. Bei einzelnen Ländern Mittel- und Nordeuropas, so in Frankreich und in England, zeigt es sich aber, dass der Wunsch, weiterhin im Kinderdorf vertreten zu sein, weniger von der fürsorgerischen Seite her bestimmt wird als vielmehr von der Absicht, an diesem Werk der internationalen Zusammenarbeit auf dem Felde der Erziehung und des Unterrichtes beteiligt zu bleiben. Beide Länder haben uns aber eines ihrer Häuser für eine andere Verwendung freigegeben. Damit eröffnet sich der Stiftung Kinderdorf Pestalozzi die Möglichkeit, eine sehr beschränkte Zahl ihrer Häuser im Pestalozzidorf jenen Ländern zur Verfügung zu stellen, die auch heute noch eine eigentliche Kindernot kennen. Es sind dies die Entwicklungsländer, die ihre riesigen Aufbauprobleme nur dann lösen können, wenn es ihnen in absehbarer Zeit gelingt, die Erziehungs- und Schulungsaufgaben an ihren Kindern angemessen zu meistern.

Der erste Schritt in der Richtung der neuen Kinderdorfaufgaben ist 1960 mit der Aufnahme tibetanischer Flüchtlingskinder bereits getan worden. Inzwischen haben sich die verantwortlichen Organe des Kinderdorfes und der Stiftung in eingehenden Studien mit dem ganzen Problemkreis befasst, und am 4. April 1964 hat das oberste Organ unserer Stiftung, der Stiftungsrat, die entscheidenden Beschlüsse gefasst und in der folgenden Presseverlautbarung bekanntgegeben:

«Der Stiftungsrat des Kinderdorfes Pestalozzi in Trogen hat an einer ausserordentlichen Sitzung vom 4. April 1964, abgehalten im Zentralsekretariat der Pro Juventute in Zürich unter dem Vorsitz des Vizepräsidenten der Stiftung, Prof. Georges Panchaud, Lausanne, und in Anwesenheit des Dorfgründers, Dr. Walter Robert Corti, die Ziele und Aufgaben des Pestalozzidorfes im Hinblick auf die Erfordernisse der Gegenwart diskutiert. Der Stiftungsrat, der sich auf Vorarbeiten einer Studiengruppe stützen konnte, kam zum Schluss, dass die ursprüngliche Zielsetzung des Kinderdorfes Pestalozzi, notleidenden Kindern aus verschiedenen Ländern eine langfristige Erziehungshilfe angedeihen zu lassen, weiterhin gültig ist. Es wurde nach den guten Erfahrungen mit den Kindern aus Tibet beschlossen, die Ausweitung der Kinderdorfarbeit auf aussereuropäische Länder zu intensivieren. Als nächster Schritt in diesem Sinne wird eine Ergänzung der asiatischen Gruppe durch Kinder aus Südkorea ins Auge gefasst, dessen grosse Kindernot der Leiter des Pestalozzidorfes, Arthur Bill, als Mitglied der neutralen Überwachungskommission aus eigener Anschauung kennengelernt hat. Zusammen mit den Kindern soll eine Erwachsenengruppe aus dem betreffenden Lande aufgenommen werden. Das Kinderdorf möchte damit auch einen Beitrag zur Heranbildung von Erzieherkadern leisten. Die Kinderauswahl, die Rückkehr der Kinder und der Erzieherkader in die Heimat sollen in Zusammenarbeit mit bewährten Institutionen der Entwicklungshilfe geschehen.

Auf diese Weise will das Kinderdorf Pestalozzi in Trogen nach wie vor im Rahmen seiner Möglichkeiten bei der Linderung der Kindernot in aller Welt, und es hofft, dass das Schweizervolk ihm in der Erfüllung seiner Aufgaben weiterhin seine treue Verbundenheit bewahrt.»

Eine Vielzahl von spontanen Meinungsäusserungen aus dem Kreise schweizerischer und ausländischer Kinderdorffreunde lässt darauf schliessen, dass die sorgfältige Fortführung bisheriger Kinderdorfaufgaben und die Inangriffnahme neuer Aufgaben auf eine allgemeine Zustimmung stösst. Damit ist eine sehr wichtige Voraussetzung geschaffen, um den bisher europäischen Rahmen unseres Dorfes zu erweitern und recht eigentlich zu einem internationalen Werk der Solidarität und der weltoffenen Brüderlichkeit auf dem Felde der Fürsorge und der Erziehung zu werden.

2. Voraussetzungen und Grundsätze einer erweiterten und den Zeitbedürfnissen angepassten Kinderdorfarbeit
Die Frage, warum sich denn gerade das Kinderdorf Pestalozzi berufen fühlt, auf dem Gebiete der Entwicklungshilfe einen eigenen Beitrag zu leisten, ist verständlich. Sie soll in den nächsten Abschnitten beantwortet werden:

Das Kinderdorf hat bereits bisher wertvolle Entwicklungshilfe geleistet, und zwar in den unmittelbaren Nachkriegsjahren für alle europäischen Länder, die ihm damals Kinder anvertraut haben. Es betreibt auch heute noch Entwicklungshilfe, und zwar mit den Kindern des europäischen Mittelmeerraumes und durch jene unter den Ehemaligen und früheren Mitarbeitern, die durch Firmen und Organisationen ihres Landes oder durch schweizerische Unternehmen in die Entwicklungsländer geschickt werden. Nicht zu Unrecht ist deshalb die Stiftung Kinderdorf Pestalozzi in der Botschaft des Bundesrates über die Zusammenarbeit der Schweiz mit den Entwicklungsländern vom 5. Mai 1961 bereits erwähnt mit dem anerkennenden Hinweis: «Die Stiftung des Kinderdorfes Pestalozzi in Trogen leistet ebenfalls einen wertvollen Beitrag internationaler Solidarität.»

Die Erweiterung der Aufgabenstellung wird uns also nicht in jedem Falle und auf allen Gebieten auf Neuland führen. Die Weiterentwicklung wäre eine sinnfällige, harmonische.

Es darf die belegbare Behauptung aufgestellt werden, dass man sich an keinem Orte in Europa auf so direkte und natürliche Weise auf die Tätigkeit in einem Entwicklungslande vorbereiten kann wie im Kinderdorf Trogen, falls dieses Dorf eine genügend starke Vertretung von Kindern und Erziehern aus Entwicklungsländern aufweist. Diese Vorbereitung wird erleichtert durch:

- die internationale Atmosphäre,
- die Schulung zur Toleranz und zum Verstehen des Andersartigen,
- das Kennenlernen einiger Vertreter (Kinder und Erwachsene) der verschiedensten Länder und Kulturkreise,
- die Möglichkeit, fremde Sprachen zu erlernen,
- die Möglichkeit, sich über die Bedürfnisse der betreffenden Entwicklungsländer direkt und im Detail selbst orientieren lassen zu können,
- die Leichtigkeit der Teambildung.

In einzelnen Fällen hat es sich denn gezeigt, dass sich Ehemalige des Kinderdorfes gut bewähren können wenn sie von Firmen in Entwicklungsländer geschickt werden:
So hat ein junger Grieche (G. Steriotis) im Sudan in einer grossen, sich im Aufbau befindlichen Weberei, die 4000 Menschen beschäftigen soll, Pionierarbeit geleistet. Er hat als Saalmeister den dort beschäftigten Eingeborenen Vertrauen entgegengebracht, sie zu entsprechenden Arbeiten herangezogen. Er wurde nach verhältnismässig kurzer Zeit zum Lehrlingsausbildner ernannt.

Ein Ehemaliger aus dem italienischen Hause «Cuore» arbeitet seit längerer Zeit mit gutem Erfolg als Bankbeamter in einer Zweigniederlassung eines internationalen Bankinstitutes in Tanganjika. Er ist mit einer Französin verheiratet (R. Casini).

Ein Grieche (Dimitris) hat in seinem eigenen Lande als Orthopädieschuhmacher wertvolle Aufbauarbeit geleistet, ist in einem staatlichen Institut bald zum Abteilungsleiter aufgestiegen und wurde von Griechenland an internationale Orthopädenkongresse delegiert.

Ist es nicht auch praktische Entwicklungshilfe, wenn wir eine Ehemalige unter den Finnen (Seija) als Handarbeitslehrerin nicht in der Nähe ihrer Vaterstadt, sondern ganz hoch oben im Norden Lapplands finden, wo zur Zeit, da diese Zeilen geschrieben werden, die Sonne nie über dem Horizont erscheint? (Nach einigen Jahren Tätigkeit im hohen Norden hat Seija für ein halbes Jahr Urlaub genommen, um dem Kinderdorf ihre Hilfe anzubieten und mit einer Berufskollegin als weiteren Helferin nach Trogen zu reisen. Sie ist jetzt bei uns und hilft im Finnenhaus. Wer weiss, was sich die kleinen Finnen dort denken, wenn Seija aus Lappland erzählt. Kein Wunder, wenn in zehn Jahren wieder ein Ehemaliger im hohen Norden mit viel Sonne im Herzen im Land ohne Wintersonne anzutreffen wäre. Nordisch-finnisches Modell natürlichster Entwicklungshilfe!)

Anschliessend soll versucht werden, in einer knappen Übersicht die Grundsätze darzustellen, nach denen die erweiterte Kinderdorfaufgabe sich ausrichtet:

Das neue Programm leitet sich direkt aus den Grundideen des Kinderdorfes Pestalozzi ab. Die beiden Hauptanliegen des Kinderdorfes, Hilfe dem notleidenden Kinde und Förderung der Völkerverständigung, finden in einer Welt, die sich seit der Kinderdorfgründung gewandelt hat, neue und sinnvolle Erfüllung.

Der neue Plan steht in voller Übereinstimmung mit dem Zweckartikel der Stiftung Kinderdorf Pestalozzi. Wenn sich das Kinderdorf Pestalozzi heute einigen Aufgaben der Entwicklungshilfe zuwendet, geschieht dies deshalb,

– weil Entwicklungshilfe immer und in erster Linie auch Erziehungshilfe bedeutet, weil im Kinderdorf von jeher Aufgaben der Grundschulung und der Grunderziehung gelöst wurden weil ein internationales Kinderdorf günstige Voraussetzungen schafft, um eine verständnisvolle, den jeweiligen Verhältnissen angepasste Hilfe von Mensch zu Mensch aufzubauen.

Die kurzfristige Hilfe in anderen Ländern beschränkt das Kinderdorf auf sein ureigenes Erfahrungsgebiet der Erziehung, Schulung, Betreuung und Verwaltung.

Die langfristige Hilfe in Entwicklungsländern wird mit der Rückkehr der im Kinderdorf und in der Schweiz aufgewachsenen und ausgebildeten Jugendlichen wirksam. Sie kann alle Gebiete menschlichen Einsatzes umfassen.

Das Kinderdorf sieht seine Auslandhilfe vor allem auf dem Felde der Kaderausbildung. Das Kinderdorf leistet in erster Linie dort Hilfe, wo sie angefordert und gewünscht wird.

Die Kinderdorfhilfe soll über die Erziehungshilfe zur Selbsthilfe und schliesslich zur Ausbildung von Helfern führen.

Das Kinderdorf sieht seiner Struktur entsprechend seine Aufgabe eher an der Basis im gleichmässigen Ausbau der vielschichtigen Arbeitspyramide eines Entwicklungslandes.

In Kenntnis der Lebensbedingungen der Entwicklungsländer beachtet das Kinderdorf einen Lebensstandard, der die Rückkehr in das eigene Land nicht ungebührlich erschwert.

Das Kinderdorf versucht, die in Trogen gelebte Partnerschaft zwischen europäischen Volksgruppen und Menschen aus Entwicklungsländern in diese Notgebiete hinauszutragen, um dort eine auf dem Verständnis von Mensch zu Mensch beruhende Aufbauarbeit zu ermöglichen.

Der neue Plan eröffnet vor allem der europäischen Kinderdorfjugend ein weites und dankbares Feld mitmenschlichen Einsatzes. Er bietet zudem geeigneten Mitarbeitern neue Entfaltungsmöglichkeiten.

Die erweiterte Kinderdorfarbeit soll den Zusammenschluss befreundeter Kinderdörfer fördern und gemeinsame Tätigkeitsfelder erschliessen.

Das Kinderdorf will mit dem neuen Plan vorerst wohlgezielte Einzelaufgaben verfolgen, dies aber in Fühlungnahme mit nationalen und internationalen Organisationen und wo möglich im Rahmen allseitig wirksamer Gesamthilfsaktionen.

Das Kinderdorf strebt mit einer weltweiten Hilfe die Bildung weniger Schwerpunkte an, von denen aus die Kinderdorfarbeit zu gegebener Zeit weitergetragen werden soll.

3. Die Verwirklichung der neuen Pläne

Mit der im Jahre 1960 erfolgten Aufnahme der ersten tibetischen Kindergruppe hat das Kinderdorf Pestalozzi nicht nur eine Tibethilfsaktion ausgelöst, die schliesslich zur Folge hatte, dass mehrere hundert Kinder und Jugendliche dieses bedrängten Volkes in Europa Aufnahme und Schulung erfahren durften, es hat damals schon begonnen, seine Arbeit allmählich auszuweiten auf aussereuropäische Gebiete. Im Oktober 1965 aber trafen die südkoreanischen Kriegswaisen in Trogen ein, bald gefolgt von einer Knabengruppe aus tunesischen Kinderdörfern, mit denen Trogen seit mehreren Jahren verbunden ist.

Damit ist der vom Stiftungsrat im April 1964 gutgeheissene Plan einer Ausweitung der Kinderdorfarbeit auf aussereuropäische Länder in eine erste Phase der praktischen Verwirklichung getreten. Die Kinder Südkoreas und Tunesiens haben die Primarschulausbildung ihres Landes bereits absolviert, wenn sie zu uns kommen. Ihr Aufenthalt in der Schweiz wird demnach um 3 bis 6 Jahre kürzer bemessen sein als der ihrer europäischen Kinderdorfkameraden. Damit und mit einigen weiteren Massnahmen hoffen wir, der Gefahr der Entfremdung von ihrem Lande weitgehend beggnen zu können. Im Laufe des Jahres 1966 werden wir die ersten Koreaner- und Tunesierschüler, die ihren Studien mit grösstem Eifer obliegen, bereits auf der Oberstufe finden. Beide Regierungen haben sich in einem mit der Stiftung geschlossenen Vertrag verpflichtet, den ausgebildeten jungen Bürgern ihres Landes bei ihrer Rückkehr geeignete Aufgabengebiete zuzuweisen.

Auf diese Weise hofft das Pestalozzidorf, dem Ersuchen der betreffenden Regierungen gerecht zu werden und seine Erfahrungen auch in den Dienst der pädagogischen Entwicklungsförderung dieser Länder stellen zu können. Am Beispiel der Südkoreaner sollen abschliessend Zielsetzung und Programm der pädagogischen Entwicklungshilfe, wie sie das Kinderdorf bieten kann, umschrieben werden:

Ziel

Mit der mehrjährigen Schulung und beruflichen Ausbildung der koreanischen Kinder und mit den ein- bis zweijährigen Kursen, die die koreanischen Praktikanten bei uns absolvieren, möchten wir Südkorea, einem ausgesprochenen Entwicklungsland, beim Aufbau des so wichtigen mittleren Kaders behilflich sein. Das Kinderdorf kann hier vor allem auf dem Gebiet der pädagogischen Entwicklungshilfe einen Beitrag leisten. Die vordringlichen Bedürfnisse Südkoreas sind uns bekannt und werden bei der Schulung und Berufsausbildung der jungen Koreaner angemessen berücksichtigt.

Programm
Schüler:
Die koreanischen Knaben und Mädchen, vorerst noch fast ausschliesslich Kriegswaisen des koreanischen Krieges, sind bei der Aufnahme 11 bis 13 Jahre alt. Die sorgfältig ausgewählten Kinder werden nach einem Jahr der Angewöhnung und Vorbereitung die internationalen Oberstufenklassen des Kinderdorfes Pestalozzi besuchen, um darauf in ländlicher Umgebung, d.h. unter Vermeidung nachteiliger städtischer Einflüsse, die Ausbildung in jenen Berufen anzutreten, die für die Aufbauarbeit in Korea besonders wichtig sind. Nach Abschluss dieser Berufslehre kehren die jungen Koreaner in kleinen Gruppen in ihr Land zurück. Die koreanischen Behörden haben uns dabei Hilfe und Unterstützung zugesichert. In dieser entscheidenden Phase unseres Planes wollen wir die jungen Koreaner nicht sich selbst überlassen: Ein oder zwei junge Erzieher unseres koreanischen Helferstabes werden, wenn möglich, gleichzeitig zurückkehren.

Praktikanten:
Diese sind bei ihrer Ankunft im Kinderdorf 19 bis 25 Jahre alt und verfügen über Erfahrung in Erziehungsarbeit. Sie haben sich vertraglich bereit erklärt, nach einem Aufenthalt von 1 bis 2 Jahren in der Schweiz eine Aufgabe auf dem Gebiet der praktischen Erziehung in Korea zu übernehmen.

Es handelt sich demnach darum, den jungen Koreanern und Koreanerinnen, nachdem sie im Kinderdorf ihre Deutsch- oder Französischkenntnisse vertieft haben, einen guten Einblick in schweizerische Schul-, Erziehungs- und Sozialarbeit und in das politische und kulturelle Leben in den Gemeinden, Kantonen und in der Schweiz im allgemeinen zu vermitteln. Dies wird geschehen durch entsprechende Besuche und Kurse und durch mehrwöchige oder mehrmonatige Praktika. Das Programm für die koreanischen Praktikanten wird im Koreahaus beginnen und sich dann auf die übrigen Häuser, die Werkstätten und Schulen des Kinderdorfes erweitern; in der zweiten Hälfte ihres Aufenthaltes werden weitere Ausbildungsmöglichkeiten in der deutschen und französischen Schweiz ausgewertet.

Die kurzfristige Schulung im Rahmen eines ein- bis zweijährigen Programms ist deshalb zu verantworten und auch von der koreanischen Regierung aus erwünscht, weil diese jungen Koreaner mit verhältnismässig guten sprachlichen und pädagogischen Voraussetzungen zu uns kommen und weil die Mitarbeit dieser Praktikanten in Korea nach dem

Schweizer Aufenthalt dringend benötigt wird. Der zuständige koreanische Gesundheits- und Sozialminister hat über die berufliche Verwendung der koreanischen Praktikanten und der bei uns beruflich ausgebildeten koreanischen Kinder wie folgt geschrieben: «Wir werden uns darauf einstellen, den zurückkehrenden Schützlingen aus dem Kinderdorf Pestalozzi in Korea eine geeignete Tätigkeit zu finden. Mein Plan ist es, sie als Lehrer in den Berufsausbildungszentren (Lehrwerkstätten) einzusetzen, wo sie die erworbenen Kenntnisse voll und ganz auswerten können.»

Zusammenwirken des Programms für Kinder und Praktikanten:
Während das Programm für die koreanischen Kinder langfristig ist, d.h. in der Schweiz total 6–8 Jahre umfassen kann, stellt das Programm für die Praktikanten eine Soforthilfe dar. Zurückkehrende Praktikanten sollen laufend durch neue ersetzt werden, so dass sich in Korea im Laufe der Jahre an verschiedenen Orten sogenannte Stützpunkte aufbauen, die den Schützlingen des langfristigen Programms bei ihrer Rückkehr die Wiedereingliederung erleichtern helfen sollen. Ein mit Erfolg durchgeführtes Programm der Praktikanten stellt also eine wichtige Sicherung dar für den zweckmässigen und erfolgreichen Abschluss des Programms der koreanischen Kinder.

Es ist vorgesehen, dass jede zurückkehrende Gruppe ausgebildeter Schützlinge des langfristigen Programms von koreanischen Praktikanten begleitet wird. Unsere Stiftung ist ebenfalls bereit, mit solchen Rückkehrgruppen 2 oder 3 junge Europäer reisen zu lassen, junge Leute, die im Kinderdorf aufgewachsen sind und die sich in der Berufspraxis ihres eigenen Landes bereits bewährt haben. Diese jungen europäischen Helfer werden bereit sein, während 1 bis 2 Jahren an der Seite ihrer koreanischen Freunde als verlässliche Partner zu arbeiten und mit ihnen ein einfaches, aber erfahrungsreiches Leben zu teilen.

Unsere Stiftung arbeitet bei der Durchführung dieses Programms mit bewährten Institutionen der Entwicklungshilfe zusammen.

Den Winter 1965/66 verbrachten drei junge Inderinnen im Kinderdorf, um sich hier sprachlich auf ihre Ausbildung als Säuglingsschwestern, die sie in St. Gallen absolvieren werden, vorzubereiten. Eine junge Kongolesin weilte zu ähnlichen Zwecken ein halbes Jahr bei uns.

So darf sich die grosse europäische Dorfgemeinschaft, die zurzeit von Kindern aus Frankreich, Italien, Österreich, Deutschland, Griechenland, England, Finnland, Ungarn und aus der Schweiz gebildet wird, heute auch den Kindergruppen aus Asien und Afrika zuwenden in der Hoffnung, sie freundschaftlich einzuschliessen in den Kreis der Gebenden und der Empfangenden.

Das Kinderdorf Pestalozzi ist auch in diesem Sinne ein Spiegelbild einer Welt, in der es kein «ausserhalb» mehr gibt, in der wir alle zu Nachbarn geworden sind.

Wir Zeitgenossen sind für eine solche Nachbarschaft, die uns die Technik gebracht hat, innerlich schlecht gerüstet. Auch das Kinderdorf ist zwar ein höchst instruktives, aber doch nur ein bescheidenes Übungsfeld. Es hat seinen geistigen Ursprung aber in Gedanken und Überlegungen, die der Gründer des Dorfes, Walter Robert Corti, in seiner Ausstellung «Die Sache der Philosophie» im vergangenen Jahre im Zürcher Helmhaus dargestellt hat. Diese Ausstellung, die auch den Cortischen «Plan der Akademie» erläutert, einer Gelehrtensiedlung, die der Friedensforschung im weitesten Sinne dienen möchte, wird demnächst in Winterthur zu sehen sein. Der Hinweis auf den «Plan der Akademie», der älter ist als die Kinderdorfplanung, und auf die ihn begründende Ausstellung gehört deshalb in einen Rechenschaftsbericht über das Kinderdorf Pestalozzi, weil dieses Dorf wohl nur von der geistigen Schau der Akademie-Planung her richtig verstanden und auch in Zukunft recht gefördert werden kann. Dass dies wirklich geschehen möge und dass es dabei erneut die Treue des Schweizervolkes und den verständnisvollen Beistand der schweizerischen Lehrerschaft erfahren darf, das wünschen wir dem Kinderdorf an der Schwelle zu seinem dritten Jahrzehnt.

*Soziometrie im Kinderdorf Pestalozzi in Trogen.
Auszug aus dem Vortrag von Arthur Bill an der Grazer-Studientagung
der FICE zum Thema «Struktur der Gruppe» (1966)*

Im Kinderdorf Pestalozzi leben die heranwachsenden Kinder in einer internationalen Dorfgemeinschaft. Damit ist eine Chance geboten, sie in bezug auf «die anderen» mit einem Minimum an Vorurteilen aufwachsen zu lassen, sie also zu rüsten auf eine Zeit, in der, öfters und intensiver als bisher, Lebens- und Daseinsprobleme im übernationalen Rahmen oder doch in internationalen Teams gelöst werden.

Unsere soziometrischen Erhebungen wollen demnach nicht nur klären, ob und welche Schüler etwa abgelehnt oder bevorzugt werden, sondern sie möchten zudem Antwort geben auf die Frage, ob und in welcher Weise übernationale Gruppierungen und Freundschaften in unserer Schüler-Dorfgemeinschaft entstehen.

Einige Ergebnisse dieser Studien sind nachfolgend kurz beschrieben. Ihre Auswertung ist noch nicht abgeschlossen. Sie wird fortgesetzt, die bisherigen Ergebnisse werden mit neueren verglichen und auch mit der Lebensbewährung der in den Soziogrammen in Erscheinung tretenden Einzelnen und Gruppen in Beziehung gebracht. Auch aus diesem Grunde ist uns die Weiterpflege des Kontaktes mit allen Austretenden so wichtig.

Um die später zu beschreibenden Soziogramme besser verstehen zu können, ist es nötig, einiges über die Struktur unserer Dorf- und Schulgemeinschaft zu erfahren:

1. Die äussere Organisation und die Gliederung der Gemeinschaft des Pestalozzi-Dorfes

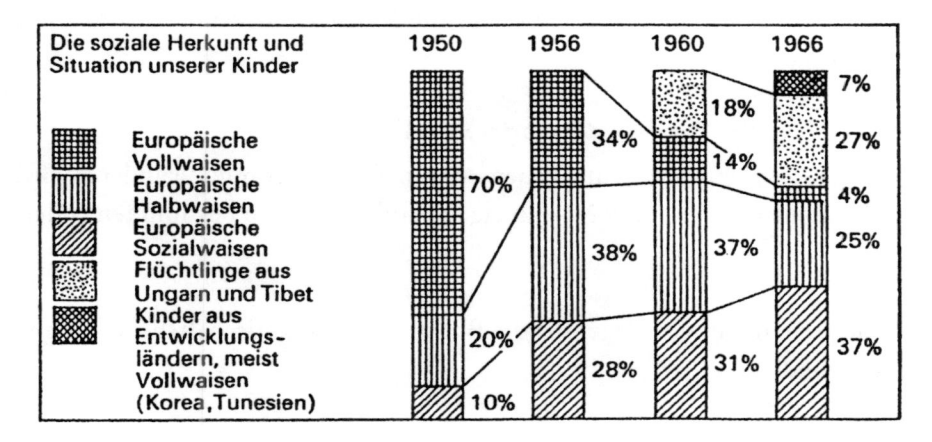

Die soziale Herkunft und Situation unserer Kinder	1950	1956	1960	1966
Europäische Vollwaisen				7%
		34%	18%	27%
Europäische Halbwaisen	70%		14%	4%
Europäische Sozialwaisen		38%	37%	25%
Flüchtlinge aus Ungarn und Tibet	20%			
Kinder aus Entwicklungsländern, meist Vollwaisen (Korea, Tunesien)	10%	28%	31%	37%

Die heutige Struktur der Gemeinschaft

Das Kinderdorf beherbergt zur Zeit zirka 220 Kinder aus Deutschland, England Finnland, Frankreich, Griechenland, Italien, Österreich, der Schweiz, Südkorea, Tibet, Tunesien und Ungarn. Die Kinder befinden sich hier zu einem mehrjährigen Erziehungsaufenthalt. Das Dorf besteht aus 19 Häusern. Von den 14 Kinderhäusern werden je zwei durch italienische und tibetische Kinder bewohnt, während je ein Haus den Kindern aus Deutschland, England, Finnland, Frankreich, Griechenland, Österreich, Südkorea, Tunesien, Ungarn und der Schweiz zur Verfügung steht. In jedem Haus wohnt eine Gruppe von 16–18 Kindern verschiedenen Alters, Knaben und Mädchen in möglichst gleicher Zahl. Diese Gruppe wird von drei bis vier Erziehern ihres Landes betreut, einem Hauselternpaar und einer oder zwei Gehilfinnen.

Die Schulorganisation

Die Kinder besuchen vorerst die sechs Jahresklassen umfassende Grundschule (Primarschule) ihrer Nationen. Als Lehrer unterrichtet auf dieser Schulstufe in der Muttersprache der Kinder der Hausvater (Lehrkraft mit Lehrausweis seines Landes). Während grundsätzlich die Vormittage der Schularbeit in den Kinderhäusern zur Verfügung stehen, besuchen die Kinder nachmittags, je nach Alter und Interessen, «Internationale Kurse», so benannt, weil die Gruppenzusammensetzung Kinder aus allen hier vertretenen Nationen aufweisen kann. Die Kurse umfassen die drei Fächergruppen: Turnen (mit Rhythmik und Heilgymnastik), künstlerische Fächer (Singen, Musizieren, Zeichnen, Malen) und Werkarbeiten (Kartonage-, Leder-, Metall-, Tonarbeit, Flugzeug- und Schiffsmodellbau, Holzarbeiten, Weben). Während der Grundschule wird der Schüler mit der ersten Fremdsprache (meistens Deutsch, der Dorfsprache) vertraut gemacht, bei Übertritt in die Sekundarschule beginnt er mit der zweiten Fremdsprache. An die sechs Jahre Grund- bzw. Primarschule schliesst die dreiklassige Sekundarschule mit einem Real- und einem Werkzug an. Von der zweiten Klasse des Realzuges der Sekundarschule besteht die Möglichkeit des Übertrittes in die Kantonsschule Trogen (Gymnasium).

2. Erhebungen bei allen Kindern des Dorfes nach den Kriterien

«Wo ist dein bester Freund?» – Im eigenen oder in einem bestimmten anderen Haus.

«Wo hast du am meisten Freunde?» – Im eigenen oder in einem bestimmten anderen Haus.

Ergebnisse

Äussere Faktoren, die in der Regel für die Bildung der Freundschaftsbeziehung nicht ausschlaggebend sind:

gleiche Sprache,
gleiche Nation,
unmittelbare Nachbarschaft.

Äussere Faktoren, die in der Regel für die Bildung von Freundschaften von Bedeutung sind:
gleiche Alters- oder Reifestufe,
gleiche Interessen,
Anziehung Knaben-Mädchen,
Haltung der Erzieher.

Viele innere Gründe des Zustandekommens von Freundschaften werden uns wohl immer verschlossen bleiben. Auf eine Frage an eine meiner eigenen Töchter, warum sie den kleinen Hamburger Peter so sehr liebe, sagte mir die damals Vierjährige treuherzig: «Er hat drum so schöne Manchesterhosen.»

Eine besondere Auswertung dieser Untersuchungen zeigt die Bedeutung der jeweiligen Altersstufe für das Zustandekommen der häuslichen oder ausserhäuslichen Freundschaft.

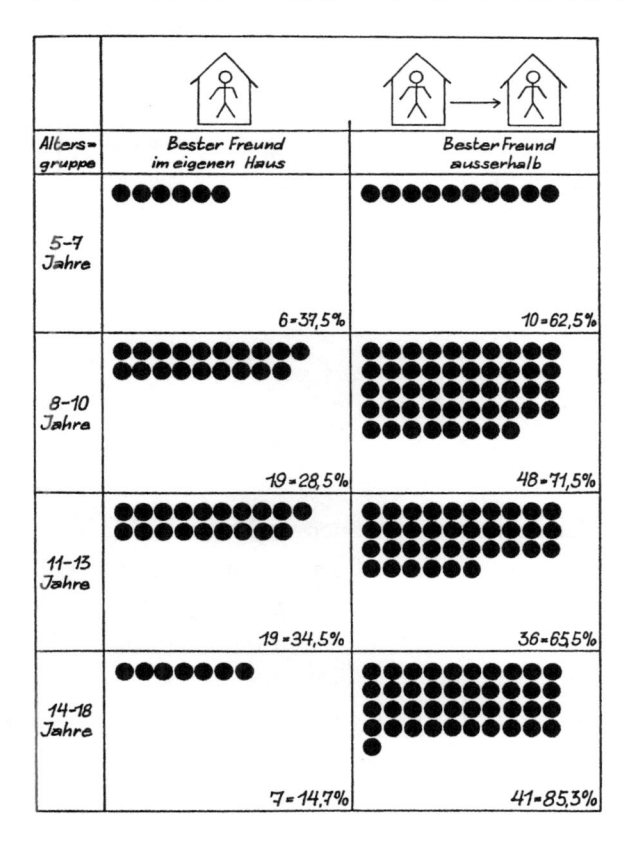

Altersgruppe	Bester Freund im eigenen Haus	Bester Freund ausserhalb
5–7 Jahre	6 = 37,5%	10 = 62,5%
8–10 Jahre	19 = 28,5%	48 = 71,5%
11–13 Jahre	19 = 34,5%	36 = 65,5%
14–18 Jahre	7 = 14,7%	41 = 85,3%

Es kann festgestellt werden,
> dass auf allen Altersstufen, also auch bei den jüngeren Kindern, mehr Freunde ausserhalb der eigenen Hausgemeinschaft gesucht werden und
>
> dass mit zunehmendem Alter der Kinder in der Regel auch die Freundschaften mit Kindern anderer Hausgemeinschaften zunehmen.

3. Erhebungen bei den Kindern der internationalen Oberstufe nach dem Kriterium:
«Mit welchen Schulkameraden oder Kameradinnen der 7., 8. oder 9. Klasse der Oberstufe möchtest du für die Dauer von einigen Monaten in einer Vierer-Arbeitsgruppe zusammenarbeiten, um Stoff für die Behandlung eines bestimmten Themas zu sammeln und die Ergebnisse in einem Vortrag im Rahmen des Sozialkundeunterrichts darzustellen?»

Ausgangslage und Vorgehen
Es ist von Vorteil, wenn soziometrische Erhebungen nicht nur und in erster Linie dem Erzieher dienen, sondern in einigen direkten Ergebnissen den beteiligten Kindern selbst zugute kommen. Im vorliegenden Fall wissen alle Beteiligten, dass die geäusserten Wünsche bei der Zusammensetzung der Vierer-Arbeitsgruppe tatsächlich berücksichtigt werden.

Die Schüler werden also aufgefordert, eine Karte mit folgendem Aufdruck auszufüllen:

Vorname		Name	Alter	Nation	Datum
		1.			
	+	2.			
		3.			
	–	1.			
		2.			

Im Plus-Feld schreibt der Schüler drei Namen von Mitschülern auf, und zwar in der Reihenfolge der Wünschbarkeit, mit denen er gerne zusammenarbeiten möchte. Im Minus-Feld können zwei Namen von Schulkameraden notiert werden, mit denen der Betreffende lieber nicht in derselben Gruppe arbeiten möchte. Die Eintragung der Namen im Minus-Feld ist aber fakultativ.

Ein interessantes Ergebnis der Schülerangaben kann hier bereits vorweggenommen werden: Die Möglichkeit der Eintragung von Schülernamen im Minus-Feld wird vorwiegend von Kindern benützt, die einen niedrigen Status besitzen, das heisst von Kindern, die nur vereinzelte Wahlen oder gar Ablehnungen auf sich vereinigen. Abgelehnte oder Isolierte neigen also selbst eher zu Ablehnungen anderer.

Die erste Auswertung der ausgefüllten Karte dient also der Gruppenzusammenstellung, die den Schülern möglichst bald bekanntgegeben werden muss. Die Schüler verstehen dabei sehr wohl, dass nicht jeder Wunsch berücksichtigt werden kann. Sie achten aber darauf, ob und wieweit ihre Wünsche respektiert wurden.

Um die weiteren, das heisst die eigentlichen soziometrischen Auswertungen vornehmen zu können, werden die folgenden Arbeitsunterlagen erstellt:

Tabellarische Übersicht der getroffenen Wahlen und Ablehnungen,
Ordnung der Primär- und Sekundär-Ränge (Rangordnung),
Erstellen des eigentlichen Soziogramms.

Rangordnung und Soziogramm erlauben nun weitere Auswertungen je nach der Fragestellung des Untersuchenden.

Im Folgenden wird eine Auswahl solch zusätzlicher Auswertungen kurz vorgestellt und beschrieben:

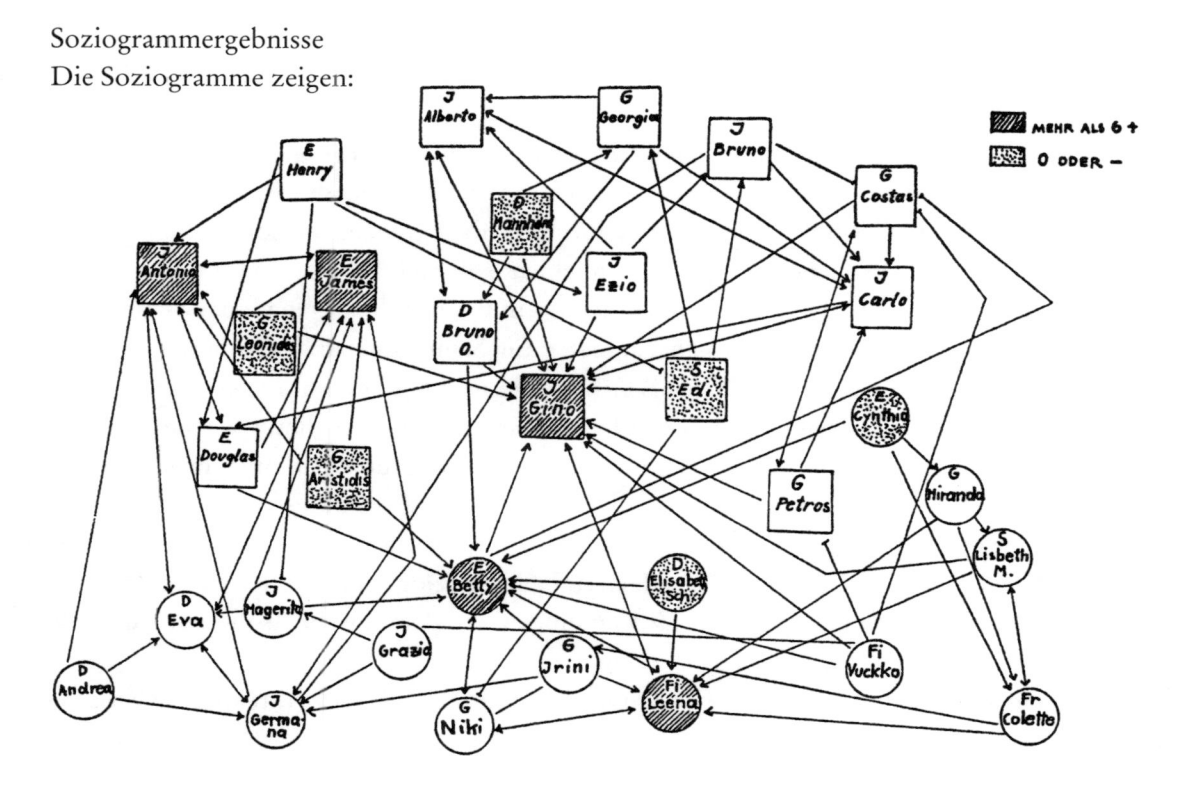

Soziogrammergebnisse
Die Soziogramme zeigen:

Schüler, die aus irgendeinem Grunde eine Führerstellung einnehmen,
Schüler; die zwar keine ausgesprochenen Führer (Stars) sind, jedoch befriedigende Sozialkontakte haben aufbauen können,
Schüler, die aus bestimmten Gründen isoliert geblieben oder gar abgelehnt worden sind.

Diese sehr augenfälligen Ergebnisse, die selbstverständlich lediglich eine «Moment-Aufnahme», bezogen auf ein bestimmtes Kriterium, darstellen, veranlassen nun den Erzieher, den Gründen der Führerschaft oder des Isoliertseins einzelner Kinder nachzugehen. Es ist unerlässlich, soziometrische Ergebnisse lediglich als Ausgangspunkt für weitere Beobachtungen und Studien zu nehmen. Oft liegen die Gründe für die besondere Stellung eines Kindes klar zutage, wenn der Untersuchende selbst Mitglied der Lebensgemeinschaft ist. So wussten wir zum Beispiel sofort, weshalb der Italiener Gino (Tafel III) eine ausgesprochene Führerstellung einnahm. Sie war damals Ausdruck der grossen Sympathie der Klassenkameraden, die miterlebt hatten, wie ihr Mitschüler Gino bei einem Unfall einen schweren Schädelbruch erlitten hatte. Dieser sonst eher unauffällige und stille Bursche schwebte einige Tage in Lebensgefahr. Er erholte sich aber und durfte den Schulbesuch gerade wenige Tage vor der Aufnahme des betreffenden Soziogramms wiederum aufnehmen.

Andere Schülerstellungen sind nicht so leicht zu erklären.

Der Erzieher wird sich in jedem Fall den Isolierten zuwenden. Liegt hier eine selbstgesuchte Isolierung vor (auch das kann in einer gewissen Entwicklungsphase vorkommen) oder erleidet der betreffende Schüler eine von ihm durchaus nicht gesuchte Absonderung?
Unter den verschiedenen Möglichkeiten, einen isolierten Schüler durch erzieherische Massnahmen aus seiner Abgeschiedenheit herauszuführen, soll auf jene hingewiesen werden, die sich aus dem Soziogramm selbst anbietet: Ein Schulkamerad des Isolierten, der von ihm selbst in erster oder zweiter Wahl als Gruppenkamerad erwünscht ist, kann vertraulich über die Lage des Isolierten orientiert werden. In der Regel wird er dieses Vertrauen schätzen und bereit sein, diesen Kameraden nicht nur in seine Gruppe aufzunehmen, sondern ihm eine offensichtliche Zuwendung angedeihen zu lassen. Falls dieser Schüler zudem innerhalb der Gesamtgruppe einen überdurchschnittlichen Status besitzt, also mehrere Wahlen auf sich vereinigt, wird ein später aufgenommenes Soziogramm meist zeigen, dass wenigstens einzelne weitere spontane Zuwendungen zu dem bisher Isolierten zustande gekommen sind.
Nicht alle Lösungen von Isoliertenproblemen sind aber auf solche direkte erzieherische Massnahmen zurückzuführen. Wir stellen vielmehr fest, dass im Laufe der Jahre die meisten

Schüler mehr und mehr Sozialkontakte und Freundschaften aufbauen können, einfach dadurch, dass sie sich nach und nach und immer besser in die Klassengemeinschaft hineinleben.

Es ist aufschlussreich, dem prozentualen Anteil der Isolierten, der «Normal-Kontaktfähigen» und der «Stars» innerhalb einer Klassengemeinschaft nachzugehen und vor allem auf die Veränderung der Prozentanteile zu achten, die von Soziogramm zu Soziogramm festzustellen sind.

Es sei hier auf die grossen Unterschiede, zum Beispiel der Prozentverteilung zwischen den Soziogrammen vom Dezember 1955 und vom November 1956 hingewiesen:

	% der Extreme: Isolierte und Stars	% der Schüler mit mittlerem Status
Dezember 1955	13 % Stars 35 % Isolierte ───────── 48 % Extreme	29 % mit 3–6 Wahlen 23 % mit 1–2 Wahlen ───────── 52 % mit mittlerem Status
November 1956	7 % Stars 7 % Isolierte ───────── 14 % Extreme	43 % mit 3–6 Wahlen 43 % mit 1–2 Wahlen ───────── 86 % mit mittlerem Status

Die Schülergemeinschaft des Soziogramms vom November 1956 zeigte gegenüber der Gemeinschaft des Soziogramms vom Dezember 1955 eine viel grössere Ausgeglichenheit, das Bild einer wesentlich geschlosseneren Gruppe. Dies kam vor allem in einer ausgesprochen positiven Arbeitsatmosphäre innerhalb der November-Gruppe zum Ausdruck.

Die im halbjährlichen oder jährlichen Abstand erstellten Soziogramme derselben Schülergemeinschaft ergeben in bezug auf die Entwicklung der Sozialkontakte des einzelnen Schülers interessante Aufschlüsse (siehe Tafel auf folgender Seite).

19 von 23 Schülern weisen im Verlauf einer zirka dreijährigen Beobachtungszeit in ihren Sozialkontakten eine mehr oder weniger gleichmässige Steigerung auf. Elf unter ihnen rücken wenigstens einmal in eine eigentliche Führerposition auf. Drei der 23 Schüler zeigen in ihrer Kontaktentwicklung eine aufsteigende und am Schluss eine auf die Ausgangsposition ab-

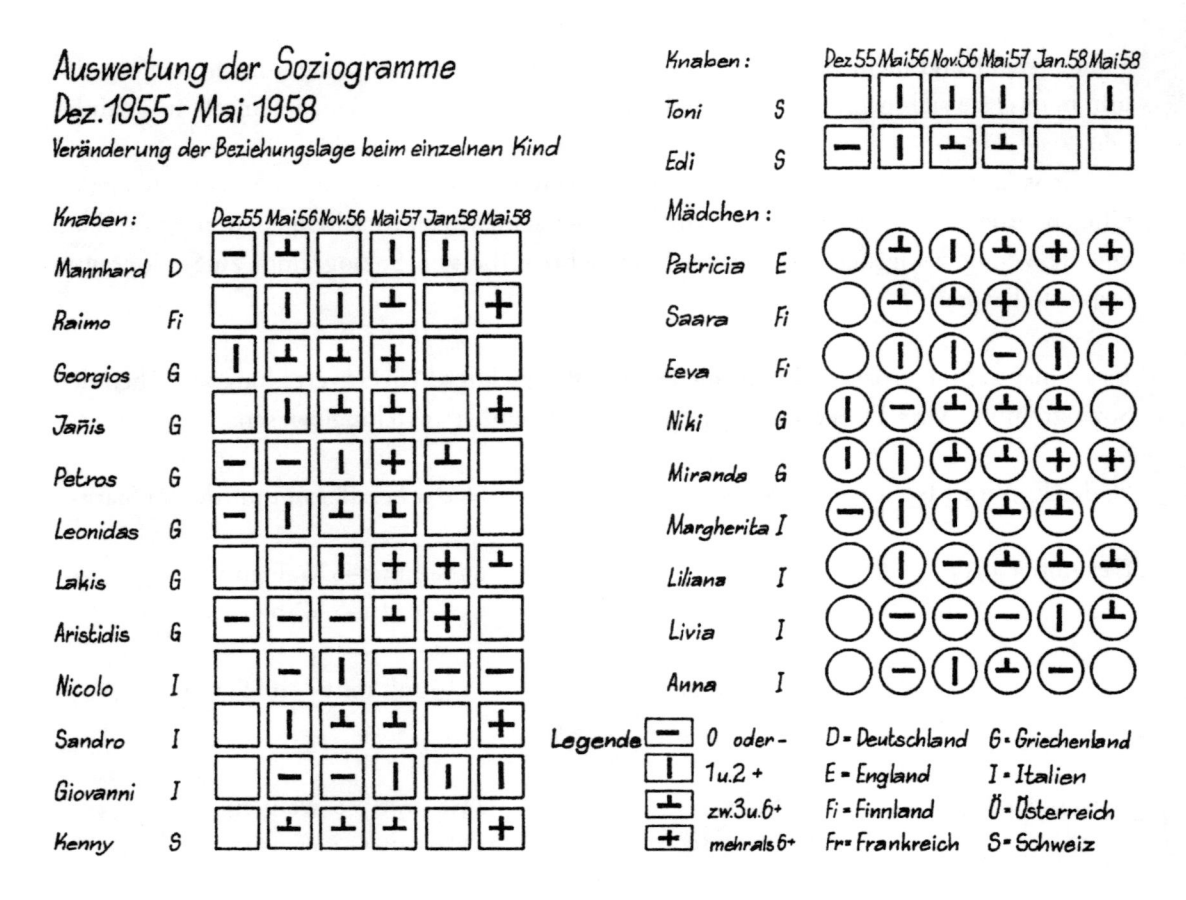

Auswertung der Soziogramme
Dez. 1955 – Mai 1958
Veränderung der Beziehungslage beim einzelnen Kind

Knaben:		Dez.55	Mai 56	Nov.56	Mai 57	Jan.58	Mai 58
Mannhard	D	−	⊥	I	I	I	I
Raimo	Fi		I	⊥	⊥	⊥	+
Georgios	G		I	⊥	⊥	+	⊥
Janis	G		I	⊥	⊥	⊥	+
Petros	G	−	−	I	+	⊥	
Leonidas	G	−	I	⊥	⊥	⊥	
Lakis	G			I	+	+	⊥
Aristidis	G	−	−	−	⊥	+	
Nicolo	I		−	−	−	−	
Sandro	I		I	⊥	⊥	+	
Giovanni	I		−	−	I	I	I
Kenny	S		⊥	⊥	⊥	+	

Knaben:		Dez.55	Mai 56	Nov.56	Mai 57	Jan.58	Mai 58
Toni	S		I	I	I	I	
Edi	S	−	I	⊥	⊥		

Mädchen:		Dez.55	Mai 56	Nov.56	Mai 57	Jan.58	Mai 58
Patricia	E	○	⊥	I	⊥	+	+
Saara	Fi	○	I	I	I	⊥	+
Eeva	Fi	○	I	I	I	○	I
Niki	G	○	−	⊥	⊥	⊥	⊥
Miranda	G	○	I	I	⊥	+	+
Margherita	I	○	−	I	⊥	I	○
Liliana	I	○	○	I	−	⊥	○
Livia	I	○	○	−	−	I	⊥
Anna	I	○	⊥	−	−	⊥	○

Legende:
− 0 oder −
I 1 u. 2 +
⊥ zw. 3 u. 6 +
+ mehr als 6 +

D = Deutschland G = Griechenland
E = England I = Italien
Fi = Finnland Ö = Österreich
Fr = Frankreich S = Schweiz

steigende Kurve. Unter ihnen befinden sich zwei Schüler, die aus der Isolation kurz aufstiegen, um bald in sie zurückzufallen und dort zu verbleiben. Einer, ein Schweizer, hatte von Anfang an beschränkte Kontakte, die drei Jahre hindurch unverändert blieben.

Die hier dargestellten Kontaktverhältnisse liegen zehn und mehr Jahre zurück. Heute lässt sich bereits bis zu einem gewissen Grad beurteilen, wie es mit der Lebensbewährung der 23 ehemaligen Schüler steht, da wir mit allen Ehemaligen des Kinderdorfes den Kontakt aufrechterhalten, also wissen, wo sie leben und was sie heute tun: Anna, eine Italienerin, die in der Darstellung mit einer Isolierung abschliesst, hatte grosse Lebensprobleme zu meistern. Sie ging eigene Wege und ist heute mit einem algerischen Journalisten verheiratet. Obschon sie bereits seit einigen Jahren in Algerien lebt und nunmehr Mutter eines Kindes ist, hat sie sich bisher dagegen gewehrt, die arabische Sprache ihres Gatten zu erlernen.

Interessant ist die Berufswahl des in den bescheidenen Kontakten konstant gebliebenen Schweizers: Er ist Postbeamter geworden. Ihm ist es offenbar auch heute noch recht, seine mitmenschlichen Kontakte nicht zu sehr zu entwickeln, das heisst gelegentlich wieder mal den Schalter schliessen zu können. Eeva, die Finnländerin, die in unserer Darstellung ebenfalls durch eine Konstanz ihrer bescheidenen Kontakte auffällt, hat später studiert. Sie ist Sozialarbeiterin geworden und hat als Diplomarbeit eine Studie über die finnischen Ehemaligen unseres Dorfes und ihre berufliche Entwicklung verfasst. Möglicherweise wird ihre bereits im Kinderdorf in Erscheinung getretene Tendenz, sich in den Kontakten persönlich nicht allzusehr zu engagieren, auch in ihrer Berufsarbeit ihre positiven Auswirkungen zeigen. Dass dieses Mädchen andererseits durchaus bereit ist, Verpflichtungen anderen gegenüber einzugehen, zeigt ihre Bitte an das Kinderdorf, sie vorzumerken für den Entwicklungshelfer-Einsatz zugunsten der im Kinderdorf vertretenen asiatischen Völker.

Ein Vergleich der nationalen Zusammensetzung der Vierergruppe zeigt eindeutig die Bereitschaft der Schüler, Kameraden anderer Nationen als Arbeitskameraden zu wählen:

In fünf Soziogrammen, die wir in den Jahren 1955 bis 1958 erstellten, wählten die meisten Schüler zwei Kameraden einer anderen Nation. An zweiter Stelle stand die Schülergruppe, die gar drei Kameraden anderer Nationen wählte. Es folgte die deutlich kleinere und nur in vier Soziogrammen vertretene Gruppe mit einer Wahl eines Kameraden aus einer anderen Nation und am Schluss die sehr kleine, in nur drei Soziogrammen vertretene Gruppe von Schülern, die alle Arbeitskameraden innerhalb der eigenen Nation wählten.

Die Soziogramme des Jahres 1965
Nach mehrjähriger Unterbrechung wurde 1965 vor allem deshalb wieder mit den soziometrischen Erhebungen begonnen, weil wir unter anderem feststellen wollten, wie die erste aussereuropäische Gruppe, unsere Tibeter, innerhalb der europäischen
Oberstufe unserer Abschlussklassen akzeptiert worden war. Darüber gibt die Rangordnung klare Auskunft (siehe Tafel auf folgender Seite: Rangordnung).
 Die Namen der tibetischen Knaben und Mädchen, wir finden sie in der 7. und 8. Klasse, sind unterstrichen. Von den acht Tibetern sind deren sechs in der oberen Hälfte der Liste zu finden, davon weisen drei, obschon erst Achtklässler, also im zweiten Jahr der Oberstufe, bereits einen bemerkenswert hohen Status (fünf und mehr Wahlen) auf. Die Integration unserer tibetischen Kinder in die Oberstufen-Schülergruppe ist also in erstaunlich guter Weise zustande gekommen.
 Im mittleren Feld fällt eine Schülerin auf, die neben vier Wahlen fünf Ablehnungen auf sich vereinigt. Dieses Ergebnis deckt sich vollständig mit den Beobachtungen und Erfahrungen der Klassenlehrer und Erzieher. Dieser Fall und auch das am Schluss der Rangordnung stehende Mädchen mit sechs Ablehnungen ohne eine einzige Wahl gaben selbstverständlich Anlass zu weiteren Abklärungen und Aussprachen mit den Lehrkräften und Erziehern der betreffenden Schülerinnen und mit der in unserem Dorf tätigen Psychologin.

RANGORDNUNG

Rang: (primär)	Name: (Klasse)	Rang: (sekundär)
1.	8. Antero	1.
2.	8. Dolkar	9.
	8. Maria	7.
3.	8. Beppino	3.
	8. Gyaltsen	4.
	8. Kalsang	2.
	8. Oiva	12.
4.	7. Panajotis	6.
	8. Ruth	10.
5.	8. Dimitra	8.
	8. Nelly	10.
	8. Palmo	9.
	8. Richard	5.
6.	8. Rosanna	14.
7.	8. Jacqueline	14.
	8. Irma	13.
8.	8. Res	12.
9.	8. Aira	13.
	7. Beatrix	11.
	8. Giovanna	15.
10.	7. Arnold	15.
	7. Georgos	18.
11.	7. Claudia	19.
	7. Leila	19.
	7. Phuntsok	19.
	7. Tenzing	19.
12.	8. Beate	14.
	8. Bettina	17.
	8. Pertti	17.
	8. Rolf-Dieter	18.
13.	7. Apostolos	15.
	8. Linda	16.
14.	8. Juhani	16.
15.	8. Magdaleni	20.

ZUWENDUNGEN PRO NATION

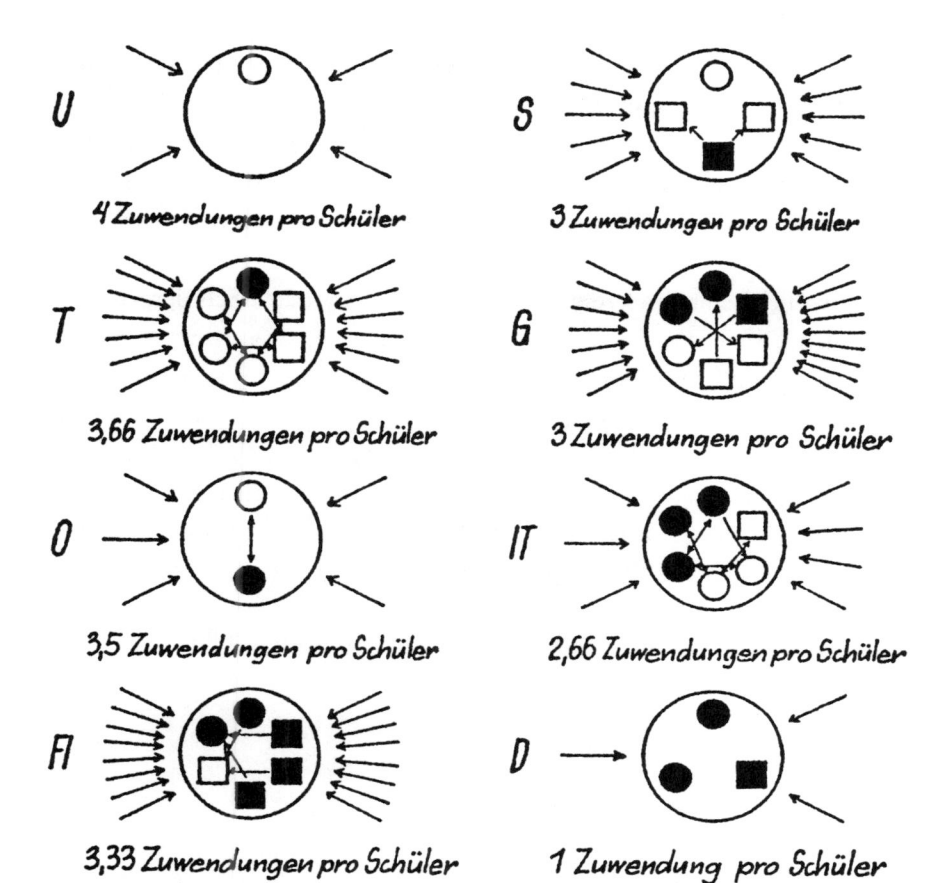

U — 4 Zuwendungen pro Schüler

S — 3 Zuwendungen pro Schüler

T — 3,66 Zuwendungen pro Schüler

G — 3 Zuwendungen pro Schüler

O — 3,5 Zuwendungen pro Schüler

IT — 2,66 Zuwendungen pro Schüler

Fl — 3,33 Zuwendungen pro Schüler

D — 1 Zuwendung pro Schüler

ZUWENDUNGEN PRO KLASSE

1,8 Zuwendungen pro Schüler   3,4 Zuwendungen pro Schüler   3,4 Zuwendungen pro Schüler

7. Kl. 9 Schüler   **8. Kl.** 18 Schüler   **9. Kl.** 7 Schüler

Es ist sehr wichtig, dass überhaupt die Ergebnisse der soziometrischen Erhebungen im Kreise aller interessierten Lehrkräfte und Erzieher eingehend studiert und besprochen werden können. Dies setzt ein gutes und vertrauensvolles Verhältnis unter allen Mitarbeitern und die Bereitschaft zur Diskretion gegenüber den in Frage stehenden Kindern voraus. Es kann nicht deutlich genug betont werden, dass alle soziometrisch erarbeiteten Resultate immer wieder mit anderen Beobachtungsergebnissen verglichen werden und die durch sie auftauchenden unzähligen Fragen im Kreise der Erzieher geklärt werden müssen. Wenn dies geschieht, stellen soziometrische Methoden ohne Zweifel eine wertvolle Hilfe dar.

Die letzte hier beschriebene Tafel zeigt den Status der nationalen Schülergruppe innerhalb der internationalen Oberstufe einerseits und den Status der drei dort vertretenen Altersklassen (7., 8. und 9. Schuljahr) andererseits (siehe Tafel: Zuwendung pro Nation)

Die Stellung der Tibeter im zweiten Rang bestätigt die bereits früher gemachte Feststellung, dass sich diese erste aussereuropäische Gruppe innerhalb der Oberstufe sehr gut eingelebt und eingegliedert hatte. Im übrigen ist gerade hier zu unterstreichen, dass es sich um «soziometrische Momentaufnahmen» handelt, bezogen auf ein bestimmtes Kriterium (längere Arbeit innerhalb einer Vierergruppe). Eine im folgenden Jahr in gleicher Weise erarbeitete Übersicht zeigte deutliche Veränderungen in der Rangfolge: So rückten zum Beispiel die Tibeter auf den ersten und die Deutschen auf den fünften Platz vor.

Ergänzende Legende zu Tafel «Zuwendung pro Nation»

U	= Ungarn	S	= Schweiz
T	= Tibet	G	= Griechenland
Oe	= Österreich	It	= Italien
Fi	= Finnland	D	= Deutschland

Die im untersten Teil der Tafel gezeigte Darstellung des Status der verschiedenen Altersgruppen (7., 8. und 9. Schuljahr) lässt erkennen, dass ein höherer Status (eine Mehrzahl von Wahlen) erdauert werden muss: Die noch nicht lange im Verband der internationalen Oberstufe mitarbeitenden Schüler der 7. Klasse weisen durchschnittlich nur einen Status von 1,8 Wahlen pro Schüler auf, während der Schüler des 8. und 9. Schuljahres bereits durchschnittlich 3,4 Wahlen auf sich vereinigt.

Die Schüler des 8. Schuljahres stellen mehr als die Hälfte der Oberstufe dar. Wohl diesem Umstand ist es in erster Linie zuzuschreiben, dass wir die drei Stars der Oberstufe nicht, wie zu erwarten, im letzten Schuljahr (9. Klasse), sondern eben in der zahlenmässig gut dotierten 8. Klasse finden. Im folgenden Jahr erhöhten die Schüler der ehemaligen 8. Klasse als 9. Klasse ihren Durchschnittsstatus auf 4,5: sie stellten zudem vier der insgesamt fünf Stars (mehr als sechs auf sich vereinigte Wahlen) der Oberstufe. Eine solche Situation lässt erkennen, wie gross der Einfluss dieser ältesten Schüler auf die übrigen Oberstufenschüler sein kann und wie entscheidend demzufolge die Art dieses Einflusses ist.

Schlussbemerkung

Die intensive Beschäftigung mit den Problemen des Gemeinschaftslebens, das heisst mit «dem Leben» selbst, hat uns zu den Hilfen geführt, die die Soziometrie und ihre Ergebnisse wieder zurückführen zum Leben und zu den vielfältigsten Möglichkeiten des Studiums des Gemeinschaftslebens. Nach der Begegnung mit den soziometrischen Ergebnissen wird unsere Aufmerksamkeit für weitere Erfahrungsmöglichkeiten auf anderen Wegen geschärft. Wir erkennen plötzlich Dinge und Zusammenhänge, die uns vorher wohl nicht immer aufgefallen wären. Aus den unzähligen Beispielen, die hier anzuführen waren, sei nur ein einziges erwähnt:

Im vergangenen Februar führten unsere Oberstufenschüler einen Faschingsabend durch. Sie wählten dazu ihr Kostüm, ihre Verkleidung völlig frei. Dass hier einzigartige. Einblicke möglich wurden in die Rolle, die der einzelne Schüler in seiner Gruppe spielen möchte, kann man sich ja vorstellen. Der Verfasser dieses Berichtes erlebte aber eine besonders schöne Überraschung, als nämlich plötzlich drei genau gleich mit Lammfellen kostümierte Hirtinnen auftraten, um gemeinsam, und zwar in Linie, einen Tanz aufzuführen. Dem Verfasser war nämlich vom letzten Sozigramm her bekannt, dass diese drei Hirtinnen als Schülerinnen in einem Dreieck-Freundschaftsverhältnis zueinander standen. Das Erstaunlichste aber war, dass diese drei Mädchen auch jetzt, im Tanz, genauestens ihre Status-Hierarchie beachteten: Das Mädchen mit dem höchsten Status tanzte in der Mitte, dasjenige mit dem nächsthöchsten Status tanzte zu seiner rechten und das rangniedrigste zu seiner linken Seite.

Wir beginnen einmal mehr zu ahnen, dass wir als Glieder einer grösseren Gemeinschaft nicht nur die Bewegenden, sondern oft die Bewegten sind. Als Erzieher erkennen wir unsere Aufgabe, die uns anvertrauten Kinder für beide Rollen zu rüsten. Sie fähiger zu machen als glücklich Gebende und Nehmende einer in Zukunft immer umfassender werdenden Menschengemeinschaft, ist wohl die schönste und menschlichste Mission, die der heutigen Erziehergeneration gestellt ist.

Am Puls des Lebens einer internationalen Kindergemeinschaft.
Nachtrag zur Soziometrie im Kinderdorf von Arthur Bill

Das Kinderdorf Pestalozzi verfolgt seit seinem Bestehen zwei Hauptziele:

Erstens: Es will dem verlassenen und notleidenden Kind eine Heimstätte bieten, in der es in familienähnlicher Geborgenheit all das findet, was zu seiner harmonischen Entwicklung erforderlich ist.

Zweitens: Es will ein Dorf sein, in dem sich Kinder, Jugendliche und Erzieher aus verschiedenen Ländern und Kulturen zu einer Nachbarschaft und zu gemeinsamem Tun finden können, das sie über alles Trennende der Sprache, des Glaubens und des Herkommens hinweg das Gemeinsame, das Allgemeinmenschliche als tragendes Bauelement der kleinen Völkergemeinschaft erleben lässt.

Während das erste dieser Ziele deutlich an die Wohnstubenerziehung Johann Heinrich Pestalozzis erinnert, kann im zweiten das Gedanken- und Ideengut Walter Robert Cortis, des Gründers des Kinderdorfes, erkannt werden.

Der Verfolgung des ersten Zieles widmen sich ohne Zweifel zahlreiche Heime und karitative Organisationen der verschiedenen Länder ebenfalls mit befriedigendem Erfolg. Anders steht es mit dem zweiten der beiden Ziele: Es verfolgen zu können, setzt eine internationale Zusammensetzung der Gemeinschaft voraus, einer Gemeinschaft, die nicht nur ihr Schulleben, sondern alle Belange des Zusammenlebens umfasst. In dieser zweiten Zielsetzung liegt ohne Zweifel die besondere Bedeutung des Kinderdorfes Pestalozzi. Es lohnt sich nun, der Frage nachzugehen, ob und wie denn unter den Kindern dieses Dorfes Freundschaften entstehen.

Während rund zehn Jahren, nämlich von 1955 bis etwa 1965 versuchte ich mit einiger Systematik und mit den Methoden der Soziometrie auf diese für ein internationales Kinderdorf entscheidende Kernfrage wissenschaftlich zu belegende Anworten zu erarbeiten. Es ging dabei vor allem darum, festzustellen, ob die internationale Zusammensetzung der Dorfgemeinschaft auch bei der Bildung von Freundschaften eine Rolle spielte oder ob Freundschaften doch eher innerhalb der eigenen Hausgemeinschaft gesucht und gefunden wurden. Ferner musste in diesem Zusammenhang interessieren, wie das Beziehungsnetz innerhalb einer internationalen Arbeitsgruppe oder Schulklasse aussah.

Die systematischen Versuche der Erfassung der Zusammensetzung von Schülergruppen der Oberstufenschule des Kinderdorfes begannen 1955 und wurden bis zum Jahre 1965 fortgeführt. Damals erkannten wir bereits, dass die spätere Berufswahl dieser Schüler und ihr Lebensweg oft in sehr auffälliger Weise an den Status erinnerte, den sich die einzelnen Schüler vor Jahren im Pestalozzidorf erarbeitet hatten. 1966 wurde mir Gelegenheit geboten, die erwähnten soziometrischen Arbeiten und deren Erkenntnisse an einer internationalen Studientagung der FICE (Fédération Internationale des Communautés d'Enfants) in Graz vorzustellen. Die dort ebenfalls vertretenen Leiter anderer Kinder- und Jugendsiedlungen interessierten sich sehr dafür.

Die Schüler, die zu jener Zeit die Oberstufenklassen des Kinderdorfes bevölkerten, sind heute etwa 40 Jahre älter. Es müsste von brennendem Interesse sein, herauszufinden, ob ihr damaliger Status und ihre damalige Entwicklung in ihrem Berufs- und Familienleben einen gewissen Niederschlag gefunden hat oder nicht. Ich habe mich deshalb mit der heute in Griechenland lebenden Psychologin Frau Beatrice Begert in Verbindung gesetzt, um sie zu fragen, ob sie allenfalls bereit wäre, die Soziometrie-Studien der Fünfziger- und der Sechzigerjahre im erwähnten Sinne aufarbeiten und darstellen zu helfen. Sie hatte ja jene Kinder alle sehr gut gekannt. Frau Begert wäre zu dieser Arbeit sehr gerne bereit gewesen. Der Plan scheiterte leider an der wiederholten Weigerung der damaligen Stiftungsleitung zur Zusammenarbeit in dieser Sache. Sie wollte sich nicht mehr mit der Vergangenheit, sondern nur mit den leider zu lange unklar gebliebenen Aufgaben der Zukunft befassen.

In grossen Behältern ruhen bei mir seit Jahren in grossformatigen farbigen Darstellungen die Soziogramme und ihre Ergebnisse aus den Jahren 1955 bis 1965. Ich träume davon, dass sich eines Tages ein international gesinnter Student der Pädagogik oder der Soziologie für dieses aufschlussreiche Unterlagenmaterial interessieren würde und es – bei einer etwas aufgeschlosseneren Stiftungsleitung – auswerten und so die geplanten Arbeiten doch noch vollenden könnte. Sie würden nachweisen, in welchem Grad der internationale Einfluss der damaligen Kindergemeinschaft Früchte getragen hat.

Das Interesse der Stiftung nicht nur an sozialen, sondern auch an internationalen Aufgaben eines Kinderdorfes könnte dann wieder erwachen, wenn erkannt wird, dass das Kinderdorf Pestalozzi gerade im Bereich der internationalen Zusammenarbeit und Schulung seinen besonderen Wert und seine faszinierende und zukunftsweisende Einzigartigkeit hatte, die auch von den Freunden des Kinderdorfes verstanden und sehr geschätzt wurde. Internationale Zusammenarbeit war in diesem Dorfe erlebbar. Sie wurde nicht nur doziert. Im Hinblick auf die international immer dichter vernetzte und globalisierte Welt und ihre Menschen müsste gerade heute versucht werden, der zweiten, aber entscheidend wichtigen Zielsetzung des Kinderdorfes zu neuem und in die Zukunft führendem Leben in Trogen zu verhelfen.

Das auf Europa und seine Randgebiete konzentrierte Pestalozzidorf und seine in aussereuropäischen Regionen aufzubauenden Wirkungs-Zentren. Der im Dezember 1978 von Arthur Bill dem Stiftungsrat Kinderdorf Pestalozzi unterbreitete Vorschlag

1. Ausgangslage
a)   Bisherige Erfahrungen des Pestalozzidorfes:

– Das Dorf hat seine Aufgaben nach dem 2. Weltkrieg im europäischen Bereich begonnen und damals im Wesentlichen erfüllen können.
– Die Ausweitung auf aussereuropäische Gebiete war vor 18 Jahren vom Bedürfnis her berechtigt, führte aber mit den Jahren zu einer Überforderung der auf Trogen konzentrierten Institution.
– Zunehmende Schwierigkeiten lassen darauf schliessen, dass langfristige Erziehungs- und Schulungsaufgaben an aussereuropäischen Kindern inskünftig besser innerhalb der Kulturkreise der betreffenden Länder selbst zu lösen sind.
– Wenn auch das Dorf für Mitteleuropa nicht mehr eine primäre Anziehung auszuüben vermag, bietet es ohne Zweifel nach wie vor für eine Reihe von europäischen Randstaaten (z.B. Portugal, Spanien) aber auch für unmittelbar angrenzende Länder (z.B. Tunesien, Marokko, Türkei) noch einen ausreichenden Anreiz zur Zusammenarbeit auf den Gebieten der Schulung und Ausbildung.
– Der Begriff des notleidenden Kindes muss weitergefasst werden und darf sich nicht mehr ausschliesslich auf Waisen, Halbwaisen und krasse Sozialfälle beschränken.

b)   Die Erfahrungen der humanitären Hilfe und der pädagogischen Entwicklungszusammenarbeit in aussereuropäischen Gebieten:

– Aus sozial- und ausbildungspädagogischen Gründen, aber auch aus finanziellen Überlegungen können Erziehungs- und Schulungsprogramme mit wesentlich besserer Wirkung und Aussicht auf nachhaltigen Erfolg in den betreffenden aussereuropäischen Gebieten selbst durchgeführt werden.
– Schulungsprogramme für Aussereuropäer in Trogen resp. in der Schweiz oder in Europa müssten sich konsequenterweise auf besonders geeignete Einzelfälle und ausschliesslich auf die Altersgruppe der ca. 20 bis 25-jährigen Stipendiaten beschränken im Sinne von ergänzenden Studien und Ausbildungsprogrammen für Post-Graduierte.

2. Das der neuen Beurteilungslage angepasste Modell
Es verfolgt zwar in allen Teilen die Ursprungsziele der Grundidee Walter Robert Cortis, es berücksichtigt vollauf die bereits vorhandenen Dorfstrukturen, es versucht aber in der Ausführungspraxis neue Wege der Verwirklichung aufzuzeigen, wobei bisherige Erfahrungen und gegenwärtige Bedürfnisse ausgewertet werden.

Das veränderte Modell enthält vor allem einen lebenskräftigen europäischen Kern in Trogen selbst, der folgende Kriterien berücksichtigt:

– Im wesentlichen Beschränkung auf Kinder und Jugendliche aus europäischen Ländern, wobei voraussichtlich die europäischen Peripheriegebiete vermehrte Bedeutung erhalten werden (z.B. Portugal, Spanien, Italien, Griechenland, Finnland, Norwegen usw.) und ev. auch an Europa direkt angrenzende Länder wie z.B. Tunesien, Marokko, Türkei usw. vorerst nicht auszuschliessen wären.
– Nur als periodische Zusatz- und Nebenaufgabe könnte sich das Trogenerwerk in dringenden Nothilfefällen auch den immer befristeten und zielsetzungsmässig stets ungewissen Aufgaben der Flüchtlingshilfe annehmen, wobei die ganze Problematik der Flüchtlingshilfe für Aussereuropäer in Europa selbst nicht übersehen werden darf.
– Systematischer Aufbau und Ausbau einer kinderdorfeigenen, sehr leistungsfähigen und doch humanen Kinderdorfschule mit nationalen und internationalen Klassen. Insbesondere Organisation und Führung einer auf die europäischen Bedürfnisse ausgerichteten modernen Oberstufenschule, die von ausgewiesenen Fachleuten betreut wird und die den Vergleich mit einer guten mitteleuropäischen Oberstufenschule aushalten kann. Mehrsprachige Führung der Oberstufenklassen, Oberstufenschülerzahl wenigstens 90 bis 120, so dass Bildungs- und Schulungsaufgaben mit einem differenziert organisierten, qualifizierten und genügend starken internationalen Lehrkörper gesichert werden kann.
– Systematische Berücksichtigung vorsorglicher Massnahmen mit dem Ziel, bisherige negative Erfahrungen nach Möglichkeit zu vermeiden. Beispiel dazu zur Frage der Reintegration: Verpflichtung der Hauseltern, sich nach einer 5 bis 8 Jahre dauernden Tätigkeit in Trogen anschliessend ebenfalls noch für nachgehende Betreuungsaufgaben zugunsten ihrer ehemaligen Schützlinge nach ihrer Rückkehr ins Heimatland zur Verfügung zu stellen. Diese teilhonorierte Tätigkeit der ehemaligen Hauseltern sollte eine noch zu bestimmende Anzahl von Jahren fortgesetzt werden, was die Bildung von «Rückkehrer-Brückenköpfen» und die Intensivierung der Kontakte Trogen-Heimatland erleichtern sollte. Diese Hilfen sollten die Motivation zu einer frei gewählten Rückkehr der in der Schweiz ausgebildeten Jugendlichen erhalten helfen, wozu eine

noch zielgerichtetere Berufsberatung verbunden mit einer Stellenzusicherung im Heimatlande zu realisieren wäre.

Die aussereuropäischen Wirkungszentren:

- Ein Werk wie das Pestalozzidorf, das eine seiner Hauptaufgaben in der internationalen Hilfeleistung auf den Gebieten der Erziehung und der Schulung erblickt, wird in Zukunft die Tatsache nicht mehr übersehen dürfen, dass in der Regel Hilfeleistungen und Unterstützungen von Angehörigen europafremder Kulturen mit mehr Aussicht auf Breitenwirkung und Erfolg an Ort und Stelle selbst, d.h. innerhalb des direkten Verantwortungsbereiches der betreffenden Länder und ihrer Lebensgemeinschaften erbracht werden können. Dieser immer deutlicher gewordenen Tatsache liegen materielle, aber vor allem auch gewichtige psychologische und sozialpolitische Ursachen zu Grunde. Sie hängen auch zusammen mit der zunehmenden Besinnung der betreffenden Länder auf ihre Selbstwerte und auf ein wach werdendes kritisches Denken über die von Europa aus angebotenen Zivilisationswerte.
- Wenn also das Kinderdorf auch Direkthilfe in den Ländern selbst und darunter auch in entfernteren Entwicklungsgebieten anbieten will, wenn es mit anderen Worten auch dort tätig sein möchte, wo an und für sich pädagogische und Ausbildungshilfe, allerdings nicht im reinen europäischen Stil besonders dringend benötigt werden, wird es in Zukunft die Möglichkeit der sukzessiven Schaffung geeigneter aussereuropäischer Wirkungs-Zentren nicht mehr ausser Acht lassen können. Darunter ist indessen nicht nur und in erster Linie die Bildung und Förderung von weiteren internationalen Kinderdörfern im europäischen und vor allem im aussereuropäischen Bereiche zu verstehen. Vielmehr wäre von Fall zu Fall sorgfältig abzuklären, welche Formen der pädagogischen Auslandhilfe hier oder dort zu verwirklichen wäre.

Zu berücksichtigende Grundsätze bei der Bildung und Förderung aussereuropäischer Wirkungs-Zentren:

- Die finanzielle und/oder operationelle Unterstützung und Zusammenarbeit in dem betreffenden Lande muss erwünscht sein.
- Sie kann die verschiedensten Formen der Erziehungs- und Ausbildungszusammenarbeit umfassen.
- Sie kann ausnahmsweise kurzfristig, in der Regel aber mittel- oder langfristig sein.
- Bei der Wahl geeigneter Projekte der Zusammenarbeit muss grösste Flexibilität mit kritischer Prüfung der mutmasslichen Erfolgschancen verbunden bleiben.

- Bei dem langsam und nur schrittweisen Aufbau der aussereuropäischen Wirkungszentren soll mit der Zeit wenn möglich auch der Ausbau in den regional-übernationalen Bereich angestrebt werden.

Mögliche Formen und Gelegenheiten zur Bildung von aussereuropäischen Wirkungs-Zentren:

- Kinderflüchtlingshilfe auf sozialpädagogischem und pädagogischem Gebiet. (z.B. in Zaire)
- Unterstützung und Förderung nationaler Projekte der Erziehung, Schulung oder Berufsausbildung durch Finanzbeihilfe u./o. Personalbeihilfe, u./o. Organisationsbeihilfe usw. (z.B. Waisenheime resp. Kindersiedlungen u./o. Schulen in Konflikt- und ehemaligen Kriegsgebieten)
- Unterstützung und Förderung übernationaler Werke der Erziehung, Schulung und Berufsausbildung in bestimmten regionalen Bereichen (z.B. Lehrlings-Ausbildungszentrum für Maghreb-Länder in Tunesien)
- Mitwirkung auf dem Gebiete der Ausbildung von Erziehern und Lehrkräften in nationalen oder internationalen Werken der Erziehung und der Sozialfürsorge (z.B. Austausch von Erziehern und Lehrkräften zwischen dem Trogenerwerk und verwandten Institutionen in aussereuropäischen Gebieten).

In Frage kommende Realisierungsorte:

- Einzelne Länder und Regionen in europäischen Randgebieten, sowie in Ländern, die direkt an Europa anschliessen.
- Einzelne Länder und Ländergruppen (Regionen) im Nahen Osten, im Fernen Osten, in den Maghreb-Ländern, in Schwarzafrika, in Mittel- und Südamerika.

Das internationale Koordinationszentrum in Trogen:

Unabhängig von der Dorfleitung von Trogen, aber in enger Zusammenarbeit mit ihr, wird ein Koordinationszentrum mit einem entsprechenden Sekretariat vorteilhaft in Trogen selbst, ev. auch ausserhalb von Trogen aufgebaut. Seine Aufgaben liessen sich anfänglich durch einen hauptamtlichen Geschäftsleiter und eine Sekretärin durchführen. Je nach Bedarf und Möglichkeiten könnte dieses Koordinationszentrum später personell etwas verstärkt werden.

Aufgaben:

- Kontaktpflege mit Werken verwandter Art vorwiegend in aussereuropäischen Gebieten.
- Kontaktpflege mit pädagogischen Forschungsstellen des In- und Auslandes.
- Kontaktstelle für aussereuropäische Wirkungs-Zentren des Trogener-Werkes.
- Organisation von Post-Graduierten-Kurs für jugendliche Erwachsene aus befreundeten Werken insbesondere aus den aussereuropäischen Wirkungszentren.
- Organisation einer gezielten Forschungs- und Auswertearbeit auf dem Gebiete der Pestalozzidorftätigkeit im Inland und im Ausland. Organisation von praxisbegleitenden Grundlagenstudien.

Arbeitsweise:

- Das internationale Koordinationszentrum hat die unter dem Abschnitt «Aufgaben» erwähnten Tätigkeiten grösstenteils nicht selbst auszuführen. Es hat sie vielmehr zu organisieren und in den meisten Fällen an bestimmte bestqualifizierte Institutionen oder ad hoc gebildete Arbeitsgruppen zu delegieren.
- Der Leiter des Zentrums wacht darüber, dass ein ständiger Erfahrungsaustausch stattfinden kann zwischen den Vertretern der Kinderdorf-Praxis und den auf diesen Gebieten zuständigen Forschern und Wissenschaftern.
- Dabei nutzt er alle bereits vorhandenen nationalen und internationalen Organisationen und deren Beitragsmöglichkeiten. Er pflegt insbesondere die Kontakte mit den privaten und staatlichen Werken der Entwicklungszusammenarbeit und der humanitären Hilfe sowie mit den nationalen und internationalen Organisationen des Erziehungs- und Schulwesens.
- In direkter Arbeit widmet sich der Leiter vor allem der Kontaktpflege mit den aussereuropäischen Wirkungszentren Trogens und der Organisation von Postgraduiertenkursen, die nur ausnahmsweise in Trogen selbst durchzuführen und im übrigen dort in der Schweiz oder in Europa zu planen wären, wo sich die geeignetsten Förderungs- und Schulungsmöglichkeiten für den betreffenden Stipendiaten anbieten.

3. Verwirklichungskonzept für die durchzuführende Neuorientierung

a) Stufen der Verwirklichung:

Erste Stufe: 1979 bis ca 1984:

- Aufnahme neuer europäischer Kindergruppen
- Vollausbau der Schulen insb. der Oberstufenschule
  Ziel: 200 bis 250 Schulkinder, davon ca 90 bis 120 auf der Oberstufe
- Reorganisation der Ehemaligenbetreuung, Verlegung der Ehemaligen-Placierung vorwiegend ausserhalb von Trogen. Dieses bleibt lediglich Stützpunkt für Sonder-Fälle und für Wochenendaufenthalter
- Schrittweises «Auslaufenlassen» der aussereuropäischen Programme ev. mit Ausnahme der Tunesier
- Stärkung bestimmter bereits vertretener europäischer Gruppen durch Öffnung eines zweiten Hauses (z.B. Griechenland)

Zweite Stufe: 1981 und kommende Jahre:

- Aufbau eines Koordinations- und Forschungszentrums in Trogen mit Leiter und Sekretariat
- Schrittweise Bildung von Wirkungszentren vorerst in einem, später in mehreren aussereuropäischen Gebieten, ev. auch in europäischen Randzonen

Dritte Stufe: ab ca 1984:

- Beginn der Postgraduierten-Kurse in Trogen resp. in der Schweiz oder in Europa
- Weitere Förderung der aussereuropäischen Wirkungszentren, dort wo möglich auch im regional-internationalen Bereich
- Vertiefter Erfahrungsaustausch zwischen allen Pestalozzidorf-Wirkungszentren über die Koordinationsstelle von Trogen und die zur Zusammenarbeit herangezogenen Institute und Organisationen

b) Skizze der Finanzierungsmöglichkeiten:

Skizze der Finanzierungsmöglichkeiten:

Trogen im wesentlichen ein europäisches Dorf	Internationales Koordinations-Zentrum	Aussereuropäische Pestalozzi-Wirkungszentren

Finanzierungs-Möglichkeiten:

- ☐ Nichtstaatliche Beiträge aus der Schweiz
- ■ Staatliche Beiträge aus den europäischen Partnerländern
- ▨ Staatliche Beiträge aus der Schweiz
- ■ Beiträge internationaler Organisationen und ausländischer Stiftungen
- ▨ Beiträge aussereuropäischer Partnerländer

4. Von den Fundamenten und den tragenden Elementen des Pestalozzidorfs und seiner Wirkungs-Zentren

Eine sozialpädagogische Einrichtung, wie sie das Pestalozzidorf darstellt, hat nur dann Aussicht auf weiteren Bestand, wenn sie den Bedürfnissen der Menschen ihrer Zeit hinreichend entspricht.

Dies bedeutet, dass das Zielanliegen des Werkes auf ein genügendes allgemeines Interesse bei den Trägern und ihren Partnern stösst, dass dieses Anliegen verständlich ist und bejaht wird, dass dieses Verständnis aber auch Bereitschaft bei Träger- und Partnergruppe auslöst, die der Verwirklichung des Vorhabens zugute kommt. Es bedeutet auch, dass ein den jeweiligen Verhältnissen angepasstes Tätigkeitsprogramm klar definiert und gestaltet werden kann, dass dieses entsprechend motivierte Mitarbeiter anspricht und dass durch eine Grundwelle der allgemeinen Zustimmung die Finanzierung des ganzen Vorhabens möglich wird.

Eine Studie, die indessen erst im folgenden Jahr wird abgeschlossen werden können, soll die unter diesem Punkt 4 erwähnten Pestalozzidorf-Elemente eingehender beschreiben und in ihren Zusammenhängen analysieren.

**Das
Kinderdorf Pestalozzi in Trogen
und die Gemeinschaft seiner Kinder, Jugendlichen und Erwachsenen**

Die Organe und Satzungen der Stiftung und der Dorfgemeinschaft

| Das Interesse der Partnerländer an der Zielsetzung und ihre Bereitschaft zur Kooperation mit der Stiftung | Das auf die tatsächlichen Bedürfnisse der Partnerländer abgestimmte Erziehungs- und Ausbildungsprogramm des Dorfes | Die für die Mitarbeit in den Trägerkreisen und im Dorf zu gewinnenden innerlich motivierten und beruflich geeigneten Menschen | Die Möglichkeiten der materiellen Verwirklichung und der längerfristigen Finanzierung des Werkes |

Die Ziele des Kinderdorfes Pestalozzi und seiner Stiftung

Die Bedürfnisse der Partnerländer auf dem Gebiete der Erziehung, der Schulung und der Ausbildung

Die Grundeinstellung der Schweizerbevölkerung zu humanitären und internationalen Aufgaben im allgemeinen und zu Aufgaben der übernationalen Erziehung und der pädagogischen Entwicklungszusammenarbeit im besonderen

5. Stellungnahme zu möglichen Einwänden und Bedenken

a) «Hat mit dem ursprünglichen Kinderdorf Pestalozzi nicht mehr viel zu tun!»

- Vielleicht ja, aber es ist zu bedenken, ob mit der bisherigen Dorfrealisierung die usprüngliche Kinderdorf-Idee bereits voll entfaltet werden konnte.
- Der vorliegende Vorschlag liegt ohne Zeifel voll auf der Linie der ursprünglichen Idee.

b) «Was suchen wir eine Tätigkeit im Ausland, dort haben wir nichts zu missionieren!»

- Wir suchen nicht Missionierungsmöglichkeiten, sondern echte und zeitgemässe Formen der Zusammenarbeit. Wer auch den «andern Partner» voll nimmt, kommt möglicherweise auch auf den Gedanken zu ihm hin zu gehen und ihn nicht nur gnädigerweise in die Schweiz einzuladen, wo er übrigens als Aussereuropäer nicht mit Sicherheit das vorfindet, was er sucht und benötigt.

c) «Was hier vorgeschlagen wird, realisiert Gmeiner bereits mit seinen SOS-Kinderdörfern.»

- Stimmt nur zum Teil, denn Gmeiner hat nirgends ein internationales Dorf geschaffen, wie wir es im europäischen Trogenerdorf beibehalten möchten.
- Die aussereuropäischen Wirkungszentren werden in einigen Fällen doch Ansatz zu übernational-regionalen Werken bieten,
- Sollte dies da und dort nicht der Fall sein, braucht Wirken im rein nationalen Rahmen nicht schon deshalb sinnlos zu werden, weil es eine andere Organisation anderswo auch betreibt.

d) «Zur Realisierung dieses Planes wird ein zu grosser Verwaltungsapparat benötigt.»

Dies ist dann keineswegs nötig wenn, wie vorgeschlagen
- Nur schrittweise aufgebaut wird.
- Wenn alle Möglichkeiten der Delegation von bestimmten Aufgaben an bestehende Organisationen voll genutzt werden.
- Wenn den zu fördernden Zentren im Ausland eine hohe Verwaltungsautonomie zugebilligt wird.

e) «Gefahr der Fehlerübertragung von Trogen in die aussereuropäischen Zentren.»
Sollte deshalb nicht bestehen:

- Weil die Trogener Aufgabe mit der Beschränkung auf europäische Kinder wiederum vereinfacht wird.
- Weil aussereuropäische Zentren von dem betreffenden Lande her organisiert sein sollten, wobei die Trogener-Impulse möglichst sinnvoll und dort wo nötig eingegeben werden sollen.
- Weil diese aussereuropäischen Zentren aus verhältnismässig einfachen, nationalen Zellen heraus entwickelt und nur langsam und schrittweise entfaltet werden sollen.

f) «Mit diesem Vorschlag wird in verkappter Weise der Akademie- und Forschungsgedanke wiederum aufgenommen, was unnötig und übrigens bereits abgelehnt ist!»

- Tatsächlich wird mit diesem Vorschlag die Bedeutung eines Koordinationszentrums auch als bescheidene erste Zelle eines Auswerte- und Forschungsinstrumentariums unterstrichen.
- Wer die Bedeutung der praxisbegleitenden Studien und Auswertungen für das Pestalozzidorf heute immer noch nicht erkennt, hat möglicherweise wesentliche Gründe der jetzigen Kinderdorfkrise ungenügend interpretiert.
- Kein komplexes Werk und Unternehmen kann heute darauf verzichten, dass den «Tätigen» ein «freundlicher Beobachter» über die Schulter guckt, um sie wohlwollend und helfend zu beraten.
- Meines Wissens ist «Forschung» im Zusammenhang mit dem Kinderdorf nie grundsätzlich abgelehnt worden. Man war sich bisher lediglich über das «Wie und Was» und besonders über allenfalls entstehende Kosten nicht einig. Auch im Falle des Kinderdorfes scheint sich die Erfahrung zu bewahrheiten, dass wir für «Präventivaufwendungen» weniger willig aufkommen als für grössere «Reparaturkosten».

g) «Das Ganze ist eine Utopie, warum will man unbedingt den internationalen Gedanken retten und auch noch im Ausland realisieren. Dazu sind doch ‹die Andern› weder willig noch fähig.»

- Jede noch so bescheidene Brücke von Nation zu Nation geschlagen und in der praktischen Zusammenarbeit an einem ev. recht bescheidenen Erziehungs- oder Schulungsprojekt realisiert, stellt einen nicht zu übersehenden Beitrag zur Friedenssicherung dar.

- Der Gedanke der besseren internationalen Verständigung lebt auch in aussereuropäischen Gebieten. Es wäre der Anstrengungen der Europäer wert, ihn dort wo dies möglich ist durch praktische Zusammenarbeit, durch finanzielle Unterstützung, durch personelle Hilfe zu beleben und zu fördern.
- Manche notwendige und notwendende Idee ist anfangs als Utopie verschrieen worden. Ihre Träger erwiesen sich im nachhinein als weitvorausschauende Realisten. Im übrigen bedeutet «vorläufiges Scheitern» noch keineswegs «endgültiges Scheitern». Die Frage ist allerdings, ob wir heute mehr als 30 Jahre nach Kriegsende noch imstande sind, wie dies 1944 bis 1946 der Fall war, genügend überzeugte und überzeugende «Kämpfer für eine Idee» auf die Barrikaden der vielzitierten Schwierigkeiten zu bringen.

Gerzensee, den 15. Dezember 1978

*Anregungen im Hinblick auf die Möglichkeiten,
Wirkungszentren des Pestalozzidorfes in aussereuropäischen Gebieten
aufzubauen*

I. Verlegung der in Trogen bereits begonnenen Arbeit in das Ursprungsland der Kinder und Jugendlichen:

TUNESIEN:
Ausbau und Förderung eines Berufs-Ausbildungszentrums für Jugendliche, das vorerst Tunesien und in einer weiteren Entwicklungsphase auch Jugendlichen aus anderen Maghrebländern zugute kommen soll.

Leistungsmöglichkeiten der schweizerischen Stiftung:
- Finanzierungshilfe
- Organisationsunterstützung z.B. unter Beiziehung von tunesischen Lehrkräften, die in Trogen Kinderdorferfahrungen haben sammeln können.
- Tunesierhaus in Trogen später bestmmt für Aufnahme von Teilnehmern an Post-Graduierten-Kursen in der Schweiz.

BANGALORE:
Förderung des bestehenden indischen Kinderdorfes Pestalozzi in enger Zusammenarbeit mit dem deutschen Kinder-und Jungenddorf Pestalozzi in Wahlwies, und zwar nicht nur im Hinblick auf die Möglichkeit, diese indische Siedlung als Rückkehrerstützpunkt für die Trogenerjugendlichen zu benützen.

Leistungsmöglichkeiten der schweizerischen Stiftung:
- Finanzierungehilfe
- Organisationsunterstützung durch Fachleute mit Trogenererfahrung
- Ausbauhilfe zu einer Siedlung, die nicht nur Waisen aus der Umgebung von Bangalore aufnehmen kann, sondern in der Lage ist, auch Waisenkinder aus benachbarten Teilstaaten und weiterhin nach Bedarf tibetische Waisenkinder aufzunehmen.
- Mitwirkung bei der Ausarbeitung geeigneter Erziehungs- und Schulungsprogramme mit späterer Ausweitung in den Bereich der Berufsausbildung.
- Mithilfe bei Bau und Ausrüstung entsprechender Werkstätten.

ÄTHIOPIEN:
Dieses Land hat noch zur Zeit des Kaisers den Trogener Kinderdorfgedanken übernommen und z.T. zu realisieren begonnen. Äthiopien und Eriträa haben heute tausende von Kriegswaisen und von verlassenen Kindern. Im gegebenen Zeitpunkt könnte die Kinderdorfarbeit von Trogen aus an Ort und Stelle gefördert werden durch:

- Finanzierungs- und Organisationshilfe
- Mitwirkung bei der Aufstellung und Realisierung eines Schulungs- und ev. Berufsausbildungsprogrammes unter Miteinbezug ehemaliger Trogener Mitarbeiter

II. Neue Ansatzpunkte für den Aufbau von Wirkungszentren in aussereuropäischen Gebieten:

Hier werden Möglichkeiten als Beispiele aufgezählt, wie sie sich in den vergangenen 2–3 Jahren der Stiftung geboten hätten um pädagogische Hilfe im Sinne des Pestalozzidorfgedankens an Ort und Stelle zu realisieren. Einige dieser Möglichkeiten bestehen heute ohne Zweifel immer noch, bei anderen mag der Einstieg bereits verpasst sein.

Bei der heutigen Welt- und Konfliktlage besteht leider guter Grund zur Annahme, dass sich immer wieder neue Gelegenheiten einer sinnvollen Hilfe an Ort und Stelle bieten werden.

1. Kinderhilfe für Indochinaflüchtlinge

Im Jahre 1979 hat das UNO-Flüchtlings-Hochkommissariat angeregt, im Bereich des grossen Flüchtlingslagers von Kao I Dang bei Aranyaprathet auf thailändischem Boden ein «Kinderdorf» für Flüchtlingskinder vor allem aus Kambodscha zu bauen und zu unterhalten.
   Der Plan ist mit UNO-Geldern und z.Teil mit Unterstützung nationaler und privater Hilfswerke realisiert worden. Dieses Kinderdorf sollte den dort aufgenommenen und betreuten Kindern die Möglichkeit bieten in der Nähe ihrer Heimat verbleiben zu dürfen, einmal um bessere Gelegenheiten zu Familienzusammenführungen zu schaffen und andererseits um «bessere Zeiten» ev. inkl. Rückkehr ins Ursprungsland abzuwarten.
   Hier hätte sich der Stiftung eine einzigartige Gelegenheit geboten, ihre Kinderdorferfahrungen in baulicher und organisatorischer Hinsicht einzusetzen. Finanzielle Mithilfe und operationelle Begleitung wären möglich, erwünscht und ohne Zweifel auch sehr wirksam gewesen.

Dauer dieser eher mittelfristigen Aktion: Mehrere Jahre, ev. länger.

Geschätzter Aufwand: Mit einem Aufwand von ca 400 000 Fr. pro Jahr könnten rund 200 Kinder verpflegt und betreut werden.

2. Flüchtlingskinderhilfe in Bas-Zaire

In den Jahren 1978 und 1979 sind rund 120 000 Flüchtlinge aus den Konfliktgebieten Angolas nach Norden in die von Dürre und Misswirtschaft heimgesuchten Gebiete von Bas-Zaire geflüchtet.
    Das Schweiz. Katastrophenhilfekorps hat dort während 1 1/2 Jahren in Zusammenarbeit mit dem UNHCR und dem PAM und mit den lokalen Behörden Lebens- und Überlebenshilfe durch Verteilung von Nahrungsmitteln und durch medizinische Hilfe geboten. Die Flüchtlinge konnten schliesslich in Bas-Zaire siedeln und kleine Felder bebauen. Sie besassen aber weder Schulen noch irgendwelche soziale Infrastruktur. Zaire selbst verfügte nicht über die Mittel, diesen Flüchtlingen zu helfen.
    Eine Hilfe der Stiftung im sozialen und besonders auch im schulischen Bereich hätte sich sehr segensreich ausgewirkt. Hier fehlten vor allem Mütterberatungsstellen, Kindergärten und Volksschulen. Neben der Finanzhilfe wäre Hilfe und Beratung im organisatorischen und im operationellen Bereich wichtig und nötig gewesen.
    Dauer dieser sozialen und pädagogischen Unterstützungsaktion sicher mehrere Jahre.

Sie wäre mit relativ bescheidenen Mitteln zu realisieren. Eine enge Zusammenarbeit mit der in Zaire tätigen Heilsarmee und den schweizerischen kirchlichen Hilfswerken hätte sich aufgedrängt. Die Abteilung für humanitäre Hilfe des Bundes hat diese in Zaire tätigen Werke mitfinanziert.

3. Hilfe für hunderttausende von Flüchtlingskindern in Somalia

Seit Ende 1979 und Anfang 1980 hat die Zahl der Flüchtlinge aus der äthiopischen Provinz von Ogaden gewaltig zugenommen. Heute sind es weit über 1,5 Millionen, davon die Hälfte in Lagern. Diese Flüchtlingspopulation setzt sich aus 60% Kindern, 30% Frauen und aus nur 10% Männern zusammen. Aus den verschiedensten Gründen sind die vielen Kinder jeden Alters ganz besonders hilfebedürftig. Seit Beginn dieses Jahres leisten internationale, nationale und private Hilfswerke die dringend erforderliche Überlebenshilfe. Das Schweizerische Katastrophenhilfekorps sorgt in der Region für 340 000 Flüchtlinge und koordiniert dort im Auftrag des UNHCR die Hilfe der anderen Werke.

Neben der dringendsten Überlebenshilfe wäre Unterstützung auf sozialem Gebiete und im schulischen Sektor unerlässlich. Es fehlt an allem, an den primitivsten Sozialeinrichtungen, an einfachsten Schulgebäuden, ihren Einrichtungen, an Lehrmitteln und an Lehrern. Eine auf sozial-pädagogischem Gebiete spezialisierte Organisation könnte in den Flüchtlingslagern Somalias in Zusammenarbeit mit der Regierung und den übrigen dort tätigen Hilfswerken ein ausserordentlich segensreiches Programm entwickeln. Die Hilfe könnte umfassen: Mitfinanzierung, technische Unterstützung auf dem Gebiet einer einfachen Sozial- und Schulinfrastruktur, operationelle Unterstützung durch Fachleute des Erziehungswesens. Dies alles in enger Zusammenarbeit mit den dort bereits tätigen Ärzten und Ernährungshelfern.

Dauer dieser heute immer noch hochaktuellen Hilfe und Unterstützung: Sicher einige Jahre ev. auch länger.

Mit einigen hunderttausend Franken der Stiftung könnte im Zusammenwirken mit den Flüchtlingen selbst, mit der Regierung Somalias und mit den bereits dort engagierten Hilfswerken das dringend benötigte Schulungs- und Erziehungsprogramm für die Kinder der Lagerflüchtlinge wirkungsvoll eingeleitet werden. Dabei könnten allein in der Region von Gedo mehrere tausend Schulkinder erfasst und gefördert werden.

4. Hilfe für die Indianerkinder der notleidenden Dörfer des Hochplateaus von Guatemala

Seit vier Jahren sind Freiwillige des Bundes zusammen mit anderen schweizerischen Hilfswerken beim Wiederaufbau von Indianersiedlungen beschäftigt, die in einem der schwersten Erdbeben der letzten Zeit zerstört worden sind. Dabei ist festgestellt worden, dass diese Dörfer einer weitgehend vernachlässigten ethnischen Gruppe sehr oft noch keine Schulhäuser und geeignete Sozialbauten besitzen.

Alphabetisations- und Schulungsprogramme und die dazu erforderliche Infrastruktur wären dort dringend erforderlich. Es dürfte, trotz allen Schwierigkeiten, mit der Unterstützung der Regierung gerechnet werden.

Die Hilfe der Stiftung könnte umfassen: Mitfinanzierung der erforderlichen Infrastruktur und der Programme, Mitfinanzierung der Sozialhelfer und der Programmleiter.

Dauer der Aktion: mindestens einige Jahre, wenn möglich länger.

Je nach Programm einige zehntausend Fr. bis wenige hunderttausend Fr. pro Jahr wären die finanziellen Konsequenzen.

Briefwechsel

Brief Arthur Bills an Walter Robert Corti

Lieber Walter Robert Corti!

Vor zehn Jahren haben Kinder und Mitarbeiter des Pestalozzidorfes, jenes Werkes der Nächstenliebe, das sein Dasein Ihnen verdankt, Ihren fünfzigsten Geburtstag feiern dürfen. Wir haben Ihnen damals eine kleine literarische Sammlung überreicht, zusammengetragen von den zu jener Zeit im Kinderdorf vertretenen neun europäischen Nationen. Das nur in einer Auflage von fünfzig Exemplaren, entsprechend Ihren fünfzig Lebensjahren, herausgegebene bibliophile Werklein, hoffnungsvoll als «Mittagsgabe» bezeichnet, brachte in einem einleitenden Geburtstagsbrief unseren herzlichen Dank zum Ausdruck:

«Es gibt im Leben eines jeden Menschen Stunden und Zeiten, an denen ihn das Gefühl echter Dankbarkeit für die Haltung und die Leistung eines Mitmenschen machtvoll überfällt und tief ergreift. Eine solche Zeit ist für den engeren Mitarbeiterkreis und die weitere Freundesgemeinschaft des Kinderdorfes Pestalozzi der Herbst dieses Jahres: Sie feiern am 11. September 1960 Ihren fünfzigsten Geburtstag!

– Ist unser Walter Robert Corti wirklich erst fünfzigjährig? – Aus dieser Frage manches Kinderdorffreundes ist die staunende Achtung vor einem Wirken herauszuhören, das sonst nur einer in höhere Jahre gekommenen, durch Erkenntnis, tiefes Erleben und Tatkraft weise gewordenen Persönlichkeit zugetraut wird. Es spricht aus dieser Frage aber auch die Hoffnung, den Gründer und väterlichen Förderer des Pestalozzidorfes noch lange an der Seite seiner Mitarbeiter und Freunde haben zu dürfen.

In dieser Hoffnung überreichen wir Ihnen, lieber Herr Corti, am Tage, da Sie Ihr fünfzigstes Jahr vollenden, eine Gabe zum Mittag ihres Lebens. Damit wollen wir Ihnen danken: danken für ein Arbeitsfeld und eine Aufgabe, wie sie sich menschen- und einsatzwürdiger wohl kaum denken lässt; danken für eine Erweiterung des Blick- und Erfahrungsfeldes, wie sie nur durch eine Dorfgemeinschaft von Angehörigen verschiedener Nationen vermittelt werden kann; danken für den Beistand und die vorbehaltlose Freundeshaltung, die viele Arbeiter am Trogener Werk durch Sie, Herr Corti, haben erfahren dürfen. Sie haben uns die Weite gezeigt, die Weite der Erscheinungen des Menschenlebens, die Grösse und Schwere menschlichen Leides, die Horizonte echter Hoffnung und die Grenzen menschlicher Zulänglichkeit. Auch dieses Wissen um die Grenzen gehört zu den weiterführenden und heilsamen Trogener Erkenntnissen:

> Nur wer die Weiten erlebt, erfährt die Grenzen; nur wer die Grenzen erkennt, ermisst die Weiten.

Gewiss, während der bald fünfzehn Jahre des Bestehens Ihres Kinderdorfes haben es Ihnen viele Verpflichtungen und Umstände verwehrt, regelmässig und jederzeit mit väterlichem Rat und mit helfender Tat gegenwärtg zu sein. Und doch glauben wir, bezeugen zu dürfen, dass wohl kaum ein Mensch ausserhalb unserer kleinen Trogener Völkergemeinschaft so umfassend informiert ist über die eigentlichen Freuden und Sorgen unseres Kinderdorfs wie Sie. Dieses Wissen um die Menschen, die Dinge und das Gedeihen in unserem Dorfe beruht einerseits auf einer doch wohl angeborenen grossen Fähigkeit, die menschlichen Lebensprobleme zu erkennen, andererseits aber auf einem Ihnen zuströmenden breiten Vertrauen, das Ihnen Zusammenhänge ausbreitet, die vielen verschlossen bleiben müssen. Darum auch hat Ihr Rat immer den Kern der Dinge berührt und ist in so vielen Fällen zur echten Hilfe geworden. Aus jener Erfahrung des Wissenden heraus haben Sie wohl Ihren inzwischen zur Wirklichkeit gewordenen Kinderdorfplan immer im Zusammenhang mit Ihrem «Plan der Akademie» gesehen, und darum vermögen Sie uns den Weg aus den natürlichen Begrenzungen eines Kinderdorfes zu den weiteren Möglichkeiten und Aufgaben einer Gelehrten- und Forschersiedlung zu zeigen. Wir, die Bewohner und Mitarbeiter Ihrer ersten Gründung, des Kinderdorfes Pestalozzi, können Ihnen zu Ihrem fünfzigsten Geburtstage nichts Besseres und Schöneres wünschen, als dass Sie den Plan Ihrer Akademie verwirklichen dürfen. Möge Ihnen dazu Kraft und Geduld werden und jener Kreis von guten Freunden und Helfern, der unerlässlich ist zum Bau eines grossen Werkes.

Die Zweifler und die Zögernden dürfen Sie auf das Vorbild Ihrer Trogener Schöpfung hinweisen. Hier haben Sie den Beweis dafür geleistet, dass Unmögliches dort möglich wird, wo Menschen ehrlich Freundschaft suchen und leben wollen, wo über der verwirrenden Vielfalt der Meinungen und Erscheinungen die ordnende Klarheit und Kraft einer Idee steht. Die vierzehn Hausgemeinschaften des Kinderdorfes haben in den vergangenen Monaten eifrig Umschau gehalten nach literarischen Kostbarkeiten ihres Landes und ihrer Kultur. Jedes Haus hat seine Wahl getroffen, und in dem hier vorliegenden Bändchen überreichen wir Ihnen die mit viel Liebe zusammengetragene Sammlung als literarischen Geburtstagsstrauss. Kinderhände haben die sechsundzwanzigtausend Lettern dieses Buches für Sie gesetzt. In seine Blätter miteingebunden ist nicht nur der herzliche Dank und Glückwunsch des Trogener Mitarbeiterkreises, sondern auch der noch unbeholfen oder gar nicht formulierte Dank der über sechshundert Kinder verschiedener Nationen, die auf dem Trogener Hügel neue Freunde und Hoffnungen gefunden haben.

Wir bitten Sie herzlich, diese Geburtstagsgabe, den Dank und die guten Wünsche entgegenzunehmen und darin den Beweis unserer aufrichtigen Verehrung und Wertschätzung zu erkennen.

Es ist uns ein Bedürfnis, lieber Walter Robert Corti, dieses vor zehn Jahren abgelegte Bekenntnis zu Ihnen und Ihren Anliegen heute aus Anlass zu Ihrem sechzigsten Geburtstag zu bestätigen und zu erneuern. Wir haben wahrhaft guten Grund dazu. In den vergangenen zehn Jahren ist mehr geschehen, als was bloss äussere Veränderungen vermuten lassen. Gewiss, gemessen am Mass der hohen Ziele, die Sie bewegen, und an der kurzen uns Menschen beschiedenen Zeit erscheinen die Schritte, die uns vorwärtsbringen, oft nur zu bescheiden. So möchte ich auch den Gruss deuten, mit dem Sie mir die erste Nummer der Winterthurer Schulzeitschrift «Schritte» haben zukommen lassen: «Meinem lieben Arthur Bill von seinem wohl schreitenden, aber nicht vorankommenden Walter Robert Corti.»

Sind Sie wirklich nicht vorangekommen? Betrachten wir einmal die Schritte, die in Ihrer Kinderdorfsache in den vergangenen zehn Jahren unternommen wurden: Wenige Wochen nach Ihrem fünfzigsten Geburtstag trafen in Trogen unsere Tibeter Kinder ein. Es war die allererste Gruppe von Tibetern, die die lange Reise nach Europa angetreten hatte und damit eine Bewegung auslöste, die gegen tausend Tibeter in europäische Länder brachte, wo sie inzwischen Aufnahme, Ausbildung und Lebensunterhalt gefunden haben. Nicht nur die Tibeter haben damit Neuland betreten; auch für uns bedeutete dieses Vorhaben ein Wagnis, von dem wir zwar heute noch nicht abschliessend behaupten dürfen, es habe sich in allen Teilen als verantwortbar erwiesen, von dem aber alle, die es bis jetzt helfend und hoffend begleitet haben, meinen, es habe zur allseitigen Vertiefung menschlichen Verständnisses und zu einer Bereicherung des Kinderdorflebens in schönster Weise beigetragen. Sie, lieber Herr Corti, gehörten von Anfang an zu den überzeugtesten Förderern dieses Planes, in dem Sie den ersten Schritt zu einer Erweiterung des Trogener Werkes in den ausser-europäischen Bereich erkannten. Als ich ein Jahr später, Ende 1961, von meinem halbjährigen Korea-Aufenthalt zurückkehrte und unserer Kommission und der Dorfgemeinschaft den Vorschlag unterbreitete, weiteren aussereuropäischen Kindergruppen im Sinne einer pädagogischen Entwicklungshilfe im Pestalozzidorf Aufnahme zu gewähren, war es wiederum nicht zuletzt Ihrem überzeugenden Eintreten für dieses Vorhaben zu danken, dass der mit den Tibetern unternommene erste Schritt von weiteren Schritten in diese Richtung gefolgt war. So kamen nach einer Phase gründlichen freundeidgenössischen Bedenkens die Koreaner und die Tunesier zu uns, und so durften wir kurz vor Ihrem 60. Geburtstag die Aufnahme von indischen Kindern vorbereiten.

Das sind doch so einige Schritte, die Sie ermutigt und die Sie mit uns getan haben! Andere Schritte, vielleicht gar weiter ausholende und fernere Ziele anstrebende, sind bisher verborgener geblieben: Während unser indischer Freund Chettiar mit asiatischer Geduld sein erstes indisches Pestalozzidorf aufbaut, wohl wissend, dass unser Schritt und unser Schwung nicht indischer Schritt und Schwung sein kann, geht unser Planen doch dahin, dem Gedanken internationaler Kinderdörfer in einigen anderen Kontinenten zum Durchbruch zu verhelfen. Wir haben heute einigen Grund, anzunehmen, dass sich in allernächster Zeit in Nordamerika, in Südamerika und im fernen Japan Impulszentren dieser Art bilden werden. Auch die nordischen Staaten mit Schweden und der nordafrikanische Maghreb mit Tunesien haben in der letzten Zeit zunehmendes Interesse am Trogener Kinderdorfmodell bekundet. Wenn sich diese Hoffnungen verwirklichen lassen, werden endlich jene Kinderdorfverpflichtungen eingelöst, an die Sie uns immer wieder erinnert haben. Nun wissen Sie ja, dass wir heute bei der weiteren Förderung dieser Pläne nicht mehr alleine dastehen. Die historischen drei eidgenössischen Waldstätten einer neu verstandenen Freiheit und Verpflichtung haben möglicherweise in den drei europäischen Pestalozzidörfern Trogen, Wahlwies und Sedlescombe eine zeitgemässe Parallele gefunden. Der weiter zu aktivierende Bund dieser drei Dörfer ist ja auch ein Schutz- und Trutzbund gegen eine «arglistige Zeit», in der die Rechte des Kindes immer noch und immer wieder mit den Füssen und den Interessen der Mächtigen dieser Welt getreten werden. Es liegt nun an uns, dafür sorgen zu helfen, dass aus diesem Bund der drei recht bald ein Bund der acht und der zwölf werde. Meine nächsten und wohl doch letzten zehn Kinderdorfjahre möchte ich gerne in den Dienst dieses Vorhabens stellen.

Dabei wissen wir, dass auch in Zukunft die sogenannten Fortschritte auf diesem Gebiet sehr hart zu erkämpfen sein werden. Wenn wir dagegen die riesige Gelder verschlingenden Fortschritte auf technischem Gebiet vergleichen mit den bescheidenen Investitionen, die dem Ziele dienen, menschliches Verhalten wissenschaftlich zu erforschen, zum Beispiel zu klären, warum wir uns so ungern mit dem Frieden und noch viel weniger gern mit unserer eigenen Aggressivität befassen, könnten uns leicht Enttäuschung und Resignation befallen. Wer hat dieses Missverhältnis in den Prioritäten menschlichen Forschens und Strebens eindrücklicher und oft schmerzlicher erleben müssen als Sie, Herr Corti, im Ringen nämlich um die Gestaltwerdung Ihrer Akademie? Es ist ein schwacher Trost, wieder einmal zu sagen, dass ein momentaner Misserfolg in einer Sache nicht das Geringste gegen diese Sache selbst aussagt. Eine hilfreichere Ermutigung liegt viel eher in der immer wieder beobachteten Tatsache, dass Erfolge auch auf einer langen Reihe von Misserfolgen basieren können, ja dass oft gerade durch die schmerzlichsten Enttäuschungen die besten neuen Kräfte, Freunde und Einsichten gewonnen werden können.

So erneuern wir heute den Wunsch, es möge Ihnen und Ihren Freunden doch gelingen, den im Laufe der Jahre nicht nur in Bedrängnis, sondern auch in eine immer bedrängendere Aktualität geratenen «Plan der Akademie» zu verwirklichen.

Lieber Herr Corti, Sie haben mir einmal so ungefähr auf dem halben Weg zwischen Ihrem fünfzigsten und dem sechzigsten Geburtstag angesichts einer neuen Aufgabe, die mich von der Kinderdorfarbeit weggeführt hätte, den Rat gegeben: «Vor allem nicht aufgeben! Bleiben Sie der Sache treu!» Heute möchte ich Ihnen für diesen guten Rat danken. Gleichzeitig aber möchte ich den heutigen Wunsch im Hinblick auf die «Akademie» in Ihre eigenen Worte kleiden, um Ihnen zuversichtlich zuzurufen: «Vor allem nicht aufgeben! Bleiben Sie sich selbst und Ihrer Sache treu!»

Noch ein Letztes, Gewagtes: Wenn ich mich nicht täusche, haben Sie Ihren «Plan der Akademie» vor zwanzig Jahren erstmals zur Diskussion gestellt. In der heutigen Welt, die über immer leistungsfähigere Kommunikationsmittel verfügt, wird wertvollstes Ideengut rascher als früher zu Allgemeingut. Bei diesem immer rascher ablaufenden Prozess der Informationsverbreitung wird sehr oft nur noch nach dem Ideengehalt, nicht aber nach dem ursprünglichen Träger der Idee gefragt. Es kann meines Erachtens sogar ein Charakteristikum einer intensiven Identifikation mit einer Idee sein, wenn Gedanken, die empfangen wurden, so lebhaft mitempfunden und miterlebt werden, dass sie schliesslich weitgehend als eigene weitergegeben werden. So könnte man sich auch die verschiedensten europäischen Ansätze zur Gründung von Friedens- und Verhaltensforschungs-Instituten erklären. Man kann und muss darüber im Blick auf die geschichtliche Wahrheit entrüstet sein, andererseits könnte man sich in einem Anflug von übermenschlicher Grossmut und Nachsichtigkeit über dieses Beginnen freuen. Es wäre an uns, Ihren Freunden, immer wieder zu betonen und einzugestehen, nicht nur der geschichtlichen Wahrheit zuliebe, sondern aus der Überzeugung, dass Ihr «Akademieplan» Zielsetzungen und Programmpunkte enthält, dem die bisher bekanntgewordenen Verwirklichungen nur unvollständig nachleben. Diese Aufgabe in Zukunft verantwortungsbewusster wahrzunehmen, sei vornehme Verpflichtung ihrer Kinderdorffreunde.

Dieser Geburtstagsbrief an den sechzig Jahre alt gewordenen Walter Robert Corti darf seine Familie nicht unerwähnt lassen. Was seine liebe Gattin, die gute Oma, die drei Töchter und der Sohn mitgetragen haben an Erreichtem und Nichterreichtem, an Hoffnungen und Sorgen, kann nur ermessen, wer ebenfalls in einer Aufgabe steht, die dauernd die Kräfte eines Einzelnen zu übersteigen droht und die ihn deshalb seiner eigenen Familie und den dort zu lösenden Aufgaben und einzulösenden Verpflichtungen in oft fast grausam anmutender Weise entführt. Dass solche Familien trotzdem nicht zerbrechen und die Kinder «eigentlich noch ganz gut geraten», verwundert nicht nur die lieben Nachbarn und Verwandten, sondern in erster Linie die Eltern selbst.

Ganz im Gegensatz zum «literarischen Geschenk» an den Fünfzigjährigen, an dem seine eigene Familie wohl auch Freude, aber darüber hinaus sicher nicht viel mehr «gehabt» hat, soll dem Sechzigjährigen diesmal aus dem Kinderdorf ein Geburtstagsgeschenk überreicht werden, das auch die nur zu oft auf Sparflamme gehaltenen Bedürfnisse der ganzen lieben Familie Corti angemessener berücksichtigt.

So möchten wir jenem Menschen, der uns gelehrt hat, eine Lebensaufgabe im Dienst der grossen Menschenfamilie zu erkennen, so zu seinem sechzigsten Geburtstag Glück und Segen wünschen, indem wir uns ihm und seiner eigenen Familie in Dankbarkeit erkenntlich zeigen!

Trogen September 1970

*Das Gefäss und sein Inhalt
oder das Instrument und seine Aufgabe*

*Grussadresse von Arthur Bill
an den 70 Jahre alt gewordenen Walter Robert Corti*

Sozusagen ein Märchen:

Als eine grosse Dürre über weite Lande hereingebrochen war, machte sich ein Mann daran, ein Gefäss zu bauen, um aus einer der selten gewordenen Quellen Wasser für die vielen Durstigen des Landes zu schöpfen. Er liess den Durstigen ausrichten, sie möchten her zu ihm kommen, auf dass er sie labe. Sie kamen und er labte sie und sie waren des Lobes und des Dankes voll. Kunde ging durch die Lande über das gute Gefäss des guten Mannes und über sein frisches Wasser.

Viele, viele Jahre konnte der Mann Durstige aus gar manchen Teilen des Landes laben, und er musste Knechte anstellen, die ihm bei dieser wichtigen Arbeit helfen konnten. Sie versahen das weit herum bekannt gewordene Gefäss mit Schmuck und Zierart, obschon es dadurch immer weniger Wasser fassen konnte und sehr sorgfältig gehandhabt werden musste. Mit der Zeit stellten die Knechte Ansprüche. Sie verlangten sehr guten Lohn, und sie waren auch nicht mehr bereit, zu jeder Zeit den Durstigen zur Verfügung zu stehen. Obschon das Gefäss prächtig in der Sonne glänzte, zeigten die Knechte oft mürrische Gesichter, und die Durstigen suchten den Ort und sein Gefäss nicht mehr so zahlreich auf. Der Mann, der das Gefäss erfunden hatte, machte sich grosse Sorgen. Es war ihm auch nicht entgangen, dass in anderen Erdteilen noch viel grössere Dürren hereingebrochen waren und dass dort unzählige Durstige verzweifelt auf Hilfe warteten.

Leute, die den Mann und sein Gefäss liebten, erteilten ihm Ratschläge:

Einige sagten: «Lass die Durstigen aus den fernen Erdteilen zu dir kommen, so werden sie Labung finden.» Andere meinten: «Du kannst nicht verlangen, dass die Durstigen von so weit her zu dir kommen. Schick deine Knechte hin zu ihnen, und wenn das Gefäss zu kostbar ist, um es mitzunehmen, dann wirf es weg und lass die Durstigen aus einfachen und nicht so teuren Gefässen trinken.» Es zeigte sich aber, dass die meisten Knechte des Mannes nicht bereit waren, die mühselige Reise zu den Dürstenden auf sich zu nehmen. Sie fürchteten auch, dort kein so schönes Gefäss benützen zu können und nur geringen Lohn zu empfangen. Die Sorgen des Mannes, der das Gefäss erfunden hatte, wurden immer grösser, und er beschloss deshalb, sich in die Stille zurückzuziehen und lange nachzudenken. Als er lange genug nachgedacht hatte, kehrte er zu den Knechten und zu den Ratgebern zurück. Er sprach zu ihnen und sagte: «Ich habe lange über das Gefäss, über das Wasser und über die Durstigen nachgedacht. Ich habe herausgefunden, dass das Gefäss eine gute Sache ist, aber dass das Wasser wichtiger ist, als das Gefäss. Am Allerwichtigsten ist der Dürstende, der das Wasser zu trinken bekommt. Weil das Gefäss, das ich erfunden habe und das Ihr so schön verziert habt, immer noch etwas Wasser fassen kann, werde ich es nicht wegwerfen. Ich werde aber Knechte suchen, die bereit sind, den vielen Dürstenden zuliebe in die fernen Erdteile zu ziehen, dorthin, wo die grossen Dürren sind. Und ich werde ihnen sagen: «Geht hin zu den Dürstenden, teilt das schwere Los mit ihnen und zeigt ihnen, wie man Gefässe bauen kann, wie ich eines vor Jahren gebaut habe. Aber ich sage Euch: Baut keine teuren und kostbaren Gefässe, baut sie so, dass sie viel Wasser fassen, baut sie einfach und baut so viele davon wie möglich: Und ihr werdet trotz bescheidenem Lohn zufriedener sein, denn viele werden Euer Wasser trinken. Eines aber vergesset hinfort nicht mehr: Der Inhalt ist wichtiger als das Gefäss. In den Augen des Dürstenden kann auch die einfache Trinkschale, so sie frisches Wasser birgt, ein kostbares Gefäss sein.»

Ein Brief als Nachwort:

Lieber Herr Corti,
Gefässe erleiden das Schicksal, alt zu werden, der Zerbrechlichkeit anheimzufallen, zu verderben oder bestenfalls in ein Museum zu wandern. Erst seitdem der Mensch die nicht mehr zerrottenden Kunststoff-Behälter erfunden hat, weiss er, wie segensvoll es ist, dass Gefässe mit der Zeit zerfallen.

Selbst dem menschlichen Geist hat der Schöpfer ein Gefäss gegeben, das nach 70, 80, oder 90 Jahren unweigerlich zerbricht. Und dass dieses Gebrechlichwerden des menschlichen Gefässes, der menschlichen Gefässe, bereits mit 60 und 70 sich ankündigt, das erleben wir beide, Sie, lieber Herr Corti, mit Ihren runden 70 und ich mit meinen 8 mal 8 Jahren jeden Tag recht eindrücklich.

Wir finden uns damit ab, so wie Millionen und Milliarden von Menschen sich mit dieser Ordnung der Dinge abgefunden haben. Gegen den Schluss unseres Erdenlaufes hin aber fragen wir uns doch, welchem Inhalt unser menschliches Gefäss hat dienen können. Für Sie als Denker und als Philosoph ist ohnehin die Sinnfrage des Lebens tägliches geistiges Brot. Es mag deshalb fast als anmassend erscheinen, wenn ich mir zu Ihrem siebzigsten Geburtstag erlaube, einige Gedanken zu diesem Thema und zu dieser Frage zu äussern.

Mit dem Kinderdorf Pestalozzi in Trogen haben Sie ein Gefäss humanitären Wirkens geschaffen, von dem aus ohne Zweifel viele Jahre hindurch ein Segen hat ausgehen dürfen und das auch heute noch Aufgaben zu erfüllen hat. Menschen, die dort haben leben dürfen, meine Familie und ich zählen ja auch dazu, werden bestätigen, dass sie dort, nicht des schönen Dörfchens wegen, sondern wegen des eigentlichen Anliegens und des tieferen Sinnes dieses Dorfes innerlich bewegt und verändert worden sind. Die grösste Wirkung übte dieses Dorf wohl damals aus, als noch bescheidene äussere Mittel, aber stark motivierte Menschen zur Verfügung standen.

Wenn das Pestalozzidorf in Trogen heute auch als Gefäss zur Diskussion steht, so kenne ich doch niemanden, der die edlen Zwecke, denen dieses Gefäss dienen möchte, ernsthaft in Zweifel zieht. Für mich aber, lieber Herr Corti, sind Sie mehr als nur der Gründer einer humanitären Siedlung. Ihnen liegt ebenfalls an der Aufgabe, die mit einer solchen Siedlung erfüllt werden soll, mehr als an der Form, an dem dörflichen Gefäss. Die humanitäre Haltung, die hinter Ihrer Dorfgründung steht, ist zündender als das Dorf selbst. Und von dieser Haltung haben viele Menschen etwas mitbekommen dank Ihrer Gründung, die im Grunde eben ein geistiges und nicht ein materielles Werk darstellt. So liebe ich das Pestalozzidorf, weil es Ausdruck einer geistigen Haltung ist, die aber andere Ausdrucksformen dieses Geistes keineswegs ausschliesst. Wenn also der Geist menschlicher Nächstenliebe andere, noch zweckmässigere und wirkungsvollere Formen finden sollte, müsste dies eigentlich, bei allem Bedauern für eine Form, die ihre guten Dienste bereits geleistet hat, dankbar begrüsst werden. Dieser so oft beschworene und von so vielen in Anspruch genommene Geist ist eben ein lebendiger Geist, der sich, Gott sei Dank, nicht ohne weiteres vor alle menschlichen Überlegungen spannen lässt.
Gerade auf diesen Geist haben Sie Ihr Leben lang unermüdlich hingewiesen. Er hat aus Ihnen gesprochen und er hat Sie und viele Ihrer Freunde nie zur Ruhe kommen lassen. Im Umgang mit diesem unabhängigen Geiste haben wir, Ihrem Vorbilde folgend, auch gelernt, uns über die Dinge ein unabhängiges Urteil zu bilden.

So bin ich getrost, zu wissen, dass Sie, lieber Herr Corti, eine allenfalls abweichende, aber sorgfältig erarbeitete Meinung mehr schätzen, als ein eiliges Jasagen zu einer Lehrmeinung, wie sie von einer Mehrheit von Freunden des Werkes zur Zeit noch vertreten wird.

Wenn uns die Gebrechlichkeit der Gefässe auch traurig stimmen könnte: Der menschliche Geist überlebt all diese Gebrechlichkeiten in neuen Gefässen! Und Sie, lieber Jubilar, haben tausenden von Trägern menschlichen Geistes Impulse vermittelt, deren Wirkung noch gar nicht abzusehen ist. Dafür möchte ich Ihnen wenigstens im Namen meiner Familie und in meinem eigenen Namen ganz herzlich und aufrichtig danken.

Seien Sie und Ihre Familie freundschaftlich gegrüsst von Ihrem um geistige Treue bemühten

Gerzensee im September 1980
Arthur Bill

Walter Robert Corti an Arthur Bill

5. Februar 1985

Mein lieber Arthur Bill!

«als wäre es gestern gewesen» – es *war* Alles gestern.! Ich sehe Sie wieder, im Baumschatten unter einem Besucherrudel vor dem alten Bauernhaus; weil Sie mir auffielen, sprach ich Sie an. Ob Sie sich für das interessieren, was wir hier versuchen? Sie bejahten. Daraus wurde eine Kameradschaft mit allen alti e bassi, mit Höhen und Tiefen. Es hätte wohl auch ein Kinderdorf ohne Sie gegeben, aber das realisierte ist ohne Ihre Arbeitskraft, wache und praktische Intelligenz, ohne Ihre Liebe nicht denkbar. Sie wären auch ohne das Kinderdorf eine ungewöhnliche Persönlichkeit geworden, für mich jedenfalls wurden Sie ein Glücksfall sondergleichen. Sie haben in Ihrer eingeborenen fairness dreimal nachgefragt, Ihr verzehrendes Amt nun aufzugeben, beim drittenmal konnte und wollte ich Ihnen nicht mehr bittend abraten. Bald genug haben Sie die Trogner Erfahrungen in einem anderen und immer verwandten Felde ebenso bewundernswert aufgebaut. Es steht mir nicht zu, «stolz» auf Sie zu sein. Alle Gefühle für Sie, sind primär Dankbarkeit. Der damalige Verleger bei Conzett und Huber war von dem Vorschlag im Kriegskinderheft nicht erbaut. Alfred Herzer meinte ein «Dorf für 8000 Kinder» sei ein Verhältnisblödsinn. Aber es war ja als ein «Modell» gedacht. Noch bevor Trogen Wirklichkeit wurde, nannte sich eine Kindersiedlung in Megève «village d'enfants», auch Wahlwies. Dann aber warb Trogen selbst. Es war ein neues Wort, nicht eine blosse Theorie. Und es mag richtig sein, dass nicht das Trogener Werk allein zu weiteren Dörfern Anlass gab, sondern die «neue» Art des Denkens und der Anteilnahme für das Kind überhaupt. Die FICE, für die ich wohl die meiste Kraft einlegte, lebt. Weder das Dorf noch die FICE ist ohne Sie und Elisabeth Rotten zu denken.

Ich danke Ihnen bewegt für Ihre reiche jüngste Sendung, sowie Sie meiner und der Meinen gedenken, gedenke ich Ihrer, Ihrer lieben Frau und der fabulosen Kindern. Das Fatum hat es gut mit uns gemeint.

Die Aussicht, dass Sie mich hier nochmals besuchen möchten, freut mich sehr. Einen Kinderdorfband schreibe ich wohl nicht mehr. Das Alter mit den renalen Mineralien macht mir schwer zu schaffen. Die Arztfreunde von einst wandern ins grosse Dunkel, so bestimmt es das grosse Geheimnis. Aber es ist ja immer später, als man denkt.

Das Bild Ihres Vaters bewegt mich sehr. Sie wissen, was mir der meine bedeutet hat. Er starb, da ich ihn am meisten brauchte. Nun sind wir selber Väter mit ihrem respice finem. Und ganz natürlich Rückschauende. Es beglückt mich zu wissen, dass Sie Grossvater wurden. Sollten Sie mich wirklich hier besuchen wollen, so wäre dies die Erfüllung eines immerwährenden Wunsches.

Auch für den Kongo-Denker danke ich Ihnen sehr. Denken und Danken sind verwandt. Wenn ich an Sie denke, danke ich Ihnen. Prüfe ich mich heute, finde ich zwischen uns kein Gestein und Geröll, keine shortcomings. Das sage ich nicht aus der Ermattung. Sehen Sie solches, dann stehe ich dazu. Im Rückblick sonst sehe ich auch viel Geröll und bedaure das nicht erst heute. Mir ist eine Art autonomes Gedächtnis gegeben, das immer wieder Phasen des Versagens meldet, vielleicht ein mütterliches Erbe. Im bereiten Willen, «es doch noch gut zu machen», stehe ich schon vor zu vielen Gräbern. Aber das Dunkel ist nicht vorherrschend.

Goethes «im Ersten seid ihr frei, im Zweiten seid ihr Knechte» war ein Lieblingsspruch der geliebten Elisabeth Rotten. Dem stimme ich zu.

Jedes Dokument, das Sie mir sandten, bewegt mich beglückend und in Trauer. Dass Sie Ihren Vater so lange «haben» durften, wirkt wie ein Märchen. Herrlich, das Bild der strahlenden Töchter.

Ich schliesse hier und möchte Ihnen doch noch soviel sagen. Im Versuche den zweiten Band abzuschliessen, fühle ich imperatorisch die Schwäche des Alters. Es beglückt mich, an Sie zu denken, die Weite Ihrer Erfahrungen und Erlebnisse.

Grüssen Sie mir Ihre Frau und Ihre Kinder auch von Seiten meiner Frau herzlich

in alter Verbundenheit
Ihr Walter Robert Corti

Grussbotschaft zum fünfundsiebzigsten und Dank

Lieber Walter Robert Corti,
Es kommt mir vor, als ob es gestern gewesen wäre: September 1960, als wir Dir als «Mittagsgabe» den bibliophilen Band mit den Texten und Zeichnungen aus dem Kinderdorf Pestalozzi, der Radierung und den Holzschnitten von Albert Gerster zu Deinem 50. Geburtstag überreichen durften.

Inzwischen hast Du ein weiteres Vierteljahrhundert dazugelegt. Hast damals wohl selbst nicht an derartige biologische Perspektiven im persönlichen Bereich geglaubt und deshalb leicht spöttelnd die Berechtigung der Bezeichnung «Mittagsgabe» in Frage gestellt. Mitarbeiter und Kinder, die 1960 jene Blätter zusammenstellen halfen, sind heute in alle Winde zerstreut. Heidi Lohner, auch damals bei der Textberatung ideen- und hilfreich tätig, hat uns längst verlassen, hat sich jenem Zuge lieber ehemaliger Weggenossen angeschlossen, der für unsere Generation, lieber Walter, in mahnender Weise immer länger und breiter wird.

Dass Deine Freunde, nicht nur jene des Trogener Kinderdorfkreises, heute mit Dir Deinen 75.Geburtstag feiern dürfen, erfüllt uns alle mit Freude und Dankbarkeit. Wenn ich heute zurückblicke auf die lange Wegstrecke, die wir seit den Gründungs- und Aufbaujahren des Kinderdorfes Pestalozzi zusammen haben zurücklegen dürfen, erscheint vor meinem geistigen Auge ein Bild, das mich immer wieder beeindruckt und bewegt hat: Nach langen und heissen Tagen des Arbeitens und des Vorangehens, bei Sonne aber auch im Dunst, Regen und Sturm, fegt gegen Abend ein frischer Südwestwind alle Wolkenfetzen und Unklarheiten hinweg. Plötzlich ist die Sicht wieder frei auch hin zu den fernsten Zielen. Wir erkennen sie wieder, die Wege und die Ziele, in einer ermutigenden und zugleich beruhigenden Klarheit.

Lieber Walter, Du sitzest heute mit einem Kreis von vorwiegend jügeren Freunden auf der Dir so vertrauten «Anhöhe von Trogen». Auch dort sind nach langen Monaten einer bewegten und oft wolkenverhangenen Atmosphäre Sicht und Ziele wieder klarer geworden. Und wenn auch die verjüngte Seilschaft von Trogen sich heute auf neuen Wegen um die Ziele des Kinderdorf-Gedankens, um die Verwirklichung Deines Ideengutes, Walter, bemüht, soll dies ihr gutes Recht, mehr, ihre wohlverstandene Pflicht sein.

Wenn Du Dich da oben umsiehst und wenn Du Dich danach erkundigst, was andere, die heute nicht mehr in Trogen wirken, andernortes tun, wirst Du erkennen, dass mehr von Deiner Ideensaat aufgegangen ist und noch aufgehen wird.

Was mich betrifft, werde ich weiterhin versuchen mit bald wohl auch schwindenden Kräften den Kindern dieser Welt und damit auch jener Sache zu dienen, die Du, lieber Walter Robert Corti, vor mehr als 40 Jahren in Bewegung gesetzt hast.

In Dankbarkeit für Vieles, was ich in langen Arbeitsjahren in Trogen habe erfahren und erlernen und später auf weiteren Feldern der humanitären Hilfe habe einsetzen dürfen, drücke ich Dir heute, und hoffentlich in Zukunft noch oft, herzlich und in bleibender Verbundenheit die Hand.

Es grüsst seinen väterlichen Freund mit den allerbesten Wünschen, auch im Namen der eigenen Töchter, die in ihrem Leben ebenfalls umzusetzen suchen, was sie im Kinderdorf in jungen Jahren mitbekommen haben

3115 Gerzensee, den 5. September 1985
Arthur Bill

14. September 1985

Mein lieber Arthur Bill!
HAB DANK! Das sind zwischen uns zwei gewichtige Vokabeln. Ich bin mit Freundschaften schwer verständlich reich beschenkt worden, doch gibt es auch darin eine objektive Hierarchie, die gerechterweise niemand zerreden und relativieren kann. Als der Aufruf 1944 erschien, in schlimmer Phase des Krieges, glaubte der Direktor von Conzett und Huber in keiner weise an irgend ein Echo. Er liess ihn aber zu, wie so Vieles seiner seltsamen DUduisten. Wunderbar genug, dass ihn Arnold Kübler durchliess. Aber schon in den ersten Tagen seines Erscheinens hat sich mit ihm mein Leben total verändert. Mein Arzt sagte meiner besorgten Mutter, « wenn er das durchsteht, wird er gesund.» Wer dann die Fülle des Echos erlebt hat, noch in schwerster Kriegszeit, stand vor einem Rätsel. Aber selbst die voll ausgelasteten und bewährten Hilfsorganisationen jener Zeit fürchteten erst kaum einen möglichen Konkurrenten. Ein Dorf für 8000 Waisen? Das kann nur ein verwirrter Phantast vorschlagen. Einmal ist das kein Dorf mehr, sondern eine Stadt, die noch Tausende von erfahrenen Helfern bedurfte. Das völlig Utopische musste jedem offensichtlich sein. Mindestens mir selbst. Was dann schliesslich blieb, kennt niemand besser als Du. Das Wunder des Anfanges war die Zustimmung der Gemeinde Trogen, das andere war die Stunde, da wir uns trafen. Noch konnte ich mir von Dir kein Bild machen. Aber Du kamst. Erst als Hausvater im Butendiek und dann in überzeugender Bewährung als Dorfleiter. Ohne Dich ist das vielberufene Trogener «Wunder» nicht zu denken. In meinen Belangen gehörst Du zu den grössten Geschenken meines Lebens. Es wird so sein, dass auch das Dorf selbst in Dir Organe aufschloss, die sonst kaum zur Entfaltung gekommen wären. Es war schwer, von Dir Abschied zu nehmen, aber wenn Einer, dann hast Du ihn in jeder Bedeutung verdient. Noch ist es vielleicht nicht an der Zeit, die Wirkung Trogens phänomengerecht zu sehen, aber es hat viel Nachfolge gefunden und nicht nur in den gebauten Dörfern. Das gehört auch zu Deiner Wirkung. Die FICE ist ja wirklich noch ein Werk für sich selbst geworden. Trogen hat viele Ideen verstreut und weit über die Grenzen des «Dörflichen» gewirkt. Weltanschaulich ist es liberal geblieben und auch das blieb nicht ohne Wirkung.

Die zweite Phase Deiner Tätigkeiten hat Dich, wie Du es voraussagtest dem Dorfe nicht entfremdet. Es beglückt, über sie nachzudenken und ich hoffe, dass bald einmal ein Begabter das ganze Umfeld Deiner Wirkungen etwa in einer Dissertation darstellt. Das wird sicher einmal geschehen und ich hoffe es noch zu erleben. Jedenfalls glaube ich, hat der Trogener Impuls grundlegend mit der Geistigkeit der Schweiz zu tun, die immer schon in alle Länder wirkte. Auffallend bleibt – unter uns gesagt, das Schweigen der offiziellen Pestalozzi-Forschung. Was in Trogen lebt, hat sich schon genuin mit ihm verbunden. Gmeiner wirkt aus katholisch-christlichen Motiven, wir mehr aus solchen der Aufklärung. Die Toleranz im Religiösen ist ernst gemeint und nur sie kann die überhaupt mögliche Befreiung schaffen. Es ist schon viel, wenn der Liberalismus wenigstens toleriert wird. Die Einstellung etwa des Dalai Lama scheint mir dabei so tröstlich wie verheissend zu sein. Die one world conception bleibt ja unzerschwatzbar das wahre Bild des Menschen und der Menschheit.

Dies für heut, mein Lieber. Wir freuen uns immer, wenn wir von Maria hören und sie sehen, da verbindet uns ja eine wunderbare Genkoinzidenz. Man muss es in Würde hinnehmen, dass wir «Glückspilze» sind.

Es bewegt mich, wie freundschaftlich Du mich ortest, was uns verbindet ist wohl auch das Personale, mehr aber noch das Gemeinsame im Wirken in der werdenden Wirklichkeit für das Bild des Menschen als eines Wesens der Verantwortung für das sinnsuchende Leben, worin ich den Sinn aller Religion sehe. Im Menschen öffnet sich die Möglichkeit, den Sinn des Seins zu erkennen und das Erkannte zu leben. Nur der Mensch sucht den Sinn und ist willig, ihn zu leben. Die Menschheit als eine Gemeinde der Sinnsucher entspricht dem Sinn des Seins. Paidagogos heisst der Kind-, der Knabenführer, der das Kind in allen Dimensionen lehrt. Er tut, dies, damit es erwachsen wird, so wie die Erwachsenen sind. Das scheint mir eminent fragwürdig. «Erziehen» mag ich auch nicht – an den Ohren ziehen, den Zahn ziehen … Im Menschen sucht der Sinn sich selbst, das macht alle Wissenschaft und Forschung verständlich. Das kleine Ich wird darin zum grossen Ich, es dient dem Sein, das in ihm denkt und sucht. Nicht ich habe mein Ich geschaffen, ich finde es in mir vor, nun, darüber habe ich ja allerlei geschrieben. Wenn ich mich frage, warum ich ICH bin, entsteht eine Stille in mir, als hätte ich weit mehr zu suchen und zu finden, als was mein kleines Ich wünscht …

Genug davon.

Grüss mir Deine Lieben, Deine liebe Frau und die herrlichen Kinder. Carmen war hier und ist mit Tränen wieder nach Vancouver abgereist. Solche Tränen brennen …

Treulich in alter Dankbarkeit Dein
Walter Robert Corti

Begegnung

Walter Robert Corti (1910–1990)

> Jeder Mensch ist ein anderes Land
> *aus Afrika*

Er ist mir erstmals in seinem Artikel begegnet, der im August 1944, also noch während des Zweiten Weltkrieges, in der Monatszeitschrift «du» erschienen ist. Dieser nur drei «du»-Seiten umfassende Artikel, er trug den Titel «Ein Dorf für die leidenden Kinder», hat knappe zwei Jahre später in Trogen zur Gründung des Kinderdorfes Pestalozzi geführt. Corti hatte ihm ein Wort Romain Rollands vorangestellt: «Was wäre ein Glaube nütze, der nichts wagen will?»

Mich hat dieser Artikel und seine in ihm entwickelte Idee sofort angesprochen, weil ich damals auf der Suche nach einer sinnvollen Aufgabe des geistigen und praktischen Wiederaufbaues war. Wie viele junge Schweizer jener Zeit habe ich das kriegerische Geschehen in Europa nicht nur unbeteiligt und passiv verfolgt. Immer wieder wurden wir Jungen zu längeren Militärdienstleistungen aufgeboten. Ich als Pilot bei der Fliegertruppe, die manche heikle Aufgabe zu lösen hatte, um zu verhindern, dass die Luftstreitkräfte der Alliierten und der Achsenmächte ihre Luftkämpfe und damit den Krieg in unserem Luftraum austrugen. Damals ist in mir der Vorsatz, ja Entschluss gereift, mich nach Kriegsende in einer noch zu findenden Form in einer Aufgabe des friedlichen Wiederaufbaues zu engagieren.

Als ich schliesslich vom Beginn des Baues des Kinderdorfes in Trogen hörte, haben meine Frau und ich nicht nur unsere bereits im Januar 1945 erklärte Bereitschaft zur Mitarbeit erneuert. Bei einem Besuch im Spätherbst 1946 auf dem Baugelände des Kinderdorfes sprach mich ein schlanker, junger und dunkel gekleideter Mann an. Es war Walter Robert Corti, der mich, den ihm Unbekannten, so befragt hatte. Corti hat mich viele Jahre später an diese allererste Begegnung in einem Brief erinnert: «Ich sehe Dich wieder, wie wenn es gestern gewesen wäre, im Baumschatten unter einem Besucherrudel: Weil Du mir auffielst, sprach ich Dich an. Ob Du Dich für das interessiertest, was wir hier versuchen? Du hast bejaht. Daraus wurde eine Kameradschaft mit allen alti e bassi, mit Höhen und Tiefen.» In der Folge, und vor allem, als wir dann im Frühling 1947 unsere Arbeit im Kinderdorf Pestalozzi in

Trogen antraten, habe ich in unzähligen Gesprächen Walter Robert Corti näher kennen gelernt. Ich beschränke mich im Folgenden darauf, lediglich einige Episoden aus jener Zeit zu schildern, die das besondere Wesen Cortis erkennen lassen:

In den Anfangsjahren des Kinderdorfes wohnte Corti mit seiner Familie einige Monate im Kinderdorf selbst. Nun boten sich vermehrt Gelegenheiten zu Gesprächen mit ihm. Diese bedeuteten mir sehr viel. Sie haben mir geholfen, Lebenszusammenhänge zu erkennen, die mir ohne ihn wohl verschlossen geblieben wären. So lernte ich auch seine Gedanken zum Thema des «Werdenden Gottes» und jene «seiner» Philosophen Hegel, Schelling, Hartmann und anderer kennen.

Mir wurde bald klar, dass das Kinderdorf Pestalozzi eine aus der Not der Zeit geborene, im bescheidenen Rahmen der Kinderhilfe entwickelte Vorwegnahme eines viel umfassenderen Anliegens Cortis war, das er später in seinem leider nie verwirklichten «Plan der Akademie» eingehend formuliert hat. Um was es ihm dabei eigentlich ging, hat er mir schon damals in langen nächtlichen Gesprächen dargelegt. So führte er etwa vorsichtig formulierend aus: «Es kann nicht sinnlos sein, der besten Intelligenz der Menschheit eine von allen traditionellen Pflichten und Prägungen freie Heimstätte (eben jene Akademie) zur Erforschung der Grundfragen, Grundleiden und Grundhoffnungen unseres Geschlechtes zu schaffen. Milliardenbeiträge werden zur gegenseitigen Vernichtung verwandt, was tun wir, um die Gründe, die Ursachen zu erforschen, warum dies geschieht oder geschehen muss? Sind die Weichen allesamt falsch gestellt? Die Mikrobenjäger haben ihre glorreiche Arbeit im wesentlichen abgeschlossen. Aber wer erforscht die geistigen Mikroben und die von ihnen verursachten Weltanschauungsseuchen, die mehr Opfer fordern, als es je Pest und Cholera getan haben? Müsste nicht jeder vernünftige Mensch eine solche Wissenschaft mit aller Kraft fordern und unentwegt danach fragen, warum sie nicht von allen Seiten Hilfe und Förderung erhält? Kein Mittel half früher, die an Diphtherie erkrankten Kinder zu retten, bis Löffler den Bazillus und darauf Behring sein Serum erfand. Was haben aber all diese Pioniere gegen den Unverstand ihrer Zeit ankämpfen müssen. Heute gilt es, die Physiologie und Pathologie der Ideologien zu erkennen, die unheimlichen Störungen im Kollektivverhalten, die Struktur des «metaphysischen Bedürfnisses» und aller Bereitschaft, auf falsche Heilslehren anzusprechen. Mit riesigen Mitteln wird der Kosmos, das Atom erforscht, wo aber sind die ebenso dotierten Stätten der Erforschung des Menschen und seiner Triebe des Hasses, des Machtwillens, der Anfälligkeit für jedes Freund-Feind-Schema? Alle Wissenschaften sollen sich begegnen, und sie können dabei diesmal der Philosophie nicht mehr entraten -der so oft verworfene Stein bleibt der Eckstein der Wahrheit und Freiheit und damit der möglichen Rettung.»

So überaus wertvoll diese Gespräche mit Corti für mich waren, ich war dabei meist der Fragende und Zuhörende, so kräftezehrend konnten sie gelegentlich für mich sein. Ich suchte Corti jeweils nach der Tagesarbeit in späteren Abendstunden noch auf. Wir diskutierten, oft bis ein oder zwei Uhr morgens. Während er sich anderntags richtigerweise seine Zeit zum Ausschlafen und Aufstehen nehmen konnte, begann für mich die Arbeit des nächsten Tages in gewohnter Frühe. Als ich ihm nach etwa vier Wochen beichten musste, dass ich diese Nachtgespräche mit der üblichen Tagesbelastung kaum mehr durchstehen könne, war er sichtlich erschrocken. Er hatte dies nicht bedacht und war in der Folge rührend um mein Wohlbefinden und um meinen Schlafhaushalt besorgt.

Eindrücklich waren jedes Mal meine gelegentlichen Besuche an der Römerstrasse in Winterthur. Dort bewohnte Corti mit seiner Familie ein grosses Haus, die Villa Kareol, die ihm die Winterthurer-Familie Reinhart zur Verfügung gestellt hatte. Dort lebte er mit seinen Büchern, dem Archiv für genetische Philosophie. Die Bibliothek dieses Archives zählte in den Sechzigerjahren etwa 15 000 Bücher, eine Zahl, die sich in den nächsten zehn Jahren auf 30 000 erhöhte. In einem der grössten Räume seiner Bibliothek arbeitete Corti, lesend, schreibend und pfeiferauchend. Wie gut er sich in dieser riesigen «Handbibliothek» auskannte, wollte er mir eines Tages demonstrieren. Er forderte mich auf, die vier grossen Wände abzuschreiten und mir dabei *eines* der Bücher zu merken. Daraufhin liess er sich die Augen mit einem grossen schwarzen Tuch verbinden. Als ich ihm nun den Titel des betreffenden Buches nannte, ging er, seine beiden Hände vor sich hinstreckend, ohne Zögern auf eine der Bücherwände zu, tastete sich suchend auf einem bestimmten Regal zurecht und zog tatsächlich das von mir bezeichnete Buch «blind» heraus. Er war in seiner Bücherei, seiner Welt, völlig zu Hause.

Im Cortischen Haus in Winterthur gab es nicht nur die beeindruckende Sammlung seiner Bücher und des Geistes, der aus diesen Büchern sprach. Es waren da andere Sammlungen verschiedenster Art zu bewundern: Käfer aller Grössen und Farben, Muscheln mit den verschiedensten, auch bizarren Formen. Und von allen wusste Corti die wissenschaftliche Bezeichnung und den Fundort. Bereits Cortis Vater, der Dübendorfer Chemiker, war ein passionierter Sammler. Bei ihm hat der kleine, überaus wissbegierige Walter, der sich früh schon ein «Museum» für Tierschädel und kleine Reptilien angelegt hatte, eine wunderschöne Sammlung von Nachtfaltern bewundern können. So hat der Vater ihm und seinen zwei Brüdern das Staunen vor den Wundern der Natur vermittelt. Dieses Staunen ist zu Entzücken gereift, als der Vater seine Söhne in die Mikroskopie einführte und ihnen damit eine neue und faszinierende Wunderwelt erschloss.

Walter liebte es, sich bei seinen Besuchen im Dorf zu den Kindern zu setzen, auf ihre Fragen einzugehen, sie zu beantworten, zu erzählen. Davon haben auch unsere eigenen Kinder liebend gerne profitiert. Maria hat mir später erzählt, wie sie beim Zuhören Lust bekommen hatte, älter und alt zu werden, um dann auch so ruhig, so sicher und oft erst nach gründlichem Nachdenken auf Fragen antworten zu können. «Weisst du», sagte sie, «er konnte so in die Tiefe seines Wissens und seiner Erfahrungen hineingreifen, wie habe ich ihn dafür bewundert?» Und noch an etwas erinnert sich Maria: «Er erklärte uns das Kinderdorf mit seiner sich immer erneuernden Gemeinschaft von Kindern und Erwachsenen. Es gleicht einem Springbrunnen. Dieser sieht immer gleich aus, ist aber doch nie der Gleiche, weil er immer von neuen Wassertropfen gebildet wird, die hochschiessen und niederfallen.

Walter Robert Corti konnte sich freuen an einem Gelingen, er konnte Anerkennung, Freundschaft und Dankbarkeit zeigen und er hat Worte dafür gefunden, die jedem, der sie von ihm vernehmen durfte, zu neuer Quelle der Kraft und der Zuversicht werden mussten. Er war ein glücklicher Vater. Und er hat mich dies auch wissen lassen. Über des kleinen Nicos Feststellung: «Nicht wahr, wir zwei tragen Hosen!» konnte er sich in der sonst von Frauen, nämlich seiner ihn stets liebevoll unterstützenden Gattin Anuti, deren betagter, aber sehr vitalen Mutter und den eigenen Töchtern, dominierten Umwelt köstlich amüsieren. Über seine und unsere Kinder schrieb er mir einmal: «Wir freuen uns immer, wenn wir von Euren Kindern hören. Da verbindet uns ja eine sonderbare Genkoinzidenz. Man muss es in Würde hinnehmen, dass wir Glückspilze sind.»

Als meine Frau und ich das Kinderdorf nach über 26 Jahren verliessen, um im Rahmen der humanitären Hilfe und der Katastrophenhilfe im Dienste der Eidgenossenschaft neue Aufgaben zu übernehmen, hat er mir später in grossmütigem Verstehen geschrieben: «Du hast in angeborener Fairness dreimal angefragt, Dein verzehrendes Amt nun aufzugeben. Beim dritten Mal konnte und wollte ich nicht mehr bittend abraten. Bald genug hast Du die Trogener Erfahrungen in einem anderen und immer verwandten Felde aufgebaut.» Er war auch hier der Wissende, der Verstehende, der Gütige.

Das Kinderdorf Pestalozzi Trogen im Urteil seiner Ehemaligen der Jahre 1946–1969

Die Rundfrage an die Ehemaligen des Kinderdorfes Pestalozzi vom Mai 1969:

In der systematischen Direktbefragung aller Ehemaligen des Kinderdorfes haben wir uns immer eine massvolle Zurückhaltung auferlegt. Durch die lebendige Verbindung mit den Ausgetretenen bestanden ja vielfältige Möglichkeiten sich ein Bild über die Art ihrer Bewährung und zum Teil auch über ihre nachträgliche Beurteilung ihres Kinderdorferlebnisses zu machen.

Zwei wesentliche Gründe führten aber im Jahr 1969 dazu, trotzdem eine Befragung aller erreichbaren Ehemaligen des Dorfes durchzuführen.

> Einmal war die Frage aufgeworfen worden, ob die Stiftung Kinderdorf Pestalozzi auf Grund der Erfahrungen in Trogen Anlass haben kann, für weitere internationale Kinderdorfgründungen Hand zu bieten, solche Gründungen also zu ermutigen und ihnen in der Folge auch ratend beizustehen.

> Die zweite Veranlassung lag in der Tatsache begründet, dass das Kinderdorf Pestalozzi nunmehr über zwanzig Jahre alt geworden war und dass eine Auswertung seiner Erfahrungen und Erkenntnisse auf den verschiedensten Ebenen des Geschehens und der Entwicklung längst überfällig geworden war.

Eine Rundfrage an die Ehemaligen des Dorfes versprach, für beide Anliegen wertvolle Hinweise zu liefern.

Auf Grund bereits gesammelter früherer Erfahrungen bei der Durchführung von kleineren Befragungen im Rahmen des Kinderdorfes haben wir bewusst davon abgesehen, den Ehemaligen einen mehr oder weniger ausführlichen Fragebogen zur Beantwortung zu unterbreiten. Mit vorgegebenen Fragebogen wird zwar die Auswertung der Antworten sehr erleichtert. Die Gefahr, dass mit einem Fragebogen die Spontaneität des Befragten verloren geht, ist aber doch recht erheblich. So wurde den Ehemaligen ein Brief geschrieben, in dem sie auf die Problematik internationaler Kinderdörfer angesprochen wurden. Dabei wurden ihnen eigentlich nur zwei Hauptfragenkreise zur freien Beantwortung und Stellungnahme unterbreitet. Sie wurden aber ersucht, diese Stellungnahme noch etwas näher zu begründen und ev. mit Beispielen zu illustrieren.

Der Originaltext des an 413 Ehemalige und an 18 ausgetretene Mitarbeiterkinder gerichteten, persönlich adressierten, in verschiedenen Sprachen abgefassten Briefes mit den beigegebenen «Fragen zur Problematik internationaler Pestalozzi Kinderdörfer» lautet:

Trogen, den 14. Mai 1969

Mit diesen Zeilen möchte ich Dir ein für unser Pestalozzidorf und für die mögliche weitere Verbreitung des Pestalozzidorf-Gedankens wichtiges Anliegen unterbreiten. Unsere Stiftung Kinderdorf Pestalozzi steht zur Zeit vor der entscheidenden Frage, ob wir in andern Teilen der Welt, z.B. in Asien oder in Amerika, die Gründung weiterer internationaler Kinderdörfer fördern helfen sollen, wie wir dies in Indien bei einem im Aufbau begriffenen Pestalozzi Kinderdorf zur Zeit tun. Bei der Prüfung dieser Frage ist es nun von grosser Wichtigkeit zu wissen, wie ein Ehemaliger eines internationalen Kinderdorfes z.B. des Pestalozzi Kinderdorfes in Trogen, seine dort gesammelten übernationalen Erfahrungen in seinem eigenen Lande auswerten kann. Wir fragen uns z.B. ob die Erfahrungen im internationalen Teamwork mit so grossen Vorteilen verbunden sind, dass sie gegenüber den Nachteilen, nicht in einem einheitlich nationalen Milieu aufgewachsen zu sein, überwiegen.

Da ich zu der Frage der internationalen Kinderdörfer in anderen Teilen der Welt zu Handen unserer Stiftungskommission und des Stiftungsrates eine Studie schreiben sollte, möchte ich auch die Ansicht der Ehemaligen zu den oben beschriebenen Problemen darstellen.

Ich bitte Dich, zu den Fragen, wie sie auf dem beiliegenden Blatt formuliert sind, ganz frei und in knapper, gut überlegter Form Stellung zu nehmen.

Jetzt habe ich aber noch eine ganz wichtige Bitte: Wäre es wohl möglich, mir Deine Antwort in den nächsten 14 Tagen nach Erhalt dieses Briefes zu schicken? Du würdest nicht nur mir persönlich, sondern unserem Kinderdorf damit einen ganz grossen Dienst erweisen. Ich danke Dir für Deine Stellungnahme schon jetzt recht herzlich.

Fragen zur Problematik internationaler Pestalozzi Kinderdörfer:

1. Glaubst Du, dass es von Vorteil ist, in einem internationalen Kinderdorf aufwachsen zu können, Menschen anderer Sprachen, Kulturkreise und Rassen kennenzulernen, und dass die Nachteile, nicht im eigenen Land aufgewachsen zu sein, gegenüber diesen Vorteilen zurücktreten?
2. Glaubst Du, dass es mit mehr Nachteilen als Vorteilen verbunden ist, in einem internationalen Pestalozzidorf und nicht im nationalen Rahmen eines bestimmten Landes aufzuwachsen und zur Schule zu gehen?
3. Würdest Du bitte die unter Frage 1 und 2 geäusserte Stellungnahme etwas ausführlicher begründen und vielleicht sogar mit konkreten Lebenserfahrungen bestätigen?

Ergebnis der Rundfrage an die Ehemaligen vom Mai 1969

Übersicht

	Total	Knaben	Mädchen	im Kinderdorf		Alter im Mai 1969			
				bis 5 Jahre	über 5 Jahre	15 bis 20	20 bis 25	25 bis 30	30 plus
Nur Vorteile	17	14	3	5	12	0	2	7	8
Mehr Vorteile	93	57	36	29	64	18	26	27	22
Vor- und Nachteile ausgeglichen	9	6	3	1	8	2	4	3	0
Mehr Nachteile	2	2	0	0	2	0	0	0	1
Nur Nachteile	0	0	0	0	0	0	0	0	0
Insgesamt	121	79	42	35	86	20	32	37	31

Erwähnte Vorteile

Allgemein

	Total	Knaben	Mädchen	bis 5 Jahre	über 5 Jahre	15 bis 20	20 bis 25	25 bis 30	30 plus
Bessere Kontaktfähigkeit, weltoffener, aufgeschlossener	18	9	9	8	10	2	6	3	7
Verständnisvoller	30	14	16	10	20	2	10	9	9
Breiterer Horizont	15	5	10	6	9	2	5	3	5
Toleranz, weniger Vorurteile	26	17	9	8	18	1	12	7	6
Bessere Anpassungsfähigkeit	7	5	2	3	4	0	4	1	2
Hilfsbereitschaft und Rücksicht	7	3	4	1	6	0	2	3	2
Unabhängigkeit, Selbstvertrauen, Selbständigkeit	2	1	1	1	1	1	0	0	1
Heranbildung von übernationalen Freundschaften	18	12	6	6	12	3	4	5	4
Vorbereitung und Pflege der internationalen Zusammenarbeit	10	7	3	3	7	3	3	3	1
Erlernen einer übernationalen Denkweise	13	8	5	4	9	0	6	3	4
Entwicklung des Sinnes für die Gleichberechtigung aller Menschen	15	10	5	3	12	3	5	5	2
Beitrag zur internationalen Verständigung	10	7	3	2	8	0	1	5	4

Nationalitäten

	Deutschland	Grossbritannien	Finnland	Frankreich	Griechenland	Italien	Südkorea	Österreich	Polen	Schweiz	Tibet	Ungarn	zur Zeit in der Schweiz – in Ausbildung	Flüchtling	Wahlheimat	in Drittland	in der Heimat
	1	0	2	3	2	1	0	1	2	2	0	3	0	2	3	5	5
	9	12	9	17	9	17	1	5	0	4	4	6	6	5	17	9	51
	2	0	0	1	2	1	0	0	0	1	2	0	3	0	0	3	2
	1	0	0	1	0	0	0	0	0	0	0	0	0	0	2	0	0
	0	0	0	0	0	0	0	0	0	0	0	0	0	0	0	0	0
	13	12	11	22	13	19	1	6	2	7	6	9	9	7	22	17	58
	3	1	0	5	3	3	1	1	0	0	0	1					
	2	6	2	6	1	4	0	2	0	2	2	3					
	1	3	3	4	2	0	1	0	0	1	0	0					
	6	5	4	0	1	2	0	0	0	3	0	5					
	0	0	1	1	1	1	0	0	0	3	0	0					
	1	0	1	3	0	0	0	1	0	0	1	0					
	0	1	0	0	0	0	0	0	0	0	0	0					
	3	1	2	5	3	1	0	1	0	1	0	1					
	2	1	0	1	2	1	0	1	0	1	2	0					
	3	1	1	2	2	2	0	1	0	1	0	0					
	1	3	2	2	1	3	0	1	0	0	0	2					
	1	1	0	2	0	0	0	0	0	1	0	0					

	Total	Knaben	Mädchen	im Kinderdorf		Alter im Mai 1969			
				bis 5 Jahre	über 5 Jahre	15 bis 20	20 bis 25	25 bis 30	30 plus
Differenzierte Entwicklung des sozialen Verhaltens	5	3	2	1	4	1	2	0	2
Religiöse und politische Entscheidungsfreiheit	2	2	0	0	2	0	0	0	2
Verantwortung gegenüber der Gemeischaft	1	0	1	1	0	0	0	0	1
Pflege der nationalen Eigenschaften und Werte	5	4	1	0	5	1	0	1	3
Weckung des Interesses für die eigene Heimat	2	1	1	0	2	1	1	0	0
Durch Kinderdorfehemalige fliessen der Heimat neue Ideen zu	2	2	0	0	2	0	1	1	0
Nützung der Vorteile der Grossfamilie	3	2	1	1	2	0	1	0	1
Geordnete Verhältnisse für elternlose Kinder	4	3	1	1	3	1	0	1	2
Bessere Kenntnis fremder Menschen und ihrer Sitten und Gebräuche	42	26	16	15	27	11	9	10	12

Schule:

	Total	Knaben	Mädchen	bis 5 Jahre	über 5 Jahre	15 bis 20	20 bis 25	25 bis 30	30 plus
Erweiterte Sprachkenntnisse	34	23	11	10	24	6	9	6	13
Möglichkeit einer vielseitigen schulischen Ausbildung	19	13	6	5	14	1	6	4	8
Entfaltung und Entwicklung verschiedener Interessen	3	1	2	2	1	1	0	2	0
Entwicklung einer kritischen Haltung gegenüber der eigenen Kultur	2	2	0	1	1	0	1	1	0
Längere und ausgeglichenere Schulungsperioden	1	1	0	0	1	1	0	0	0
Individuelle Behandlung in der Schule des Kinderdorfes	1	0	1	0	1	0	0	1	0
Reichere psychologische Kenntnisse	1	1	0	1	0	0	0	0	1
Vielseitigere Erfahrung und umfassendere Allgemeinbildung	11	7	4	0	11	0	3	3	4

Deutschland	Grossbritannien	Finnland	Frankreich	Griechenland	Italien	Südkorea	Österreich	Polen	Schweiz	Tibet	Ungarn
1	1	0	2	0	0	0	0	0	1	0	0
1	0	0	0	0	1	0	0	0	0	0	0
0	1	0	0	0	0	0	0	0	0	0	0
2	0	1	0	0	1	0	0	0	0	0	1
0	0	0	0	0	0	0	0	0	1	1	0
0	0	0	0	1	0	0	0	0	1	0	0
0	1	0	0	0	1	0	1	0	0	0	0
1	1	0	1	0	1	0	0	0	0	1	0
2	4	3	7	6	7	0	2	0	1	5	5
2	4	6	6	6	6	0	1	0	1	2	0
2	3	1	2	2	5	1	1	2	0	0	0
0	0	0	1	1	0	1	0	0	0	0	0
0	1	0	0	0	0	0	0	0	0	0	1
0	0	0	1	0	0	0	0	0	0	0	0
0	0	1	0	0	0	0	0	0	0	0	0
0	0	0	0	0	1	0	0	0	0	0	0
0	0	0	2	2	6	0	1	0	0	0	0

Erwähnte Nachteile	Total	Knaben	Mädchen	im Kinderdorf		Alter im Mai 1969			
				bis 5 Jahre	über 5 Jahre	15 bis 20	20 bis 25	25 bis 30	30 plus
Allgemein:									
Schwierigkeiten bei der Rückkehr in die Heimat	48	30	18	12	36	8	13	13	14
a) Aus- und Weiterbildungsschwierigkeiten	6	5	1	1	5	0	2	1	3
b) Entfremdung	18	9	9	5	13	2	6	7	3
c) Sprachprobleme (Muttersprache)	13	8	5	4	9	5	2	2	4
d) Nichtanerkennung der Schul- und Berufszeugnisse	6	5	1	0	6	0	2	1	3
e) Arbeitsbeschaffung	3	1	2	1	2	1	0	2	0
Ungenügende Information über Studien- und Berufsausbildungsmöglichkeiten	2	2	0	1	1	0	1	0	1
Vermissen der Eltern und Verwandten	2	0	2	1	1	1	0	0	1
Fehlen der Zuneigung leiblicher Eltern	1	1	0	0	1	0	0	1	0
Verlust der Freunde in der Heimat	2	1	1	2	0	0	0	0	2
Mangelndes Zugehörigkeitsgefühl und Selbstvertrauen	3	2	1	2	1	0	1	0	2
Verlust der Sicherheit und Geborgenheit in der nationalen Gemeinschaft	1	1	0	1	0	0	1	0	0
Gewöhung an einen gegenüber dem Heimatlande höheren Lebensstandard	3	2	1	1	2	2	1	0	0
Institutionalisierung des Dorflebens	2	1	1	1	1	0	1	1	0
Gefahr der «Show» bezüglich internationaler Kontaktpflege	1	1	0	1	0	0	1	0	0
Ungenügende Information über das Heimatland	6	3	3	3	3	2	3	1	0
Obligatorische Rückkehr in die Heimat	2	2	0	1	1	1	0	0	1
Schule:									
Ungenügender Aufwand im nationalen Schulprogramm	3	2	1	0	3	0	1	0	2
Fehlen einer auf die Bedürfnisse der jeweiligen Heimatländer ausgerichteten Spezialisierung	2	2	0	0	2	1	0	1	0
Zu bescheidenes Niveau der Oberstufenschule	7	5	2	0	7	0	1	3	3

	Deutschland	Grossbritannien	Finnland	Frankreich	Griechenland	Italien	Südkorea	Österreich	Polen	Schweiz	Tibet	Ungarn
	6	4	8	5	9	11	1	0	0	2	1	1
	2	2	1	0	0	1	0	0	0	0	0	0
	1	1	2	3	4	5	1	0	0	1	0	0
	0	1	4	1	3	1	0	0	0	1	1	1
	2	0	0	0	0	4	0	0	0	0	0	0
	0	0	0	1	2	0	0	0	0	0	0	0
	1	0	1	0	0	0	0	0	0	0	0	0
	0	1	0	0	0	0	0	0	0	0	1	0
	0	0	0	1	0	0	0	0	0	0	0	0
	0	2	0	0	0	0	0	0	0	0	0	0
	0	0	0	1	0	1	0	0	0	0	0	1
	0	0	0	0	0	0	0	0	0	0	0	1
	0	0	0	1	2	0	0	0	0	0	0	0
	0	1	0	1	0	0	0	0	0	0	0	0
	0	0	0	0	0	0	0	0	0	0	0	1
	0	1	1	0	0	2	1	0	0	0	1	0
	1	0	0	1	0	0	0	0	0	0	0	0
	2	1	0	0	0	0	0	0	0	0	0	0
	0	1	0	1	0	0	0	0	0	0	0	0
	4	0	0	1	0	0	0	0	0	2	0	0

Hinweise und Vorschläge:

Die Antworten auf die Rundfrage enthielten auch eine ganze Reihe von bemerkenswerten Hinweisen und Vorschlägen:

Ein Engländer:
Die Ideen des Kinderdorfes dürfen nicht reine Theorie bleiben, sondern müssen praktisch ausgeführt werden und zwar von jungen, tatkräftigen Menschen, die den Willen und den Mut besitzen, sich nach anderen Ländern zu begeben und die Ideen mit gutem Beispiel praktisch durchzuführen.

Ein Deutscher:
Trogener Ehemalige sollten sich bereit finden, bei den neu zu gründenden Kinderdörfern aus ihren eigenen Erfahrungen heraus aktiv mitzuarbeiten.

Ein Engländer:
Obschon es erziehungsmässig wahrscheinlich falsch wäre, glaube ich, es wäre besser die Schüler bereits 6 Monate vor Abschluss der normalen Schulausbildung in die Heimat zu senden, um ihnen Gelegenheit zu geben, in dieser Zeit Freunde und Bekannte zu gewinnen.

Eine Finnländerin:
Sorgfältigere Auswahl der Kinder, vermehrte Pflege der Muttersprache vor allem auch durch Lektüre von Büchern des eigenen Landes, besondere Kontrolle in den nationalen Hausschulen, vermehrte Mithilfe der Hauseltern bei der Lösung des Problemes der Weiterausbildung von Rückkehrern in ihren Heimatländern.

Eine Französin:
Mehr direkte Diskussion unter den Kindern, um sich noch besser kennen zu lernen. Bessere Überwachung der Vorbereitungen auf die Rückkehr in das eigene Land.

Eine Französin:
Den Kontakt mit dem Heimatlande intensiver pflegen und die Kinder mehr zur Übernahme eigener Verantwortungen erziehen.

Eine Griechin:
In den Heimatländern sollte ein Komitee gegründet werden, das zurückkehrenden Ehemaligen bei der Bewältigung von Anpassungsschwierigkeiten und bei der Stellensuche behilflich ist. Die Kinder sollten hauptsächlich in beruflicher Hinsicht, entsprechend auf die Situation in ihrem Heimatlande vorbereitet werden.

Eine Griechin:
Das Kinderdorf sollte nur Kinder aus Nachbarländern aufnehmen, die Umstellung bei der Rückkehr wäre weniger gross. Erweiterter internationaler Kontakt könnte durch Briefwechsel oder Ferienaufenthalte vermittelt werden. Noch lebende Eltern sollten, wenn möglich, alle etwas bezahlen müssen, damit sie immer wieder an ihr Kind erinnert werden.

Ein Italiener:
Von Anfang an sollten die Kinder in das Schulsystem des Gastlandes, also der Schweiz, integriert werden.

Ein Italiener:
Die Hauseltern sollten die Aufgabe übernehmen, den Kindern Unterricht über die soziale und politische Lage ihres Vaterlandes zu geben.

Ein Italiener:
Die Wiedereingliederung im Heimatlande wäre leichter, wenn sie bereits bei Beginn der Berufsausbildung erfolgen würde.

Ein Ungare:
Meines Erachtens sollte jeder, der das Kinderdorf verlässt, dessen Sinn und Zweck verstanden haben und so erzogen sein, dass er nach seiner späteren Ausbildung das Bedürfnis hat, für einige Jahre im Dienste einer internationalen Hilfsorganisation zu arbeiten.

Ein Ungare:
Internationalismus könnte so praktiziert werden, dass auf verschiedenen Bildungsstufen Seminarien, d.h. Kurse, Vorträge und Diskussionen über kulturelle, politische und wirtschaftliche Themen abgehalten werden.

Ein Österreicher:
Das Trogener Kinderdorf sollte sich bei der Wahl der Nationen auf Europa beschränken.

Ein Österreicher:
Die organisatorischen und finanziellen Probleme dürften bei einem nationalen Kinderdorf leichter zu lösen sein als bei einem internationalen.

Ein Tibeter:
Kinder sollten erst vom 12. oder 13. Altersjahr in ein internationales Kinderdorf aufgenommen werden.

Darstellung der Umfrage-Ergebnisse im Jahresbericht 1970

Nach 25 Jahren seit der Gründung dieses Dorfes ist es verständlich, wenn wir der Sinnfrage dieses Werkes besonders aufmerksam und kritisch nachgehen. Auf die Frage z.B., ob sich die in unserem internationalen Kinderdorf-Milieu aufgewachsenen jungen Menschen nach ihrer Rückkehr ins Heimatland in den besonderen Verhältnissen ihres Landes wieder zurechtfinden, können die Ehemaligen am besten selbst antworten. Wir haben diese Frage den für uns erreichbaren älteren Ehemaligen gestellt und sie eingeladen, auf die Vor- und Nachteile ihrer Kinderdorf-Erziehung hinzuweisen.

Aus 121 Antworten kann das folgende herausgelesen werden:

Unter den Vorteilen der Kinderdorferziehung wurden u.a. erwähnt:

Bessere Kenntnisse fremder Sitten	42 Ehemalige
Bessere Sprachkenntnisse	34 Ehemalige
Verständnisvoller	30 Ehemalige
Toleranter, weniger Vorurteile	26 Ehemalige
Möglichkeit einer vielseitigen Ausbildung	19 Ehemalige
Internationale Freundschaften	18 Ehemalige
Bessere Kontaktfähigkeit, aufgeschlossener	18 Ehemalige
Entwicklung des Gefühls für Gleichberechtigung aller Menschen	15 Ehemalige

Unter den Nachteilen wurden u.a. aufgezählt:

Entfremdung	18 Ehemalige
Sprachprobleme (Muttersprache)	13 Ehemalige
Weiterbildungsschwierigkeiten	6 Ehemalige
Nichtanerkennung von Berufs-und Schulzeugnissen	6 Ehemalige
Mangelndes Zugehörigkeitsgefühl	3 Ehemalige
Gewöhnung an einen höheren Lebensstandard	3 Ehemalige

Die Ergebnisse dieser Rundfrage, und ganz besonders die Hinweise auf Nachteile einer Kinderdorferfahrung, werden alle Verantwortlichen noch intensiv beschäftigen. Dabei wissen wir, dass wir zwar nie ideale Lösungen werden erarbeiten können, dass wir aber niemals erlahmen dürfen, die bestmöglichen Lösungen anzustreben. Wichtigstes Kriterium soll dabei sein: Das Wohl des jungen, unserem Dorfe anvertrauten Menschen, seine Entwicklung als Individuum und als Glied der grösseren Gemeinschaften, denen er zugehört.

| Vorteile | | | | Nachteile |

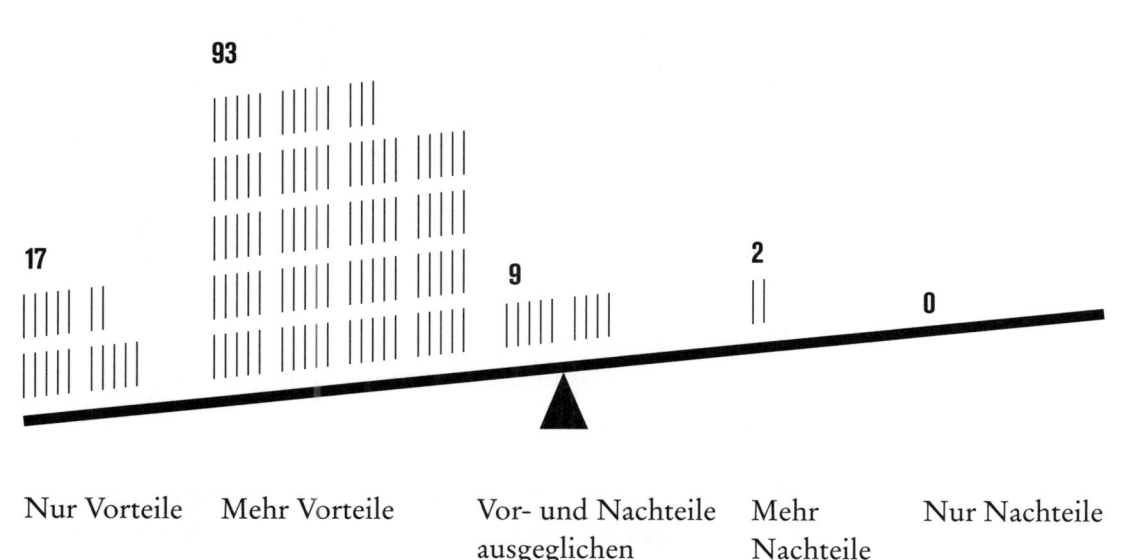

93

17 **9** **2** **0**

Nur Vorteile · Mehr Vorteile · Vor- und Nachteile ausgeglichen · Mehr Nachteile · Nur Nachteile

Nun sind allerdings heute die menschlichen Lebensgemeinschaften längst nicht mehr so geschlossen und festumrissen, wie noch vor 50 oder 100 Jahren. Wir sind eine pluralistische Gesellschaft geworden, der die selbstverständliche gemeinsame Mitte weitgehend fehlt. So fehlt uns auch mehr als früher ein klar umrissenes Erziehungsbild und ein nicht von allen Seiten her in Frage gestelltes Erziehungsziel. Die allgemeine Verunsicherung, und damit eine Erziehungs- und Bildungskrise, die in vielen Ländern heute festzustellen ist, wird auch auf die Kinderdorfarbeit nicht ohne Einfluss bleiben.

Originalauszüge aus einigen Antworten:

Die Finnländerin RITTA, Kindergärtnerin, heute mit einem Architekten in Helsinki verheiratet:
«Nachdem ich meine Kindheit in einem internationalen Kinderdorf verbracht habe, ist mein Leben viel vielseitiger und internationaler geworden. Die Welt ist für mich sicher kleiner als für solche Menschen, die nur ihr eigenes Land kennen. Ich habe Freunde und Bekannte in vielen Ländern. Ich kann auch meinen eigenen Kindern sowie meinen Schülern vieles über andere Rassen, Kulturen, Sitten in anderen Ländern erzählen. Ich weiss, dass es überall glei-

che Menschen gibt, und dass Kriege zwischen verschiedenen Nationen dumm sind. Auch ist es für mich jetzt viel leichter, andere Sprachen zu verstehen und zu sprechen. Ich bin sicher reicher im Leben als ich sonst wäre, wenn ich in meinem Land aufgewachsen wäre.»

Der Süditaliener RAFFAELE, heute Flugzeugmechaniker und Absolvent von Abendkursen in Metuchen, New Jersey, USA, früher im Kinderdorf ein begabter Maler und Zeichner:
«Internationales Verstehen und besseres gegenseitiges Erkennen kann man viel besser in einem solchen Dorfe lernen, als dies aus einem Buche möglich ist. Ein sehr gutes praktisches Beispiel zeigen uns Hund und Katze. Jedermann weiss, dass diese Tiere üblicherweise nicht friedlich zusammen leben können. Lassen wir aber diese zwei Tiere im gleichen Raume aufwachsen, werden es die besten Freunde. So glaube ich, dass internationales Zusammenleben die beste Waffe für den Frieden ist.»

Der Deutsche HANS ERICH, heute Student der höheren Mathematik in Hamburg:
«Das Internationale Kinderdorf bietet folgende Vorteile: Das soziale Verhalten wird differenzierend entwickelt; der Heranwachsende lernt durch die Unterschiede zwischen sich und den Kindern an deren Mentalität sein eigenes Wesen erneut kennen und einschätzen, andererseits gelangt er zu einer natürlichen Kenntnis des andersartigen Kameraden, er lernt ihn verstehen, tolerieren und schätzen. Er wird zwar in eine kompliziertere Welt hineingestellt, aber an dieser Aufgabe kann er seine Ichleistung und sozialen Bezüge unter der Leitung der Erzieher besser und vernünftiger entwickeln. Damit gelangt er zu einer komplexeren Sicht seiner selbst und der Welt, als ein Kind im gewöhnlichen oder womöglich gestörten Elternhaus, in einem nationalen Rahmen, der nur seine eigenen Interessen kennt. Ich halte alle diese Eigenschaften für besonders wichtig, da sie für den Frieden und die Existenz der Menschheit angesichts des ungeheuren Zerstörungspotenzials von entscheidender Bedeutung sind.»

Die Schweizerin GRACE, heute in Basel als Sekretärin tätig:
«Der Aufenthalt im Kinderdorf hat sicher viel dazu beigetragen, dass ich mich heute überall, in welchem Lande ich mich immer befinde, sofort und mühelos eingliedern kann. Das Zusammenleben mit meinen ausländischen Kameraden hat mich gelehrt, die Eigenart anderer ohne Einschränkung zu akzeptieren, deren Charme zu entdecken und ihn mir wenn möglich gar anzueignen.»

Der Grieche HEKTOR, von Beruf Mühlen-Ingenieur, inzwischen tödlich verunglückt anlässlich eines Flugzeugabsturzes:
«In meiner Heimat würde ich nie so viele Menschen aus anderen fremden Ländern antref-

fen. Niemals hätte ich wohl einen Koreaner, Tibeter oder Finnen kennengelernt. Nie hätte ich erfahren können, wie ihre Sprache klingt.»

Die Koreanerin JUNG-SOOK, in Ausbildung als Hauswirtschaftslehrerin:
»Heutzutage kann nicht jedes Volk für sich allein leben, weil die Welt sehr eng geworden ist. Die Völker sollten zusammenhalten, denn wenn ein neuer Weltkrieg ausbrechen sollte, besteht die Gefahr, dass jedes Volk untergehen müsste. Darum ist es sehr wichtig, andere Menschen und ihre Sprachen kennenzulernen. Dafür haben wir im Kinderdorf eine sehr gute Gelegenheit.»

Der ungarische Flüchtling FERENC, zahntechnischer Lehrling:
«Im Kinderdorf habe ich gelernt, mit fremden Menschen zu diskutieren, zu spielen ohne daran zu denken, dass das ein Mensch einer anderen Nation ist.»

Der Tibeterjüngling LOBSANG, Sozialhelfer:
«Manchmal empfinde ich eine unerwartete Freude, wenn jemand über ein Land spricht, aus welchem eine Gruppe von Kindern in unserem Dorfe lebt. Dies, weil ich über den genauen Charakter der Menschen dieses Landes aus meiner eigenen Erfahrungen heraus erzählen könnte.»

Der englische Ehemalige DOUGLAS, bisher Professor an der London School of Economics and Political Science, jetzt Professor an dem State University College at Brockport, State University of New York:
«If I were able to live my life again, and had to make a choice between spending part of my early life at Pestalozzi and remaining in England during the same period, I would unhesitatingly choose Pestalozzi.»

Die Französin ANNI, als Kind von französischen Hauseltern im Kinderdorf aufgewachsen, heute Hochschullehrerin in Strasbourg:
«Obwohl nur in einem mikroskopisch bescheidenen Massstab, können diese Dörfer doch beitragen zu einer besseren Verständigung unter den Völkern.»

Die hier zitierten Äusserungen sind repräsentativ für den Grundton in den Antworten der Ehemaligen. Auf ein Problem weisen allerdings eine ganze Reihe von Zuschriften hin: Durch den mehrjährigen Aufenthalt ausserhalb ihres Heimatlandes haben sie erfahren: Bin ich im Kinderdorf, sehne ich mich nach meiner Heimat, bin ich aber dort, träume ich vom Kinderdorf. Bedeutet dies nun etwa Entwurzelung und Heimatlosigkeit?

Als ich einen jungen Griechen, der mir eben diesen Zustand sehr lebhaft geschildert hatte, fragte, ob er es im Grunde genommen bedaure, der Unschuld und Geborgenheit seiner ländlichen Heimat durch ein besonderes Lebensschicksal entrissen worden zu sein, antwortete er: «Ich nehme es gerne in Kauf, mit meiner engeren Heimat etwas weniger vertraut zu sein, wenn mir dagegen die Fenster zu einer weiten Welt geöffnet wurden».

Nicht heimatlos werden unsere Ehemaligen, sondern das von ihnen als Heimat erkannte und empfundene Gebiet hat sich erweitert.

Dennoch bleibt die Rückkehr und die Reintegration unserer Jugendlichen in ihre Heimat und die Hilfe, die das Kinderdorf ihnen in dieser Lebensphase bieten kann, eine der Aufgaben, denen wir grösste Aufmerksamkeit schenken müssen.

Erste Deutung der Umfrageergebnisse

a) Das überwiegend «positive» Ergebnis:

Auffällig und tatsächlich in diesem Ausmass unerwartet ist die sehr grosse Zahl von Befürwortern einer internationalen Kinderdorferziehung.

Einschränkend muss zwar erkannt werden, dass von den 413 Ehemaligen, an die sich die Rundfrage richtete, nur deren 121 geantwortet haben. Das sind genau 29,3 %. Die Frage, ob diese Basis von rund 30% breit genug ist, mag berechtigt sein. Immerhin ist zu sagen, dass auch spontane Äusserungen von Ehemaligen zu der Frage der Berechtigung des Kinderdorfes Pestalozzi in der Regel so ausgefallen sind, dass zwar da und dort Vorbehalte gemacht worden sind, dass aber dem Werk als Ganzes eine überwiegend positive Sinndeutung zugesprochen worden ist. In diesem Falle würden also die statistischen Ergebnisse der Rundfrage recht gut mit dem allgemeinen Eindruck übereinstimmen, der aus freien Gesprächen mit Ehemaligen gewonnen werden kann.

Es ist auch zu bedenken, dass zum Zeitpunkt der Umfrage erst 7 Asiaten auf die Fragen haben antworten können, was knapp 6% der 121 eingegangenen Antworten ausmacht. Es muss wohl angenommen werden, dass der Anteil der «positiven» Beurteilungen etwas weniger gewichtig ausgefallen wäre, wenn Europäer und Nichteuropäer unter den Befragten etwa zu gleichen Teilen vertreten gewesen wären. Diese Annahme drängt sich auch deshalb auf, weil die erwähnte asiatische Siebnergruppe (1 Koreaner und 6 Tibeter) bei aller Anerkennung der Vorteile der internationalen Kinderdorferziehung doch auch die Nachteile derselben ausführlicher dargestellt haben, als die meisten Europäer Gruppen.

Trotzdem wird man sich fragen müssen, wie wohl die restlichen 70% geantwortet hätten. Warum haben sie nicht geantwortet? Ist es nur Zeitmangel? Ist es Gleichgültigkeit, fehlende Lust und Fähigkeit, sich schriftlich zu dieser Frage zu äussern? Wollten besonders Rücksichtsvolle mit einer möglicherweise negativen Antwort nicht verletzen oder enttäuschen?

Wir wissen es nicht. Aber wir dürfen anderseits wohl auch annehmen, dass engagierte Befürworter und Gegner des «Modells internationales Kinderdorf» in den meisten Fällen doch zur Feder gegriffen haben. Die Erziehung und Schulung im Kinderdorf war ja darauf ausgerichtet, Kinder und Jugendliche anzuleiten, die Dinge kritisch zu betrachten und die Meinung über diese Dinge frei zu äussern. Schon während ihrer Kinderdorfjahre, besonders auch in den letzten Schuljahren auf der Oberstufe, waren die Schüler immer wieder eingeladen worden, sich zu den Fragen des Kinderdorflebens kritisch zu äussern.

Aufschlussreich ist bereits der Gradunterschied in der Aufzählung der «Vorteile» und der «Nachteile». Bei der Auswertung der Antworten galt und gilt es, sich Überlegungen zu machen, die das Ziel verfolgen, einerseits die erwähnten «Vorteile» zu erhalten und den Grad der Bejahung derselben wenn möglich zu verbessern und andererseits die «Nachteile» zu reduzieren oder wenn möglich ganz hinfällig werden zu lassen.

b) Zu den unter den Vorteilen erwähnten Kriterien:

Wer diese Kriterien studiert, muss zum Schluss gelangen, dass das Kinderdorf seine Anliegen der sogenannten «besseren Verständigung» unter den Angehörigen verschiedener Nationen verhältnismässig gut verwirklicht. Es ist erstaunlich und ausserordentlich erfreulich, dass die bessere Kenntnis fremder Sitten und Gebräuche von 42 Ehemaligen (35%), die besseren Sprachkenntnisse von 34 Ehemaligen (28%), die verständnisvollere Haltung von 30 Ehemaligen (25%) und die grössere Toleranz von 26 Ehemaligen (21%) erwähnt worden ist.

Ohne Zweifel gibt es unter den Ehemaligen überhaupt niemanden, dem nicht zumindesten bewusst ist, welch besonderen Zwecken und Zielen das Kinderdorf dienen möchte.

Besondere Kenntnisse der fremden Sitten, der Bräuche, der Sprachen und der Ausbildung, die ein internationales Kinderdorf vermittelt, werden wesentlich häufiger erwähnt, als die besonderen Haltungen und Einstellungen, die sich aufgrund dieser Kenntnisse und des Gemeinschaftslebens bilden können. Dies liegt vielleicht auch daran, dass Veränderungen im Kenntnisstand sicherer und bewusster registriert werden als Veränderungen im eigenen Normverhalten.

c) Zu den unter den Nachteilen erwähnten Kriterien:

Obschon, wie gesagt, die Nachteile weniger häufig erwähnt wurden, stellen sie doch wichtigste Hinweise bezüglich der für den einzelnen Jugendlichen zu erwartenden Schwierigkeiten dar. Es ist ja auch so, dass eine Vielzahl von Vorteilen keineswegs bereits dazu dienen kann, allfällige wenige, aber ins Gewicht fallende Nachteile einfach aufzuheben und null und nichtig werden zu lassen.

Es muss also doch aufhorchen lassen, wenn 18 Ehemalige, das sind immerhin fast 15%, von Problemen der Entfremdung von der eigenen Kultur und dem eigenen Lande sprechen. Auch die Muttersprachprobleme wurden von 13 Ehemaligen, d.h. von nahezu 11%, als Erschwerung empfunden.

Wenn im weiteren, allerdings von nur wenigen Ehemaligen, noch die Schwierigkeiten bei der Anerkennung von Schul- und Berufszeugnissen, die Weiterbildungsschwierigkeiten, das mangelnde Zugehörigkeitsgefühl und die Gewöhnung an einen höheren Lebensstandard erwähnt werden, deuten alle diese Feststellungen darauf hin, dass sie dem Wiedereingliederungsprozess in der Heimat des Ehemaligen hinderlich sein werden.

Beim Abwägen von Vor- und Nachteilen fällt auch noch belastend ins Gewicht, dass die zahlenmässig eher bescheidenen Nachteile unter Umständen sehr entscheidend sein können, währenddem einige der beschriebenen Vorteile vorerst und besonders in der ersten Phase der Wiedereingliederung im direkten Zusammenhang mit dem beruflichen Fortkommen noch gar nicht zur Auswirkung gelangen können.

Im Zusammenhang mit der Deutung der Beantwortung des Fragebogens durch Angehörige bestimmter Nationen muss unbedingt versucht werden, sich ein Bild über die tatsächlichen damaligen Rahmenbedingungen zu machen. So hat zum Beispiel ein häufiger Hauselternwechsel in jedem Fall zu zusätzlichen Erschwerungen und Komplikationen führen müssen, die auch den Wiedereingliederungsprozess nachteilig beeinflusst haben mag (Siehe Hauselternwechsel bis 1973).

Hauselternwechsel im Kinderdorf Pestalozzi bis 1973

Haus		eröffnet vor	Anzahl Wechsel	Maximale Dauer	Minimale Dauer	Durchschnittsdauer
Europäische Häuser:						
Deutsches Haus		26 Jahren	5	10 Jahre	2 Jahre	5 Jahre
Ital. Haus Cuore		25 Jahren	5	11 Jahre	2 Jahre	5 Jahre
Ital. Haus Pinocchio		25 Jahren	7	5 Jahre	1 Jahr	3 1/2 Jahre
Finnisches Haus		25 Jahren	8	5 Jahre	1 Jahr	3 Jahre
Griech. Haus Kypseli		25 Jahren	13	5 Jahre	1/2 Jahr	2 Jahre
Brit. Haus Thames		23 Jahren	6	7 Jahre	1 Jahr	4 Jahre
Häuser, die in der Zwischenzeit aufgelöst wurden:						
Französisches Haus Cigales	46–71	25 Jahren	9	4 Jahre	1/2 Jahr	2 1/2 Jahre
Französisches Haus Cigogne	46–64	16 Jahren	6	5 Jahre	1/2 Jahr	3 Jahre
Österreichisches Haus	47–71	24 Jahren	8	5 Jahre	1 Jahr	3 Jahre
Polnisches Haus	47–49	2 Jahren	0	-	-	2 Jahre
Griech. Haus Argonauten	48–63	15 Jahren	7	7 Jahre	1/2 Jahr	2 Jahre
Schweizer Haus	51–71	20 Jahren	8	10 Jahre	1 Jahr	2 1/2 Jahre
Ungarn Haus (Flüchtlinge)	56–70	14 Jahren	3	8 Jahre	2 Jahre	4 1/2 Jahre
Asiatische und nordafrikanische Häuser:						
Tibetisches Haus Yamb. Lag.		13 Jahren	0	-	-	13 Jahre
Tibetisches Haus Lug-S.N.		9 Jahren	0	-	-	9 Jahre
Koreanisches Haus		8 Jahren	2	5 Jahre	3 Jahre	4 Jahre
Indisches Haus		3 Jahren	0	-	-	3 Jahre
Vietnamesisches Haus		1 Jahr	0	-	-	1 Jahr
Tunesisches Haus		8 Jahren	2	7 Jahre	1 Jahr	4 Jahre
Internationale Jugendhäuser:						
Jugendhaus		6 Jahren	3	3 Jahre	1 Jahr	2 Jahre
Wochenendhaus		2 Jahren	0	-	-	2 Jahre

d. Zur Frage der Massnahmen

Die Beantwortung der Rundfrage zeigt recht deutlich, in welche Richtung allfällig zu ergreifende Massnahmen die Reorganisation zu ziehen hätten. Es sind vor allem jene, die den Wiedereingliederungsprozess bei der Rückkehr ins Heimatland erleichtern werden.

Fragen der Länderauswahl, der Kinderauswahl, des Schul- und Erziehungsprogrammes, der durchgehenden begleitenden Betreuung durch die Erzieher gerade in den entscheidenden Übergangsphasen werden sich stellen. Es werden die Intensivierung der Heimatkontakte und der Information über die Heimat zur Diskussion stehen und es müssen bestimmte juristische und menschenrechtliche Fragen neu überdacht werden.

Erkenntnisse

Aphorismen von Arthur Bill

Der wahre Reichtum des Kinderdorfes sind seine Kinder, auch die sogenannten schwierigen.

Die Tatsache, dass das Kinderdorf seinen Weg nur tastend und mit mühsam errungenen Erkenntnissen zu gehen hat, spricht nicht gegen Sinn und Güte der gesetzten Ziele. Sie zeigt vielmehr die ganze Bedeutung des Vorhabens auf.

Verstehen bedeutet dem Wortsinne nach, sich den Standpunkt des andern zu eigen machen, dorthin stehen, wo er steht.

Nicht die Schwächen suchen, sondern die Stärken anerkennen, ist im Erziehungsbereich, wie auch auf dem Felde der internationalen Beziehungen ein vielversprechender Weg.

Nur wer die Weiten erlebt, erfährt die Grenzen, nur wer die Grenzen erkennt, ermisst die Weiten.

Wer sich in zunehmendem Masse unverstanden fühlt, tut gut daran, seine eigenen Auffassungen zu überprüfen.

Versuche nicht, die Welt zu ändern, ohne bei dir den Anfang gewagt zu haben.

In einer internationalen Gemeinschaft sind die Kinder meist rascher bereit, echte Freundschaft zu pflegen als die Erwachsenen. Die einen wagen gläubig, die anderen fürchten Enttäuschungen.

Internationale Verständigung beginnt mit dem besseren Verständnis seiner selbst.

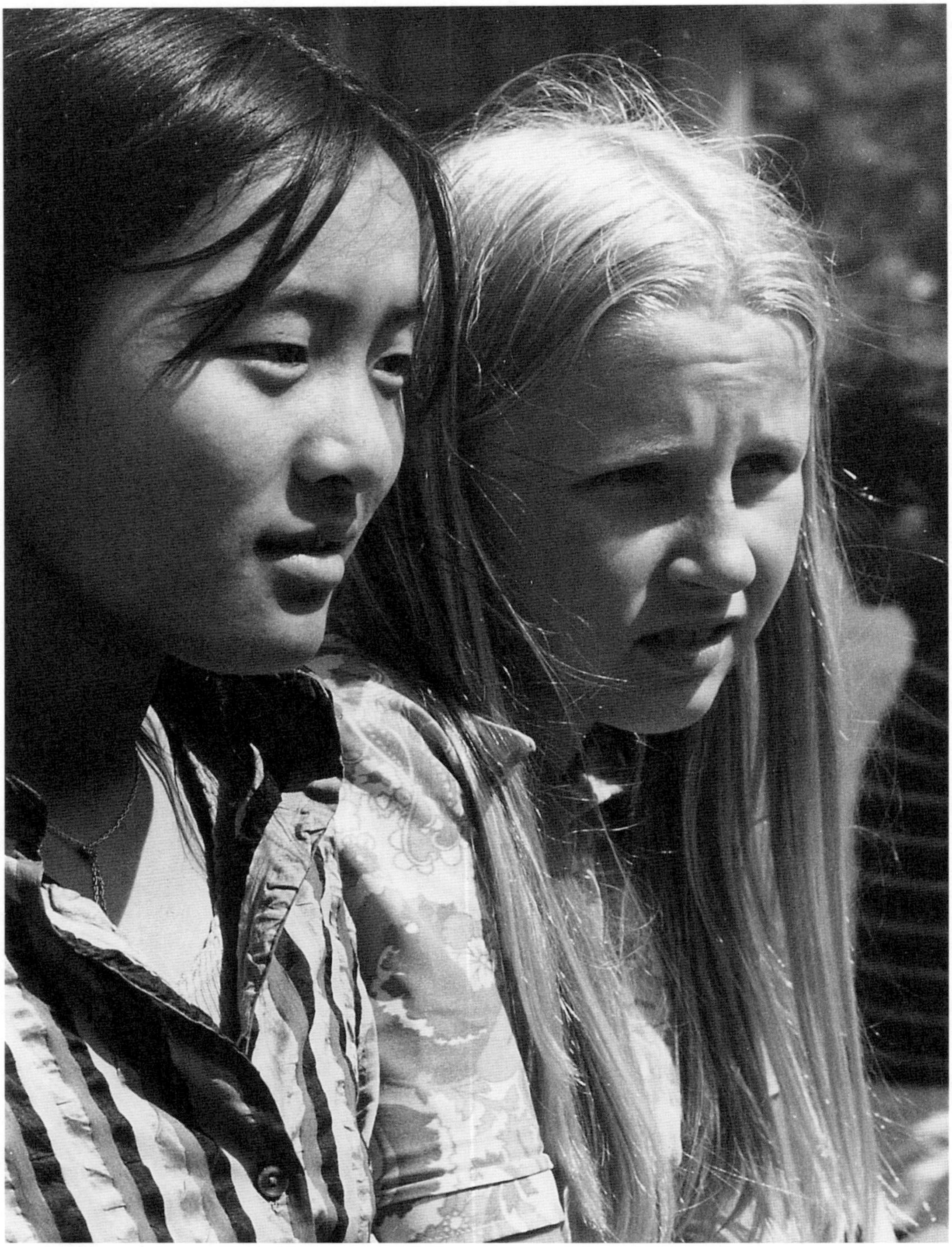

Hilfswerke ziehen auch hilflose Betreuer an. Sie suchen im Grunde Hilfe für sich selbst.

Im Kinderdorf werden Glückliche noch glücklicher, von Natur aus Unzufriedene noch unzufriedener.

Wenn schon nach Unterschieden gesucht wird: Die individuellen sind in der Regel bedeutender als die nationalen.

Es bereitet vielen Menschen immer noch mehr Spass, einen Mangel öffentlich blosszustellen, als ihn in der Stille beheben zu helfen.

Weil im internationalen bunten Kinderdorf-Teppich die Fäden noch nicht so dicht gewoben sind, wie in einem soliden schweizerischen «Boden-Deckeli» bietet sich allenthalben Gelegenheit, aus losen Enden Stricke zu drehen. Diesem Zeitvertreib widmen sich mit Vorliebe Beschäftigungsarme.

Kinder glauben unserem Tun mehr, als unserem Reden. Erzieher, die nicht warten können, sind keine.

Der schwankende Kurswert der Liebe auf den grossen «Erziehungs-Börsen» dieser Welt ändert nicht das geringste an ihrem ewigen Goldwert.

Freies schöpferisches Tun im musischen Bereich gibt verlassenen Kindern etwas von der Selbstbestätigung und der Glückserfahrung zurück, die sonst nur Eltern vermitteln können.

Zu viele Erzieher begnügen sich damit, in täglicher Treue an ihrem pädagogischen Backsteinmäuerchen zu werkeln. Der grosse Plan und die Perspektiven des Gebäudes, denen das Mäuerchen dienen soll, werden oft zu wenig bedacht.

Es gibt nichts Ergreifenderes und Ermutigenderes als über Jahre hinweg die Entfaltung eines Menschenkindes zu verfolgen.

Ein Kind fühlen zu lassen, dass man den Glauben an seine Zukunft verloren hat, kommt einem Verbrechen gleich.

Woher nehmen wir eigentlich die Kühnheit, allgemeine Programme aufzustellen, nach denen sich die Entwicklung eines einzelnen Kindes richten soll?

Oft scheint es fast, dass die Kinder das Verhalten der Erwachsenen mit mehr Nachsicht und Verständnis zu ertragen vermögen, als manche Erwachsene jenes der Kinder.

Der Plan ist wichtiger als der Stoff. Aus demselben Backstein lassen sich sowohl Kirchen, wie Schlachthäuser errichten.

Mehr noch als die sogenannten Erfolge führen Rückschläge und Enttäuschungen zu neuen Erkenntnissen.

Wer zu lange an der Wärme sitzt, weiss nicht mehr, wie sehr die Kälte beissen kann.

Gelegentlich erweisen sich jene, die am lautesten nach Demokratie und Mitbestimmung rufen, als die untolerantesten Verfechter ihrer persönlichen Auffassung.

Wer nichts in Frage stellt, bleibt stehen, wer alles bezweifelt, beraubt sich selbst des Haltes.

Weil sie dem Irrtum verfallen, das Gute sei selbstredend, reden sie so oft über das Schlechte.

Zwischen der Euphorie des Wunschdenkens und der vor harten Tatsachen kapitulierenden Resignation liegt die grosse Chance des unentwegt Voranschreitenden.

Wer immer alles offen lassen will, dem schliessen sich mit der Zeit wenigstens die Türen.

Entscheidung heisst vielfach Bescheidung. Wer ihr deshalb auszuweichen sucht, geht nicht selten ganz leer aus.

Schwache und Unsichere geben sich oft besonders kraftvoll und unbeirrt. Ihr Auftritt ist indessen meist von kurzer Dauer.

Lass die Eiligen weiterziehen. Wer keine Zeit hat, hat oft auch wenig Herz.

Wer ein vorzeitig gefasstes Urteil bekannt gibt, verbaut sich damit oft Bereitschaft und Möglichkeit zu neuen und vertieften Erkenntnissen.

Besser etwas Unvollkommenes zeitig realisieren als etwas Vollkommenes lediglich planen.

In der Stille hört sich besser, als im Lärm.

Die Augen des Abschiednehmenden sehen die Dinge in anderen Dimensionen.

Je älter wir werden, umso mehr Menschen haben wir zu danken, denen wir nie mehr werden danken können.

Bildnachweis:

S. 13 Comet Zürich; S. 21 Assistent von A. Bill; S. 33 A. Bill; S. 49 Luftaufnahme A. Bill; S. 75 (Umschlagbild) A. Bill; S. 338 A. Bill.

PUBLIZIERT MIT DER VERDANKENSWERTEN UNTERSÜTZUNG
DER FOLGENDEN HAUPTSPONSOREN

Fr. 1000.– und mehr in alphabetischer Reihenfolge:

Stiftungen, Gesellschaften, Genossenschaften und Versicherungen:

Stiftung Akademie für ethische Forschung, Zürich
Arnold Corti-Stamm Stiftung, Winterthur
Doron-Preis Stiftung, Zug
Schweizerische Gemeinnützige Gesellschaft, Zürich
Ulrico Hoepli-Stiftung, Zürich
Stiftung Kinderdorf Pestalozzi, Trogen
Robert Mächler-Stiftung, Zürich
Migros Genossenschaftsbund, Zürich
Karl Popper-Stiftung, Genf
Winterthur-Versicherungen, Winterthur

Kantone, Städte und Gemeinden:

Kanton Appenzell Ausserrhoden
Stadt Dübendorf
Gemeinde Trogen
Stadt Winterthur
Kanton Zürich

Einzelspender:

Dr. h.c. Arthur Bill, Gerzensee
Anuti Corti, Winterthur
Vera Corti, Le Mont s. Lausanne
Claudia Fueter-Corti, Neftenbach
Peter Grieder, Zumikon
Dr. Fritz Künzler, Winterthur
Ritter Alfred von Lammer, London †
Dr. August Rebsamen, Wiesendangen
Dr. Paul Stadlin, Zug
Emanuel Stettler, Kirchdorf

und mit der Hilfe zahlreicher weiterer Sponsoren
u.a. auch vieler Ehemaliger des Kinderdorfes Pestalozzi.